纪念张载诞辰一千周年

关学二十二讲

刘学智 魏冬 主编

西北大学出版社
·西安·

本书是西北大学关学研究院
"中华关学"系列丛书之一

《关学二十二讲》编辑委员会

顾　问

张岂之　西北大学名誉校长、西北大学中国思想文化研究所所长

赵馥洁　西北政法大学资深教授、陕西省社会科学界联合会名誉主席

主　任

徐　晔　陕西省人民政府参事室主任，《关学文库》组委会、编委会执行主任

王亚杰　西北大学党委书记

郭立宏　西北大学校长

特邀专家（以年齿为序）

张立文　中国人民大学一级教授

陈　来　清华大学国学研究院院长、清华大学校学术委员会副主任、清华大学文科资深教授

张　践　中国人民大学教授、国际儒学联合会副会长

杨国荣　华东师范大学资深教授、华东师范大学人文社会科学学院院长

韩　星　中国人民大学国学院教授、国际儒学联合会理事

罗安宪　中国人民大学哲学学院教授、中国人民大学孔子研究院副院长兼秘书长

方光华　《关学文库》总主编、西北大学中国思想文化研究所教授

〔韩国〕张闰洙　韩国大邱教育大学教授、韩国大邱教育大学伦理教育系主任、韩国大邱教育大学礼节文化教育研究所所长
吕妙芬　中国台湾"中央研究院"近代史研究所研究员
〔新加坡〕王昌伟　新加坡国立大学中文系教授

主　编
刘学智　《关学文库》总主编、陕西师范大学资深教授、西北大学关学研究院名誉院长
魏　冬　西北大学关学研究院教授、西北大学关学研究院副院长

编委会（以姓氏笔画为序）
王美凤　西北大学关学研究院教授、西北大学关学研究院副院长
米文科　宝鸡文理学院马克思主义学院副教授
刘　峰　西北大学关学研究院讲师
刘　莹　贵州大学中国文化书院讲师
刘宗镐　西北大学关学研究院讲师
李敬峰　陕西师范大学哲学与政府管理学院副教授
张　波　宝鸡文理学院政法学院教授
常　新　西安交通大学人文学院教授
曹树明　陕西师范大学哲学与政府管理学院教授
曹振明　西北大学哲学学院讲师

序

关学是由北宋张载(1020—1077)创立并一直在陕西关中传衍的理学学派。关学经北宋创兴,金元低沉,明清融合中兴、反思、传承,于清末民初发生近代转型并传承至今,前后八百余年。南宋学者刘荀最早提到"关学"这一概念,南宋朱熹、吕祖谦编选的《近思录》将关学作为理学的重要一支来介绍,明初宋濂等纂修《元史》,以"濂、洛、关、闽"概括宋代理学,其虽有地域文化的特点,但思想内涵的影响并不限于某个地域。可以说,关学是由张载开创的,其本质是理学,是影响全国的思想文化学派,在中国思想文化史上具有重要的地位。

《关学二十二讲》由22篇文章构成。其基本结构大致可以分为四个部分。张立文的《关学的共同体智慧》和陈来的《关学的精神》概括了关学的主要贡献、基本理念及当代价值,是本书的第一部分。张载奠基理学,开创关学。赵馥洁通过对张载创新气学、批判佛学、奠基理学、创建关学的阐述,彰显张载"勇于造道"的创新精神;刘学智从张载"立心""立命""继绝"的文化担当、"民胞物与"的精神价值和伦理境界、关学学人的风骨和节操等方面,阐述了张载关学的历史地位、精神气象和对后世的影响;杨国荣从哲学层面阐述了张载气论即"太虚即气"的理论价值及贡献;罗安宪以"横渠四为句"为切入点,阐述张载哲学思想的人文精神;张践以张载著作《西铭》为观照对象,论述张载构建精神家园的重要性;韩星梳理张载关于"和"哲学的基本思想及实践途径;韩国张闰洙观照张载哲学中的工夫论,论述张载哲学中"心"回复为"性""气"的方法,展示关学实践论的内容;曹树明从现存史料出发,探讨北宋时期对《西铭》的注解及诠释模式;方光华等对千年来张载思想研究进行了反思和总结,阐述了张载及其关学的历史地位。以上诸位学者的论述,从不同角度阐述了张载及其关学的思想特点、历史地位、历史贡献的具体情况,是本书的第二部分。金元明清时期的关学,是张载思想、学风的历史继承和拓展。常新、刘莹、李敬峰、吕妙芬、米文科、王美凤、刘宗镐、刘峰诸位学界新秀通过关注金元明时期关学的学术面貌、关学的地域因素及跨地域因素、清初关学的"朱陆会通"、清末民初关学的特点以及关学多元理论中的统一精神等方面,展现关学在金元明清时期的思想理路及精神的传衍继承,是本书的第三部分。《关学编》及其续补文献的编纂及传播,承载着关学谱系的基本构建,显示出关学是随着历史发展逐渐演进的学术范畴。新加坡王昌伟、魏冬、张波等学者近年来着重于这些方面的深层次研究,以展现关学"源流初终,条贯秩然"的学术脉络,这是本书的第四部分。

值此张载诞辰一千周年,出版这本书是合适的。通过这本书,读者可以从不同角度了解关学的基本特征、历史流变、谱系建构,以及对于中华文化的深入研究和贡献。这本书也是对关学从多角度、多方面的探讨,对宏观地认知关学、了解关学具有重要的学术价值。

张岂之

2020年12月于西北大学中国思想文化研究所

编者的话

这本以阐述张载及其关学思想、历史、精神为主题的论集,选辑了近年来国内外知名学者关学研究的代表性论文,以讲座的形式体现了关学研究的最新成果和主要观点。2020年,适逢关学宗师张载诞辰千年纪念,为进一步推动关学研究和社会普及,西北大学关学研究院除了推出一系列新的研究成果之外,还拟对近年学术界关学研究的代表性论文予以整理结集,以彰显学术界对张载及关学研究的新观点、新认识,这是这本论集的由来。

这本论集是国内外著名专家、学者对张载关学研究的集体智慧结晶,代表了国内外对张载及其关学研究的概括性、总体性认识。全书编撰的基本思路是,选取国内外在张载关学研究领域具有全局性、总体性的观点汇为一编,从而扼要地彰显出张载思想的基本特点、历史贡献,以厘清关学在不同历史时期的基本特点和发展历程,并说明关学谱系建构中的内在观念。通过本论集,可以比较系统地理解张载及其关学的基本特点、历史贡献和时代价值。值得一提的是,关学的研究离不开对具体人物、具体思想的研究,但由于关学史上代表性的人物较多,所以本书除了张载之外,对于关学中的其他代表性人物及其思想的个案性研究,暂没有收入,以期将来再做专题性的整理。

本论集的编撰,是国内外专家学者对关学研究给予大力支持、对西北大学关学研究院给予大力支持的结果。中国人民大学张立文教授、清华大学陈来教授、西北政法大学赵馥洁教授、华东师范大学杨国荣教授、陕西师范大学刘学智教授、中国人民大学张践教授、罗安宪教授、韩星教授、韩国大邱教育大学张闰洙教授、中国台湾"中央研究院"近代史研究所吕妙芬教授、新加坡国立大学王昌伟教授、西安交通大学常新教授、西北大学中国思想所方光华教授,陕西师范大学曹树明教授、宝鸡文理学院米文科教授、张波教授,都对本论集的编撰给予了大力支持,授权本人的研究论文收入本论集。西北大学中国思想所所长张岂之先生、西北政法大学赵馥洁先生、陕西省人民政府参事室主任徐晔先生也多次指导本论集的编撰工作,西北大学哲学学院曹建明博士等学界同仁,以及西北大学哲学专业硕士研究生王鹤群、宗教学专业硕士研究生刘珈豪,也为本论集的编辑出版付出了辛勤的劳动。总体而言,本论集是国内外关心关学、支持关学、研究关学的老中青三代学者集体智慧的结晶,也是国内外学者对关学研究事业的大力支持,亦是对西北大学关学研究事业的大力支持。在此,我谨代表西北大学关学研究院,对各位前辈、学者和学界同仁的大力支持表示衷心地感谢!

当然,由于编者学识有限,在编撰过程中难免有所失误,在此向支持关学研究发展并慷慨赐稿的各位专家前辈和学界同仁致以真诚地歉意,并请广大读者予以批评指正。

刘学智　魏　冬
2020年6月于西北大学关学研究院

目　录

序 …………………………………………… 张岂之（1）
编者的话 …………………………………… 刘学智　魏　冬（1）

第一讲　关学的共同体智慧 ………………………… 张立文（1）
第二讲　"关学"的精神 ……………………………… 陈　来（7）
第三讲　浅论关学宗师张载"勇于造道"的创新精神 ………… 赵馥洁（11）
第四讲　张载关学的历史地位、精神气象和当代价值 ……… 刘学智（21）
第五讲　关学的哲学意蕴
　　　　——基于张载思想的考察 ………………… 杨国荣（31）
第六讲　从"横渠四句"看张载哲学的人文精神 ………… 罗安宪（39）
第七讲　《西铭》：中国士大夫的精神家园 ……………… 张　践（50）
第八讲　张载"和"哲学论纲 …………………………… 韩　星（58）
第九讲　张载的大心工夫论 ……………………〔韩国〕张闰洙（69）
第十讲　北宋《西铭》诠释模式述论 …………………… 曹树明（78）
第十一讲　张载思想研究的历史回顾 ………… 方光华　曹振明（88）
第十二讲　金元时期关学的学术面向 …………………… 常　新（121）
第十三讲　明代关学的形成与发展 ……………………… 刘　莹（137）
第十四讲　明代关学《中庸》学的概况和特质 ………… 李敬峰（151）
第十五讲　明清之际的关学与张载思想的复兴
　　　　　——地域与跨地域因素的省思 ………… 吕妙芬（160）
第十六讲　清初关学的"朱陆会通"
　　　　　——以李二曲与王心敬为中心的考察 ……… 米文科（193）

第十七讲 晚清民国关学清麓一系学术思想评述与反思
　　——以孙迺琨、牛兆濂为中心 …………………… 王美凤(204)

第十八讲 清末关学的朱子学面向
　　——以贺瑞麟《关学续编》为中心 ……………… 刘　峰(214)

第十九讲 崇实致用：关学多元理论中的统一精神
　　——以现代学人的关学终结论为中心 …………… 刘宗镐(228)

第二十讲 《关学编》与明清陕西士大夫的集体记忆
　　…………………………………………〔新加坡〕王昌伟(240)

第二十一讲 关学学人谱系文献中的"关学"观念及其意义指向
　　——以《关学编》为中心的探讨 ………………… 魏　冬(248)

第二十二讲 "关学"与"关学史"正名 ………………………… 张　波(261)

代跋　迈向新关学——为西北大学关学研究院成立而作 …… 徐　晔(281)

第一讲
关学的共同体智慧

张立文

【作者简介】

张立文,中国人民大学一级教授,中国人民大学和合文化研究所所长,中国人民大学孔子研究院院长,中国人民大学孔子研究院学术委员会主席,中国周易研究会副会长。

张载与二程同为理学的创建者、奠基者。程颢创新理学的新思维、新观念、新学风、新称谓;张载则阐明理学的宗旨和方向,是指导理学为学思辨和笃行的纲领,也是理学的核心价值观、宇宙观、天下观、道德观的宣示。其《西铭》以天地为人类父母及民胞与物与的思想,以及"天下为一家""中国为一人"的命运共同体观念,为天下确立共同体文化价值,并将"天下无一物非我"的孝亲、仁民、爱物的共同体的本根与"太虚即气"的形而上学相融合,构成体用一源的共同体核心观念和理论思维体系。

发扬关学共同体智慧,对体认当今的时代核心价值将有所裨益。

一、"仇必和而解"的智慧

张载绍承《周易》和儒、道、墨等各家思想,著《正蒙》和《横渠易说》。他在注《周易·乾·彖》"乾道变化,各正性命,保合太和,乃利贞。首出庶物,万国咸宁"时说:"万物皆始,故性命之各正。惟君子为能与时消息,顺性命、躬天德而诚行之也。精义时措,故能保合太和,健利且贞。"(《横渠易说·乾卦》)①君子只有从"与时消息""精义时措""性命顺、天德躬"这三个维度上真诚笃行,才能保合太和。张载又和合儒家的"和为贵""君子和而同",老子的"万物负阴而抱阳,冲气以为和""知和曰常,知常曰明"以及墨子的和合思想,智能创造为《正蒙·太和篇》:"太和所谓道,中涵浮沉、升降、动静、相感之性,是生絪缊、相荡、胜负、屈伸之始。"②把太和做动态的、辩证的形而上学的诠释,又把气本做形而下的交感而生聚有象的阐发。作为客形客感有象的事物,便会产生对待或矛盾,"有象斯有对,对必反其为;有反斯有仇,仇必和而解"(《正蒙·太和篇》)③,具有深刻而广泛的现代价值。在当前世界不太平,各种冲突危机多发,局部战争、动乱、恐怖袭击屡发不断的情况下,唯有以"仇必和而解"的精神和智慧,以和化解仇恨。之所以有仇恨,张载认为都是出于"爱恶之情"和争夺物欲之利的结果,只有转爱恶之情为仁爱,转物欲之私利为公利,才能使世界和谐,人人安居乐业。

二、"为生民立命"的智慧

仇若不化解,生民的性命就不能保障。关学的人生抱负和命运共同体的目标是"为万世开太平",是为国、为民、为天下百姓。张载及关学学人以海纳百川的宽阔胸怀、天下的视野、崇高的价值理想、高尚的伦理道德,处处事事以民为本,本固才能邦宁。然北宋中期土地兼并加剧,农民破产,即使丧失土地,却照样纳税,农民苦不堪言。为化解农民疾苦,张载试行"井田制"。他认为"治天下不由井地,终无由得平"(《经学理窟·周礼》)④。主张把土地收归国有,然后分配给农民,限制大地主、官僚的土地兼并特权,试图解决当时贫富不均的两极分化,使农民能够生活下去。因此,他主张革新变法,"凡变法须是通,通其变使民不倦,岂有圣人变法而不通也"(《横渠易说·系辞下》)⑤,"变而通之以尽利,理势既变,不能与时顺通,非尽利之道"。穷则变,变则通,通则久。变法为民、为国谋利,民与国通达而长久。通与久的有力措

---

① 〔北宋〕张载著,章锡琛点校:《张载集》,中华书局,1978年,第70页。
② 〔北宋〕张载著,章锡琛点校:《张载集》,第7页。
③ 〔北宋〕张载著,章锡琛点校:《张载集》,第10页。
④ 〔北宋〕张载著,章锡琛点校:《张载集》,第248页。
⑤ 〔北宋〕张载著,章锡琛点校:《张载集》,第212页。

施是使民得到土地,这是"养民之本"。吕大钧提出:"为国之计,莫急于保民。保民之要,在于存恤,主户又招诱客户,使之置田,以为主户。主户苟众,而邦本自固。"(吕大钧:《民议》)①如何保民存恤?张载主张改革赋税,"取之不如是之尽,其取之亦什一之法也,其间有山陵林麓不在数"(《经学理窟·周礼》)②。行什一税法,以减轻农民负担,为生民立命。

三、"民胞物与"的智慧

"为生民立命"的精神支撑是"民胞物与",这也是其共同体思维的基础。《西铭》说:"乾称父,坤称母;予兹藐焉,乃混然中处,故天地之塞,吾其体;天地之帅,吾其性。民吾同胞,物吾与也。"(《正蒙·乾称篇》)③天地是人类的父母,人禀气于天,赋形于地,妙合而凝成人身。人体与万物之体虽各异而分殊,人性与万物之性亦分殊,但都禀天地之气与理,而理一,故解为"理一分殊"。既然人人皆禀天地的理气,全人类都是我的同胞兄弟;人的体、性与天下万物的体、性均本于天地而无不同,所以天地万物,若动若植,有情无情,都是我的伙伴朋友。这是"天下为一家""中国为一人"的博大情怀,人文悲愿。王夫之说:"由吾同胞之必友爱,交与之必信睦,则与民必仁,于物必爱之理,亦生心而不容已矣。"(《张子正蒙注·卷九》)这便是孟子"亲亲而仁民,仁民而爱物"的传承。张载"民胞物与"的共同体智慧影响了两大哲学家。朱熹说:"盖天地万物本吾一体。"(《中庸章句》)我的心正气顺,天地的心气亦正与顺。王守仁说:"大人者,以天地万物为一体者也,其视天下犹一家,中国犹一人焉。"(《大学问》)在当今人与自然发生严重冲突、生态危机危害人类之际,"民胞物与"是古人顶层设计,启发今人觉解,对天地间草木禽兽、水土山川都应该像爱护人类自己一样爱护它们,与人类共生、共存、共立、共达。

---

① 〔北宋〕吕大临等著,曹树明点校:《蓝田吕氏文集》(下册),西北大学出版社,2015年,第823页。
② 〔北宋〕张载著,章锡琛点校:《张载集》,第250页。
③ 〔北宋〕张载著,章锡琛点校:《张载集》,第62页。

四、"心统性情"的智慧

"民胞物与"体现的是一种伟大的爱心,"仇必和而解"也必须有一种和爱之心,才能和解。心如何统摄性情?这就关联心与性、性与情、心与情的问题。张载面对以往形形色色的性恶论、性善论、善恶混、性三品说等观点,度越前人,独辟蹊径地提出"天地之性"与"气质之性"说,既坚持了性善论,又诠释了恶的来源与善恶统一论。后来朱熹赞扬说:"以气质论,则凡言性不同者,皆冰释矣。"故此"极有功于圣门,有补于后学"(《朱子语类·卷四》)。气质之性既是性,又包含了情。所以张载逻辑地提出"心统性情者也。有形则有体,有性则有情。发于性则见于情,发于情则见于色,以类而应也"(《性理拾遗》)①。凡有形体的事物,都有其固有的性,有性便有情,两者互相存有,而不分离。情是性的发动,形色是情的发动。情是心理的情感活动,如喜怒哀乐未发为性,已发为情。"情则是实事,喜怒哀乐之谓也,欲喜者如此喜之,欲怒者如此怒之,欲哀欲乐者如此乐之哀之,莫非性中发出实事也。"(《横渠易说·乾卦》)②喜怒哀乐等情感行为的发生,便成为事实,即情感活动的物化,此物化的情感行为未必是恶,如果"皆中节谓之和,不中节则为恶"(《语录中》)③。善恶的标准是发而中节与否。不中节是因为"情伪相感而利害生,杂以伪也"(《正蒙·诚明篇第六》)。由于情与伪互相感应和掺杂,使情昏蔽为恶。若以爱心、善心来统摄性情,性与情皆为善。朱熹认为:"性对情言,心对性情言。今如此是性,动处是情,主宰是心。横渠云'心统性情者也',此语极佳。"(《张子语录·后录下》)④心之所以是主宰,是因为"性是体,情是用,性情皆出于心,故心能统之"。尽管"心统性情"引起宋明理学家的不同诠释与论争,但以"仁义礼智根于心",心具四德之善,以四德之心统摄性情,性情亦为善而非恶。张载从道德理性的高度凸显了中华民族的道德精髓,从心这个根底上构建道德的本然和应然。

---

① 〔北宋〕张载著,章锡琛点校:《张载集》,第374页。
② 〔北宋〕张载著,章锡琛点校:《张载集》,第78页。
③ 〔北宋〕张载著,章锡琛点校:《张载集》,第323—324页。
④ 〔北宋〕张载著,章锡琛点校:《张载集》,第338页。

五、"为往圣继绝学"的智慧

关学不仅有自强不息的求道精神,而且有厚德载物的包容精神。蓝田吕氏生活在"今大道未明,人趋异学,不入于庄,则入于释,疑圣人为未尽善,轻礼义为不足学,人伦不明,万物憔悴"(《宋史·吕大临传》)的时代。有鉴于此,吕大临叹道:"呜呼!去圣远矣,斯文丧矣,先王之流风善政,泯没而不可见;明师贤弟子传授之学,断绝而不得闻。"(吕大临:《哀词》)①为求索未明的大道,去对待圣人之学的疑惑,纠轻义之学,使往圣的斯文大明于世,恢复先王的流风善政,普泽天下。蓝田六兄弟废寝忘食,"相切磋论道考礼"(《宋史·吕大防传》)。他们从礼契入,多层面诠释大道和考索礼义。吕大临认为,礼之本在于"修身正心貌言"(吕大临:《礼记解》);礼的效用在于"节文乎仁义者也","使强弱寡众群而不乱","修小过小不及"(吕大临:《礼记解》);礼的规范在于"今人之所备所能,并不在于贵贱";礼的体则"始于冠,本于昏,重于丧祭,尊于朝聘,加于乡射"(《礼记》)②。从礼的本、效用、规范和体等方面,弘扬往圣礼的内涵。张载志道精思,以礼教化培养人性。"盖礼者,滋养人德性,又使人有常业"(《经学理窟·学大原上》)③,他认为"人之所以为人,礼义立也"(《礼记·冠义》)。这就是发孔子"不学礼、无以立"的思想。从礼的行为规范、伦理规则到形而上的继绝学之道的探索。吕大临说:"中者,道之所自出;庸者,由道而后立。盖中者,天道也,天德也。降而在人,人禀而受之,是之谓性。"(吕大临:《中庸解》)④"中"不仅是道之所由出,而且是性和天道。吕大临揭出"圣人之学,以中为大本。虽尧舜相授以天下,亦云'允执其中'"(《与吕大临论中书》)⑤,把"中"升华为形而上的本体。吕大临从"中"为形而上的大根本出发,逻辑地认为"中"为道之所由出。尽管程颐认为"此语有病",但吕大临依其对《中庸》"中也者,天下之大本也"的体认

---

① 〔北宋〕吕大临等著,曹树明点校:《蓝田吕氏文集》(下册),第747页。
② 〔北宋〕吕大临等著,曹树明点校:《蓝田吕氏文集》(上册),第4、第8、第9、第85、第190页。
③ 〔北宋〕张载著,章锡琛点校:《张载集》,第279页。
④ 〔北宋〕吕大临等著,曹树明点校:《蓝田吕氏文集》(上册),第84页。
⑤ 〔北宋〕吕大临等著,曹树明点校:《蓝田吕氏文集》(上册),第470页。

和觉解,坚持自己的观点。这是程、吕两人之别,但也是吕大临独具匠心的创新,这是关学共同体智慧的源头活水。

六、经世致用的智慧

如果说《正蒙》《西铭》是以形而上学为主而不废形而下的话,那么,其道与礼融合,道与器相兼,是关学精神智慧的实践特色。关学注重研究天文、兵法、医学等实践,在探讨自然科学中,张载发展了西汉以来的地动说。他少时喜谈兵,因北宋西部常受西夏侵扰,人民的生命财产常遭杀戮和掠夺,他曾写信给时任陕西招讨副使的范仲淹,讨论边防问题。他曾计划联络一些人,组织武装力量夺回洮西。他试图进行军事变革,化解北宋积弱局面。吕大钧作《世守边郡议》,主张"使边郡略法古意,慎选仁勇之士,使得世守郡事,兵民措置,悉以委之,租调收入,一切不问"①。以使边防"安静不扰",人民得以安居乐业。他们关心黎民疾苦,为民办好事。在吕大防与范纯仁共相时,事事关心人民之利。吕大防在任永寿县令时,力排众议,将远处的涧水引入县城,解决百姓无井缺水问题,百姓感其恩而称"吕公泉"。他在任青城知县时,一改利用"圭田粟入以大斗,而出以公斗"的刻剥百姓输租之法,化解了百姓"虽病而不敢诉"的不合理制度。他认为治国方略应以"养民、教士、重谷为国家之本"。其《吕氏乡约》的德业相劝、过失相规、患难相恤、聚会应事等,是关学经世致用共同体智慧的具体体现。

关学共同体的精神智慧,既是化解北宋时诸多冲突危机之道,体现了当时的时代精神,亦是理学核心话题的共同阐发。即使随历史的车轮已过去千年,然其精神智慧却是中华民族文化哲学宝库中一颗璀璨的宝石,在当今仍然发出其灿烂的光辉,若化作化解错综复杂冲突危机的利器,则大益于中华民族之振兴。

---

① 〔北宋〕吕大临等著,曹树明点校:《蓝田吕氏文集》(下册),第821页。

第二讲

"关学"的精神

陈 来

【作者简介】

陈来,清华大学国学研究院院长,清华大学校学术委员会副主任,清华大学文科资深教授。兼任国务院学位委员会委员、教育部社会科学委员会委员、中国哲学史学会会长、国际儒学联合会副理事长。

"关学"指"关中之学",一般特指宋明儒学在今陕西关中地区的发展。关学也有不同的发展阶段,如宋代道学主流的"濂、洛、关、闽",其中的"关",就是专指北宋时期的关学。一般认为,北宋中期的张载及其思想是关学的代表形态。张载讲学时便常常谈及"关中学者",他与河南的二程论学,多介绍关中学者的看法。二程自视甚高,但对关中学者很为推重,他们说"自是关中人刚劲敢为!"(《宋元学案卷十八·横渠学案下》)二程盛赞张载的《西铭》,说"须得子厚(张载字)如此笔力,他人无缘做得!"(《宋元学案卷十八·横渠学案下》)意思也是说,只有关中学者的刚健力量,才能作出《西铭》这样的大作品。

《宋元学案·序录》说"关学之盛,不下洛学",这是指北宋中后期。又说永嘉诸子"兼传关学",这是讲南宋时关学仍有传承之绪。《明儒学案·三原学案》也用"关学"之称,以描述明代关中之学。关中是一地域观念,故关学的说法表达了重视地域地理的因素。关学的特点,黄宗羲曾说"关学世有渊源,皆以躬行礼教为本"(《明儒学案·师说》),而这一特点人们多认为与关中"风土之厚"有关,古代研究关学的学者认为,"关中之地,土厚水深,其人厚重质直,而其士风亦多尚气节而励廉耻"(贺瑞麟:《重刻关学编序》)。

半个世纪以来,对关学的了解,往往从"以气为本,以礼为教"去突出其特点。这种理解突出躬行实践,但忽略了价值和境界。其实,我认为更重要的可能还是从"横渠四句"和横渠《西铭》去了解张载和关学的精神及其贡献。换句话说,对张载或关学的认识决不能离开我们对宋代儒学主流,对宋代道学总体的认识和评价。照二程说,《西铭》是北宋道学最重要的文献,代表了道学最高的精神追求。而横渠四句——"为天地立心,为生民立命,为往圣继绝学,为万世开太平"开显了儒家的广阔胸怀,即为世界确立文化价值、为人民确保生活幸福、传承文明创造的成果、开辟永久和平的社会愿景。《西铭》是哲学的、伦理的,"四句"更是社会的、价值的,二者有不同侧重。"四句"突出了道学的价值理想,《西铭》指引出道学的宇宙意识,而张载的思想整体是把高天和厚土结合在一起、顶天立地、天人合一,故"横渠四句"和横渠《西铭》是关学对宋明儒学主流精神与核心价值的主要贡献。"四句"的意义在宋代还不甚突出,但在明代以后越来越为人们所重视,其影响直至当代中国,塑造了中国知识分子的志向和心胸。在这个意义上说,"横渠四句"和横渠《西铭》构成了关学对中国文化发展的突出贡献。

《西铭》把古代的仁孝思想大大延伸,把孔孟的孝亲、仁民、爱物、事天一体贯通,发展了"以天下为一家,以中国为一人"的思想,扩大了仁爱的范围;《西铭》把孝亲、仁民、爱物、忠君都看作对天地父母、对天地大家行其大孝,从而大大提高了对道德行为的觉解,使人们从天地宇宙的角度理解个人的道德义务和穷达死生。《西铭》是以万物一气的思想为其基础的,后来张载弟子吕大临提出"凡厥有生,均气同体"和"物我兼体",发挥了张载"视天下无一物非我"的万物一体境界。"物我兼体"即物我一体、万物一体,这些主张与二程洛学的"仁者与物同体"思想是完全一致的。相比起来,二程的"仁者与物同体"境界固然突出了博爱精神,但联系人伦日用不直接;而《西铭》境界高远,却联系着人伦日用,从更高的层次去理解人伦日用,体不离用。这也应是为什么朱子对二程的"同体一体"说有所不满,但对《西铭》则无间言的理由。在这个意义上,可以说,关学的精神就是《中庸》所说的"极高明而道中庸",既追求博大高明的价值境界,又密切联系人伦生活的日用实践。

《西铭》经程门的表彰,其地位在南宋前期已经几乎与四书中的《大学》比肩,南宋儒学各家都把《西铭》视为经典,给予高度肯定,以至于后人称《西铭》为"有宋理学之宗祖"。正是《西铭》成为道学的经典及其影响的扩大,也引起了南宋淳熙年间反道学人士对《西铭》的攻击。他们批评时人"尊《西铭》而过于六经",批评《西铭》把君主说成与一切人同出于天地父母,使君主和人民成了兄弟,是"易位乱伦",意味着《西铭》消减了君主的绝对权威,缩小了君臣间的距离。其实这些对《西铭》的攻击,恰好证明了《西铭》在当时的重要地位和在政治思想上含有的进步意义。

在宋代,不仅与张载同时的二程以及他们的后学对《西铭》推崇至极,而且宋代道学的总结者朱子也大力推崇张载"心统性情"的思想,认为这个思想与二程"性即理也"的思想同样是"颠扑不破"的真理,在道学体系中具有特别重要的地位,朱子还高度肯定张载的"气质之说"。可见,我们论及关学的思想文化贡献,不能只就张载论张载,就关学论关学,更要看主流道学对关学的认识、评价、吸收、肯定。道学的宇宙论、心性论、工夫论、境界论都有取于张载的学说,而且不是一般的吸取,是作为重要的核心命题来吸取的,这些证明张载思想对道学具有发端和奠基的意义。张载本人也属于道学的创立者群体,宋代的关学本身就是两宋道学建构的重要组成部分,这是我们研究关学不可忽视的两方面。

《宋元学案》的《横渠学案》说张载"其学以《易》为宗,以《中庸》为的,以《礼》为体,以孔、孟为极……循古礼为倡……于是关中风俗一变而至于古",又说"关中学者郁兴,得与洛学争先"。《明道学案》:"关中学者躬行之多,与洛人并。"可见,当时多以关学、洛学并提。二程当时亦称关中学者为"关中诸公""陕西诸公"。在宋代,关学与河南的洛学关系密切,在明代,关学与山西的河东之学关系密切,可见与其他一切有地域特色的学术一样,关学的发展也总是在与其他学术体系互联互通中实现的。北宋嘉祐、熙宁间,形成了以二程、张载为核心的北宋道学的交往网络,而程、张的思想主张共同形成了北宋道学的主流。目前学界多把张载作为关中学派的代表,这是无可非议的。但也要指出,若只把张载定位于此,无形之中可能会只突出了张载关学对地域文化的贡献,成为地域文化的代表,而容易掩盖、忽略了他对主流文化——道学的贡献。我们把张载作为道学创立者之一,把张载与道学连结起来,而不把他限定在关学文化,正是为了突显关学对主流思想的贡献。关学在历史上的不断发展不仅是对以往关中学术的传承,也是对全国学术思想的吸收、回应和发展。关学积极参与了各个时代主流思想的建构,是"地方全国化"的显著例子。

儒学的普遍性和地域性是辩证的关系,这种关系用传统的表述可谓是"理一而分殊",统一性同时表现为各地的不同发展,而地域性是在统一性之下的地方差别,没有跳出儒学普遍性之外的地域话语,也不可能有离开全国文化总体性思潮涵盖的地方儒学。不过,地域文化的因素在古代交往还不甚发达的时代,终究是不能忽视的,但要弄清地域性的因素表现在什么层次和什么方面。如近世各地区的不同发展,主要是各地的文化传统之影响,而不是各地的经济—政治结构的不同。所以,问题的关键不在于承认不承认地域性的因素,而在于如何理解和认识、掌握地域性因素对思想学术的作用。

近几十年来,与其他省份多侧重"文化"的展示不同,陕西非常关注"关学"的总结和发掘。换言之,其他省份多是宣传展示广义的地域文化的特色,包括人物、历史、风物、民俗、诗文等,而陕西的《关学文库》工程更多关注的是学术思想史意义上的地域学术的传统。这是很不相同的。

第三讲

浅论关学宗师张载"勇于造道"的创新精神

赵馥洁

【作者简介】

赵馥洁，西北政法大学资深教授，陕西省社会科学界联合会名誉主席，兼任陕西省哲学学会名誉会长、中国哲学史学会理事、国际中国哲学会中国大陆学术顾问、中国社会科学院哲学研究所研究员。

张载是北宋时期伟大的哲学家，但他学无师承，他的哲学是自己经过几十年探求、体会出来的。他自称"学贵心悟，守旧无功"①，并说治学应"濯去旧见，以来新意""多求新意，以开昏蒙"②。他一生穷神研几，探索宇宙人生的真谛，著有《正蒙》《横渠易说》《经学理窟》等著作，在前代哲学的基础上，"芭蕉心尽展新枝，新卷新心暗已随。愿学新心养新德，旋随新叶起新知"③，以"古今无两"的"学问思辨之功"和"勇于造道"④的创造精神，为中华民族的智慧宝库做出了重大贡献。关于张载的创新精神，时贤和后儒多有评赞：

范育《正蒙序》说：张子之书"有六经之所未载，圣人之所不言"。

朱熹说："横渠之学，是苦心得之。"

陈亮说："横渠张先生崛起关西，究心于龙德正中之地，深思力行而自得之。"（《陈亮集》卷十四《伊洛正源书序》）

张伯行在《张横渠集序》中说："（张载）其学当时盛传于关中……自成一家之言。"

王夫之说："横渠学问思辨之功，古今无两，其言物理也，特精于诸老先

---

① 〔北宋〕张载著，章锡琛点校，《张载集》，中华书局，1978年版，第274页。
② 〔北宋〕张载著，章锡琛点校，《张载集》，第321页。
③ 〔北宋〕张载著，章锡琛点校，《张载集》，第369页。
④ 〔清〕王夫之：《读四书大全说》卷七，中华书局，1975年，第458页。

生,而曰'想孔子也大段辛苦来',可谓片言居要。"(《读四书大全说》卷七《论语·季氏篇》)

又说:"张子之学,上承孔孟之志,下救来兹之失,如皎日丽天,无幽不烛,圣人复起,未有能易焉者也。"①

全祖望评价云:"横渠先生勇于造道。"(《宋元学案》)

一、创新气学

张载在中国哲学史上创建了比较完整的气一元论哲学体系,把传统气学发展到哲学本体论的新阶段。

"气"是中国古代哲学用以表示物质存在的基本范畴。西周末年的伯阳父最早提出了气的概念。战国时代,《孟子》《管子》《庄子》《荀子》都讲气,他们认为气是构成一切有形之物、有生之物的原始材料,是生和知的基础。他们或者以气与志、气与心相对,以说明气的物质性;或者以气与生、气与物相连,以表明气的基本性。这虽然已经意识到了气是物质性存在,但还没有把气视为世界的本原,也未以气为哲学的基本范畴。两汉以至隋唐,气的观念有所发展,《淮南子》、《周易乾凿度》、《论衡》(王充)、《天论》(刘禹锡)都对气做了较多的论述,特别是东汉的王充,在其巨著《论衡》中,提出了"天地,含气之自然也"的杰出命题,确立了唯物主义自然观,给天人感应的神秘主义思潮以沉重打击。两汉隋唐时期,气论的基本特点是以气为天地生成的基质,用气说明宇宙万物的形成演变。所以,尽管哲学家们对先秦的气论有很大发展,但依然没有超出宇宙构成论和生成论的范围。张载在前代哲学的基础上,提出了比较细致、系统的气论,建立了较完整的气一元论哲学体系。张载气一元论哲学体系的理论要点是:1.气是最高的物质存在。不一定有形可见的东西是气,凡有运动、静止,有广度、深度的象,都是气。所谓"凡可状皆有也,凡有皆象也,凡象皆气也"②。2.气的变化是有规律的。张载说:"天地之气,虽聚散攻取百涂,然其为理也顺而不妄。"③3.气是宇宙统一的本原。

---

① 〔清〕王夫之:《张子正蒙注·序论》,上海古籍出版社,2000 年,第 81 页。
② 《正蒙·乾称篇》,见《张载集》,中华书局,1978 年,第 63 页。
③ 《正蒙·太和篇》,见《张载集》,第 7 页。

"神,天德;化,天道。德,其体;道,其用。一于气而已"①;"知虚空即气,则有无、隐显、神化、性命,通一无二"②。4.气是哲学体系的逻辑起点。张载由气出发,建立了自己的范畴系列,构筑了自己的哲学体系。"由太虚,有天之名;由气化,有道之名;合虚与气,有性之名;合性与知觉,有心之名。"③本体论、运动论、人性论、认识论,都是气范畴的逻辑展开。这样,张载就通过对气的客观物质性、运动规律性、宇宙本原性的明确规定,把气论从宇宙构成论和宇宙生成论发展为本体论,并在气范畴的基础上建构了自己的哲学体系,形成了与二程理本论、陆九渊的心本论鼎足而立的唯物主义气本论哲学体系,开创了朴素唯物主义哲学的新阶段。

张载的气一元论本体论哲学是中国封建社会后期唯物主义哲学发展的重大成果,对后代产生了深远影响。明代的王廷相进一步发展了张载的气一元论,详细论述了气是第一性的、理是第二性的理论,他推崇张载"太虚即气"的学说,认为"横渠此论,阐造化之秘,明人性之源,开示后学之功大矣"④。尤其是明清之际的唯物主义哲学家王夫之,极力推崇张载,一再宣称是张载气一元论的继承者,说自己平生的志向是"希张横渠之正学"。别的唯物主义哲学家如罗钦顺等,事实上也受到张载哲学的影响。从对后代的启迪来看,张载是宋元明清时代唯物主义气一元论哲学的开创者。正由于此,他也受到理学中唯心主义者的批评和攻击。

此外,19世纪以来的国外学者,也对张载的气论高度赞扬。有的说它"是11世纪关于感应原理的非常明确有力的叙述",长期保持着"它的活力"⑤,有的称其足以同"现代哲学之父"笛卡尔的"以太""旋涡"说相匹敌(丁韪良《翰林集》)。无论其评价是否恰当,都显示了张载哲学的杰出成就和影响。

---

① 《正蒙·神化篇》,见《张载集》,第15页。
② 《正蒙·太和篇》,见《张载集》,第8页。
③ 《正蒙·太和篇》,见《张载集》,第9页。
④ 〔明〕王廷相:《横渠理气辨》,《王廷相集》,中华书局,1989年,第603页。
⑤ 〔英〕李约瑟:《中国科学技术史》,科学出版社,1975年,第四卷,第124页。

二、批判佛学

张载从思维与存在之关系问题的视界批判佛学,把对佛学的批判提到哲学本体论的高度,是历史上从哲学层次批判佛教唯心主义的第一位哲学家。

佛教传入中国以后,一方面与中国固有的思想、文化相融合,另一方面又与中国传统的儒、道哲学相矛盾。东汉以后的思想史,儒、释、道的相反相成是一个十分重要的内容线索。张载以前的许多思想家都对佛教进行过批判,这种批判基本上是从三个层次上进行的:第一个层次是社会批判,主要批判佛教对社会经济的破坏和对政治秩序的扰乱。例如,唐初的傅奕,指斥佛教"游手游食""以逃租赋""不惮科禁,轻犯宪章"的严重危害;宋初的李觏列举了佛教"男不知耕,女不知蚕""望逃徭役,弗给公上""民财以殚,国用以耗"等"十害",视佛教为必须铲除的社会肿瘤。第二个层次是道德批判,主要批判佛教对儒家传统伦理道德的背离。例如,唐代韩愈认为,佛教"必弃而君臣,去而父子,禁而相生养之道",是根本不谈仁义道德的,所以主张以儒家的"道统",对抗佛教的"祖统"。宋代的孙复、石介、欧阳修等人批佛,也立足于封建道德。第三个层次是思想理论批判,着重批判佛教的思想理论观点,这是深层结构上的批判。

就思想理论的批判而言,也有一个发展过程。魏晋南北朝时期,反佛的思想家们主要针对佛教的因果报应论和神不灭论展开批判,孙盛、戴逵、何承天、郭祖深、范缜、刘峻、朱世卿等人,都是进行这种批判的杰出思想家,尤其是范缜的《神灭论》,在理论上的贡献十分突出,他以"形神相即""形质神用"的命题,唯物地说明了人的精神现象与物质形体的关系,达到魏晋南北朝时期对佛教理论批判的最高水平。隋唐时期,佛教由于得到官方的支持而盛行,其宗教理论也进一步精致。在这种形势下,虽然有傅奕、韩愈等人慷慨激烈的反佛言论,但他们着重从经济、政治和伦理道德方面用力,对佛教的理论批判相对薄弱,即使涉及一些理论问题,也多是反对因果报应、生死轮回的旧话重提。可见,在宋代以前,对佛教的思想理论批判,特别是世界观批判,无论从广度言,还是从深度言,都是很不够的。张载正是在这样的历史条件下,把对佛教的理论批判提到了新的水平,真正从哲学世界观的高度,剖析了佛教的理论核心。

张载从气一元论出发,主要从三个方面批判了佛教的唯心主义世界观。他指出:1.佛教的"一切唯心"论,完全颠倒了物质和精神的本末关系,是主观唯心主义。张载说,佛教"以心法起灭天地""以六根之微因缘天地",以为天地日月都是依赖人的感觉、知觉而存在的,这种"以小缘大""以末缘本"的观点,颠倒了天地与人心的大小、本末关系,实质上是以主观精神决定客观物质的唯心主义路线。2.佛教的"一切皆空"论,根本割裂了有无、隐显、性形的统一关系,陷入客观唯心论。张载指出,佛教认为"万象为太虚中所见之物",并"诬世界乾坤为幻化";"溺其志于虚空之大"而"梦幻人世"。其错误在于"不识有无混一之常",以为"物与虚不相资,形自形,性自性,形性天人不相待而有"。在张载看来,"虚空即气",没有什么绝对的虚空,虚与气、有与无、隐与显、性与形,都统一于气。如果像佛教那样把万象说成是太虚中的幻影,就必然割裂有与无、虚与气、隐与显、性与形的联系,从而否认山河大地的实在性,走向客观唯心主义,与道家宣扬的"有生于无"如出一辙。3.佛教的"神不灭"论和"轮回"说,鼓吹有脱离物质肉体的灵魂存在,违背了唯物主义原则。张载说:"浮屠明鬼,谓有识之死,受生循环,遂厌苦求免,可谓知鬼乎?""浮屠极论要归,必谓死生转流,非得道不免,谓之悟道可乎!"[1]张载认为,"鬼神者,二气之良能也"。鬼神只是阴阳二气屈伸作用,气伸为神,气屈为鬼,二者并不是独立的精神。人的灵魂也不过是"生而不离,死而游散"的气而已,根本不能脱离物质实体而独立存在,更不能"死生转流",轮回循环。佛家既然违背了唯物主义,所以不"知鬼",不"悟道",是彻头彻尾的"惑者"。

张载的上述批判,始终坚持了气一元论的立场,抓住了思维与存在关系这一根本问题,确实是既有力又精深,达到了很高的思维水平,在发挥唯物主义哲学的战斗性方面,树立了杰出的典范。后代不少批佛的哲学家如罗钦顺、王廷相、王夫之等人,都肯定了张载彻底批佛的理论贡献,并从张载哲学中吸取了丰富营养和宝贵经验。正如王夫之所云:"横渠早年尽抉佛老之藏,识破后更无丝毫沾染。一诚之理,壁立万仞。"[2]"使张子之学晓然大明,以正童蒙之志于始,则浮屠生死之狂惑不折而自摧。"[3]

---

[1] 《正蒙·乾称篇》,见《张载集》,第63—64页。
[2] 〔清〕王夫之:《读四书大全说》卷十,第693页。
[3] 《张子正蒙注·序论》,见《张载集》,第409页。

三、奠基理学

张载提出了一系列重大的哲学范畴和基本理念,为理学举行了奠基礼,是宋代理学的杰出奠基人。

理学(或称道学)是北宋兴起的学术思潮,是儒家学说的新形态。理学的基本特征是使儒学哲理化,为儒家的伦理道德提供一个本体论的依据。理学形成于北宋,成熟于南宋,盛行于明代,成为封建社会后期的统治思想,占据着学术思想的主流地位。在漫长的七百年间,学者辈出,成果累累,产生了极其深远的社会影响。

在理学发展史上,张载处于相当重要的地位,他是理学的奠基人之一。学术界认为,"宋初三先生"胡瑗、孙复、石介是理学的先驱,而周敦颐和张载则是理学的真正奠基者。张载作为理学奠基人的主要贡献是:

(一) 提出了理学的一系列基本范畴和命题

"理气""理欲""神化""一两""体用""性命""心性""诚明""理一分殊""天地之性""气质之性""德性之知""见闻之知""天人合一"等范畴和命题,张载都提出了,成为后来程、朱等人完成理学体系的基础。尤其是其认识论、辩证法、人性论、价值论上的创新思想,极其重要,影响深远。试简述之:

第一,"闻见之知"与"德性之知"的认识论。张载一方面认为人的知识是由耳目闻见接触外界事物取得的,他称这种知识为"闻见之知";另一方面又认为耳目闻见不能穷尽天下万物之理,于是便提出了一种超越耳目闻见的知识,他称这种知识为"德性之知"。张载主张从物到感觉和思想的认识路线。

第二,"一物两体"的辩证法。宇宙万物都是由阴阳二气聚合而成的,因此都有阴阳二端对立。正是由于这种阴阳二端的对立、结合,才使事物变化不已,神妙莫测。"两不立,则一不可见;一不可见,则两之用息"①,"有象斯有对,对必反其为;有反斯有仇,仇必和而解"②。张载"一物两体"的发展观,

---

① 《正蒙·太和》,见《张载集》,第9页。
② 《正蒙·太和》,见《张载集》,第10页。

对宋元明清的"一分为二""合二而一"的辩证法,具有时代性的影响,许多哲学家都对此做了说明、发挥,方以智的"合二而一"观,显然从中汲取了智慧。

第三,由"气质之性"回归"天地之性"的人性论。在人性论上,张载提出了"天地之性"与"气质之性"的人性学说,创立了人性二元论。"天地之性"是先天的,纯善的,是体现天理的。每个人生下来之后,具有各自不同的身体条件、生理特点、生活欲望等,这种禀气而生与每个人不同特点结合起来的本性,张载称之为"气质之性"。"气质之性"是有善有恶的,是恶的来源。他说:"形而后有气质之性,善反之则天地之性存焉。故气质之性,君子有弗性者焉。"① 为了恢复先天的善性,就要去掉物欲之蔽,变化气质之性,返回本然的善性。人如果能够变化气质之性,恢复天地之性,就可以为善,成为圣贤君子。因此,张载强调变化气质之性,返回到天地之性。张载认为,必须通过克己存心、养心的工夫,即克制物欲之蔽,做到虚心、诚心,就可以变恶为善。只要虚心学习、修养心性,就可以变化气质,成为圣贤。张载"人性二元"论,对后继者的影响尤深,他们以此为道德规范、政治伦理的思想基础而做了阐释、论证。

第四,"太和所谓道"的价值观。张载的代表著作《正蒙》首篇为《太和篇》,其首句为"太和所谓道",把古代的和谐价值思想提高到规律高度。认为和谐是宇宙根本法则。并进而提出"天人合一存乎诚""万物一体""仇必和而解""和乐,道之端乎"等重要价值观命题。

"两种认识""一物两体""两种人性""太和谓道"都是张载精思独创的哲学智慧的结晶,它既显示了张载哲学既有创新开拓的精神,又有深邃精微的思致;既有浑厚严谨的风格,又有恢弘博大的气象。这些思想对中国古代哲学的发展做出了划时代的杰出贡献,为中华民族的智慧宝库增添了宝贵的资源,在中国哲学史上占有重要的地位。可以说,张载的哲学决定了宋元明清时期中国哲学的发展方向。

(二)建构了理学的基本框架

理学的宇宙论、本体论、人性论、认识论、方法论等基本组成部分,张载哲学都论述了,虽然他在这些领域中所持观点和致思方式与程、朱有异,但问题

---

① 《正蒙·诚明》,见《张载集》,第23页。

已经提出,规模已经形成。

(三)确立了理学"民胞物与"的道德理想

张载在《西铭》中提出了"天地之塞,吾其体;天地之帅,吾其性。民吾同胞,物吾与也"的理想人生境界,二程之后的理学家,几乎无不推崇备至,认为其"言纯而思备""深发圣人之微意""真孟子以后所未有也",并都以此作为理学所追求的价值理想。

正由于张载为理学奠定了基础,所以深得以后理学家和统治者的推崇,二程把他与孟子、韩愈相比,朱熹称其学为"精义入神",说"横渠所说,多有孔孟所未说底"。朱熹编理学史《伊洛渊源录》把张载与周敦颐、邵雍、二程并列,在《近思录》中也选了张载许多言论。历代统治者也给张载以很高的荣誉,宋理宗封他为"郿伯","从祀孔子庙庭"。元代赵复立周敦颐祠,以张载与程、朱配祀。明清两代,张载的著作一直被统治者视为理学经典,作为开科取士的必读书,并先后汇入御纂的《性理大全》和《性理精义》。由此足见,张载在理学中的重要地位和深远影响。

四、创建关学

张载在儒学的时代性新形态——理学的群体中,树立了自己鲜明的学术特色和学风特色,形成了关学学派,是宋代理学四大学派之一的关学的创建者和宗师。

张载作为理学奠基人、著名理学家,既有理学共有的哲学思路和理论内容,又有自己鲜明的学派特色。首先,他主张以气为本体,和程、朱的理本论,陆(九渊)、王(阳明)的心本论,大异其趣。其次,在人性论、认识论、方法论等方面也与程、朱、陆、王有许多差异。再次,张载的学风也有别于理学他派。于是,就成为与周敦颐代表的濂学、二程代表的洛学、朱熹代表的闽学并立的关学学派。张载学无师承,他的哲学是自己经过几十年探求、体会出来的。

从张载哲学及其关学形成和发展的总体来看,它在中国理学史和哲学思想史上具有显著的个性和独特的品格。"关学始终葆其'躬行礼教'、力排二氏(佛道)的'崇儒'宗旨。它以'气本''气化'之学和'精思''实学'之风,同朱学、王学相依相离,鼎足而立,为宋明理学写下了独放异彩的篇章"①。张载哲学,在关中地区影响很大,从学者甚众,一时门生如云,声势颇大,以他为领袖的关学学派就形成了,此后一直延续到明清之际。所以,张载是关学的创立者。关学这种独特的个性,一方面具有固守传统礼教的局限;另一方面,又有重视自然科学成果,关心社会现实问题,不尚空谈,力主实践,善于博取,勇于创造的优势,对中国哲学尤其是关中地区思想文化的发展产生了重大影响。"关学"与二程创立的"洛学",是北宋最具影响力的两个学术派别。全祖望指出:"关学之盛,不下洛学。"(《宋元学案》卷三十一《吕范诸儒学案》)陈亮说:"濂溪周先生奋乎百世之下,穷太极之蕴,以见圣人之心,盖天民之先觉者也。手为《太极图》,以授二程先生。前辈以为二程之学,后更光大,而从所来不诬矣。横渠张先生崛起关西,究心于龙德正中之地,深思力行而自得之;视二程为外兄弟之子,而相与讲切,无所不尽。世以孟子比横渠,而谓二程为颜子,其学问之渊源,顾其苟然者!"(《陈亮集》卷十四《伊洛正源书序》)后世学者多认为"关学"与"洛学"是同时兴起、并列而立的重要学派。张载在关中聚集弟子讲学论道,推行礼教,试行井田,他"学古力行,为关中士人宗师,世称为横渠先生"②。司马光在《哀横渠诗》中云:"当今洙泗风,郁郁满秦川。先生倘有知,无憾归重泉。"张伯行在《张横渠集序》中说:"其(张载)学当时盛传于关中,虽自成一家之言,然与二程昆弟首推气质之说,以明性善之本然,而汉、唐以下诸儒纷议之惑泯焉。其有功性教,夫岂浅小哉!"足见"关学"之盛,影响之大。

张载的哲学创新内容是十分丰富的,对中国哲学史和关中思想文化史的贡献是多方面的,以上所论,仅就其大端言之。但亦足以表明张载哲学及其关学在历史上的重要地位。他创立"气本""气化"论哲学体系,批判佛道唯心主义世界观,开辟儒学哲学化的道路,为宋明理学举行奠基礼和建立关学学派,这些历史功绩,将在中华民族的智慧发展史上永放光辉。他培育的求实力践、博学精思、批判创新等优良学风,也将对当代关中文化学术的发展,注入活力。他奉行和倡导的"为天地立心,为生民立命,为往圣继绝学,为万世开太平"的哲人使命精神,更是集中表现了中国传统哲学的精神特质!

---

① 陈俊民:《张载哲学思想及关学学派》,人民出版社,1986年,第32—33页。
② 《宋史·张载传》,见《张载集》,第387页。

由于张载哲学的丰富创新思想和历史贡献,因此受到后世学者的推尊、称赞,这其中尤以中国唯物主义和辩证法的集大成者王夫之为最。在王夫之看来,张载的思想学说,是通天地、贯古今、一天人的穷神、知化、达天德之蕴、救世论之弊、启世人之智的"正学"。基于这种认识,王夫之终身研究、发展张载的思想,以张载思想为宗,建立了自己博大精深的思想体系。王夫之在隐居生活中,依然潜心研究张载的思想,"杜门著书,神契张载《正蒙》之说,演为《思问录》内外二篇"(《国史儒林传》)。王夫之的儿子王敔说:"自潜修以来,启瓮牖,秉孤灯,读十三经、二十一史及张(载)朱(熹)遗书,玩索研究,虽饥寒交迫,生死当前而不变。"(《姜斋公行述》)王夫之全面总结、阐释、发展了张载的思想。特别是推崇、服膺《正蒙》一书,所以余廷灿说:"其(王夫之)学深博无涯矣,而原本渊源,尤神契《正蒙》一书,于清虚一大之旨,阴阳法象之状,往来原反之故,靡不有以显微抉幽,析其奥窔。"(《船山先生传》)王夫之直到临终前自题的墓志铭中还说:"抱刘越石之孤忠,而命无从致。希张横渠之正学,而力不能企。幸全归于兹邱,固衔恤而永世。"(《船山先生传》)从王夫之的思想中,可以看出张载思想的历史贡献和重要影响。

第四讲

张载关学的历史地位、精神气象和当代价值

刘学智

【作者简介】

刘学智,陕西师范大学资深教授,国际儒学联合会顾问,中华孔子学会副会长,陕西省孔子学会名誉会长,西北大学关学研究院名誉院长。

在中国思想和文化史上,孔子创立的儒学无疑处于主导地位。经过先秦儒学、汉唐儒学的演进,到宋明时期,儒学发展为理学。理学是当时的思想家们克服了汉唐儒学之弊,在"三教合一"的学术背景下对新的时代课题而创立的新儒学。张载正是宋代理学的重要开创者和奠基者,关学是理学的重要一脉。

理学产生于北宋,但它是在长期以来佛道泛滥的情况下儒学复兴运动的产物。钱穆说:"治宋学必始于唐,而以昌黎韩氏为之率。"①也就是说,理学所代表的儒学复兴运动及其所表现出的基本思想取向,可以在自韩愈以来的新儒学运动中找到它的渊源。

从思想渊源上说,理学又是晋、唐以来儒、释、道三教融合发展的产物。理学家在建立其理论体系时,受晋唐以来儒与释、道交融的文化背景和氛围的影响,自觉或不自觉地吸收或借鉴了佛教、道家和道教的本体论、心性论及思辨方法,并将其融入到自己的思想体系中。"出入佛老而后归之六经",这是几乎大多数理学家走过的心路历程。

---

① 钱穆:《中国近三百年学术史》,商务印书馆,1997年,第1页。

一、理学史上的一座高峰

在宋明理学史上，涌现出诸多思想家，其中北宋张载、南宋朱熹、明代王阳明分别代表了理学史上不同时期的三座思想高峰，张载关学则是宋明理学史上的第一座高峰。

北宋庆历、熙宁时期，出现了许多有影响的思想家，时称"北宋五子"的周敦颐、邵雍、张载、二程（颢、颐）大都活跃于这一时期，他们的思想也都不同程度地影响了理学的发展。一向被视为理学开山祖的周敦颐，以援道入儒的方式，为理学的发展起了重要的奠基作用。由周敦颐开出的"合老庄于儒"的天人合一致思趋向，已大致规定了宋明时期思想发展的基本方向。不过，周敦颐的思想受道教的影响较大，其系统的新儒学体系并没有严整地建构起来。他被推为宋初儒宗的地位，是因二程、朱熹一系的高扬。邵雍以讲先天象数学著称，他的"先天学"渊源于道教方士的"先天图"，只是他将其与汉代易学象数体系结合起来，以易的八卦说为基础，以其象数的数量关系推演天地万物，这就把象数视为最高的法则。他的这套繁琐复杂的象数体系在理学的形成过程中并不占主导的地位。二程是与张载同时的学人，二程主张以"理"为本，其思想经过几代传承，深刻地影响了南宋的朱熹，并形成了以理为本原的集大成的思想体系。而张载的思想则是在"虚—气"本体论的基础上讲心性论，其确立的"性与天道为一"的理学主题，事实上影响了包括程朱和王阳明思想在内的几乎整个宋明理学。值得注意的是，北宋诸子大都注意从易理中吸收营养来建构其思想体系，只是侧重点有所不同。程珌说："宋兴百年，名儒辈出，胡安定得其义，邵康节得其数，程明道、伊川得其理，周濂溪得其体，张横渠得其用，然后易之道大明于天下。"其实张载言易，有体有用，既讲天道阴阳，又归为社会人事，诚如吕柟所说，张载言易"本为人事而作"（以上参见朱彝尊：《经义考》引）。

作为理学的开创者和奠基者，宋明理学的一些基本范畴和重要命题，在张载那里已经提出或见端倪；理学的基本框架在张载那里已见雏形；张载批判佛老成为此后诸多理学家的基本理论立场。张载提出的"天地之性"与"气质之性"的人性论，"德性之知"和"见闻之知""心统性情"的德性论和认识论，"立诚""尽性"和"变化气质"的修养工夫论，以及《西铭》所阐发的"民胞物与"的伦理境界,也多为宋明诸儒承继和阐发。张载的思想是在总结汉唐儒学"知人而不知天,求为贤人而不求为圣人"之蔽,在"出入佛老数十年",又反思北宋社会积弊的思想基础上所进行的理论创造。张载的思想特点,《宋史·张载传》概括为"其学尊礼贵德,乐天安命。以易为宗,以中庸为体,以孔孟为法,黜怪妄,辨鬼神"。清人朱轼将其学说的核心概括为"以诚明为本,以礼乐为行"(《史传三编》卷四《名儒传》)。故全祖望说他"勇于造道",吕大临评论他的学说"自孟子以来,未之有也"(《横渠张子行状》)。可见,他所达到的理论高度不仅孟子以降至此无人及之,也把北宋理学推向高峰。

"关学"绝非一般意义上的"关中之学",而是指张载以来的关中理学。在史家看来,"关中有横渠出,若河南二程、新安朱子后先崛起,皆以阐圣真、翼道统为己任,然后斯道粲然复明"。此道即自先王以迄孔孟以来的儒家道统,此一道统经宋儒周、程、张、朱的阐释,后之关中诸儒,"虽诸君子门户有同异,造诣有浅深,然皆不诡于道"(余懋衡《关学编序》)。所以,从广义上说,关学是指由张载开创及其后一直在关中传衍着的理学的统称;而狭义的关学,则指张载及其后在关中流传的与张载学脉或宗风相承或相通之关中理学。事实表明,关学是一个有本源根基、学脉传承、学术宗旨,风格独特而又开放包容的多元的地域性理学学术流派。

二、"立心""立命""继绝"的文化担当

据吕大临《横渠先生行状》载,张载为人"志气不群",从小即树立了强烈的使命意识。为此,他立志向学,且"无所不学"。早年他"喜谈兵",时有郴州人焦寅喜谈兵法,张载尝从之游。当时西夏常骚扰北宋西北边境,宋朝政府派兵抵抗,却常有不敌,这对少年张载刺激很大,于是他"慨然以功名自许",立下为民除患、为国建功的宏愿。21岁时年轻的张载竟远赴延州,谒见了时任招讨副使兼延州(今延安)知州的范仲淹,陈述了自己愿意保卫边疆的想法。范仲淹"一见知其远器",不过他认为张载并不适合带兵打仗,于是启发他"儒者自有名教可乐,何事于兵!"并劝他读《中庸》。由此,范仲淹被视为张载人生的第一位导师,《宋元学案》也因此把张载列入"高平门人"。他对《中庸》虽然喜爱,但读后感到并不满足,遂又读佛、老之书,"累年尽究其

说",知"无所得",于是再"反之六经",归向儒学,在孔孟这里找到了自己的安身立命之所。之后他系统阅读了《周易》《孟子》《中庸》《礼记》等儒家典籍,尝危坐一室,俯而读,仰而思,有得而识之,或中夜起坐,取烛以书。他以"勇于造道"(全祖望语,见《宋元学案》卷三一)的精神,艰苦力学,精思力践,穷神研几,尽力探讨宇宙和人生的奥秘,终于成就了一位伟大的思想家。他所著《正蒙》《横渠易说》《经学理窟》等,以其所"自得之者",构建了一个"穷神化,一天人,立大本,斥异学"的"贯性与天道为一"的思想体系。王夫之说:"张子之学,上承孔孟之志,下救来兹之失,如皎日丽天,无幽不烛,圣人复起,未有能易焉者也。"(《张子正蒙注·序论》)这是对张载思想价值的充分肯定。而这一切的取得,都是建立在他强烈的使命意识基础上的。

关学在其传衍的过程中,虽然其学术观点或旨趣屡有变化,但其文化精神则前后一贯,且一脉相承。赵馥洁先生曾将其概括为"立心立命"的使命意识,"勇于造道"的创新精神,"崇礼贵德"的学术主旨,"经世致用"的求实作风,"崇尚节操"的人格追求,"博取兼容"的治学态度六个方面。而其最有特色的则是关学学人"立心""立命"的使命意识和"崇尚节操"的人格追求。

最能体现张载博大胸怀、精神气象和哲学使命的,是他著名的"四为"句,这就是:"为天地立心,为生民立命,为往圣继绝学,为万世开太平。"[①]黄宗羲所以称其"自任之重如此",即认为这是张载为自己确立的历史使命和责任担当,由此开显了儒家的广阔胸怀。

"四为"句不是并列的关系,其中"为天地立心"是其根本,只有"立心"了,才能"立命""继绝"和"开太平"。从文献上看,古人常以立"天地之心"释"为天地立心",如罗洪先说:"盖欲'为天地立心',必其能以'天地之心'为心。"(《念菴文集》卷二)"天地之心"说最早见于《周易》。《周易·复卦·象传》:"复,其见天地之心乎。"二程解释说:"天地之心,以复而见。圣人未尝

[①] 南宋《诸儒鸣道》本所收《横渠语录》第二句作"为生民立道",第三句作"为去圣继绝学"。南宋黄震(1213—1281)《黄氏日钞》、元儒真德秀《西山读书记》及明代诸多版本,"立道"作"立极"。而南宋陈淳(1159—1223)《北溪大全集》、明冯从吾《少墟集》卷七引《语录》、清黄宗羲《宋元学案》卷一八《横渠学案下》引《近思录》(清道光刻本)及卷一七《横渠学案上》黄百家案语、清朱轼康熙五十八年本《张子全书序》等,第二句"立道"皆作"立命"。《诸儒鸣道》《近思录》年代较早,故"立道""立命"当为迄今所见最早的版本,"立极"可能是衍生之说。自《宋元学案》所引之后,"立命"说被学界广泛认同,成为当今影响最大的一种说法。

复,故未尝见其心。"(《二程粹言·天地篇》)意思是说,从复卦可见天地意向之所指。张载说:"地雷见天地之心者,天地之心惟是生物,'天地之大德曰生'也。"(《横渠易说·上经》)"地雷"即复卦,以为《复》卦《彖》所说"天地之心",即"天地之大德曰生"。天地生养万物,体现了天地的仁爱之德,故立仁德就是立天地之"心"。在张载看来,天地本无心,天地之心乃人之心,即人的仁爱之心。可见,张载"为天地立心",就是要为社会确立以善的道德为核心的文化价值,由此,张载就为民众指明了一个根本的价值取向。其实,在历史上,那些往圣先哲所做的一切,诸如"《西铭》'一体之仁',《礼记》'大道之公',《大学》'明新至善之道'"(《司牧宝鉴序》)等,都是在做着"为天地立心"的努力。所以,马一浮说:"故'仁民爱物',便是'为天地立心'。"(《泰和宜山会语》)

"立命"出自《孟子·尽心上》:"夭寿不贰,修身以俟之,所以立命也。"朱熹注:"(夭寿)不贰者,知天之至,修身以俟死,则事天以终身也。立命,谓全其天之所付,不以人为害之。""知天而不以夭寿贰其心,智之尽也;事天而能修身以俟死,仁之至也。"(《四书集注·孟子集注》)孟子本义是指通过修身以保持天所付之生命,不要让人的行为伤害它。张载及朱子都对孟子"立命"从道德意义上做了发挥,与其"立心"相联系,主张儒者应该有一种社会使命和责任担当,引导广大民众"立命",即帮助民众确立自己的精神方向、人生准则和价值目标,使民众能解决安身立命这一终极问题,从而获得生命的价值和意义。

"为往圣继绝学"。"往圣",指历史上的圣人。"绝学",指被异端思想所中衰了的儒家学说和学术传统,亦即韩愈所说的由尧、舜、禹、汤、文、武、周公而至于孔子、孟子所一贯倡导的仁义之道的道统。韩愈说:"周道衰,孔子没,火于秦,黄老于汉,佛于晋、魏、梁、隋之间。其言道德仁义者,不入于杨,则入于墨;不入于老,则入于佛。"(《原道》)于是,孔孟之儒学遂成"绝学"。这一点,张载及其弟子是认同的,如范育说"自孔孟没,学绝道丧千有余年"(《正蒙·范育序》),所以才有"为往圣继绝学"的历史使命感。张载要承继的是包括伏羲以至孟子以来的道统,其承继的方式就是一面尽力批判佛老,一面"勇于造道"(《横渠学案·序录》,《宋元学案》卷一七全祖望案),努力建构新儒家的思想学说。他不仅发挥了传统儒家"乐且不忧"的人生观、"尊道贵德"的道德观、"一天人、合内外"的价值理想以及"不语怪力乱神"的理性精神,而且提出了"太虚即气"的宇宙观、"民胞物与"的伦理观和"性与天道合一"的心性论。为了言"六经之所未载,圣人之所不言"(《正蒙·苏昞序》),不仅著《正蒙》,而且写了《诸经说》,充分彰显了张载强烈的使命意识,也实现了他"为往圣继绝学"的夙愿。故王夫之称赞道:"往圣之传,非张子其孰与归!"(《张子正蒙注序论》)"为往圣继绝学",既体现了张载的学术使命,也彰显了张载的精神境界,同时也为此后理学的发展指明了精神的方向。

张载提出的"为万世开太平",既为社会指明了前进的方向,也为人类指出了实现美好理想的目标。"太平""大同"等观念,是周公、孔子以来圣人的社会政治理想。孔子一直以"道之将行"(《论语·宪问》)的状态为理想的社会,孟子也一直向往"王道"的理想社会,《礼记·礼运篇》所述的"大道之行也,天下为公"的"大同"社会,也是他们所理想的太平盛世。在那个社会里,没有剥削,没有压迫,没有贫富差别,人们各尽所能,过着平等、自由的生活。张载面对宋代社会的种种矛盾和人民生活的困苦,以儒家仁爱精神为基,以更深远的视野展望"万世""太平"的人类理想社会,强调要努力为人类开创万世祥和的基业,反映了张载的博爱情怀和远大志向。这一点可成为我们今天倡导建构人类命运共同体的重要思想资源。

总之,张载的"四为"句,涉及士人对民众生活原则、精神价值、生活意义、学统传承、政治理想的追求,表达了张载宽广的胸襟与博大的情怀,展示了士人对人类崇高理想的向往和孜孜以求,也彰显了关学学人的文化精神,故一直以来为历代士人特别是关学学人所尊奉。

三、"民胞物与"的精神价值和伦理境界

张载思想的灵魂和精神标识是《西铭》,《西铭》中最核心的思想就是被后人概括的"民胞物与",它集中体现了张载的伦理境界。

张载所著《正蒙》最后一篇叫《乾称篇》,张载把其中第一段话抽绎出,取名《订顽》,将最末一段也抽出,取名《砭愚》,分别书之于横渠"学堂双牖"。二程对这两篇短文极为赞赏和推崇,而分别命之为《西铭》《东铭》,称赞说"子厚为二铭以启学者"(《二程粹言·论书篇》)。《西铭》在张载思想中占有重要的地位,如二程说:"此横渠文之粹者也。"(《二程粹言·论道篇》)并给予其很高的评价,谓其言"极纯无杂,秦汉以来学者所未到"(《张子语

录》),赞《西铭》"明理以存义,扩前圣所未发,与孟子性善养气之论同功"(《二程粹言·论书篇》)。并指出:"仁孝之理备于《西铭》之言。"(《二程粹言·论道篇》)点明了《西铭》的核心是讲仁孝伦理。朱熹也肯定了"《西铭》之意,与物同体"的说法。

张载在《西铭》中谈到了三个层面的意思,一是"天人一体"和"民胞物与"的思想;二是"仁孝"之理;三是积极进取和达观超然的人生态度。

第一,张载在"天人一体""天人合一"思想基础上,讲"民,吾同胞;物,吾与也",即认为民众都是我的同胞兄弟,万物都是与我为邻的同伴,这句话被后人概括为"民胞物与"。在张载看来,乾父坤母,包括人在内的宇宙万物,都因气化而有生,同禀一气而有性。值得注意的是,张载在这里何以"不曰天地而曰乾坤",是因为在张载看来,"言天地则有体,言乾坤则无形。故性也者,虽乾坤亦在其中"(《横渠易说》)。也就是说,只有无形的乾坤才能说明万物禀气而有之性。从禀赋之气所承载的价值意义上说,所有的人和物都是平等的,所以我们要以"民胞物与"的态度,看待和处理人与人、人与物的关系。张载的这一思想不是凭空产生的,而是在儒家传统仁学思想基础上形成的,并有大的超越。《论语》说"泛爱众,而亲仁""四海之内皆兄弟",已把早先建立在"亲亲"基础上的人伦之爱,扩展到广泛的人与人之爱。孟子说"亲亲而仁民,仁民而爱物"(《孟子·尽心上》),又进一步把人伦之爱扩展到万物。之后,唐代韩愈说"博爱之谓仁"(《原道》),把儒家的仁爱观明确提升到博爱的高度。张载从《易》理出发,在"天人一体"的基础上讲"民胞物与",此则是在"天人合一"基础上,既讲人与人的爱,又强调人要与万物相伴而生。这是一种具有生态伦理意义的大爱,也是张载对儒家仁爱思想的升华。在张载看来,大自然不是人类的专属品,人在自然界是很藐小的,只能"混然中处"于其中。人类也不是大自然的主宰者,天人本为一生态共同体,其命运是连在一起的。人应该爱护所有的有生之类,也要关照所有的无生之属,人类若无限度的征服自然,必然要受到大自然的惩罚。

第二,张载在"民胞物与"的思想基础上,更突出儒家的"仁孝"伦理。《礼记·礼运》所说"人不独亲其亲,不独子其子;使老有所终,壮有所用,幼有所长,矜寡、孤独、废疾者皆有所养",体现了对仁爱、平等、和谐社会的向往。张载对之做了充分地发挥,不仅强调要尊长慈幼:"尊高年,所以长其长;慈孤弱,所以幼其幼。"尤强调要将那些"疲癃残疾、惸独鳏寡"以及生活"颠连而无告者"等社会弱势群体,视其为自己的同胞兄弟,给予更多的关爱。孝道也是儒家特别倡导的道德,《中庸》说:"夫孝者,善继人之志,善述人之事者也。"认为最大的孝就是要承继父母之志,完成父母未竟之业。张载从《易》理"天人合一"的高度讲孝道,认为只有"穷神知化""修身养性",才能达到继父母之志、成父母之事的境界,才能上无愧于苍天,下无辱于父母。张载由此进一步强调"践形""继善成性"等修养理论,主张人之有形有色,是人的天性。与"济恶"相对,人能继善成性,方可达崇高的境界,并能自觉践履德性,这叫"践形"。若能自觉践行天赋的德性,就是尽性。能尽性就可"践形",只有能践形的人就很像天地父母的孝子。为了说明这一点,张载不厌其烦地列举出舜、禹、颍考叔、申生、曾子、伯奇等古代圣王和志士仁人行孝的事例。正是在这一意义上,二程说:"仁孝之理备于《西铭》之言。"(《二程粹言·论道篇》)朱熹也说:"横渠作《西铭》,亦只是要学者求仁而已。"(《孟子精义》卷一三)

第三,张载最后讲人处于不同境遇时应持的生活态度。人生的境遇无非有顺境和逆境两种,处于顺境即在享受富有、尊贵、幸福、恩泽之时,不要高傲和狂妄,要将其视为这是上天给予自己的特别眷顾;处于逆境即在遭遇穷困、卑贱、忧愁、悲伤之时,应将其视为上天对自己的考验和激励,以促使其振作精神,取得成功。这种文化精神,古人常以"贫贱忧戚,玉汝于成"来概括。在此基础上,张载特别强调,人对自己有限的生命应该持一种坦荡达观、乐观进取的胸襟和态度。活着,就要顺从规律,积极做事;死了,就视其回归本来的安宁。以这种积极而超然的态度处世,人就不会有诸多烦恼,总能乐观地面对生活,这鲜明地体现了张载既积极又超脱的人生态度。正如陈来所说:"《西铭》境界高远,却联系着人伦日用。"

总之,《西铭》中包含的思想和精神就是:尊重人、爱人的儒家仁爱精神;天地一体、万物平等的宇宙观念;积极进取的文化精神;乐天安命的生活态度。正因为此,《西铭》受到历代学人的普遍关注和推崇。

四、关学学人的风骨和节操

张载创立的关学,在中国学术史上有着极为重要的地位,其思想之精深,境界之高远,节操之高尚,堪称楷模。值得庆幸的是,张载开创的关学学脉一直没有中断,关学学风也持续被承传弘扬。较早受学于张载之门者,有蓝田"三吕"(吕大忠、吕大钧、吕大临)以及范育、苏昞、游师雄等,他们中的许多人终身恪守张载的学术宗旨。张载可考见的弟子除上述外,还有潘拯、薛昌朝、李复、邵清、田腴、张舜民等,其中吕大钧、吕大临、苏昞、范育等人对关学的形成与发展起了重要的作用。在张载诸弟子身后,关学在师承上虽无洛学那样有一个绵延久远的授受序列,但张载思想及其关学精神则一直代代承传。金元时有杨奂、杨恭懿、萧㪺、同恕等;明代有王恕、王承裕,薛敬之、吕柟、韩邦奇、马理、冯从吾、张舜典等;清代有李二曲、王心敬、王建常、李元春、贺瑞麟、刘古愚、柏景伟、牛兆濂等,牛兆濂可视为传统关学最后一位传人。从《关学编》及《关学续编》等关学学术史著作中,可见关学统绪延绵不绝,"源流初终,条贯秩然"。随着时代的变化,关学的学术旨趣虽有所转化,但"横渠遗风,将绝复续",关学精神,世代相承。

  关学学人都有一个鲜明的特征,那就是重视礼仪教化,主张身体力行。前者造就了关中文化隆礼重仪的古朴雅韵,后者使关中文化涌动着鲜活的生命力。那种"敦善行而不怠"、坚持真理、不畏权贵,不苟且、不合污的精神节操,"无求生以害仁,有杀身以成仁"的理想信念,"不降其志,不辱其身"的人生信条和"富贵不能淫,贫贱不能移,威武不能屈"的大丈夫人格,一直使儒家的优良传统闪烁着熠熠光芒。这里要特别提及的是,在张载身上所凝结的坚持真理、不畏强权的风骨,廉洁奉公、刚正不阿、崇尚气节的道德人格和节操,在历代关学学人身上依然鲜明地得以持守和光大。

  北宋神宗熙宁二年(1069),因时为御史中丞的吕公著的推荐,神宗召见了张载,并与他讨论治国之道。他在阐述自己以"三代之治"为目标的政治理想时,强调经济上要调整好分配关系,不要两极分化,还提及对民众的教育等问题。神宗听后非常赞赏,准备委以重任,但他却推辞了,说"臣自外官赴召,未测朝廷新政,愿徐观旬月,继有所献"(吕大临:《横渠先生行状》)。以后王安石又找到他,请他参与新政,大概因为在改革观念上的分歧,他没有听从。后来,其弟张戬因上书反对王安石变法而被贬职,他感到很不安。本来他做官是为了实现自己的政治理想,既然理想难以实现,于是决定退隐,辞官回乡。可以看出,张载那种坚持真理,不畏强权的气节和风骨非常鲜明,并一直影响了历代的关学学人。

  张载创立的关学绵延八百余年,作为理学的重要一脉,在其漫长的历程中,以其独有的鲜明特色,为中华民族的智慧宝库做出了重大的贡献,其思想学说和精神境界不仅在历史上发生了重大的影响,而且在今天的现实生活中仍有着重要的价值,是我们陕西历史上极其珍贵的精神财富和文化资源。关学重使命、崇道德,求真务实,经世致用,笃实践履,崇尚气节的文化精神,不仅在历史上影响了一代代关中士人的风格、品行和节操,而且以其在社会生活中的丰厚遗存和深刻影响,仍然在塑造和培育着当代关中人的精神风貌和行为方式,培育着关中乃至陕西人纯朴、质实、耿直、坚韧、诚信的文化性格,也对关中乃至陕西人形成求真务实、勇于担当、恪守正道、博取兼容的品格和精神风貌发生着重要的影响。在今天,弘扬张载关学的文化精神,对于我们端正社会风气,促进和谐社会和精神文明的建设,仍有着重要的借鉴意义。

第五讲

关学的哲学意蕴
——基于张载思想的考察

杨国荣

【作者简介】

杨国荣，华东师范大学资深教授，华东师范大学人文社会科学学院院长，华东师范大学校学术委员会副主任，教育部长江学者，国务院学位委员会第五、第六届哲学学科评议组成员。

关学可以从狭义和广义两个层面加以理解，狭义的关学主要指张载及其门人之学，广义的关学则从张载之后延续至元明清乃至近代。宽泛而言，具有地域性的学派，总是既涉及空间，又关乎时间。关学作为一种学派，不管作狭义的理解还是广义的考察，同样也具有空间性和时间性。从空间上说，它与关中这一特定地域密切相关；就时间而言，它则涉及历史的延续过程。从整体形态看，历史中的中国思想既包含普遍性，也具有多样的表现形式。就具体的学派而言，其中既包含与地域性相关的特点，也体现了中国思想的普遍性品格。与此相联系，对关学等学派的研究，一方面能够深化对中国思想普遍内涵的理解，另一方面则有助于把握中国思想多样的形态。

作为学派，关学奠基于张载，其基本特点与张载的思想难以分开。这里的考察，也主要指向张载的哲学。

一

从形而上的层面看，张载的哲学关乎天道，后者首先体现于气与物关系的考察。在张载看来，"气有阴阳、屈伸、相感之无穷，故神之应也无穷。其散无数，故神之应也无数。虽无穷，其实湛然；虽无数，其实一而已。阴阳之气，散则万殊,人莫知其一也;合则混然,人不见其殊也。形聚为物,形溃反原。反原者,其游魂为变与!所谓变者,对聚散存亡为文,非如萤雀之化,指前后身而为说也"①。依此,则万物虽千差万别,但又有统一的本源。仅仅肯定气为万物之本,往往难以说明世界的多样性;单纯停留于存在的多样形态,则无法把握世界的统一本源。通过确认太虚为气之本然形态,张载同时追溯了万物存在的统一本原,所谓"虽无数,其实一而已";通过肯定气的聚散,张载又对存在的多样性做了说明,所谓"阴阳之气,散则万殊"。

就气本身而言,张载提出了"太虚即气"的命题。这里的重要之点在于将"虚"理解为气的一种本来形态,它表明:"虚"并不是不存在,而是气的一种更原初的形态。这一看法肯定世界中各种事物的变化,无非是气的聚和散:气聚而为物,物散而为气;万物来自于气,最后又复归于气。由此,张载也从本原层面上论证了这一世界的实在性。以太虚为气的本来形态,哲学的视野和提问的方式也开始发生变化。从太虚即气的观念看,气只有如何存在(聚或散)的问题,而无是否存在(有或无、实或空)的问题。气之聚构成了物,物之散则是气回到太虚的形态,而不是走向无。对存在方式(如何在)的关注,在此取代了对存在本身的质疑(是否在)。通过提问方式的这种改变,世界本身的实在性也得到了某种本原上的肯定。冯从吾概括张载哲学精神,认为其特点之一在于"穷神化"②,也涉及以上思想特点。在这方面,可以看到关学确实与濂、洛、闽等学派表现出不同的哲学走向,关学的独特学术品格,也首先从这里得到了体现。

从中国思想史的演进看,以上看法蕴含独特的理论意义。在哲学的论域中,所谓"虚",常常被理解为无、空:在道家那里,"虚"意味着"无",在佛教那里,"虚"则表现为"空"。从逻辑上看,由"空"和"无",每每进一步引向对世界实在性、对存在本身的消解。张载对气的如上论述,则表现为对佛教的真妄之辨和道家的有无之辨的理论回应:从太虚即气的观点看,世界既非如道家所言,由无而生,也非如佛教所断定的,空而不实。冯从吾认为张载关学思想的特点之一是"斥异学"③,这里的"斥异学",并不仅仅表现为维护儒学的正统地位,在更实质的意义上,其意义在于天道观上实现哲学视野的转化:以

---

① 〔北宋〕张载著,章锡琛点校:《张载集》,中华书局,1978年,第66页。
② 〔明〕冯从吾:《关学编》,中华书局,1987年,第3页。
③ 〔明〕冯从吾:《关学编》,第3页。

如何存在的问题取代了是否存在的问题。

　　天道观上哲学视域的如上转化,引向二重结果。首先是注重礼学以及经世之学。张载以及广义的关学都比较注重礼学,在儒学的系统中,礼与现实的生活和践行有着更切近的关系,由注重礼,逻辑地进一步引向注重经世致用。张载已表现出注重政治实践的趋向,二程肯定其"语学而及政,论政而及礼乐兵刑之学"①,亦基于此。关学的后人也承继了张载的这一为学趋向,明清之际的关学传人李颙便提出:"儒者之学,明体适用之学也。"②

　　与注重经世致用相关的是注重实证之学,后者进而导向对科学技术的关注。尽管张载尚未直接表现出对科学技术的推重,但以世界"如何在"的问题转换世界"是否在"的质疑,本身包含着对世界实在性的肯定,后者同时构成了实证之学的形上前提。在关学尔后的演进中,这一趋向表现得愈益明显。如明代的关学传人韩邦奇在科技方面便有突出的成就,对天文、地理、律历、数学等均有深入的研究;晚明的关学传人王徵著有《新制诸器图说》,进一步吸取了西方近代科技,并在此基础上提出了他自己在科技方面的一些思想。这种实证之学构成了关学的重要面向,而其理论之源,则关乎天道观上对世界实在性的肯定。

二

　　在张载那里,天道观与人道观彼此相关。在天道观上,以对世界"如何在"的考察,取代了"是否在"的质疑;在人道观上,进一步引向对人如何在、社会如何在的关切。冯从吾曾以"一天人"③评价张载所开创的关学,此所谓"一天人",便可以从天道和人道的相关性加以理解。

　　从天道观看,气的聚散并非杂而无序,其间包含内在的条理:"天地之气,虽聚散攻取百涂,然其为理也,顺而不妄。"④"顺而不妄"意味着有法则可循。天道之域的这种有序性,同样体现于人道之域:"生有先后,所以为天序;小大高下,相并而相形焉,是谓天秩。天之生物也有序,物之既形也有秩,知序然

---

① 〔北宋〕程颢、〔北宋〕程颐:《二程集》,中华书局,1981年,第1196页。
② 〔清〕李颙:《二曲集》,中华书局,1996年,第120页。
③ 〔明〕冯从吾:《关学编》,第3页。
④ 〔北宋〕张载著,章锡琛点校:《张载集》,第7页。

后经正,知秩然后礼行。"①天序与天秩作为自然之序,关乎天道意义上的"如何在";"经"与"礼"则涉及社会之序,后者涉及人道观意义上的"如何在",在张载看来,经之正、礼之行,以"知序"和"知秩"为根据,这一观点的前提,便是天道(自然之序)与人道(社会之序)的联系,而天道意义上世界"如何在",则引向了人道意义上社会"如何在"。肯定天道与人道的关联,这是儒学,包括宋明时期儒学的普遍观念,但以天道为人道的根据,则体现了张载关学的特点。

对张载而言,人道意义上的秩序包含更具体的社会伦理内容,在著名的《西铭》中,张载便将整个世界视为一个大家庭,社会中所有的成员,则被看作是这一大家庭中的一分子,即所谓"民吾同胞,物吾与也"。家庭中的亲子、兄弟等关系,既基于自然的血缘,又具有伦理秩序的意义;将家庭关系推广到整个世界,意味着赋予世界以普遍的伦理之序。这一观念后来被进一步概括为"仁者以天地万物为一体"②,此所谓"一体",便可以视为"民胞物与"说的引申。从"乾称父,坤称母",到"尊高年,所以长其长;慈孤弱,所以幼其幼"③,天道与人道再一次呈现了内在的连续性、统一性,而对自然层面之天秩和天序的肯定,则具体地表现为对社会伦理之序的关切。

张载把家庭关系推广到整个世界,同时意味着赋予世界以普遍的伦理秩序。在这里,天道构成了人道的根据,人道又反过来进一步辐射于天道,天道层面的自然秩序和人道层面的社会秩序呈现互动的关系。正是由此出发,张载对"斥异学"做了进一步推进:在他看来,佛、道最大的问题就是忽视社会人伦秩序,归根到底意味着对人的社会责任的消解。在此意义上,张载对天道与人道的沟通,也可以视为在更深的层面上对佛道的回应。

三

以肯定人伦秩序为前提,张载进一步提出如下观念:"为天地立心,为生民立道,为去圣继绝学,为万世开太平。"④这里既体现了理想的追求,又包含

---

① 〔北宋〕张载著,章锡琛点校:《张载集》,第19页。
② 〔北宋〕程颢、〔北宋〕程颐:《二程集》,第15页。
③ 〔北宋〕张载著,章锡琛点校:《张载集》,第62页。
④ 〔北宋〕张载著,章锡琛点校:《张载集》,第376页。

内在的使命意识。

作为一种价值观念,"为天地立心"的思想渊源,可以追溯到早期儒家。孔子已肯定"人能弘道",《中庸》进一步提出人能"参天地之化育"。这些观念从人和外部世界的关系上,确认了人的内在力量。历史地看,人生活于其间的世界既非洪荒之世,也不是本然的、人尚未作用于其上的自在之物,而是通过人自身的知、行过程和创造活动建构起来的,其中打上了人的各种印记。质言之,现实世界本身离不开人的建构活动。早期儒学的以上思想在某种意义上构成了张载提出"为天地立心"的历史前提,张载由此做了进一步的阐发,肯定了人是这一世界中唯一具有创造力量的存在。人之为人的根本特点在于他具有创造力量,这种创造力量使人能够给予世界以意义。在人没有作用于其上之时,作为本然存在的洪荒之世对人并没有意义,世界对于人的意义乃是通过人自身的参与活动而呈现的。人为天地立心,实质是从价值的层面上突显了人的创造力量以及人赋予世界以意义的能力。它既是先秦儒学相关思想的延续,也是对这一思想的进一步深化。

相对于"为天地立心","为生民立道"主要规定了人自身的历史走向和发展趋向。"为天地立心"以人和外部世界的关系为指向,"为生民立道"则涉及人和人自身的关系:人类的历史方向和理想之境取决于人自身。这一观念意味着人的发展方向并不是由超越的存在如上帝、神之类规定的;人类走向何方,决定于人自身。对历史方向的规定,以肯定人的存在和发展具有意义为前提,在此意义上,"为生民立道"表明,人的存在和发展并非如虚无主义者所认定的那样没有价值。总之,人能规定自身的发展方向,这种发展同时又内含自身的价值意义。

由宽泛意义上人类发展的价值方向,张载进一步转向人类文化及其绵延:"为去圣继绝学"便关乎人类的文化历史命脉。"去圣之学"体现了人类社会文化的历史命脉,"为去圣继绝学"则在于延续这种文化的历史命脉。文化是人的创造力量中更为内在的方面,对延续文化历史命脉的承诺,同时也是对人的存在价值的进一步确认。

最后,"为万世开太平"所指向的,是终极意义上的价值目标。这里首先关乎人类永久安平的观念,其思想的源头在一定意义上可以追溯到《尚书》的"协和万邦"以及春秋公羊说的据乱、升平、太平的三世说。在西方近代,康德曾以永久和平为人类的理想,这一观念在某些方面与张载的思想也有相通之处。不过,在张载那里,"为万世开太平"并不仅限于追求邦国之间的永久和平,其中还包含着更普遍的价值内容,后者具体表现为让人类走向完美的社会形态。尽管张载没有具体说明何为完美的存在形态,但"为万世开太平"确实肯定了人类应该走向更完美的存在形态。历史地看,在不同的时代,人的完美和社会的完美可以被赋予不同的内容,相对于这种特定的历史追求,"为万世开太平"着重展示的是终极意义上的价值理想。

总而言之,"为天地立心,为生民立道,为去圣继绝学,为万世开太平"内含理想意识与使命意识的统一,后者在更内在的层面上体现了普遍的社会责任:如果说,理想从"应当追求什么"等方面规定了人的责任,那么,使命则通过确认"应当做什么"而赋予人的责任以更具体的内容,两者既展现了普遍的价值追求,也体现了关学的内在精神。

值得注意的是,关学的以上精神旨趣与"太虚即气"的天道观有着理论上的关联。从天道观上说,张载肯定"太虚即气",以此否定了以"虚"和"静"为第一原理,这一看法同时构成了关学所追求的精神境界的天道观前提。与此相联系,以理想意识与使命意识的统一为具体内容的精神境界,不同于仅仅基于超验"天理"的精神形态。以实然(天道意义上世界的实在性)与当然(理想的追求)的统一为特点,张载的以上思想确乎不同于从抽象的理或心出发的"心性之学":后一意义上的"心性之学"缺乏"太虚即气"的天道观,在其进一步的发展中,往往趋向于抽象化、玄虚化的形态。在张载那里,精神境界与天道观念相互联系,使前者(精神境界)在形上层面获得了比较切实的根据,从而有助于避免其走向思辨化、玄虚化。

四

精神境界以人自身的成就或人的完善为指向。在如何成就人这一问题上,张载进一步提出了其人性理论及"变化气质"的观念。

张载区分了人性的两种形态,即天地之性与气质之性:"形而后有气质之性,善反之,则天地之性存焉。故气质之性,君子有弗性者焉。"[1]这里的"形"即感性之身,"形而后有气质之性"表明气质之性主要与人的感性存在相联

---

[1] 〔北宋〕张载著,章锡琛点校:《张载集》,第23页。

系。与之相对的天地之性,则更多地体现了人作为伦理存在的普遍本质,包括人的理性规定。在张载看来,人一旦作为现实的个体而存在(有其形),则气质之性便随之呈现,气质之性与人的这种相关性,在逻辑上也赋予体现气质之性的感性规定以存在的理由。

然而,张载同时又认为,仅仅停留于气质之性,还很难视为真正意义上的人。由此,他提出了"变化气质"的要求,并将其与"为学"联系起来:"为学大益在自能变化气质","故学者先须变化气质,变化气质与虚心相表里"①。所谓变化气质,也就是以普遍的伦理原则、规范对人加以改造,使其言行举止都合乎普遍规范的要求:"使动作皆中礼,则气质自然全好。"②由此进而成为真正意义上的人。

以上思想的前提是,人既非预定,也非既成,而是在变化气质的过程中逐渐成就的。人刚刚来到这个世界时,并没有具备人之为人的根本品格,唯有通过广义的为学过程,人才成其为人。从儒学发展的角度看,早期儒学已将人理解为一个生成的过程而不是既定的存在。就先秦而言,从孔子的《学而篇》到荀子的《劝学篇》,都把为学放在至关重要的地位,并将为学与成人紧密联系在一起:成人的过程就是为学的过程。肯定学以成人,逐渐成为儒学绵延相承的传统。在张载"变化气质"的提法中,学以成人的观点被赋予更为具体的内涵,并得到了进一步的发展。

注重"变化气质"的为学过程,蕴含着对后天工夫的肯定。从成人的过程看,儒家的奠基者孔子提出"性相近,习相远",认为人之性彼此相近,这种相近之性同时为人成就自身提供了可能。然而,人最后是否能成为真正意义上的人,则与"习"相联系,这里的"习"包括习行和习俗,习行表现为个人的知行活动,习俗则关乎广义的社会环境。在儒学尔后的发展中,孔子的以上思想被引向两个方向,首先是以孟子为代表的性善说。孔子仅仅肯定性相近,孟子则将"性相近"引申为"性本善",并把这种本善之性视为成人过程的内在根据。这种看法有见于人的成长需要从自身的可能出发,而不能仅仅归结为外在的灌输。然而,在关注成人过程内在根据的同时,孟子对与"习"相关的习行和习俗不免有所忽视。儒学的另一发展趋向体现于荀子。荀子提出

---

① 〔北宋〕张载著,章锡琛点校:《张载集》,第274页。
② 〔北宋〕张载著,章锡琛点校:《张载集》,第265页。

性恶说,强调人之本性不能成为人自身成长的根据,相反,具有恶的倾向的人性,需要通过礼义教化过程来加以改变,后者即所谓"化性起伪":"故圣人化性而起伪,伪起而生礼义","凡所贵尧、禹、君子者,能化性,能起伪"。① 伪即人为,指广义的后天作用,具体包括外在的影响与自身的努力。与之相应,成人主要依赖后天的习行过程。然而,在注重习行的同时,荀子对于人成就自身的内在根据则有所忽略,而成人的过程常常被理解为"反于性而悖于情"②。可以看到,在孟、荀那里,性与习或多或少处于彼此分离的形态。相形之下,张载提出气质之性和天地之性的区分,如果说,天地之性的预设吸取了孟子性善说的观念,那么,气质之性的确认,则吸取了荀子的性恶说。基于天地之性,张载同时有见于人成就自我离不开自身的内在根据;气质之性的提出,则为习行过程之必要提供了论证。从儒学的演化来看,张载对孟子和荀子的人性理论作了双重扬弃,并由此对人之成为人的过程做出了新的阐发。张载在人格成就方面的如上思想,对关学尔后的发展同样产生了重要影响。

要而言之,关学既表现为一种包含独特思想品格的哲学系统,又呈现为具有地域特征的思想流派。作为哲学系统,其理论特质主要体现于张载的思想,而它的基本内容则既涉及关于性与天道的形而上的追问和探索,也关联着以"为天地立心,为生民立道,为去圣继绝学,为万世开太平"为主要内涵的价值观念;作为具有地域特征的思想流派,关学则表现为一种复杂的思想史现象,其中交织着多重思想传统的互动。以被称为晚明关学集大成者的冯从吾为例,他既属关学一脉,又在师承系列上为甘泉后学,并同时出入了阳明心学,其思想也形成了多样而复杂的形态。从理论的层面看,首先需要关注的无疑是张载所开创的哲学系统;就历史的视域而言,则关学所体现的思想衍化的复杂性,又构成了值得研究的思想史现象。

---

① 〔战国〕荀况:《荀子·性恶》,王先谦撰,中华书局,1988年,第438、第442页。
② 〔战国〕荀况:《荀子·性恶》,王先谦撰,第437页。

第六讲
从"横渠四句"看张载哲学的人文精神

罗安宪

【作者简介】

罗安宪,中国人民大学哲学学院教授,中国人民大学孔子研究院副院长兼秘书长。

"为天地立心,为生民立命,为往圣继绝学,为万世开太平"(《宋元学案·横渠学案上》),是张载为自己哲学所确立的基本宗旨,亦是张载哲学的大纲。

一、"为天地立心"——创建本体论

中国哲学一直是围绕"天人之际"展开的。司马迁作《史记》是为了"究天人之际,通古今之变,成一家之言"(《报任安书》)。邵雍说:"学不际天人,不足以谓之学。"(《皇极经世·观物外篇》)"天"在中国哲学中是一个很复杂的范畴,具有多重含义,其中一义就是外在自然。在这一意义上,约而言之是"天",详而言之即是"天地"。天在上,地在下,人立于其中。天、地、人合而为一整个宇宙。张载"为天地立心"的天地,正是在这一意义上的天地。

"心"在中国哲学中也是复杂的范畴,约而言之似有三义:一为思维器官。如孟子曰:"心之官则思。"(《孟子·告子上》)荀子曰:"治之要在知道,人何以知道?曰心。"(《荀子·解蔽》)朱熹曰:"所谓心者,乃夫虚灵知觉之性,犹耳目之有见闻耳。"(《朱文公文集》卷七十三)二为身之主宰。如荀子曰:"心者,行之君也,而神明之主也;出令而无所受令。"(《荀子·解蔽》)朱熹曰:"心是神明之舍,为一身之主宰。"(《朱子语类》卷九十八)王阳明也有"身之主宰便是心"之语(《传习录》上)。三为人之所以为人者。在这一意义上,心

亦即是性。如孟子说："心之所同然者何也？谓理也、义也。"(《孟子·告子上》)陆九渊说："在天者为性,在人者为心。"(《语录》)陈献章说："人具七尺之躯,除了此心此理,便无可贵,浑是一包脓血裹一大块骨头。"(《禽兽论》)王阳明也说："所谓汝心,亦不专是那一团血肉……所谓汝心,却是那能视听言动的。这个便是性、便是天理。"(《传习录》上)张载言心,既具有知觉之义,也具有本性之义。如其说："由太虚,有天之名;由气化,有道之名;合虚与气,有性之名;合性与知觉,有心之名。"(《正蒙·太和》)心是性与知觉的合体,也就是有知、有意、自动、自觉的合体。

所谓"天地之心",源于《周易·复卦·象传》"复,其见天地之心乎"之语。复卦由纯阴之坤卦发育而来,一阳初现于下,是为下震(☳)而上坤(☷),震阳而动,坤阴而静。所以,复卦之卦象预示着阳气"复"生之兆。阳气予而阴气夺,阳气生而阴气杀。阳气复生预示着万物的复生,也预示着正克邪、善克恶,同时也揭示出天地间之一切都是交互感染、递续递变、生生不已的。这一切既是天理,也是天意,也是天心。朱熹弟子黄樵仲曾这样对朱熹说："向者先生教思量天地有心无心。近思之,窃谓天地无心,仁便是天地之心。若使其有心,必有思虑、有营为。天地曷尝有思虑来！然其所以'四时行,百物生'者,盖以其合当如此便如此,不待思维,此所以为天地之道。"(《朱子语类》卷一)所以,"天地之心"即是交感流衍、生生不息、仁民爱物之心、之意、之道。

那么,张载的"为天地立心"其意究竟为何呢？张载说："天惟运动一气,鼓万物而生,无心以恤物。圣人则有忧患,不得似天。天地设位,圣人成能。圣人主天地之物,又智周乎万物而道济天下,必也为之经营,不可以有忧付之无忧。"(《横渠易说·系辞上》)又说："天无心,心都在人之心。"(《经学理窟·诗书》)由于心是有知、有意、有觉、自主、自定的合体,所以天本无心,心都是人之心;由于天无心,所以才有一个"为天地立心"的问题。"为天地立心"实质上所涉及的问题就是人如何看待自然、对待自然的问题,也就是存在是一何种存在的问题,也就是哲学本体论的问题。

然而,"为天地立心"虽然涉及人如何看待自然、对待自然,从这一意义而言,这一命题属于本体论的问题。但它却不是一般的本体论问题,而是具有特定属性的本体论问题。因为,如何看待自然、对待自然是一问题,本身并不具有倾向性,而"为天地立心"却不是一问题,而是一命题,本身是有倾向性的。"为天地立心",简约而言,就是要以人之心、以人化的眼光来看待、对待天地万物,要把天地万物看成交感流衍、生生不息、富于人性、人情色彩的生命形态。具体而言,张载的"为天地立心"的命题,包含以下几方面的内容:

1. 天地是一实有存在

张载对佛、道否定物质实在性的理论进行了批判。"释氏不知天命,而以心法起灭天地","诬天地日月为虚妄"(《正蒙·大心》)。老子认为"有生于无"。这些理论都否定了天地万物的真实存在。张载认为这些理论都是错误的。在张载看来,"凡可状皆有也,凡有皆象也,凡象皆气也"(《正蒙·乾称》)。"气之聚散于太虚,犹冰凝释于水,知太虚即气,则无'无'"(《正蒙·太和》)。万物万象的存在,是一真实存在,老子所说的"无",本身反而是不存在的。

2. 天地间之一切是生生不息的

"神,天德;化,天道"(《正蒙·神化》)。"不见易则何以知天道?不知天道则何以语性?"(《横渠易说·系辞上》)事物是运动的,而运动的原因就在事物内部。张载说:"一物两体,气也。一故神(自注:两在故不测),两故化(自注:推行于一),此天之所以参也。"(《正蒙·参两》)"两不立则一不可见,一不可见则两之用息"(《正蒙·太和》)。"一"是万物的统一性,"两"是统一体内部相互对立的两个方面。"二端故有感,本一故能合"(《正蒙·乾称》)。相互对立的两个方面的相互交感、相互作用,推动了事物的运动、变化与发展。运动、变化有两种形态,一种是"变",一种是"化"。"变言其著,化言其渐"(《横渠易说·乾》)。有运动、变化,事物才会通达、通顺,"感而后有通"(《正蒙·太和》)。并且在张载看来,事物的运动变化是有一定规律的。"天地之气,虽聚散、攻取百涂,然其为理也,顺而不妄"(《正蒙·太和》)。

3. 天地间之万物本是富有人性、人情的,本是一个生命的体系。

《西铭》曰:"乾称天,坤称母,予兹藐焉,乃混然中处。故天地之塞,吾其体;天地之帅,吾其性。民,吾同胞;物,吾与也。"这就是说,天地是万事万物的父母,万事万物都是天地之气化生而成,人也不例外,人就生活于天地万物之间。天地之气构成了我们人的身体,天地的自然本性就制约着我们人的本性。一切人都是天地之子,都是我们的同胞兄弟;一切物都是我们的朋友和同伴。整个宇宙就是一个和谐、和睦的大家庭。正因为此,张载说:"大抵言'天地之心'者,天地之大德曰生,则以生物为本者,乃天地之心也。"(《横渠易说·复》)对此,朱熹也表示认同,如其曰:"某谓天地别无勾当,只是以生物为心。一元之气,运转流通,略无停间,只是生出许多万物而已。"(《朱子语类》卷一)生物、生命之大化流衍,是"天地之心"。"为天地立心",从根本上来讲,就是要把整个宇宙看成一个富有生命、生机、和谐、和睦的生命有机体,是富有自身价值,自定、自足的生命存在。这就是张载哲学的本体论,也是他"为天地立心"所确立的基本结论。

二、"为生民立命"——确立精神家园

"命",也叫"天命",是指与人为相对应,人为所不能左右的,对个人生活产生决定性影响的,带有必然性的某种异己力量。

中国历代思想家对命一直很重视。关于命的理论有多种学说。孔子讲"知命""畏命",孟子讲"立命""正命",庄子讲"顺命",荀子讲"制天命",墨子讲"非命"。张载"为生民立命"的思想,直接根源于孟子的"立命"论。孟子讲:"尽其心者,知其性也;知其性,则知天矣。存其心,养其性,所以事天也。夭寿不贰,修身以俟之,所以立命也。"(《孟子·尽心上》)在孟子的思想体系中,心、性、天、命是相关联的范畴。孟子认为,一个人如果能充分发挥自己理性的作用,就能认识自己固有的本性。而人的本性根源于天道,所以一个人认识了自己的本性,也就认识了天道。在此基础上,一个人保存本心不使其丧失,涵养性情不使其受损,这样就可以事奉天,就可以顺天而行了。同时,一个人不管其是寿是夭、处逆处顺,都应当修持自己的身心以面对各种结果,这就是所谓的"立命"。所以,孟子的"立命"论是以"知命"为前提的,但他同时又认为,人在"命"面前并不是无所作为的,而是要努力修持自己的身心,以积极的态度来迎接、面对各种结果。

与张载"立命"论有关的还有汉代的"三命"说和佛教的"果报"说。"三命"说将命分为受命(正命)、遭命、随命三种。受命谓正常的年寿,寿终而死;遭命谓行善而遇暴,遭逢意外的凶祸;随命谓行善而得吉福,行恶而得凶祸。佛教宣扬生命是一轮回,一切吉凶祸福都是所谓的因果报应。特别是自从慧远确立现报、生报、后报"三报论"后,因果报应从理论上似乎变得更加无懈可击。不管是"三命"论,还是果报论,实际上都带有顺命的消极色彩,张载对这些理论都持一种否定态度。

第六讲 从"横渠四句"看张载哲学的人文精神

张载"为生民立命",从根本上来讲,具有"正命"的性质。"正命"具有正确对待命的含义。张载论命,首先把"命"与"遇"区别开来。"命禀同于性,遇乃适然焉……行同报异,犹难语命,犹可言遇"(《正蒙·乾称》)。"天所命者,通极于性;遇之吉凶,不足以戕之"(《正蒙·诚明》)。"命"与"遇"的区别在于有无必然性,有其必然性是"命";只具有偶然性,就不是"命"而是"遇"。"命"与性具有相同的性质,它们都根源于天赋,贯注于形体之中。行善则得吉,行恶则得凶,这是正常的自然法则,是命。而如果行同而报异,行善或得凶,行恶或得吉,这是纯粹偶然的,并不具有必然性,所以这不是"命",而只是"遇"。张载举例说,舜、禹有德有位,是"命";孔子有德无位,继世之君有位无德,是"遇"。

由于张载将偶然性从命中剔除出去,将命归结为带有必然性的东西,所以他特别强调人的后天的修为,强调"义命合一",指出"义命合一存乎理"。义是当然之理,命是自然之理。一个人操守行为与实际得到的结果相符合,那就是理之当然,也是理之必然,即义与命的统一。就义与命的统一而言,人所能做的,就是他的道德修为。所以,"义命合一"是以义为重心的合一。以义为重心,就是以个体自身的积极有为的精神,以自强不息的精神来面对一切、应对一切。所以,张载虽然承认有命,承认有人所不能驾驭的外在必然性,然而在他看来,人在命面前并不是无所作为,更不能只是被动地、消极地等待,听从命运的摆布和安排,而是要努力进取、积极有为,促使事物向好的方向发展。所以张载的"立命"论并不带有宿命论的色彩。与此相反,二程反对张载分命与遇为二的观点,将遇完全归结为命。有人问程颐:"问命与遇何异?先生曰:'人遇不遇,即是命也。'"(《河南程氏遗书》卷十八)在二程看来,"用舍无所预于己,安于所遇者也"(《河南程氏经说》卷六)。这样,虽然他们也主张"义命合一",但他们的命论却不可避免地带有浓厚的宿命论的色彩。

由于张载将命与义合而为一,将外在必然与内在当然统一、结合起来,也就是将天与人、顺应自然与自强进取结合起来。一个人果能如此,他就可以不管在什么时候、什么条件下,都能做到心安理得,都能保持身心的平衡和安宁。"存,吾顺事;没,吾宁也"(《西铭》)。活着的时候,我就好好做事;死了,我的灵魂就宁静地安息。否则,活着的时候不好好做事,死后灵魂也不得安宁。这就是张载哲学"立命"论的最后结论,就是张载为万千生灵所确立的精神家园和灵魂的安顿处。

三、"为往圣继绝学"——接续儒学传统

"圣人"一词虽为先秦儒、道、墨、法之共同用语,然而墨、法中绝,道于圣之外,更多言"至人""神人""真人",后世更是如此,而释家言佛不言圣。所以,汉以后,"圣人"一词几乎成为儒家的专用语。张载"为往圣继绝学",并不是要接续一般意义的中国学统,而是明显地要自觉接续儒家之学统。

儒学又何以成为绝学?其实,儒学在中国历史上任何时候也不曾绝。孟子讲"杨朱、墨翟之言盈天下,天下之言,不归杨,则归墨"(《孟子·滕文公下》),其中带有很大的夸张成分,带有明显的为儒学现有的处境深为担忧、深为不满的成分。张载讲儒学成为绝学,很大程度上也带有这种因素。所以,这一断语中情绪的成分也许更多于事实的成分。

对儒学当下处境的深切担忧,在张载之前,在韩愈那里已经有非常明显的表现。韩愈说:"周道衰,孔子没,火于秦,黄、老于汉,佛于晋、魏、梁、隋之间,其言道德仁义者,不入于杨,则入于墨,不入于老,则入于佛。"(《原道》)应当承认,孟子之后,特别是汉以后,受佛、道之冲击,儒学确实出现了中衰的迹象。这种中衰不仅表现在自身地位的下降,更表现在千余年间儒学没有能够出现承前启后、卓越显赫的代表人物。唐初之王通,中唐之韩愈,虽然都自觉地担当起绍续、重振儒学道统的责任,但建树都不是很大。儒家道统的真正发扬光大,还是宋学勃兴以后的事,也就是说,在张载之前,儒学中衰的现象并没有发生根本的改观。所以,张载提出"为往圣继绝学"还是有一定的事实根据的。

张载要为往圣继绝学,那么,往圣之绝学,也就是尧、舜、禹、汤、文、武、周公、孔、孟一脉相传之道,究竟是什么呢?虽然韩愈首倡儒家道统论,但对儒家道统之基本内容,韩愈仍是语焉不详。所以,这一问题一直是有争议的问题。然而,如果对儒家学派做以整体性考察,其基本特征与基本倾向还是较为明显的。这种基本特征和基本倾向主要表现为:以张扬仁义为根本,以正明心性为大要,以肯认伦常为旨归。实际上也就是所谓的"内圣外王"之道。

张载以"为往圣继绝学"为己任,那么,在继绝学方面,张载究竟做出了哪些贡献呢?如果说,程、朱的主要贡献在于通过"理",创造性地阐明了人伦纲

常的先天性与恒在性，从而从根本大原上把握住了儒学的基本旨归，并使其摆脱纯粹的道德说教，成为真正具有理性色彩的理论体系，那么，张载则通过对于"性"的仔细分辨，在正心明性方面做出了创造性的贡献。

人性论一直是中国文化，特别是儒家文化谈论的中心话题①。关于人性问题，自周秦至宋，已经出现了很多理论。有孟子的"性善论"，荀子的"性恶论"，告子的"无善无恶论"，世硕的"有善有恶论"，董仲舒的"性三品论"，韩愈的"性之品有三论"，李翱的"性善情恶论"等。

张载在人性论方面的贡献，首先表现在他将性分为"天地之性"和"气质之性"两种。"天地之性"是指人性中先天性的因素，"天地之性"是纯善；"气质之性"是指人性中后天性的因素，"气质之性"有善有恶。然而，"气质恶者，学即能够"（《经学理窟·气质》）。人身修养的过程，就是通过学以变化气质，从而恢复人本来的善性，即天地之性的过程。所以张载说："形而后有气质之性，善反之，则天地之性存焉。"（《正蒙·诚明》）又说："性于人无不善，系其善反不善反而已。"（《正蒙·诚明》）张载的人性论，既重视人性中先天的因素，又重视人性中后天的因素，他将孟子的性本善与荀子的"化性起伪"结合起来、统一起来。二程曾说："论性不论气，不备；论气不论性，不明。二之则不是。"（《程氏遗书》卷六）所谓"不备"，是说不完备、不完全；所谓"不明"，是说不明了、不能说清楚。性与气、先天与后天，既相互关联，又相互补充，但却不能把它们各自孤立起来，所以"二之则不是"，所以它们二者是必须结合在一起的。以往的性论往往只注意一个方面，而忽视另一个方面。张载的二性说解决了这一问题，从而结束了历史上人性善恶的争论。朱熹对此有很高的评价："气质之说，起于张、程，极有功于圣门，有补于后学，前人未经说到。故张、程之说立，则诸子之说泯矣。"（《张子全书》卷二朱熹注《正蒙·诚明》）

张载论性，很突出人的自我修养，而人的自我修养的过程，在张载看来，就是"知礼成性"的过程。"知礼成性，则道义自此出也"（《横渠易说·系辞上》）。吕大临在《横渠先生行状》中也说："学者有问，多告以知礼成性、变化气质之道，学必如圣人而后已。""知礼成性"的"知"指的是德性上的自觉的

---

① 牟宗三等人认为，"此心性之学，正为中国学术思想之核心，亦是中国思想中之所以有天人合德之说之真正理由所在"。参见牟宗三、徐复观、张君劢、唐君毅：《为中国文化敬告世界人士宣言》。

认识,"礼"指的是封建的纲常名理,"性"则具有自其然而然的含义。所以"知礼成性"就是要将外在的伦理纲常内化为自觉、自然的心理意识和行为习惯,从而造就理想的人格。在这一"知礼成性"的过程中,张载特别强调个人意志力上的自勉因素。"有志于学者,都更不论气之美恶,只看志如何"(《语录》中),"人若志趣不远,心不在焉,虽学无成"(《经学理窟·义理》)。

张载心性论最大的特色是,虽不忽视先天因素,但更强调后天的人为,而其所追求的理想状态,就是天与人的融注与贯通,就是"天人合一"。"儒者则因明致诚,因诚致明,故天人合一。致学而可以成圣,得天而未始遗人"(《正蒙·乾称》)。"诚"指天而"明"指人。"因明致诚"是由人而天,"因诚致明"是由天而人。理想的途径是"得天而未始遗人",理想的状态是"天人合一"。这就是张载所继之"绝学",这就是张载所把握并继承下来的儒学之道。

四、"为万世开太平"——通向理想之路

"太平"是中国人根深蒂固的社会理想。它既是统治阶级的社会理想,也是被统治阶级的社会理想。从《大学》的"平天下"到康有为的"大同社会",从黄巢的"均平"到洪秀全的"太平天国",所追求的共同理想都是"天下太平"。但是,何谓"天下太平"?又何以达到"天下太平"?却是仁者见仁,智者见智,而各有不同。张载素有济世之志,而他"为万世开太平",则集中体现了他的救国济世之志。

张载提出的救国济世之道,主要表现在三个方面,即"井田制""封建制"与复"肉刑",也就是所谓的"复三代"之法。对此,当代人多有微词①,所以,似更应加以仔细分析。

"井田制"是张载提出的解决土地过分集中的方案。土地的大规模兼并,是中国历朝历代走过中期以后的基本社会现象。北宋中叶,全国70%的土地都集中在大官僚、大地主手里。而土地是封建社会基本的生产资料,所以,如何解决土地问题,一直是历代统治阶级内部有识之士不得不认真考虑的问题。井田制、屯田制、均田制、租佃制,都是不同的土地制度。在这些制度中,

---

① 冯友兰:"张载的政治社会思想,在理论上是陈腐的,在实践上是行不通的。"《中国哲学史新编》下卷,人民出版社,1999年,第172页。

井田制出现最早。其发源于夏,商、周两代盛行,战国时趋于瓦解,秦、汉以后不复存在。张载认为,"治天下不由井地,终无由得平。周道止是均平"(《经学理窟·周礼》),"今以天下之土棋画分布,人受一方,养民之本也"(《经学理窟·周礼》)。对于过去多占有田地者,张载认为可以"随土多少与一官"。在张载看来,井田制不仅是解决土地大量集中的有效办法,而且非常易行,"井田至易行,但朝廷出一令,可以不笞一人而定"(《经学理窟·周礼》)。

与"井田制"相联系,张载主张"封建制"。封建是井田的必然结果,并由封建来巩固井田制。在历史上,封建制也是与井田制相伴随、相为表里的。张载认为,"井田卒归于封建乃定"。为什么要实行封建呢？在张载看来,"所以必要封建者,天下之事,分得简则制之精,不简则不精。故圣人必以天下分之于人,则事无不制者"(《经学理窟·周礼》)。而封建又是与以血缘关系为基础的宗法制相联系的。宗法制就是宗子之法,家族由长子继其大统。张载认为,宗子之法可以使人知其统系来处,不忘其本,也使朝廷有世臣。而"公卿各保其家,忠义岂有不立？忠义既立,朝廷之本岂有不固？今骤得富贵者,止能为三四十年计,造宅一区及其所有,既死则众子分裂,未几荡尽,则家遂不存,如此则家且不能保,又安能保国家！"(《经学理窟·宗法》)

井田与封建之外,张载还主张复"肉刑"。"肉刑"即损毁肉体之刑,有劓、刖、剕等。秦之前曾广为流行,汉魏以后逐渐废止。张载认为,"肉刑犹可用于死刑。今大辟之罪,且如伤旧主者死,军人犯逃走亦死,今且以此比刖足,彼亦自幸得勉死,人观之更不敢犯。今之妄人往往轻视其死,使之刖足,亦必惧矣,此亦仁术"(《经学理窟·周礼》)。

井田、封建、肉刑三者之间,张载以为是相互促进的,"井田而不封建,犹能养而不能教;封建而不井田,犹能教而不能养;封建、井田不肉刑,犹能教养而不能使"(《拾遗·性理拾遗》)。

以往对张载"复三代"的指责,主要集中在三个方面:一曰复古,二曰空想,三曰认野蛮为"仁术"。

关于所谓复古。复古、好古、厚古薄今在中国历史上似乎带有很大的普遍性。康有为作《孔子改制考》,形式上即是复古,甚至他的"大同社会"的理想,也要在儒家经典那里找寻根据。张载主张井田制、封建制,在当时得到司马光、二程、欧阳修等人的共同支持,显然并不是纯粹个人的奇思怪想,而是一种很有意义的改革设想。并且,张载推崇井田、封建,首先着眼的是社会的

"均"与"平",是封建社会的长远利益,是其长治久安,而不是一时、一人的私利、小利。如其说:"利于民则可谓利,利于身、利于国皆非利也。"(《语录》中)利于国况且不是利,表明张载是从大处、从长远处着眼。对于张载这种良苦用心,似乎应给予相当的理解和尊重。

关于所谓空想。井田与封建互为表里,井田废,封建止,似乎是历史发展的必然。然而隋唐时期,尚有均田制,而均田制是政府依靠法律所推行的制度,均田制可以推行,因此不能说井田制完全就是空想。况且自汉至清,断断续续有很多人主张恢复井田,唐代杜佑还列举井田之十大优点。同时也应看到,张载主张井田、封建,是从维护封建社会的长治久安出发的,其出发点是社会的"平"与"安",而不是我们今天所理解的促进社会生产力的发展。由此来看,在今天看来空想的东西,在当时条件下,在当时人看来,并非就是空想。

关于所谓肉刑是野蛮还是仁术的问题。这一问题也具有类似的性质。肉刑在今天看来无疑是野蛮。但肉刑比起死刑,比起株连九族,比起磔刑,无疑是要仁慈。

张载通过"复三代",谋求封建社会的长治久安,他是从大处着眼,从长远处着想,相比之下,王安石的变法,则多带有解决当下现实问题,解决具体问题的意义。对于此,也似乎应当给予同情的理解。

五、结　论

"为天地立心,为生民立命,为往圣继绝学,为万世开太平"分而言之似有四项,然而其本身却是一个整体。天地之心与生民之命,往圣之学与万世太平,四者之间是一以贯通的。学之为学不仅因为其是有源之学、有道之学,更因为其是有用之学,是释天地、正人心、顺性命的安身立命之学,是调整和解决人与自然、人与社会、人与人、人之内在心灵的矛盾与冲突的"大学"。而这一"大学"具有"内圣"与"外王"两个层面。"内圣"是"外王"的内在根源,而"外王"是"内圣"的必然延伸。"内圣外王"本是一个整体,孔子所言,《大学》所倡,即是"内圣外王"之道。孟子重"内圣"而轻"外王",荀子重"外王"而轻"内圣"。宋明理学家多崇孟而贬荀,所以宋明理学对于儒学的发扬与广大,不管是理学派的程、朱,还是心学派的陆、王,都主要是在"内圣"一面,

"外王"一面虽有陈亮等人提倡,但毕竟势力不大。此间唯一可称之为例外,并有较大影响,而又把"内圣外王"较好地贯通起来的,就是张载。对于张载在儒学史上的这种地位和这种贡献,过去似乎没有得到必要的说明、理解与尊重。

当然,张载所倡导的"内圣外王"之道,并不能解决一切问题、说明一切问题,也不能保障和维护社会甚至只是封建社会的长治久安。但是,一个思想家只能提出和解决他所处的时代所遇到或可能遇到的问题,而并不能穷尽一切问题。所以,虽然张载并没有为我们提供解决我们现实问题的答案,但是他所探讨的问题,也就是"横渠四为句"所涉及的人类所共同面临的四大矛盾与冲突,即人与自然、人与社会、人与人、人的心灵内部的矛盾与冲突,却具有超时代的性质,具有普遍的人类意义。而张载在这方面所做的探讨,无疑对于我们今天的人来说,还是有一定意义的。

"为天地立心",主要涉及人以什么样的姿态来对待自然的问题。过去我们受狭隘人类中心主义的影响,总是习惯强调征服自然、改造自然,总是习惯把自然看成是人类的敌人,而不是朋友,总是习惯把自然看成仅仅是满足人类某种具体需要的对象,总是习惯否认自然界本身即存在的价值。对于此,越来越多的人已经开始反省。而张载的生命自然论,则为我们提供了这方面的思想资源。

"为生民立命",主要涉及"内圣"方面的问题,也就是安身立命方面的问题。而安身立命似乎应当是哲学所要面对的首要问题。张载在这方面同样为我们提供了可资借鉴的探讨,提供了一处灵魂的安顿处。对于此,我们也应该给予足够的评价。

"为往圣继绝学,为万世开太平",主要涉及"外王"方面的问题,也就是如何建功立业的问题。在这方面,张载哲学存在着很大的历史局限性,特别是其所倡导的"太平"之道,已经成为历史的陈迹。但他所关注并孜孜以求的这一课题,本身永远是有意义的。这一课题当然应该、也必须具有现代的内容,并且,由张载所倡导的"继往开来"之道,似乎也应当是一切文化建设与文化发展的根本之道。无"继往",无以"开来";不"开来",也无所谓"继往"。

"横渠四为句"既是张载哲学的大纲,本身又是一个有机的整体。其中所包含的具体内容也许有些过时,但其所涉及的问题本身却永远也不会过时。其有益的资源是值得我们汲取和借鉴的。

第七讲

《西铭》：中国士大夫的精神家园

张 践

【作者简介】

张践,中国人民大学教授,国际儒学联合会副会长。

张载的《西铭》,置于《正蒙》一书的结尾,是对全书的总结。对于《西铭》一文的意义,古今思想家有不同的解释,笔者以为冯友兰先生在其《中国哲学史新编》第五册中所说"《西铭》所讲的是一种精神境界,也是一种生活方式"最为贴切。张载的《正蒙》是一部完整的哲学著作,其书的主旨就是"辟佛老",为中国的士大夫重建精神家园。《西铭》正是对宗法家族社会里士大夫精神境界的全面描述。

一、天人一体——中国人的宇宙观

《西铭》开篇就说:"乾称父、坤称母,予兹藐焉,乃混然中处。故天地之塞,吾其体;天地之帅,吾其性。"这段话是对《正蒙》中宇宙观的一个高度概括。"究天人之际,通古今之变"是中国哲学的基本问题,中国士大夫的宇宙观必须从天地开始。佛教讲"真如""缘起"理论,以天地万物为"因缘和合"而成的"幻象",从而否定客观世界的真实存在。道教认为,"无名,天地之始;有名,万物之母"(《老子》第一章),"有生于无"。儒家则必须首先肯定宇宙万物的真实存在,才有异于佛老"虚玄"的"实理"。张载说:"有无虚实通为一物者,性也;不能为一,非尽性也⋯⋯然则有无皆性也,是岂无对?庄、老、浮屠为此说久矣,果畅真理乎?"(《正蒙·乾称》)以实在的天地为世界之本原,就是为了否定佛老的虚玄宇宙观。

王夫之在《张子正蒙注》一书中称赞张载的理论贡献时说:"而父之谓

乾,母之谓坤,不能离此以求天地之德,亦昭然矣。"张载建立了以天地为父母的宗法家族式的宇宙观,就是要为儒家以"孝道"为核心的社会历史观及宗法伦理找到根本的依据。人的存在境域不仅是一个狭小的人类社会,而是整个天地宇宙,这是中国哲学的一个基本观念。中国哲学家研究宇宙主要不是为了探索自然的奥秘,而是需要从此寻找价值本原。夏、商、周三代,存在着发达的古代宗教,天神是宇宙万物的主宰者、创造者,是人类一切行为的价值源头,这是中国最古老的宇宙起源学说。《墨子·兼爱下》引《尚书》古佚文《禹誓》,大禹在征伐苗民时说:"用天之罚……以征有苗。"天神成为他行动合理性的依据。商代将至上神称为上帝,商汤在征伐夏桀的时候发布誓词说:"夏氏有罪,予畏上帝,不敢不正。"(《尚书·汤誓》)在殷人的头脑中,上帝是一个无所不能、无所不在的主宰者,从自然气象到人间的治乱兴衰,上帝都有决定的权力。同时他们又认为,殷朝的先王死后,其灵魂"宾于帝",是"帝廷"里的座上宾,因此就可以永久地保护着地上的子孙,天神与祖先神的结合,成为地上王权合法性的最根本保障。即使到殷末,强大的周集团已经在西岐兴起,殷纣王还在说"我生不有命在天?"(《尚书·西伯戡黎》)到了西周,上帝与天神的形象逐渐合一,周公也通过"天命转移"的概念,建立了比较完整的宗法宇宙观。他说:"呜呼!皇天上帝,改厥元子兹大国殷之命。"(《尚书·召诰》)"有王虽小,元子哉,其丕能诚于小民,今休。"(《尚书·召诰》)"尹予惟小子,不敢替上帝命。天休于宁王,兴我小邦周。宁王惟卜用,克绥受兹命。"(《尚书·大诰》)天子所以能够管理天下万民,就因为他是皇天上帝的长子,是在替天行道。周公进行的宗教改革,为传统宗教注入了大量伦理道德的因素。周公为世俗的伦理道德涂上了"天赐民彝"的神圣色彩。《尚书·康诰》"天惟与我民彝",人间的一切法律和伦理道德,都是上天赋予的。"无旷庶官,天工人其代之。天叙有典,敕我五典五惇哉;天秩有礼,自我五礼用庸哉,同寅协恭和衷哉;天命有德,五服五章哉;天讨五罪,五刑五用哉。"(《尚书·皋陶谟》)周公将殷周之时的宗教政治、法律、伦理系统加工整理,使之形成一整套制度,后人将其通称为"周礼","天命"是周礼的终极依据。

孔子继承了周公开创的"以德配天"的思路,一方面讲"唯天为大,唯尧则之"(《论语·泰伯》),承认天对人间政治的决定作用。《论语·阳货》:"子曰:'予欲无言。'……子曰:'天何言哉?四时行焉,万物生焉,天何言哉?'"夫子之欲无言,正是效法天地之无言。《孟子·尽心上》:"尽其心者知其性也,知其性则知天矣。存其心,养其性,所以事天也。""事天"就是指按照天地之道来生存,来获得存在价值。《荀子·王制》:"上取象于天,下则象于地,中取则于人,人所以群居和一之理尽矣。"《易传·系辞上》:"是故天生神物,圣人则之;天地变化,圣人效之;天垂象,见吉凶,圣人像之。河出图,洛出书,圣人则之。"总之,人道都是效法天地的。那么天道如何呢?《易传·系辞上》开宗明义说:"天尊地卑,乾坤定矣。卑高以陈,贵贱位矣……乾道成男,坤道成女。乾知大始,坤作成物。乾以易知,坤以简能……"可见,在《周易》由筮法开始哲学化的阶段,男尊女卑、贵贱有序等宗法模式的宇宙观业已被认为是天经地义。乾的功能是主管、领导,坤的功能是工作、完成。《说卦》更清楚地说明宗法模式宇宙论思维是以最基本的血缘单位为出发点的:"乾,天也,故称乎父。坤,地也,故称乎母。震,一索而得男,故谓之长男。巽,一索而得女,故谓之长女。坎,再索而得男,故谓之中男。离,再索而得女,故谓之中女。艮,三索而得男,故谓之少男。兑,三索而得女,故谓之少女。"(《说卦》)紧接着便强调这基本血缘单位的男系宗法性:"乾为天、为圜、为君、为父……"《周易》无疑是《西铭》中宗法宇宙论的直接渊源。

千百年来,中国的哲学家之所以对张载的《西铭》赞不绝口,就因为他对传统儒学以宗法家族为模式的宇宙观进行了最经典、最通俗的概括。

二、宗法家国——中国人的社会观

张载接着说:"民吾同胞,物吾与也。大君者,吾父母宗子;其大臣,宗子之家相也。尊高年,所以长其长;慈孤弱,所以幼吾幼。圣,其合德;贤,其秀也。凡天下疲癃残疾,惸独鳏寡,皆吾兄弟之颠连而无告者也。于时保之,子之翼也;乐且不忧,纯乎孝也。"这一段文字,是张载对自己社会观的一种完整表述。中国古代是一个宗法家族社会,中国人思考任何问题,都离不开这个大背景。历史地看,这也是儒家文化的根本。张载的《西铭》,就是将社会上的所有人都看成同出于天地父母的同胞,把君主看成这个大家庭的长子,大臣是宗子家中的管家,疲癃残疾者是同胞中的弱者,人应当按照孝悌仁爱的原则,处理社会上的一切关系。张载的《西铭》可以说对儒家"移孝作忠""以孝治天下""亲亲尊尊"的社会伦理观念做了一个精彩的表达。

《礼记》是研究周代宗法制度的基本文献,内有大宗、小宗的定义,继承和外迁原则及相关亲属身份称谓等等。《礼记·大传》载:"人道,亲亲也,亲亲故尊祖,尊祖故敬宗,敬宗故收族,收族故宗庙严,宗庙严故重社稷,重社稷故爱百姓。"祖先崇拜的宗教观念,可以使人际之间的亲情从家庭扩大为宗族,又从宗族扩展为全社会,达到凝聚人心的目的。同时,中国古代的国家又具有一种家国一体的结构,宗族内的孝悌精神,也可以放大为国家中的忠顺品格。《礼记·祭统》说:"贤者之祭也,必受其福。非世所谓福也。福者,备也。备者,百顺之名也。无所不顺者之谓备,言内尽于己,外顺于道也。忠臣以事其君,孝子以事其亲,其本一也。上则顺于鬼神,外则顺于君长,内则以孝于亲。如此之谓备。"因此,祭祀祖先的礼仪,其意义已经不止于家庭情感寄托:"禘尝之大意也,治国之本也"(《礼记·祭统》)。汉代以后,这种"移孝作忠"的思想,变成了"以孝治天下"的制度。宗法精神的核心是孝道,所以张载在《西铭》中,将各种美德的本质概括成"纯乎孝者也"。他还列举了崇伯子(大禹)、颍封人、舜、申生、曾参、伯奇等一系列古代孝子的故事作为说明。并且强调:"违曰悖德,害仁曰贼。"

针对宋代存在的社会问题,张载力主用恢复儒家传统的宗法精神来加以纠正。他在《经学理窟·宗法》一文中极力主张重立宗子之法:"管摄天下人心,收宗族,厚风俗,使人不忘本,须是明谱系世族与立宗子法……宗子之法不立,则朝廷无世臣。且如公卿一日崛起于贫贱之中以至公相,宗法不立,既死,遂族散,其家不传。宗法著立,则人人各知来处,朝廷大有所益。或问:'朝廷有何所益?'公卿各保其家,忠义岂有不立!忠义既立,朝廷之本岂有不固!今骤得富贵者,止能为三四十年之计,造宅一区,及其所有,既死,则众子分裂,未几荡尽,则家遂不存。如此,则家且不能保,又安能保国家?"宋朝为了解决唐末、五代的军阀割据、政治动乱,采取了加强中央集权制度的措施。但在张载等儒者的眼中,这并不是安定的根本。只有恢复三代的宗法社会制度,重建"尊尊亲亲"的道德伦理"移孝作忠",稳固家庭、家族,才能稳定国家。在《西铭》所描述的"民胞物与"的理想社会里,天人合一,尊卑有等,长幼有序,强弱相扶,和谐相处,现实社会里的贫富、贵贱差别都被掩盖在宗法亲情之中。在阶级斗争激烈的年代,我们曾认为张载这类的理论完全是统治阶级的遮羞布。但今天我们如果实事求是地研究古代社会的运行机制就不难发现,这些宗法观念不仅仅是说说而已。长期的理论教育,宗教熏陶,也就将其变成了一种人们真实的行为方式,一种政治管理的指导思想,发挥着整合社会的作用。除了社会发生重大的政治、经济危机,被压迫阶级再也不能生活下去的时候,人们并不是以阶级的方式思维、行动的,而是凝聚在不同的家族之中。

三、顺逆两境——中国人的命运观

关于命运的顺逆问题,是一个人生哲学体系必须回答的问题。张载说:"富贵福泽,将厚吾生也;贫贱忧戚,庸玉女于成也。"儒家的命运观,既有"死生有命,富贵在天"的一面,也有"君子行法,以俟命而已矣"的一面。这两个方面的结合,就形成了中国人一种典型的思维方式——"尽人事以听天命"。

首先讲命运决定性的一面。孔子说:"道之将行也与,命也;道之将废也与,命也。"(《论语·宪问》)孔门弟子有若说:"死生有命,富贵在天。"(《论语·颜渊》)孟子说:"莫之为而为者,天也;莫之致而至者,命也。"(《孟子·万章上》)这里的天和命,既有传统宗教意义上的神性之天,也有春秋以后诸子百家所理解的自然之天、义理之天的含义,总之是自然与社会各种异己力量的总和。客观地讲,人类社会无论发展到什么时候,也不可能穷尽自然的规律,总有人所未知的事物存在。而且人类在宇宙间生活,只是沧海之一粟,其力量是渺小的,总有人力所无法抗拒的异己力量存在。承认人类力量的有限性,是人类智慧的表现,所以孔子说"不知命,无以为君子"(《论语·尧曰》),"君子有三畏,畏天命,畏大人,畏圣人之言"(《论语·季氏》)。

面对人力所不能抗拒的命运,人们有几种态度。道家的庄子提出"无以人灭天,无以故灭命"(《庄子·秋水》)。因为命取于自然,"死生、存亡、穷达、贫富、贤与不肖、毁誉、饥渴、寒暑,是实之变、命之行也"(《庄子·德充符》)。人只能效法自然,而不能替代自然,所以人类最高的智慧就是"顺命",他又说:"知其不可而安之若命,德之至也。"(《庄子·人间世》)儒家不同意道家这种消极无为的命运观,认为他们是"蔽于天而不知人"(《荀子·解蔽》)。儒家的立场是在承认人类能力有限性的同时,尽最大可能发挥人的主动性。孔子本人就是"知其不可而为之者也"(《论语·宪问》),为了复周礼的神圣使命,他周游列国,颠沛流离,食无求饱,居无求安,惶惶不安地奋斗了一生。孟子将儒家的命运观表述为"若夫成功,则天也。君如彼何哉? 强为善而已矣"(《孟子·梁惠王下》)。在这里,命运只是一种人类行为的最终结果,并不能决定人们行为动机的。主导人们行为的动机,则是儒家的"义理"原则,人当努力为之。他又说:"君子行法,以俟命而已矣。"(《孟子·尽心下》)这句话后来就成为中国人的一句口头禅:"尽人事而听天命"。反过来讲,则是"人事未尽,则天理难知",人的主观能动性超过了客观异己力量对人的约束性。积极进取是儒家命运观的主导方面。而"听天命""畏天命",则是在竭尽人力后,对事业胜败穷通的一种心理消解机制,可以有效地保持人的精神健康。

张载继承并发扬了儒家的命运观,他说:"气之不可变者,独死生寿夭而已。故论死生则曰'有命',以言其气也。"(《正蒙·诚明》)死生寿夭是由人的气质决定的,不可强求,所以说"有命"。但人的事业成败,须要人为,他又说:"富贵之得不得,天也。至于道德,则在己求之而无不得也。"(《经学理窟·学大原上》)事业成功、富贵显达是人人追求的,但能否实现取决于"天命",其中许多事属于"所乘所遇",非人力能及。而道德伦理则完全在人为,求者必得。所以正确的人生态度应当是为学由己,努力求道从义。张载说:"富贵贫贱,皆命也。今有人均勤苦,有富贵者,有终身穷饿者,其富由者只是幸会也。求而有不得,则是求无益于得也。道义则不可言命,是求在我者也。"(《语录上》)张载本人的一生,追求改革和弘道,是典型的求义而不求富的一生。

历史上大有作为者,大多都曾经历过厄运的折磨,孟子进一步探讨了命运对个人事业的影响。他说:"天将降大任于是人也,必先苦其心志,劳其筋骨,饿其体肤,空乏其身,行拂乱其所为,所以动心忍性,曾益其所不能。"(《孟子·尽心上》)人不应在厄运面前低头,而应当将人生的苦难当成对自己磨炼的机会。张载在《西铭》中,发挥的正是这样一种思想。"富贵福泽"是老天对我的厚爱,人应当珍惜这种"幸会",不可辜负了天地的恩情。"贫贱忧戚"是老天对我的考验和锻炼,人应当在"劳其筋骨,饿其体肤"的困境中"增益其所不能",将来为家、国做出更大的贡献。

四、存顺没宁——中国人的生死观

终极关怀最后必然要涉及生死问题。儒家不做佛教、基督教、伊斯兰教那样在人世之外预设一个理想的天国,让人们通过苦行修炼,在来世获得终极的报偿。儒家也不像道教那样苦苦地追求肉体的长生,用"内丹""外丹"来无限延长个人的生命,逃避死亡。儒家讲天人合一,将来世与今生打通。"季路问事鬼神。子曰:'未能事人,焉能事鬼?'曰:'敢问死?'曰:'未知生,焉知死!'"(《论语·先进》)孔子拒绝讨论人死后的世界,把生死观完全建立在现实生活的基础上。《周易·系辞》说:"原始返终,故知生死之说。"通过对人生价值的探讨,就可以确立死亡的价值。

张载建立自己学说的直接目的之一就是"辟佛老"。佛老之说所以吸引人,就因为他们关于彼岸世界的生死观可以在一定程度上缓解世人对死亡的畏惧。"浮屠明鬼,谓有识之死受循环,遂厌苦求免,可谓知鬼乎?"(《正蒙·乾称》)张载继承了儒家传统的生死观,他说:"儒者则因明致诚,因诚致明,故天人合一,致学而成圣,得天而未始遗人。"(《正蒙·乾称》)正因为儒家体会了天人合一之道,故知"原始返终"的死生之说,不畏死亡而敢于直面人生。他又说:"太虚无形,气之本体,其聚其散,变化之客形……聚亦吾体,散亦吾体,知死之不亡者,可与言性矣。"(《正蒙·太和》)人肉体生命的生死,是自然界的一种物质变化,"死而不亡",不过是气变换形态而已。从另一个角度讲,人死后不仅仅是物质的"不亡",还有精神的"不亡",也就是所谓的"不朽"。张载说:"道德性命是常在不死之物也,己神己死,此则常在。"(《经学理窟·义理》)

儒家承认肉体生命的客观有限性,但又关闭了灵魂通向彼岸世界的大门,那么如何安顿人的精神呢?换言之,如何追求精神的不朽呢?儒家经典《左传》说:"太上有立德,其次有立功,其次有立言,虽久不废,此之谓三不朽。"(《左传·襄公二十四年》)儒家非常重视这种精神的不朽,提倡个人应当在宗法家族社会里克尽自己的义务和职责,在"立德、立功、立言"的社会实践中实现自己生命的价值。张载将这种使命感表述为"为天地立志,为生民立道,为去圣继绝学,为万世开太平"(《语录上》)。其胸襟之广阔,其气势之恢宏,其境界之崇高,其语言之凝练,超过了千古贤圣。"存,吾顺事;没,吾宁也。"一息尚存,就按照"顺事"的原则尽自己对社会和自然的各种义务。生命终结,便按照"没宁"的原则自然接受,既不畏惧,也不回避,"此孔子所以直季路之问而不隐也"(《正蒙·乾称》)。这不是对死亡无可奈何的接受,而是对肉体生命的精神超越,是在完成了自己对家、国、天下义务之后的一种心灵的平静、安详和满足,也就是中国士大夫千百年来所追求的"圣贤境界"。

达到了这种境界,中国的士大夫不需要成佛、长生、救赎、末日审判,也可以获得"安身立命"的终极价值。

张载的《西铭》之所以被后学千古传颂,就因为它为中国士大夫提供了一个理想的精神家园。其中所包含在"天人一体""民胞物与""乐而无忧""存顺没宁"中的人生哲学,对于当代人们建立正确的世界观、人生观,是一笔非常宝贵的精神财富,具有重要的启迪意义。

第八讲

张载"和"哲学论纲

韩 星

【作者简介】

韩星,中国人民大学国学院教授,国际儒学联合会理事,国际儒学联合会传播教育普及委员会副主任。

"和"是中国传统文化核心价值观之一,普遍地渗透在中国文化的不同层面、不同领域,成为中国文化基本精神。研究"和"哲学,不仅是对"和"观念的诠释和发挥,也是对"和"观念渗透到中国文化的方方面面的梳理和挖掘,更是对"和"哲学在当代中国和世界现代意义的阐扬和展示,借为构建和谐社会,建设和谐世界贡献我们的思想和智慧。本文主要梳理北宋大儒张载关于"和"哲学的基本思想和实践途径,以为中国和谐社会的构建提供思想资源。

一、张载"和"哲学的社会背景

张载生活的时代正当北宋初期处于社会激荡、内忧外患之中:对内自唐以来经济上"均田制"的破坏以及"不抑兼并"政策的实施,土地兼并愈演愈烈,大量农民失地,衣食无着,财富分配不均,内部矛盾愈演愈烈,日益形成严重的社会问题;对外民族矛盾不断加剧,在北方要与辽(契丹族),以后又要与金(女真族)作战,而宋初统治者采取的是抑武重文的基本政策,对辽、西夏采取被动防御的方针,边疆也不断出现危机。为了解决社会矛盾,统治者进行了改革,肇始于庆历年间的范仲淹改革,到王安石几经起伏的变法一定程度上缓解了一些矛盾,但没有从根本上解决问题,又引发了新的社会动荡。本来喜欢军事的张载在年轻时曾拜见范仲淹,要投笔从戎,在范仲淹的劝导下立志"为天地立心,为生民立命,为往圣继绝学,为万世开太平"。当时在文化上,汉魏以来佛教文化的广泛传播对以儒学为主体的本土文化提出了严峻的挑战,但三教合一成为思想发展的趋势。宋初文化政策与唐代不同的一个很值得注意的倾向就是,虽然也主张儒、释、道并存,但重在兴儒。在这样的情况下,张载就自觉地担当起反佛、道,兴儒学的历史使命,构建新的儒学思想体系。"和"哲学就是张载面对当时的社会问题和文化问题进行的精思力行的结果,是张载思想体系中非常独特的一部分内容。

二、张载"和"哲学的多重构成

(一)太和即道:宇宙本体之和

"太和"概念出于《易传·乾·彖传》:"乾道变化,各正性命,保合太和,乃利贞。"以"太和"作为一种高度理想化的宇宙整体和谐状态。张载在此基础上提出"太和所谓道"的命题。在《正蒙·太和篇》中他说:"太和所谓道,中涵浮沈、升降、动静、相感之性,是生缊缊、相荡、胜负、屈伸之始。其来也几微易简,其究也广大坚固。起知于易者乾乎!效法于简者坤乎!散殊而可象为气,清通而不可象为神。不如野马、缊缊,不足谓之太和……语道者知此,谓之知道;学《易》者见此,谓之见《易》。"张载把宇宙本源的、最高的和谐状态称为"太和",并把"太和"提高到"道"的高度,认为"太和"就是宇宙间最高的"道"。但是,这个"道"不是虚悬的、死寂的,而是一种生机勃勃、生生不已的气化过程,也就是"由气化,有道之名"(《正蒙·太和篇》)。"太和所谓道"是指在气的本来状态中已经包含着浮沉、升降、动静、相感的特性,是气自身固有的属性而不是外在强加的,因而才会产生阴阳二气的相互氤氲渗透、双方此胜彼负、此屈彼伸的能被我们所感觉到的运动变化。王夫之在《张子正蒙注·太和篇》中对张载"以太和之道"做了深刻阐发,指出:"太和,和之至也。道者,天地人物之通理,即所谓太极也。阴阳异撰,而其缊缊于太虚之中,合同而不相悖害,浑沦无间,和之至也。未有形器之先,本无不和;既有形器之后,其和不失,故曰太和。"王夫之认为张载的太和是和谐的极致,是儒家所追求的理想境界。

王夫之在这里又提到了"太极""太虚"两个概念。其一,说明张载以"太和"为道体,乃贯通天地人物之通理,与其太极之说是相通的。张载的太极之说也来源于《易传》的"易有太极,是生两仪"。他反对以"无"解太极,认为太极就是气,并吸收了古代"物生有两"的辩证法思想,主张太极本身含有阴阳二气。其二,说明"太和之道"中因为有阴阳两面,在太虚之中合同不害,浑沦无间,与其太虚之说也有密切关系。在张载的哲学中,气分为阴阳未分的本来状态和阴阳已分的变化状态,而"太虚"与"太和"指的都是气的本来状态。张载在形上形下、体用的意义上说明"太虚"与"气"。"太虚"是无形的,是形而上的本体,是至静无感的,是不可摧毁的;"气"则指万物之聚散变化。"太虚"是"气"的本体;"气"是"太虚"的显现。太虚无形而有气,太虚虚空而实有,气的阴阳屈伸、相感变化就是以太虚为本的。太虚是本体之气,太和是气化之道。太虚、太和是体用关系。

所以,在张载的思想中,"太和"与"太极""太虚"概念并不是独立存在的,它们都是针对气而提出的,是气的不同方面的不同规定;但他们又都体现为统一的"道",是三位一体的。如果分析而言,"太和"是就气之全体的高度和谐而言,"太极"是就气的统一运化而言,"太虚"是就气的无形本体而言。

(二)天人合一:天地人一体之和

在张载思想体系中,还有一个由其"天道"结构或宇宙本体论结构派生出来的天、地、人"三才"结构。张载的天人合一就是天地人一体,或简称天人一体,即天、地、人三个存有领域通贯地应用于张载的本体论与宇宙论以及心性论与修养论之中。

在《易说·系辞下》中张载明确指出:"天人不须强分。《易》言天道,则与人事一滚论之;若分则只是薄乎云尔。自然人谋合,盖一体也。人谋之所经画,亦莫非天理。"这是说,天道与人道有共同点,所以《周易》将天道同人事统而论之,天道的变化同人谋自然相合,人之经营谋划皆顺从天理,此即天人一体。

张载认为,人为主体的精神集中地体现为道德精神。他说:"易一物而三才:阴阳,气也,而谓之天;刚柔,质也,而谓之地;仁义,德也,而谓之人。高忠宪曰:一物而三才,其实一物而已矣。"[①]这是揭示易的本质是一物含三才,其

[①] 〔清〕黄宗羲撰,〔清〕全祖望补修,陈金生、宋运华点校:《宋元学案》第一册,中华书局,1986年,第730页。

中阴阳二气构成了天道的运行方式,刚柔材质构成了地道存在的形式,仁义道德则人道所独有。但是,这三者虽是可分的,又是一体的,体现为宇宙生生不息的精神。张载接着又说:"一物而两体,其太极之谓与!阴阳天道,象之成也;刚柔地道,法之效也;仁义人道,性之立也。三才两之,莫不有乾坤之道。"①这是进一步解释三才之道无论是在天成象,在地成形,还是在人成性,都通过阴阳二气的相互作用,来源于太极(道),具体体现为乾坤之道。对于乾坤之道张载在《正蒙·乾称篇》中说:"乾称父,坤称母;予兹藐焉,乃混然中处。故天地之塞,吾其体;天地之帅,吾其性。民吾同胞,物吾与也。大君者,吾父母宗子;其大臣,宗子之家相也。尊高年,所以长其长;慈孤弱,所以幼吾幼。圣其合德,贤其秀也。凡天下疲癃残疾、惸独鳏寡,皆吾兄弟之颠连而无告者也。"张载继承传统将天地视为父母的观念,将人与人、人与物之间的阻隔全面破除,对天地人一体的境界做了形象论述:乾、坤就是天地,人好像是天地的孩子而"混然中处",即人与天地万物同处于一个无限的生命整体和链条中,同在天地乾坤之德的创生中同生共长,浑然无别。这样,塞乎天地之间的阴阳之气即形成吾人之形体,而主宰天地之常理,即为吾人之本性。人与人、人与物之间,犹如同胞手足,也如朋友同侪,彼此血肉相连,痛痒相关,休戚与共,构成一种和谐共生的关系。这里的乾父坤母主要是象征意义上说的,他并不是说天地就是人的父母,而是强调超越性的天地对于人而言的根本意义,也就是它对于人的本体论意义。

再进一步深问:天地人何以能够达到一体的和谐? 曰"仁"。张载把天地生物之心理解为"天体物不遗"的一片仁心。他说:"天本无心,及其生成万物,则须归功于天,曰:此天地之仁也。"(《经学理窟·气质》)"天体物不遗,犹仁体事无不在也。'礼仪三百,威仪三千',无一物而非仁也。"(《正蒙·天道篇》)张载提出"为天地立心"的命题就是在天地人一体和谐的构架中贯通天道、地道与人性,强调人对天地万物的主动性、能动性和主体性,体现儒家圣人之道。"天地之心"就是仁心,儒者只有弘大其心才能真正"为天地立心"。

(三)仇必和解:人类社会之和

"太和"是宇宙本体理想的和谐状态,但在气化过程中由形上到形下,由

---

① 〔清〕黄宗羲撰,〔清〕全祖望补修,陈金生、梁运华点校:《宋元学案》,第730页。

幽到明,由自然界到人类社会时产生对立与冲突,怎么来解决这个问题?张载说:"气本之虚,则湛一无形。感而生则聚而有象。有象斯有对,对必反其为;有反斯有仇,仇必和而解。"(《正蒙·太和篇》)"太虚"中的气本来是无形无象的,当其阴阳之气产生感应,就凝聚而为有形有象的万物。这样,在有形有象的万物当中,就有了对立、作用、仇杀,而最终的结果则一定是"和""解"。王夫之在《张子正蒙注·太和篇》说:"刚柔、寒温、生杀,必相反而相为仇;乃其究也,互相以成,无终相敌之理。"这说明"仇必和而解"是一种必然之理,与黑格尔的正、反、合的辩证法公式非常相似,体现了张载辩证思想的深度。

对"仇必和而解"的理解,在学术界长期以来就有争论。在斗争哲学盛行的年代,一些学者批评张载否定阶级斗争,搞调和论。其实对张载"仇必和而解"的正确理解还得从我们中国文化的阴阳观念说起。我们过去常常把阴阳观念与马克思主义的矛盾学说等同起来,这是不对的。实际上,阴阳不等于矛盾,阴阳观不是矛盾观。中国的阴阳观注重阴阳互根,阴生于阳,阳生于阴,孤阴不生,独阳不长,阴阳调和,百事俱昌,二者不是你死我活、有你没我的关系,而是相互依存、相互滋生、相互促进、相辅相成、相反相成的关系。正是在这个意义上,张载的"仇必和而解"对于我们正确处理人际关系乃至世界上不同文化、不同文明之间的关系就具有不同寻常的意义和价值。

张载除了强调阴阳双方"仇必和而解",还注重维护阴阳双方的和谐统一。他说:"两不立则一不可见,一不可见则两之用息。两体者,虚实也,动静也,聚散也,清浊也,其究一而已。"(《横渠易说·说卦》)这里的"两"指阴阳,"一"指气。这里"立"不是对立,是存在的意思。阴阳两方面不同时存在则也就没有气这个统一体,没有气这个统一体,则阴阳两方面也就没有办法运动了。

(四)心和体正:个人身心之和

儒家认为,所谓"身",是指人的形体,及由此派生的情、欲、利等;所谓"心",则是指人的精神,及由此派生的仁、义等。在个人身心修养方面,张载提出通过变化气质,达到心和体正,以得到个人身心的和谐。张载在《经学理窟·气质》中说:

> 变化气质,孟子曰:"居移气,养移体。"况居天下之广居者乎!

居仁由义,自然心和而体正。更要约时,但拂去旧日所为,使动作皆中礼,则气质自然全好。《礼》曰:"心广体胖。"心既弘大,则自然舒泰而乐也。若心但能弘大,不谨敬则不立;若但能谨敬而心不弘大,则入于隘,须宽而敬。大抵有诸中者必形诸外,故君子心和则气和,心正则气正。其始也,固亦须矜持,古之为冠者以重其首,为履以重其足,至于盘盂几杖为铭,皆所以慎戒之。

张载把人性分为两个层次,即"气质之性"和"天地之性"。"气质之性"是善恶混杂的低层次状态,"天地之性"是久大永恒的完美状态。要达到理想的人性就应该从"变化气质"出发,不断祛除"气质之性"中的恶,使"天地之性"充分发展。人在后天之所以身心不和谐,就是由于气质之性的干扰,使得人不能回归人与天地万物和谐一体的理想境界,所以人的道德修养最基本的就是要变化气质。怎么变化气质?张载引孟子"居移气,养移体"说明地位和环境可以改变人的气质,奉养可以改变人的体质。但关键还是内在的理性自觉和外在的道德实践,内心存仁,行事循义,以达到心和体正。要达到这样的修养境界就要不断克去旧的积习,使言行举止规范于礼,以礼节之,变化气质。以礼教人是张载的特点,难怪程伊川赞美他说:"子厚以礼教学者最善,使学者先有所据守。"(《近思录》卷十一)

张载还提出"和其心"。《张载集·拾遗·性理拾遗》载:"张子曰:'近臣守和。'和,平也,和其心以备顾对,不可徇其喜怒好恶。"这是强调为臣要保持平和的心态来应对复杂的政治活动,而不能受到个人喜怒好恶等情绪的左右。这里的思路与心和体正仍然是贯通的,是对官员道德修养的要求。张载还进一步将"心和"推广到"心宏大",以求达太和之境;将"体正"推广到"能谨敬",以求立于礼。"有诸中者必形诸外","心和"就会"体正"。因为"心和则气和,心正则气正",还应该补充一句:"气正则体正"。显然,心和体正是要把内在的心性修养与外在的礼仪修养结合起来,是要实现儒家内圣外王的理想目标。心和体正是一个人修养的理想状态,自然是身心和谐的。

三、张载"和"哲学的方法论:中和、中道、中正

怎么达到上面不同层次的和谐?张载认为要达到"和"的基本方法有三:中和、中道、中正。

中和。张载注重"中和之气"的培育。因为人有"气质之性"和"天地之性"之分，就有各种各样的"气质之偏"："人之刚柔、缓急、有才与不才，气之偏也"(《正蒙·诚明》)。怎么克服这些偏颇？"天本参和不偏，养其气，反之本而不偏，则尽性而天矣"(《正蒙·诚明》)。人性格上的刚强与柔弱、迟缓与着急、有才与不才，都是气质之性的偏颇所致。天的本性是太极、阴、阳三而一，和合不偏的。人的气质不免有偏，应该承认这种偏颇。但人之为人与其他动物不同之处就在于他能够通过中和之道进行自我修养，调和性情，返回本性，尽人性而上达天道。其次，张载注重中和之情在道德修养中的意义。他通过疏通孟子的论述来表达自己的观点："孟子之言性情皆一也，亦观其文势如何。情未必为恶，哀乐喜怒发而皆中节谓之和，不中节则为恶"(《张子语录·语录中》)。这里张载阐发《中庸》的"中节"，中节之情是和，是善，不中节之情是恶，这基本符合思孟学派的内在理路。那么进一步的追问就是怎么能够保证哀乐喜怒之情发而皆中呢？于是张载又提出了"心统性情"之说。他在《性理拾遗》中说："心，统性情者也。有形则有体，有性则有情。发于性则见于情，发于情则见于色，以类而应也。""心"具有主宰、统一"性"与"情"的作用。为什么心具有这样的功能？因为心是总括性情与知觉而言的，"合性与知觉，有心之名"(《正蒙·太和篇》)。心一方面表现为具体的知觉，另一方面这些知觉活动无不受内在的本性所决定和支配。

中道。在张载看来，中道是贯通天下之达道、至德，是学者求知立身之根本、极致。在《正蒙·中正篇》中他说："学者中道而立，则仁以弘之。无中道而弘，则穷大而失其居，失其居则无地以崇其德，与不及者同；此颜子所以克己研几，必欲用其极也。"可以看出，张载的中道是太和之道气化运行的最佳道路，具有本体的意义，而仁则是中道在人类社会领域的彰显。因此，学者应该以中道立身，在静中涵养吾性，体认天理，以仁德来宏大其心、提升人生的境界。如果离开中道而宏大其心，就可能流于道家以宇宙万物为虚无、佛家以天地万物为虚空、庄子逍遥无待的虚妄自大之中，不能履行实在的中道，这样心就会散漫无归，不能与天地万物贯通为一体。这样就会丧失其立足之处，并进一步失去提高德性的基地，就与不及没有什么两样了。中道在张载看来也是圣贤人格建树之道。张载根据孔子"三十而立，四十而不惑，五十而知天命，六十而耳顺，七十而从心所欲不逾矩"的超凡入圣生命历程，阐释说："三十器于礼，非强立之谓也。四十精义致用，时措而不疑。五十穷理尽性，至天之命;然不可自谓之至,故曰知。六十尽人物之性,声人心通。七十与天同德,不思不勉,从容中道。"(《正蒙·三十篇》)肯定孔子"七十而从心所欲不逾矩"的境界就是"与天同德,不思不勉,从容中道"的最高境界,说明孔子一生在自强不息,厚德载物,孜孜以求,从容中道,最后超凡入圣,达到理想的人格境界。

中正。在张载看来,中正是广大无限,贯通天地人的一贯之道:"中正然后贯天下之道,此君子之所以大居正也。盖得正则得所止,得所止则可以弘而至于大"(《正蒙·中正篇》)。君子如果能行中道,身心俱正,使天下之道贯通于一心。张载这里意在从修养上强调君子以恪守正道为贵。君子恪守正道,就能达到至善之境;达到至善之境,就能以自己的道德人格感化别人,影响世道人心,实现治国平天下的理想目标。张载又称中正为大中至正之道。"大中至正之极,文必能致其用,约必能感而通。未至于此,其视圣人,恍惚前后,不可为像,此颜子之叹乎!"(《正蒙·中正篇》)如果能够事事皆中,无所不中,处处皆正,无所不正,就能贯通天下的大道。

概括地说,以上三者可以归结为一,即中和。三而一,一而三,怎么实现和,只有通过中。中和则成为实现太和之道,天地人一体以及身心和谐的基本方法。

四、张载"和"哲学的实践途径:礼乐、井田、宗法

张载是著名的礼学家,精通三礼,把提倡礼乐视为实践社会和谐的途径,非常重视通过礼乐的实践来调养"和"气,培养"和"德。《正蒙·有德篇》云:"君子宁言之不顾,不规规于非义之信;宁身被困辱,不徇人以非礼之恭;宁孤立无助,不失亲于可贱之人:三者知和而能以礼节之也。"作为君子,知道和谐的道理,知道怎么与人和谐相处。当然,但"和"不是无原则的苟合,必须以礼来节制。在礼乐文化中,礼的功能是节,乐的功能是和,礼与乐必须相互配合,相辅相成,二元一体,缺一不可。通过礼乐不同功能的配合,不是单纯地讲"和为贵",而是强调还要"以礼节"。

儒家礼乐文化认为,乐可以培养人的中和之德,使天地人神乃至万物彼此感应,和谐共乐。张载注重发挥礼乐中乐"和"的功能,提出"古乐所以养人德性中和之气"(《经学理窟·礼乐》),因为"声音之道,与天地同和,与政

通。蚕吐丝而商弦绝,正与天地相应。方蚕吐丝,木之气极盛之时,商金之气衰。……方春木当盛,却金气不衰,便是不和,不与天地之气相应"(《经学理窟·礼乐》)。这里涉及五行相生相克、五行与五声和合的问题。张载对当时古乐的衰微深感忧戚,他说:今之言乐者"止以求哀,故晋平公曰:'音无哀于此乎?'哀则止以感人不善之心。歌亦不可以太高,亦不可以太下,太高则入于噍杀,太下则入于啴缓。盖穷本知变,乐之情也"。"先王之乐,必须律以考其声,今律既不可求,人耳又不可全信,正惟此为难。求中声须得律,律不得则中声无由见。"(《经学理窟·礼乐》)音乐不能太悲戚,也不能太快乐,要符合中和之道,才有中和之美;律吕不仅仅是个音乐技术方面的问题,而是牵涉到能否求得中声。"移人者莫甚于郑卫,未成性者皆能移之,所以夫子戒颜回也。今之琴亦不远郑卫,古音必不如是。古音只是长言,声依于永,于声之转处过,得声和婉,决无预前定下腔子。"(《经学理窟·礼乐》)郑卫之音,自古以为邪淫之乐,移人太甚;今之琴与郑卫不远,已经不能像古音那样"得声和婉"。

张载非常重视礼的时措之宜,即时中问题。他说:"时措之宜便是礼,礼即时措时中见之事业者,非礼之礼,非义之义,但非时中者皆是也……时中之义甚大,须是精义入神以致用,始得观其会通以行其典礼,此则真义理也;行其典礼而不达会通,则有非时中者矣。礼亦有不须变者,如天叙天秩,如何可变!礼不必皆出于人,至如无人,天地之礼自然而有,何假于人?天之生物便有尊卑大小之象,人顺之而已,此所以为礼也。学者有专以礼出于人,而不知礼本天之自然,告子专以义为外,而不知所以行义由内也,皆非也,当合内外之道。"(《经学理窟·礼乐》)

他认为时措之宜就是礼,许多非礼之礼,非义之义,都是没有讲时中的结果。他挖掘出时中的意蕴,精义入神,会通典礼;强调礼是对天地自然秩序的模拟,不可变,也是内在于人的心性而形成的外在的规范,是合内外之道。

张载根据北宋社会矛盾的状况,提出了恢复井田与宗法,以解决社会矛盾,促进社会和谐的思想。首先,张载看到贫富不均是当时社会的根本问题,如不解决贫富不均的问题,任何政治措施都是谋求暂时利益苟且的办法而已。因此,他面对当时社会严重的土地兼并,农民失地问题,有针对性地提出井田制的改良方案。他取《周礼》之意提出"井田"学说,要求把田地收归国有,然后分给人民,"人受一方""以田授民"(《经学理窟》),废除招佃耕种和出租土地,"不得如分种,如租种"(《经学理窟》)。宋代吕大临《横渠先生行状》说张载"慨然有意三代之治,望道而欲见。论治人先务,未始不以经界为急,讲求法制,粲然备具,要之可行于今,如有用我者,举而措之尔"。张载认为,"治天下不由井地,终无由得平。周道止是均平"(《经学理窟·周礼》)。显然,他呼吁恢复井田制,主要是因为当时土地问题已经非常严重,完全失去了周道的均平精神。张载的均平绝不是墨子的"爱无差等"的"兼爱"社会,而是有着强烈的等级层次性的。对此,他通过宇宙论、本体论上的论证,认为绝对的平均只能造成无序和混乱。因此,张载要求统治者尽量满足人民的欲求,消除两极分化,避免社会冲突,由此引起的社会不公和社会冲突才得以调适,实现真正的社会和谐。这些想法有明显的乌托邦性质,但其中所含的社会和谐思想对于我们今天缩小贫富差距,实现社会公正,维护社会持续稳定的发展仍然有积极的借鉴意义。

其次,为了应对农村宗族瓦解引发的相关社会问题,张载又主张恢复"三代"宗法及宗子制度。《经学理窟·宗法》说:"管摄天下人心,收宗族,厚风俗,使人不忘本,须是明谱系世族与立宗子法。宗法不立,则人不知统系来处……无百年之家,骨肉无统,虽至亲,恩亦薄。"这里强调立宗子法具有管人心,收宗族,使人知来处,讲恩义、重亲情的作用,这样对社会和谐稳定大有益处。张载主张用宗法原则来确立人在社会中的地位和职责,处理人与人之间的相互关系:"大君者,吾父母宗子;其大臣,宗子之家相也。尊高年,所以长其长;慈孤弱,所以幼吾幼。圣其合德,贤其秀也。凡天下疲癃残疾、惸独鳏寡,皆吾兄弟之颠连而无告者也。"(《正蒙·乾称篇》)君主是父母的长子,也就是长兄。而大臣就是长兄家中的管事。对于社会上的老者、尊者,要以孝敬父母的心情去对待他们,对于孤寡残幼之人,要像对待自己的儿女一样照顾他们。社会中所有的残废穷苦的人都是自己家中特别困苦的兄弟,应该予以同情。因为从自然到社会,本来就是一个大家庭,只有通过宗法原则的落实才能实现人与人、人与天地万物和睦相处、和谐共生的理想。

五、结　语

社会激荡、内忧外患的社会现实促使张载对"和"哲学进行广泛思考,揭示了"和"哲学的多重构成,不同层面的理论建构反映了他对"和"哲学的认识是全面而深刻的,达到了那个时代最高的理论思维水平。更为可贵的是,张载并没有满足于只提出精密的哲学体系,他还提出了实践"和"哲学的方法论:中和、中道、中正;实践"和"哲学的途径:礼乐、井田、宗法。这些思想和方法、途径对于解决中国目前面临的思想文化和社会问题,应对世界面临的全球性难题仍然有重要的参考价值。我们可以以"推陈出新"的思路认真地进行研究和总结,"古为今用",为构建和谐社会、建设和谐世界提供思想资源和智能支持。

第九讲

张载的大心工夫论

〔韩国〕张闰洙

【作者简介】

张闰洙,韩国大邱教育大学教授。曾任韩国新罗大学教授(1997—1999)、韩国《哲学研究》编辑委员长(2015—2017)、韩国研究财团学术专门委员(2016—2017)、大同哲学会会长(2019—2020)。韩文版《正蒙》《横渠易说》的翻译者。

一、张载与工夫论

所谓"工夫"是个多义词,本文主要在积德修行的性理学意义上使用"工夫"一词①。而在这个意义上,我们可以说张载(1020—1077)工夫论的核心是"大心"论。

在张载的哲学里,心与性、性与气是一个相互联系的概念。众所周知,当今学术界普遍认为张载的哲学是"气"的哲学。作为"气"哲学,当张载的"气"概念适用于人时,气就势必与性相联系,性又与人的道德修养即工夫论相联系而被扩大到心。所以说张载的"大心",就是"复其性""复其初"的"心"回复为"性"和"气"的方法,此乃一切工夫的核心。

根据学者的不同,对心的理解大体上有二。一是从"心"之"用"上理解;一是从"心"之"体"上理解。这就是说,"心"具有"体""用"两重结构,所以

---

① 参照《汉语大辞典》编委会:《汉语大辞典》,上海汉语大辞典出版社,1988年,第952页。工夫也与功夫通用。在性理学意义上的工夫论,朱熹强调得最多。朱熹曾说:"谨信存诚乃内在工夫,无迹。"(《朱子语类》卷六九)甚至在临终时还告诫弟子此乃"坚苦工夫"。

辞典也在"体""用"的复合意义上界定"心"。鉴于此,本文在认同"心"所具有的"体、用"两重结构的基础上,进一步认为这种结构在张载的哲学中体现为心性的两重结构,因此在张载哲学中工夫的目标是通过心的复性,而其关键环节就是"大心"。

二、本来之心——性

张载的哲学大体上分气论、性论和心论。这三个部分虽然各有自己的所指领域,但在逻辑上三者是相通的。张载在自己的哲学中试图用气来解释宇宙和人。但张载哲学的特点并不在于他要回答"何谓气"的问题,而在于他试图要用气来说明什么。张载为了对抗佛家的心性论,试图寻求儒家传统的存在论和心性论的统一,而把气当作这种统一的媒介。他以《周易》的"穷理尽性"为根据,努力寻求穷理和尽性间的逻辑必然性以批判佛家的心性论:"儒者穷理,故率性可以谓之道,浮屠不知穷理而自谓之性,故其说不可推而行"(《正蒙·中正》)。在此,张载以"气的存在解读"(穷理、穷气)考察本性(尽性),认为穷理与尽性之间存在着密切的联系,所以穷理不可能不以尽性为目标。这正是佛家与儒家工夫论的终极不同处。因此,他把自己工夫论的"心性论"(尽性)之根据建立在"气论"(穷理)之上。但相较穷理,张载更强调尽性。在他看来,穷理是手段,尽性才是目标①。那么,我们试问张载的穷理和尽性是如何联系的?也就是说,张载的气论怎样扩大到了心性论?

张载认为,"合虚与气,有性之名"(《正蒙·太和》)。以此为中心考察,我们可以认为张载的性大体上有如下特点。第一,张载将内在于具体个别的生命体气质中的万物的共同性——"太虚"理解为"性"。因此,张载所说的性,是太虚一气与气质之合,是发现于气质中的太虚一气;第二,内在于个体中的太虚之性,是万物共同的性,也是道德本性。张载将此命名为"天地之性"②,并认为"天地之性"外,还有一个"气质之性",而气质之性是气具有形质之后才产生的,是人的非道德行为产生的根据。由此他进一步试图用气质之性解决孟子以来一直困扰诸多学人的恶之产生的根源问题。第三,张载认

---

① 陈来:《宋明理学》,华东师范大学出版社,2000年,第55页。
② 对天地之性,程颐称之为"义理之性",朱熹称之为"本然之性"。

为改变恶之根源的气质之性,回复到天地之性的"善反",是恢复最初的太虚一气之本性的方法,而此方法才是真正的工夫。

考察张载的性论,必然要考察恢复道德本性——天地之性的主体之心。因为,张载把"心"看作是实现仁义之德并有可能彻底改变"性"的根据。因此,我们有必要先考察张载的心和性的关系。

有关心性关系,中国传统理论各异。其中最具代表性的有:1.心性合一论;2.心属内在,性属超越论;3.性无形,心有形论;4.心性不同,心性不相离论。张载的立场虽然关乎以上四者,但更倾向于"心性合一论"。就是说张载基于体用论,建构自己的心性合一论,从而为中国传统哲学的最大主题——天人合一论奠定了理论基础。张载主要在《正蒙》的《诚明》《大心》中阐述了心和性及两者的关系。他在《正蒙·诚明》中说:"性者,万物之一源,非有我之得私也……未尝无之谓体,体之谓性……知性知天,则阴阳鬼神皆吾分内尔……心能尽性,人能弘道也,性不知检其心,非道弘人也。尽其性,能尽人物之性……性于人无不善,系其善反不善反而已。"在张载看来,性是"万物之一源"(万物的共同性),是心之本体。因此,性在人无不善。问题只是能不能很好地复性。那么,复好性的方法是什么呢?其关键是"心"。张载说:"圣人尽性,不以见闻梏其心,其视天下,无一物非我。孟子谓尽心则知性知天以此。"(《正蒙·大心》)这不过是"心性合一""天人合一"的另一种表现。在张载看来,心和性只是形象有别,其实同一。因此,最大的工夫就是恢复本然之心的性。张载对心性二者之关系的阐述虽然不同,但其要就是"体用"关系,即"客观存在和主观活动的关系"①。在这个意义上,我们又可以说张载的心性是广义的心,此心具有体用两重的辩证结构。换句话说,心与性的区别,只在狭义上有效。总之,张载哲学中的"性"是"本然性"和"功能性"的"心",而"心"是"现实性"的"心"。

三、现实之心——心

由于张载的心是"复天地之性"(心能尽性)的人的"能动的主体性"(诚之、思诚),王夫之(1619—1692)在为张载《正蒙》作注时说:"性者,天道;心

---

① 朱建民:《张载思想研究》,文津出版社,1989年,第116—117页。

者,人道。天道隐而人道显。"(《张子正蒙注·诚明》)这就是说,张载是以人道知天道,以尽人道、尽天道的。此与"诚者,天之道也,诚之者,人之道也"(《中庸章句》二十章)的《中庸》诚论具有相似的结构。

  《中庸》将修身之本的"诚"的终极归之于大自然。将天道本原地解释为"天之道",就是"自然的运行法则"。但中国的先人们将自然的运行法则解释为如同"诚实"(诚)这样的价值概念,并把它作为人的道德生命的标准和根据。如此诚实的大自然世界,"不勉而中,不思而得,从容中道"(《中庸章句》二十章)。而这种境界正是与大自然合一的圣人境界。然而人的现实,虽然始终具有圣人的可能性,但绝不是圣人本身。我们的现实既不是"发而皆中节"(《中庸章句》首章),也不是"不勉而中,不思而得"。因此,人只能不断地努力接近"诚"本身。这种努力,《中庸》称之为"诚之者",也即人道。在此,我们可以把天道的实体解释为"性",人道的主体解释为"心",而且把天道与人道、诚者与诚之者、性与心的合一、"理想"与"现实"的和谐可能性看作是张载工夫论的核心。

  为了更明确心的意义,我们再看张载自己的阐述。张载说:"合性与知觉,有心之名。"(《正蒙·太和》)为了更好地理解这句话,有必要考察张载的"合虚与气,有性之名"。因为"合虚与气"与"合性与知觉"二者具有类似的结构。可见,在"合虚与气"中,张载将"虚"看作是"太虚一气";将"气"看作是"气质"①。结果,张载所说的"性"就成为太虚一气和气质的"合",成为发于气质中的太虚一气。张载把它称为天地之性,并看作是万物的共同性。

  如此,张载通过"气"导出"性",再通过"性"导出"心"。他的"合性与知觉,有心之名"很好地揭示了"气"通过"性"再扩展到"心"的过程。这是说张载的性指内在于有形个体中的太虚一气,而其属性正是感通性(神)。那么,知觉又是什么呢?张载在《正蒙》中说:"有无一,内外合,此人心之所自来也。"我们可以把它看作是理解"合性与知觉,有心之名"的佐证资料。也就是说,我们可以把"有无一"看作是对"性"的说明,把"内外合"看作是对"知觉"的说明。张载说"有无虚实通为一物者,性也"(《正蒙·乾称》),"人谓己有知,由耳目有受也,人之有受,由内外之合也"(《正蒙·大心》)。这是说

---

  ① 张载以"气质"的含义使用"气"的用例有:"散殊而可象为气"(《正蒙·太和》)、"德不胜气,性命于气。德胜其气,性命于德"(《正蒙·诚明》)、"于志于学者,都更不论气之美恶"(《张子语录》)。

有无的统一是性,内与外的合是知觉。

所谓"合内外",是以内与外即主体和客体的区分为前提的。此时,区别内外的正是"形"。因此,"合内外"的知觉,只能限定在有具体形体的存在上。这一点对把知觉作为概念成立之必要条件的"心"也是如此。即在区分形体和内外已毫无意义的天的世界里,对心的探讨也是没有意义的。所以,张载认为"天无心,心都在人之心"(《经学理窟·诗书》)。《周易》也说"天地无心而成化,圣人有心而无为"(《周易·系辞上》)。就是说心非自然(天),心乃人之认识和伦理的能动的主体。

然而,知觉虽然是心得以成立的必要条件,但不可能是充分条件。这就是说,除知觉外还须有性。张载说:"合性与知觉,有心之名。"可见,所谓性,是指内在于有形象的个体物中的"太虚一气"。因此,我们可以将"合性与知觉,有心之名"理解为"合性与太虚,有心之名",而此时的太虚和知觉的关系是体用关系,可以看作是同一物。即"合内外"的知觉只能是性的感通性(神)。所以张载说,"太虚者,心之实也"(《张子语录·语录中》);"盖心本至神"(《经学理窟·义理》);"心便神也"(《经学理窟·诗书》)。这是说心是内在于人的宇宙本体太虚一气的至神作用。可见,张载通过对这种至神作用的强调,突出了以太虚为其体且具有"合内外"之至神作用的心的能动性。而这里的能动性就是人恢复太虚之气的本来性的终极工夫。

由于太虚的至神作用是性之神,所以在张载看来,心和性究其根本是一致的。不同的只是性和心的作用范围各自偏重在天道和人道上。这一点正如上述。因此,张载所说的心就成为与性及其性的实际内容的同一,且能够发显性之神的根据。故张载认为"心能尽性,人能弘道也。性不知检其心,非道弘人也"(《正蒙·诚明》)。这是说即使是天性之神,也只能通过人的心才能发显。

张载认为,心至虚而使天性神明,那么,是非自然明,天下物自然归一:"心其虚则公平,公平则是非较易见,当为不当为之事自知。"(《经学理窟·学大原上》)所谓"心其虚",就是虚心,这是张载所想象的人之本心。由于虚心是无任何私心的公平心,所以自然就有对是非、当为不当为进行自我认知的能力,也因此人的本心本来就具有道德自觉能力。张载说"虚者,仁之原"(《张子语录·语录中》),"虚则生仁"(《张子语录·语录中》),"至善者,虚也"(《张子语录·语录中》)。这是说公平心就是利他心,就是博爱之仁。

总之,张载心论的核心思想首先是认为天性的神性只有通过人心才能发显;其次是认为天性的神性只有人心至虚时才能最大发显;再次是认为所谓心虚,是指视万物与我平等的公平性、利他性。在张载看来,公平和利他是使心与性合一的途径,依此途径实现的性与心的合一是儒家的真正理想。由此张载举出"大心",把"大心"看作是使心还原为性的具体工夫,主张人只有通过大心才能体悟道及万物之理。

四、大心工夫——心性合一的方法

张载说:"大其心则能体天下之物,物有未体,则心为有外……故有外之心,不足以合天心。"(《正蒙·大心》)这是说心普遍于一切存在,而心的至神知觉,是道德知觉而不是感官知觉,此道德知觉感通于天下万物。这样就使张载所说的"大心"之"大"与"崇德"同义,成为对本然之心先天具有的至善至德的扩充。换句话说,所谓"大"是去私心以合天德,去我与非我、天与人的对立以融天理。这种思维最好地诠释了性理学的理想,因此退溪李滉就说"德行不外乎彝伦,而天人合一之妙斯得矣"[①]。

张载说:"人谓己有知,由耳目有受也。人之有受,由内外之合也。知合内外于耳目之外,则其知也过人远矣。"(《正蒙·大心》)这是说心的知觉有两种,即单纯的感觉知觉和与此截然相反的道德知觉。道德知觉在感觉器官之外,是由"民吾同胞,物吾与也"(《正蒙·乾称》)的境界——天地之性的具体作用产生的。如果"心有两种",那么由此产生的知识也应分为两类,张载遂将由心的感觉知觉而得的知识称作"见闻知",由心的道德知觉而得的知识称作"德性知"。

我们试问:张载何故把来自心的具体作用的知识分为见闻知和德性知?或者说,张载为何在见闻知外还要举德性知呢? 这是因为张载认为单靠耳目的感觉器官是不可能穷尽天下事物的。他说:"天之明莫大于日,故有目接之,不知其几万里之高也。天之声莫大于雷霆,故有耳属之,莫知其万里之远也。"(《正蒙·大心》)"尽天下之物,且未须道穷理,只是人寻常据所闻,有拘

[①] 《增补退溪全书(一)·进圣学十图札》,成均馆大学校大同文化研究院,1971年,第198页。

管局杀心,便以此为心,如此则耳目安能尽天下之物?"(《张子语录·语录上》)"若只以见闻为心,但恐小却心。今盈天地之间者皆物也。如只据己之见闻,所接几何,安能尽天下之物?"(《张子语录·语录下》)人虽然试图通过五官认识世界,但因五官的有限,人的所知必然受到局限。比如目能观物,但不能远视,也不能看到太微小的东西,在暗处更不待说见物了。不仅如此,依目所得的认识还具有不可能获得事物的真实面貌的弱点。这种弱点不只存在于对视力对象的知觉,在其他感觉器官的知觉中也同样存在。张载将这种弱点所必然导致的有限认识称之为"见闻知"。在张载看来,当我们通过五官认识外部世界时,会受到各种局限。因此,真正的工夫不可能建立在这种"见闻知"上,所以说只有心的道德知觉"德性知"才是工夫的真正对象。这种工夫论见之于先秦儒家的主要经典《中庸》之中。

《中庸》很好地阐述了儒家的学问观。所谓学问,乃《中庸》的"博学"之"学"和"审问"之"问"。除博学、审问之外,《中庸》还讲慎思、明辨、笃行。自博学至明辨是获得知的过程,笃行是将这种知认真加以实践和体得的过程。也就是说,儒家所说的真知或学问最终只能具有道德色彩。因此,朱熹说:"学问思辨,所以择善而为知。"(《中庸集注》二十章)这样,当把"真知"的意义置于伦理道德的范畴中加以解释时,"笃行"就成为必然被强调的问题了。朱熹解释笃行的必要性时说"所以固执而为仁"(《中庸集注》二十章)。正如离开了行,知善就没有任何意义一样,中国的"学问"只能是具有很强的伦理道德色彩的价值体系。因此,这种"学问"靠见闻之知是不可能完全获得的,而必须具备与此不同层次的另一种认识。

张载也和《中庸》一样把世界的本质当作是一种价值体系。正如上述,这种认知方式可谓是以《中庸》为代表的儒家的一般特征。《中庸》指出:"诚者,天之道也。"(《中庸集注》二十章)这是以诚实、诚挚、真实等价值体系把握天的本质的最好说明。张载也是同样认识天的本质的:"天所长久不已之道,乃所谓诚……诚有是物,则有终有始。伪实不有,和终始之有?故曰:不诚无物"(《正蒙·诚明》)。当把世界的本质看成是这样一个价值体系时,对世界的认知方法也只能是不同于见闻之知的另一种方法。因为这种知不可能靠试验的、归纳的认识方法获得,而只能是与认识对象融合为一体的直接的、全体的体认方法才能奏效。这种新的认识论到了宋明儒家时发展成一个庞大的体系,而后代的学者将这种认知方式称为"直观的认识"或"直觉的认识"。宋明儒家中的某些学者或强调与对象融为一体（主要为程朱系学者），或主张已为一体，只要体悟（主要为陆王系学者）。他们的共同点都是与认知对象的合一。因此，他们总是主张天人合一，万物一体，物我一与，"民吾同胞，物吾与也"的最高认识境界。

可见，张载把认识世界本质的真知看成是"德性知"，主张正是通过这种"德性知"认识本然之心，即性，而见闻之知绝不可能认识世界的本质。因此，他说："见闻之善者，谓之学则可，谓之道则不可。"（《经学理窟·义理》）并指出："见闻之知，乃物交而知，非德性所知。德性所知，不萌于见闻。"（《正蒙·大心》）在此，他区分了"见闻知"和"德性知"的根本差异，并指出获得"德性知"的方法是"大心"："大其心，则能体天下之物。物有未体，则心为有外，世人之心，止于闻见之狭。圣人尽性，不以见闻梏其心，其视天下，无一物非我。孟子谓尽心则知性知天以此……体物体身，道之本也。身而体道，其为人也大矣。道能物身，故大；不能物身而累于身，则薾乎其卑矣。能以天体身，则能体物也不疑。"（《正蒙·大心》）从"大心"上看，悟的核心是体悟我与世界、我与非我的同"一"。这种"大心"也适用于对部分和整体的认识，因为它建立在部分包含了整体，整体由部分构成的有机的相关认识原理之上。张载认为，普通人常常在无反思的常识中区分我与非我、主观与客观，所以当他观照世界时，往往受如此区分的局限而看不到世界的真正本质。鉴于此，张载主张超越主客二分、部分与整体二分的思维是为体悟而进行的修行之要。在张载看来，"民吾同胞，物吾与也"的境界，正是通过"大心"实现的万物一体的境界。所以，从万物一体的境界上看，个人的生死、贵贱、贫富等并不具有多少意义。那么，"大心"之儒者所要努力的目标是什么呢？他提出了千古传诵的四大任务："为天地立心，为生民立命，为往圣继绝学，为万世开太平。"（《张载集·近思录拾遗》）

五、"大心"的理想境界

儒家认为本然之心内在于所有的人，而这种本然之心极善纯真，《中庸》称其为性。张载也认为性是内在于一切人的道德本性，在根本上通于天理。因此，本然之心——性，通于天，通于人与人之间。基于这种逻辑，张载在《西铭》的开头宣称万物的共同性时说："乾称父，坤称母，予兹藐焉。故天地之塞,吾其体,天地之帅,吾其性。民吾同胞,物吾与也。"(《正蒙·乾称》)正如张载所宣称的那样,由于天理内在于人自身中,所以人自觉自己的本性并加以实现才是真工夫,而这种工夫的核心又只能是"大心"。

在张载这里,心具有客观存在与主观活动、体和用这样的心性两重的辩证结构。换句话说,张载的心和性是广义的心。因此,心和性离开心的自我关系就无以存在,也就是说,心自知自己的非心,自己寻求自己向善修养的可能性。正因此,张载视"大心"为恢复本来之心的工夫,认为通过真工夫——"大心"才能体道:"体物体身,道之本也。身而体道,其为人也大矣。道能物身,故大"。所谓体道,就是视我之身与万物为一。真工夫就是这样的"大心",通过这种"大心"就能获得"德性知"而恢复本来之心。这就是体道,就是视我与万物为一的、天人合一的、统体的世界观的核心。我们可以将这种境界称之为"悟"。

所谓悟,就是超越时空,自觉我与宇宙万物为一。所谓悟者,就是基于悟而乐我与万物的为一。然而,张载将这种悟与佛教的悟做了根本的区别。他批判佛教的悟不是基于穷理的悟,因为他认为佛教的存在论世界观是无差别的同质者的世界观或"无的宇宙论"。而张载所设想的统体的世界观与划一的无差别的同一不同,他所主张的"大心"的世界是统摄"分开看"和"混沦看"的"统观",即纵横二维思维的融合。

张载在《正蒙·乾称》中如此描写了通过"大心"工夫获得的心的平静状态:"富贵福泽,将厚吾之生也;贫贱忧戚,庸玉汝于成也。存,吾顺事,没,吾宁也。"以此权且做本文的结语。

第十讲

北宋《西铭》诠释模式述论

曹树明

【作者简介】

曹树明,陕西师范大学哲学与政府管理学院教授。

时至晚年,张载退居陕西眉县横渠镇著书讲学。在横渠学堂的东西双牖上,写有他用于教诫弟子的两篇短文,名曰《砭愚》和《订顽》。程颐却觉得这两个篇名容易引起争端,故改称之为《东铭》和《西铭》。自此,此二篇名就为学界所通用。其中的《西铭》,自问世伊始,即得到普遍重视。据《郡斋读书志》记载,仅北宋,"解横渠先生《西铭》之义"者就有程颢、程颐、吕大防、吕大临、杨时、游酢、尹焞、刘安节、鲍若雨、李朴和张九成诸人[①],他们或是对《西铭》有简要的评论,或是有专门的注释之作。遗憾的是,吕大防、刘安节、鲍若雨、李朴四人的相关文字已无线索可寻。尽管如此,鉴于程颢、程颐、吕大临、张九成等在理学史上的地位,我们认为,他们对《西铭》的注解应具有一定的代表性。故而,本文以之为中心探讨北宋的《西铭》诠释模式。

一

从现存资料看,北宋儒者围绕《西铭》至少形成了四种具有显著特点的诠释模式。

(一)"人道具则天道具"

此种诠释模式以吕大临为代表。吕大临先从学于张载,张载去世后的第

---

① 〔南宋〕晁公武:《郡斋读书志》,文渊阁《四库全书》本,卷五下。

二年转而师事二程。对于《西铭》,他撰有《西铭解》,还留下一则《西铭赞》。程珌曰:"横渠《西铭》,其门人吕大临与叔解释甚明,其后杨时中立疑问亦切,伊川终以杨之疑为非,而以《西铭》为继孟子之绝学。"①程珌是南宋人,距吕大临生活的北宋,时段不长,其说应是有据的。而上引文字显示,吕大临注解《西铭》在杨时和伊川师徒往复讨论该书义理之前。因此可以说,其《西铭解》是现存的关于《西铭》的最早注解,很有可能完成于吕大临师从张载学习的阶段。而从语义看,《西铭赞》则只是吕氏见到程颢对《西铭》的解释后发出的一句感慨:"精矣哉,横渠之道也!至矣哉,明道之训也。"②所以,探讨吕大临的《西铭》诠释模式,应以其《西铭解》为本。

在写作风格上,吕大临的《西铭解》注重"以经解经"③,于总共 13 条释文中,引用经典竟有 17 处。在诠释模式上,该书则彰显了吕氏一贯的思维进路——"人道具则天道具"④。张载之学以《易》为宗,其《西铭》以"乾称父,坤称母"的天道观开篇,以"存,吾顺事;没,吾宁也"的人道观而终,自天至人,体现的亦是"推天道以明人事"⑤的易学旨趣。对写作《西铭》的旨趣,张载自己也曾明确指出是"只欲学者心于天道"⑥。而吕大临的注解却反其道而行之,将人道作为重心。试举几例:

其一,吕大临说:"人者,万物之灵,'受天地之中以生',为天地之心者也。能知其所自出,故事天如事亲。"⑦这是对《西铭》首句"乾称父,坤称母;予兹藐焉,乃混然中处"的注解。《西铭》中,"予"亦即人,相对于天地而言,本来是渺小的("藐焉")存在。但在吕氏那里,人则变成了"万物之灵""天地之心",从而居于显要的位置,具有强大的功能。不止于此,"事天如事亲"的

---

① 〔南宋〕程珌:《洺水集》,文渊阁《四库全书》本,卷九。
② 此处的"明道之训"指程颢所云"《西铭》之书,仁孝之理备乎此,须臾而不于此,则不为仁不为孝矣"。〔北宋〕吕大临等著,曹树明点校:《蓝田吕氏集》,西北大学出版社,2015 年,第 477 页。
③ "以经解经"是吕祖谦对吕大临《诗传》的写作特点的揭示。参见〔南宋〕吕祖谦:《吕氏家塾读诗记》卷二,宋淳熙九年江西漕台刻本。事实上,这也是吕大临一贯的著述风格。
④ 〔北宋〕吕大临等著,曹树明点校:《蓝田吕氏集》,第 216 页。
⑤ 四库馆臣对易学旨趣的总结:"《易》之为书,推天道以明人事者也。"《四库全书总目》卷一,中华书局,1965 年,第 1 页。
⑥ 〔北宋〕张载著,章锡琛点校:《张载集》,中华书局,1978 年,第 313 页。
⑦ 〔北宋〕吕大临等,曹树明点校:《蓝田吕氏集》,第 474 页。

表述同样表征了"事亲"相对于"事天"的优先性,与朱熹用"事亲如事天"①来阐发《西铭》首句恰成对照。

其二,《西铭》云:"天地之塞,吾其体;天地之帅,吾其性。"此句本属于天道论的范围。吕大临却注曰:"'克己复礼''天下归仁',此之谓'体'。尽其心则知其性,知其性则知生矣,此之谓'性'。"②这里的"克己复礼""天下归仁"皆来自《论语》,前者表示工夫,后者表示境界,但都属于道德修养的人道论范畴;"尽其心则知其性,知其性则知生矣"则源于《孟子》,它不仅是在讲修养工夫,而且更值得注意的是它将《孟子》的"知其性则知天矣"改造为"知其性则知生矣"。用"生"字替代"天"字,意味着从天道之形上领域到人道之形下领域的转移。

其三,吕大临注"恶旨酒,崇伯子之顾养;育英才,颖封人之锡类"云:"不穷人欲,所以存天德。以善养人,所以广天德。"③无论是从"穷人欲"到"存天德",还是从"以善养人"到"广天德",都遵循了自人至天的路径,从而鲜明地展示了"人道具则天道具"的诠释模式。

(二)"仁孝之理"

该诠释模式以程颢为代表。程颢对《西铭》的阐发,主要有以下两层意思:

《订顽》一篇,意极完备,乃仁之体也④。

《西铭》某得此意,只是须得他子厚有如此笔力,他人无缘做得。孟子以后,未有人及此。得此文字,省多少言语。且教他人读书,要之仁孝之理备于此,须臾而不于此,则便不仁不孝也⑤。

《二程粹言》所载程颢语录与上大体相仿,"《订顽》言纯而意备,仁之体也"⑥,"仁孝之理,备于《西铭》之言。学者斯须不在是,即与仁孝远矣"⑦。此即是说,《西铭》体现了仁之体、仁孝之理。于程颢而言,仁体即是仁孝之理

---

① 〔南宋〕黎靖德,《朱子语类》,中华书局,1986年,第2521页。
② 〔北宋〕吕大临等著,曹树明点校:《蓝田吕氏集》,第474页。
③ 〔北宋〕吕大临等著,曹树明点校:《蓝田吕氏集》,第475页。
④ 〔北宋〕程颢、〔北宋〕程颐:《二程集》,中华书局,2004年,第15页。
⑤ 〔北宋〕程颢、〔北宋〕程颐:《二程集》,第39页。
⑥ 〔北宋〕程颢、〔北宋〕程颐:《二程集》,第1203页。
⑦ 〔北宋〕程颢、〔北宋〕程颐:《二程集》,第1179页。

的自然生发,二者是一而二、二而一的关系。那么,他对《西铭》做出此种判断的理论依据何在呢?从其《识仁篇》,我们不难得到答案。该文中,程颢不仅将"仁者"的特征描绘为"浑然与物同体",而且直接将《西铭》与其仁说关联起来:"《订顽》意思,乃备言此体"①,"此体"即"仁体"。对于此"仁体",程颢一方面要求学者"识得",另一方面强调要时常用"义理栽培"之,从而保证"实有诸己"②。当然,程颢以"仁体""仁孝之理"诠释《西铭》,亦可在张载的相关话语里找到相合之处,"学者识得仁体后,如读书讲明义理,皆是培雍"③,"天所以长久不已之道,乃所谓诚。仁人孝子所以事天诚身,不过不已于仁孝而已"④。比张载更进一步的是,程颢的仁孝被提升到了理的本体高度。

然而,程颢以《西铭》是仁孝之理的呈现并不意味着他分《西铭》为两段,即从"乾称父,坤称母"到"民吾同胞,物吾与也"讲"浑然与物同体"的仁之理,自"大君者,吾父母宗子"至"存,吾顺事;没,吾宁也"讲孝之理。对他而言,仁固然体现了万物一体的宇宙情怀,孝亦不止于人类中子女对父母的孝敬之情,而是从"事亲"扩展到"事天",从而亦包含了对宇宙万物的关爱。这是程颢思想的题中应有之义。追根溯源,此种意义的仁与孝乃源自对道家思想的吸收。在《庄子·天运》中,庄子提出了与孔子很不相同的仁说,即"至仁无亲"。然而,其说却遭到了商太宰荡"无亲则不爱,不爱则不孝"因而"至仁不孝"的发难。庄子则回应道:"以敬孝易,以爱孝难;以爱孝易,而忘亲难;忘亲易,使亲忘我难;使亲忘我易,兼忘天下难;兼忘天下易,使天下兼忘我难。"也就是说,真正的孝是"亲忘我"而"不见我之孝",真正的仁是"天下兼忘我"而"不见我之仁"⑤。庄子这种仁孝观的提出,无疑是基于其"天地与我并生,而万物与我为一"的思想理论。对比程颢和庄子的相关论述,他对庄子理论的改造性吸收是显而易见的。

后世诠解《西铭》沿袭并发展程颢之模式者并不罕见,如清代学者冉觐祖

---

① 〔北宋〕程颢、〔北宋〕程颐:《二程集》,第17页。
② 〔清〕黄宗羲:《宋元学案》,中华书局,1986年,第561页。
③ 〔南宋〕黎靖德:《朱子语类》卷九九《张子书二》,第2540页。
④ 〔北宋〕张载著、章锡琛点校:《张载集》,第21页。
⑤ 钟泰:《庄子发微》,上海古籍出版社,2002年,第313页。

说:"夫仁孝一理也,即孝可以识仁焉。"①李光地亦云:"《西铭》是从孝上指点出一个仁来,知乾坤一大父母,则天下一家,生意流通矣。"②但于《西铭》,以程颐为发端的"理一分殊"的诠释模式长期处于绝对的主流地位则是不争的事实。

(三)"理一分殊"

该诠释模式的提出者是程颢的弟弟程颐。程颐异常重视《西铭》,甚至将之与他视为"入德之门"的《大学》相提并论。但"初入其门"者,"未知次第,骤将与他看未得"③,故尹焞从学伊川半年后,"方得《大学》《西铭》看"④。之所以如此高举《西铭》,是因为程颐相信学人依《西铭》之言"充得尽时",即是"圣人也"⑤。他之以"理一分殊"来定位《西铭》⑥,乃源于其弟子杨时的疑问。杨时"昔从明道,即授以《西铭》"⑦,南渡后又致信程颐就此书发问。尽管他肯认"《西铭》之书发明圣人微意至深",但同时质疑该书"言体而不及用,恐其流遂至于兼爱"⑧。程颐复信强调,《西铭》与墨氏存在着根本的思想差异:

> 《西铭》明理一而分殊,墨氏则二本而无分。(伊川自注:老幼及人,理一也;爱无差等,本二也。)分殊之蔽,私胜而失仁;无分之罪,兼爱而无义。分立而推理一,以止私胜之流,仁之方也。无别而迷兼爱,至于无父之极,义之贼也。子比而同之,过矣。且谓言体而不及用,彼欲(曹按:"欲",《龟山先生集》作"则")使人推而行之,

---

① 林乐昌:《正蒙合校集释》,中华书局,2012年,第912页。
② 〔清〕李光地:《榕村语录》,中华书局,1995年,第326页。
③ 〔南宋〕黎靖德:《朱子语类》,第2457页。
④ 〔北宋〕程颢、〔北宋〕程颐:《二程集》,第437页。
⑤ 〔北宋〕程颢、〔北宋〕程颐:《二程集》,第196页。
⑥ 需要指出的是,不赞成"理一分殊"之诠释模式者亦不乏其人,如清代学者王心敬即说:"'理一分殊'只篇中'老老幼幼'一段中,余者无,概以此尽,通篇失横渠立言命意本旨也。"(《丰川续集》卷五《横渠先生》,清乾隆十四年刻本)当代学者陈俊民亦说:"'理一分殊'或'分立而推理一',非为张子《西铭》本旨。"参见陈俊民:《张载哲学思想及关学学派》,人民出版社,1986年,第89页。
⑦ 〔北宋〕杨时:《龟山先生集》,明万历十九年林熙春刻本,第6页。
⑧ 〔北宋〕杨时:《龟山先生集》,第5—6页。

本为用也,反谓不及,不亦异乎?①

墨氏"二本"之说,出自《孟子·滕文公上》。墨者夷之治丧"以薄为其道"却"葬其亲厚",同时主张"爱无差等,施由亲始"。孟子则批评他说:"天之生物也,使之一本,而夷之二本故也。"何谓"二本"呢?朱熹注云:"且人物之生,必各本于父母而无二,乃自然之理,若天使之然也。故其爱由此立,而推以及人,自有差等。今如夷子之言,则是视其父母本无异于路人,但其施之之序,姑自此始耳。非二本而何哉?"②焦循注曰:"天生万物,各由一本而出。今夷之以他人之亲,与己亲等,是为二本,故欲同其爱也。"③这样的"二本"必然会造成无亲疏差等之分的兼爱。针对杨时的误读,程颐主张,《西铭》展示的是"理一而分殊"的意旨,不同于墨氏的兼爱。具体地说,《西铭》中既有作为"仁之方"的"理一"之义,又有维护"私"的爱之差等的"分殊"之义,故并非言体不及用,而是体用兼具。

对于程颐的"理一分殊",杨时回信以"称物而平施之"加以理解,并称自己已经"释然无惑也"④。然而,不仅程颐说他"未判然"⑤,而且朱熹亦认为他"言不尽而理有余"⑥。在《西铭》诠释上,真正继承并发展了程颐之"理一分殊"模式者,是朱熹。在一定程度上说,朱熹是为该模式的成立做了理论论证:"天地之间,理一而已。然'乾道成男,坤道成女,二气交感,化生万物',则其大小之分,亲疏之等,至于十百千万而不能齐也。不有圣贤者出,孰能合其异而会其同哉!《西铭》之作,意盖如此。程子以为明理一而分殊,可谓一言以蔽之矣。"⑦不止于此,《西铭》"理一分殊"诠释模式之主流地位的确立亦应归功于朱熹。由于朱子学的广泛影响,"理一分殊"诠释模式得到陈亮、曹端、冉觐祖、罗泽南等学者的继续阐扬,甚至当今学界仍有人认为它"是符合张载的原意的"⑧。尽管如此,程颐对此诠释模式的开创之功是不能抹杀的。

---

① 〔北宋〕程颢、〔北宋〕程颐:《二程集》,第609页。
② 〔南宋〕朱熹:《四书章句集注》,中华书局,1983年版,第262页。
③ 〔清〕焦循:《孟子正义》,中华书局,1987年版,第404页。
④ 〔北宋〕杨时:《龟山先生集》,第7页。
⑤ 〔北宋〕程颢、〔北宋〕程颐:《二程集》,第437页。
⑥ 《朱子全书》,第13册,安徽教育出版社、上海古籍出版社,2002年,第146页。
⑦ 《朱子全书》,第13册,第145页。
⑧ 余敦康:《内圣外王的贯通——北宋易学的现代阐释》,学林出版社,1997年,第360页。

(四)"心性即天地"

张九成是这种诠释模式的主张者。张九成乃杨时弟子,亦即二程的再传弟子。他推崇二程的洛学,亦受吕大临和谢上蔡的影响,但其解《西铭》却与他们风格迥异。

张九成认为,《西铭》主要讲了两方面内容:一是"为子之道",即"穷神知化,不愧屋漏,存心养性";二是"持己接人之方",即在顺利的状态下"恶旨酒,育英才",在"遇困苦,遭患难"的情况下"当如舜、如申生、如曾参、如伯奇,以听天地[之命](曹按:'之命'二字,原脱,据宋王霆震《古文集成》卷四十九补)"。在张氏看来,"为子之道"和"持己接人之方"最终皆指向"合天地之心",而"合天地之心"之所以可能,是因为"心性即天地"①。

以思想发展的逻辑观之,张九成把"心性即天地"确立为其诠释《西铭》的根本立足点大致经历了三个步骤。首先,突出"吾"之主体地位。他注"乾称父,坤称母;予兹藐焉,乃混然中处"道:"乾,吾父;坤,吾母。吾乃乾坤之子,与人物混然处于中间者也。"②《西铭》之"予",虽是"我"的意思,但代表整个人类,不单指个体之我。张九成的注解则直称"乾""坤"为"吾父""吾母",并以"与人物混处于中间者也"的表述将"吾"与其他"人""物"区别开来。如是,他对主体之"吾"的凸显展露无遗。其次,把天地万物及其属性统摄到"吾"之"体""性"之中。张九成说,"吾之体不止吾形骸,塞天地间如人、如物、如山川、如草木、如禽兽昆虫,皆吾体也","吾之性不止于视听言貌思,凡天地之间,若动作、若流峙、若生植飞翔潜泳,必有造之者,皆吾之性也"③。这种解说,不仅把"吾"与天地万物沟通起来,而且指定了沟通的中心枢纽——"吾"。最后,将吾之"心性"作为与天地万物沟通的入手之处。此即其所云"心性即天地,夙夜存心养性,是夙夜匪懈以事天地也"。心性等同于天地,则存心养性即是对天地的侍奉。反过来说,"违天地之心"就是"不爱其亲"的表现,"害天地之仁"者即是"父母之贼"④。

不难发现,张九成的《西铭》诠释中,包含着突显心性本体的理论意图。

---

① 〔南宋〕张九成:《横浦集》,文渊阁《四库全书》本,卷十五。
② 〔南宋〕张九成:《横浦集》,卷十五。
③ 〔南宋〕张九成:《横浦集》,卷十五。
④ 〔南宋〕张九成:《横浦集》,卷十五。

从这一侧面,我们亦能一定程度地感知洛学发展过程中的某些动向。

二

总观北宋时期的《西铭》注解可知,诠释者虽主要出自同一洛学学派,但诠释模式却呈现多元化的态势。反观这些诠释者各自的理论体系,或许能为此种多元化的《西铭》诠释格局找到合理的根据。

吕大临之诠释模式的确立,当与他相对于其师张载在理论重心上的转移有关。此前,张载建立了较为完善的气本的天道论。凭吕大临的学力,一时是无法逾越的。因而吕大临讨论天道论的话题并不多,他只是继承了张载的气本之说,并提出"五行之气纷错于太虚之中"①的主张,但总体而言没有多少理论创获。既然在天道论方面不易有所突破,吕大临就把目光转向了人道论。他主张,因为"有理义存焉",所以人是最尊贵的②。正是基于此种观念,其《西铭解》才视人为"万物之灵""天地之心"。吕大临还认为,圣人能够根据"理义之同然而制为之礼",使人们遵守"父子有亲,君臣有义,男女有别"的人伦规范,而遵守这些规范,人道才能"立",人道立则可致"与天地参"③的效果,换句话说,"经纶天下之大经,而天尊地卑上下定矣"④。当然,吕大临亦承认天道的作用,他明示圣人所制之"礼"在归根结底的意义上乃"本于天"⑤。但他更加强调的是"尚学之功",因为"德系乎学"⑥,即德性的完善需要人道之修养工夫。在这样一个理论前提下,其注解《西铭》采用"人道具则天道具"的模式就顺理成章了。二程《西铭》诠释模式的差异则根源于他们的宇宙论的不同。众所周知,二程皆以理为宇宙万物的本原。然而,他们所谓理的含义却不同。程颢之理是"生生之理","以生或易为宇宙之根本原理"⑦。在他眼中,不仅宇宙万物是此生生之理自然生发的结果,"天者理

---

① 〔北宋〕吕大临等著,曹树明点校:《蓝田吕氏集》,第117页。
② 〔北宋〕吕大临等著,曹树明点校:《蓝田吕氏集》,第8页。
③ 〔北宋〕吕大临等著,曹树明点校:《蓝田吕氏集》,第8页。
④ 〔北宋〕吕大临等著,曹树明点校:《蓝田吕氏集》,第87页。
⑤ 〔北宋〕吕大临等著,曹树明点校:《蓝田吕氏集》,第216页。
⑥ 〔北宋〕吕大临等著,曹树明点校:《蓝田吕氏集》,第431页。
⑦ 张岱年:《中国哲学大纲》,中国社会科学出版社,1982年,第51页。

也"①,"'生生之谓易',是天之所以为道也。天只是以生为道,继此生理者,即是善也"②,而且此天理对万物的"化生"本身即是"仁"的表现,"天地纲缊,万物化醇。生之谓性。万物之生意最可观,此元者善之长也,斯所谓仁也"③,甚至生生之理(性)与仁可以直接等同:"生之性便是仁也。"④而如上文所述,程颢又以"仁者浑然与物同体",这恰与《西铭》之"民吾同胞,物吾与也"的万物一体之境相合,故他明确地说"《订顽》意思,乃备言此体"。但与《西铭》置万物一体之境于气本论之基础不同,程颢认为万物皆以理为本才是它们"一体"的原因所在,"所以谓万物一体者,皆有此理,只为从那里来","生则一时生,皆完此理"⑤。至于孝之理,在程颢亦是天理的自然流行,因而与他的仁之理是非一非异的关系。这样,程颢以"仁体""仁孝之理"诠释《西铭》就有了深切的理论基础。程颐所谓理则是"气之所以","一切事物之究竟所以"⑥。在他那里,尽管"一物之理即万物之理"⑦,但"一物须有一理"⑧,"物物皆有理",存在"火之所以热"之理、"水之所以寒"之理和"君臣父子"之理的不同⑨。是以,程颐认为《西铭》体现的"老幼及人"的"理一"⑩并不妨碍"私胜"之"分殊"的并存,从而与墨氏的兼爱划清了界限。张九成以"心性即天地"诠释《西铭》则关联于其对心体的挺立。一句"心即天也"⑪,张九成提升"心"至形上本体的高度。在此基础上,他又将万事万物收摄于此心,"夫天下万事,皆自心中来"⑫,"心即理,理即心,内而一念,外而万事,微而万

---

① 〔北宋〕程颢、〔北宋〕程颐:《二程集》,第132页。
② 〔北宋〕程颢、〔北宋〕程颐:《二程集》,第29页。
③ 〔清〕黄宗羲:《宋元学案》,第555页。
④ 〔北宋〕程颢、〔北宋〕程颐:《二程集》,第184页。
⑤ 〔北宋〕程颢、〔北宋〕程颐:《二程集》,第33页。
⑥ 张岱年:《中国哲学大纲》,第51—53页。
⑦ 〔北宋〕程颢、〔北宋〕程颐:《二程集》,第13页。
⑧ 〔北宋〕程颢、〔北宋〕程颐:《二程集》,第193页。
⑨ 〔北宋〕程颢、〔北宋〕程颐:《二程集》,第247页。
⑩ 伊川自注"理一"为"老幼及人",但朱熹认为"龟山说'理一'似未透。据'老幼及人'一句,自将分殊都说了"(〔南宋〕黎靖德:《朱子语类》,第2527页)。
⑪ 〔南宋〕黄伦:《尚书精义》,文渊阁《四库全书》本,卷十七。
⑫ 〔南宋〕张九成:《孟子传》,文渊阁《四库全书》本,卷二七。

物,皆会归在此,出入在此"①,并齐同心性天,"心即性,性即天"②。因此,当他看到《西铭》"天地之塞,吾其体;天地之帅,吾其性"时,自然就会将塞于天地间的人、物、山川、草木、禽兽昆虫等视为"吾之体",将万物的动作、流峙、生植飞翔潜泳等看作"吾之性";读到"存心养性为匪懈"时,则融合《孟子·尽心上》的"存其心,养其性,所以事天也"和自己的"心即性,性即天"而以"心性即天地"释之。

从如上分析可见,与其说北宋诸儒是在注解《西铭》,不如说他们是借解释《西铭》而阐发己见。然而,他们只用一个统领性的命题去概括整部《西铭》之意涵,在逻辑上是不周延的。这是因为,《西铭》讨论了宇宙万物的多个层次、多重关系结构,因而其思想主旨应从多个维度进行归纳,诚如林乐昌所云:"《西铭》的主要义理内涵包括:以'乾坤'大父母为表征的宇宙根源论,以'仁孝'为核心的道德价值论,以'仁人孝子''事天成身'为担当的伦理义务论和伦理责任论。"③但是,我们不能否认北宋儒者《西铭》诠释的思想史意义。众所周知,通过注解先哲著述而发挥己意乃中国哲学的一大特色。进言之,具有强烈的崇古崇圣观念的中国古代哲学家在注解前贤作品时,不只揣测作者本意,亦且致力于自己之理论主张的建构,而后者往往才是其重心所在。这与西方绝大部分哲学家致力于通过批判先哲而建构自己的理论体系形成了鲜明对照。

---

① 〔南宋〕张九成:《孟子传》,卷十九。
② 〔南宋〕黄伦:《尚书精义》,文渊阁《四库全书》本,卷三四。
③ 林乐昌:《张载〈西铭〉纲要新诠》,《中共宁波市委党校学报》2013年第3期。

第十一讲

张载思想研究的历史回顾

方光华　曹振明

【作者简介】

方光华，西北大学中国思想文化研究所教授。

曹振明，西北大学哲学学院讲师。

张载是我国北宋时期著名的思想家，关学的创始人，理学的重要奠基者。张载思想在理学史和思想史上占有重要地位，在一千年的历史长河中不断引起关注和探讨。张载弟子较早地对张载思想做出恰当的评论。程朱从理本立场对张载思想进行解读和定位，奠定后世学人对张载思想的基本认知。张载思想受到心学体系的关注，但明清时期对张载气学思想内涵的发掘和高扬，导致理学展现出复归张载思想的趋向。近代以来，学人们摆脱道统观念或理学窠臼，不断对张载思想做出体系化解释，张载思想的多方面内涵得到国内外学者的广泛关注，张载的历史地位得到越来越清晰的呈现。随着古今与中西视野的不断扩展，继续提升张载思想研究的境界，有必要对千年来的张载思想研究进行反思和总结。

一、宋元学者对张载思想的评论

（一）张载弟子的评论

张载逝世前，将自己一生言论精要集成《正蒙》。张载弟子苏昞仿效《论语》《孟子》体例，将《正蒙》编订为十七篇，即现在之《正蒙》。张载去世后，张载的弟子对张载的思想进行了评论，其中最有代表性的就是范育的《正蒙序》和吕大临的《横渠先生行状》。他们较早地对张载思想的主旨做出了恰当的评述,对后世学人理解张载思想提供了重要参考。

范育在《正蒙序》中指出,张载的学说是以儒家经典为文本依托,通过批判佛教、道家、道教等思想而创建的。孔孟之后,佛教、道家、道教等"异端"学说"与六经并行",学人"以为大道精微之理,儒家之所不能谈",《正蒙》是为了"排邪说,归至理,使万世不惑"而作。《正蒙》"语上极乎高明,语下涉乎形器",对天地宇宙、社会人生、万事万物等做了系统的论证和说明,形成了"本末上下、贯乎一道"的思想体系:一方面继承和复兴了儒家的道统,所谓"以稽天穷地之思,与尧舜孔孟合德乎数千载之间";另一方面充实和创新了儒家道统的时代内涵,"有'六经'之所未载,圣人之所不言"。

吕大临的《横渠先生行状》除记述了张载的生平经历外,对张载的思想也做了全面的介绍,指出"其(张载)自得之者,穷神化,一天人,立大本,斥异学"。即是说,张载思想最具创新之处在于:探究宇宙本性与变化之道,贯通天人之学,确立核心价值观念,破斥佛教、道家、道教等异端学说。此外,吕大临还指出,张载"慨然有意三代之治",对张载倡导"渐复三代""仁政必自经界始"等政治思想做了提示,对张载"知礼成性,变化气质之道,学必如圣人而后已""大抵以敦本善俗为先"等社会教化思想做了精当的总结。吕大临还指出张载的治学路径是依据儒家经典探求"义理","非理明义精,殆未可学",认为张载的学风是学贵于用。

虽然张载卒后其弟子多投奔二程,但张载的主要思想旨趣依然受到弟子们的认同和追慕。范育"笃信师说而善发其蕴",苏昞"自谓最知大旨",李复、吕大临等亦赞同张载的气论思想。其中,张载卒后从学于二程的吕大临,一方面用二程思想反思张载思想潜在的发展可能,另一方面又用张载的思想丰富和发展二程思想,对二程思想的深化起到重要作用,被誉为"程门四先生"之一。张载学以致用、贵礼重行的为学宗旨也深受弟子们的效法。张载的弟子无不注重躬行实践,表现出以治世经国为己任的鲜明色彩。《关学编》卷一《和叔吕先生》记载:"其(吕大钧)文章,不作于无用,能守其师说而践履之。尤喜讲明井田、兵制,谓治道必自此始。"与张载"学政不二"的思想旨趣完全一致。苏昞同样认为,"治经为传道居业之实,居常讲习只是空言无益"(《宋元学案》卷十九《范吕诸儒学案》)。张载弟子对张载为学宗旨的赞同还表现在对"礼"的推崇上。吕大钧"日用躬行,必取先王法度以为宗范。居父丧,衰麻、敛、奠、比、虞、祔,一襄之于礼"(《关学编》卷一《和叔吕先生》)。吕大临坚持了张载"知礼成性""变化气质"之道的学说传统,他说,"天下至大,取之修身而无不足……此礼之本,故于记之首章言之"(《礼记解·曲礼上第一》),"所谓心诚求之,虽不中不远矣。有是心也,则未有不谨于礼,故曰'心正而后身修'"(《礼记解·大学第四十二》)。吕氏兄弟还"率乡人"创作乡约乡规并付诸实践,使关学的礼教思想更加系统和具体。其中,《吕氏乡约》是我国历史上第一个成文的较为完整的乡约民规。

(二)宋代理学家的评论

宋代理学家对张载思想做出较多评论的是二程和朱熹。他们主要从理本立场出发,并在强烈的理学道统意识下对张载思想进行解读和定位,因而对张载思想既有很高的褒扬,也有直接的批评,甚至是曲解,奠定了后世学人对张载思想的基本认知。

大程指出,"张子厚(张载)、邵尧夫(邵雍),善自开大者也"(《河南程氏遗书》卷三《二先生语三》)。小程说,"横渠道尽高,言尽醇,自孟子后儒者,都无他见识"(《河南程氏遗书》卷十八《伊川先生语四》)。在《答横渠先生书》中,小程还盛赞张载"清虚一大"的学术功绩,认为"观吾叔之见,至正而谨严,如'虚无即气则无无'之语,深探远赜,岂后世学者所尝虑及也?"(《河南程氏文集》卷九《书启·答横渠先生书》)朱熹亦曰:"大抵前圣所说底,后人只管就里面发得精细。如程子、横渠所说,多有孔孟所未说底。"(《朱子语类》卷六十二《中庸一》)不难发现,程朱对张载的学术成就颇为赞赏,甚至将张载比堪孟子。

但程朱并不认同张载的"太虚即气"思想。程朱区分了"气"和"理"的高下,主张"天理"才是宇宙最高的本体,并以"天理"解读张载的"太虚","道,太虚也,形而上也","或谓'惟太虚为虚',子曰'无非理也,惟理为实'"(《河南程氏粹言》卷一《论道篇》)。这并非张载思想原意。由此,程朱认为张载以"气"规定"清虚一大"不免具有"形而下"之嫌,不足以明天道。他们指出:

> 立清虚一大为万物之源,恐未安,须兼清浊虚实乃可言神。道体物不遗,不应有方所。(《河南程氏遗书》卷二《二先生语二上》)

> 形而上者谓之道,形而下者谓之器。若如或者以清虚一大为天道,则乃以器言,而非道也。(《河南程氏遗书》卷十一《明道先生语一》)

> 如以太虚、太和为道体,却只是说得形而下者……横渠本要说形而上,反成形而下,最是于此处不分明。(《朱子语类》卷九十九《张子书二》)
>
> 问:"诸先生都举形而上、形而下,如何说?"曰:"可见底是器,不可见底是道。理是道,物是器。"(《朱子语类》卷二十四《论语六》)

这是坚持理本论立场的程朱对张载思想的一种误读,事实上,张载的"气"统摄了"形而上者"和"形而下者",后世不少学人受到程朱的影响,未能充分把握张载思想的真正意蕴①。

另外,二程认为,"凡物之散,其气遂尽,无复归本原之理"(《河南程氏遗书》卷十五《伊川先生语一》)。认为张载"气"聚散往复之说实际上落入了佛教的"轮回"学说。朱熹也说:"横渠辟释氏轮回之说。然其说聚散屈伸处,其弊却是大轮回。盖释氏是个各自轮回,横渠是一发和了,依旧一大轮回。"(《朱子语类》卷九十九《张子书二》)

二程还认为,张载的思想表现出"天人二本"的倾向。张载力图为儒学构建出"天人合一"的思想体系,然而在二程看来,"性即理"(小程)"心即理"(大程),即天与人、理与心性本为一事,不必强分,更无需言合。如大程指出,"若如或者别立一天,谓人不可以包天,则有方矣,是'二本'也"(《河南程氏遗书》卷十一《明道先生语一》)。二程由此对张载"穷理尽性以至于命"须"有次序"的理论也做了批评。

---

① 学术界有不少学者将张载的"太虚"与"气"分判为二物,认为"太虚"与"气"是两个不同的范畴,并以"体用"的立场,或"从(二者)'合言'的角度强调了体用的相即、不二、不离",或强调"从(二者)'分言'的角度看,体用关系还具有相分、不即、不杂,亦即独立的一面",或"合言""分言"兼而论之。参见牟宗三:《心体与性体》,上海古籍出版社,1999年,第358—489页;丁为祥:《虚气相即——张载哲学体系及其定位》,人民出版社,2000年,第59—69页;林乐昌:《张载两层结构的宇宙论哲学探微》,《中国哲学史》2008年第4期;林乐昌:《20世纪张载哲学研究的主要趋向反思》,《哲学研究》2004年第12期等。将"太虚"与"气"分判为二物的观点,实际上是受了程朱别分"理""气"之高下思想的潜在影响,他们试图将"太虚"抽离为独立于"气"但又支配"气化"的形而上者,而将"气"视为形而下的范畴,对张载哲学中的"气"的多层性涵义未能充分揭示,从而落入了"以程(朱)解张"的理论轨道,此种看法其实也正是张载所反对的在"气"之上别置"太虚"("虚能生气")的理论观点。参见方光华、曹振明:《张载思想研究》,西北大学出版社,2015年,第86—93页。

在批评《正蒙》核心思想的同时,程朱对《西铭》赞扬有加。大程以"仁体""仁孝之理"解之,小程则以"理一而分殊"褒之,还并举《西铭》《大学》为学者的入门书,并以此将张载比堪孟子。二程曰:

《西铭》,某得此意,只是须得他子厚有如此笔力,他人无缘做得。孟子以后,未有人及此。得此文字,省多少言语。且教他人读书,要之仁孝之理备于此,须臾而不于此,则便不仁不孝也。(《河南程氏遗书》卷二上《二先生语二上》)

《订顽》一篇,意极完备,乃仁之体也,学者其体此意,令有诸己,其地位已高,到此地位,自别有见处。(《河南程氏遗书》卷二上《二先生语二上》)

《西铭》之为书,推理以存义,扩前圣所未发。与孟子性善养气之论同功……《西铭》明理一而分殊……分立而推理一,以止私胜之流,仁之方也。(《河南程氏文集》卷九《答杨时论〈西铭〉书》)

朱熹对《西铭》也非常推崇,甚至将《西铭》提升到讲明"彻上彻下、一以贯之"纲领、体现"体用一源,显微无间"理学宗旨的高度,并认为"此书(《西铭》)精深难窥测"(《朱子全书》第25册《晦庵先生朱文公别集》卷三《程钦国》)。此外,朱熹对《西铭》所蕴含的现实关怀、价值理想等也深表认同并身体力行之。

程朱还盛赞张载"合两之性"的人性说,认为它"极有功于圣门"。朱熹指出:

问:"气质之说,始于何人?"曰:"此起于张、程。某以为极有功于圣门,有补于后学,读之使人深有感于张、程,前此未曾有人说到此。如韩退之《原性》中说'三品',说得也是,但不曾分明说是气质之性耳。性那里有三品来!孟子说'性善',但说得本原处,下面却不曾说得气质之性,所以亦费分疏。诸子说性恶与善恶混,使张、程之说早出,则这许多说话自不用纷争。故张、程之说立,则诸子之说泯矣。"因举横渠:"形而后有气质之性。善反之,则天地之性存焉。故气质之性,君子有弗性者焉。"又举明道云:"论性不论气,不备;论气不论性,不明。二之则不是。"且如只说个仁义礼智是性,世间却有生出来便无状底,是如何? 只是气禀如此。若不论那气,这道理便不周匝,所以不备。若只论气禀,这个善,这个恶,却不论那一原

处只是这个道理,又却不明。此自孔子、曾子、子思、孟子理会得后,都无人说这道理。(《朱子语类》卷四《性理一》)

不过,朱熹是从"理一分殊"立场展开阐发的。

朱熹还对张载的"心统性情"说深表赞同,认为儒家对于心、性、情关系的见解"横渠说得最好""颠扑不破",而"二程却无一句似此切"(《朱子语类》卷五《性理二》、卷九八《张子之书一》),并依据张载的基本观点系统地阐发和论述了心、性、情关系。

值得注意的是,张载并无直接的师承,其思想主要是"自得"之学,而且他所开创的诸多范畴和命题被程朱理学所借用和进一步发挥,成为理学体系中的系列基本核心理论。然而,经过吕大临、杨时等人对二程的溢美,却出现了"横渠之学,其源出于程氏"之说。二程曾对此说明确地加以否认和澄清:"表叔(指张载)平生议论,谓颐兄弟有同处则可,若谓学于颐兄弟,则无是事。"(《河南程氏外书》卷十一《时氏本拾遗》)但是,理学的集大成者朱熹依然认为张载之学"其源则自二先生(二程)发之耳"(《伊洛渊源录》卷六《司马光论谥书》小注)。朱熹等所著《伊洛渊源录》着意构建理学道统,将张载置于周敦颐、二程、邵雍之后,张载在理学谱系上的地位自此成型。

(三)元代《宋史》的评论

《宋史》成于元末,其中与张载及其思想直接相关的有《道学传》和《张载传》。《宋史·道学传》将张载置于周敦颐和二程之间,对张载的理学地位做了比较忠实的定位。但它未摆脱程朱的影响。在详细记述各位理学家的生平与思想时,却又首述周敦颐,再述二程,然后才是张载。在述及张载的著作及思想时,它着重评论了《西铭》及其思想,对《正蒙》仅一语带过。而对《西铭》的解读,完全继承了程朱的观点,认为"张载作《西铭》,又极言理一分殊之旨,然后道之大原出于天者,灼然而无疑焉"(《宋史》卷四二七《张载传》)。此外,《宋史》的《道学传》与《张载传》对张载的生平事迹及学说的记述与吕大临的《横渠先生行状》相类似。

不过值得注意的是,《宋史》的《道学传》首次指出:

(张载)以为知人而不知天,求为贤人而不求为圣人,此秦汉以来学者大蔽也。故其学尊礼贵德,乐天安命,以《易》为宗,以《中庸》为体,以《孔》《孟》为法,黜怪妄,辨鬼神。(《宋史》卷四二七

《道学一》)

这一评述不失为评论张载思想的点睛之笔。张载哲学思想的中心议题是"性与天道",确实是基于"秦汉以来学者大蔽"而发,而《易》确实构成了张载学说的根基和主题,并通过《中庸》对其思想体系中的"体"做了进一步的阐发和升华,《论语》《孟子》确实被张载视为圣人载道之书①。尽管这一评论并未呈现出张载思想的整体面貌,但不失为比较忠实于张载思想原貌的评说,对后世学人影响很大。

二、明清学者对张载思想的评论

明代以后,理学发展主要有三条路径。其一是程朱的后学,他们对张载思想的看法基本沿袭了程朱的观点。其二是消解程朱之"理"的客观化倾向而着意发挥人的主体性的心本论学说,王阳明就是其中的典型代表,他对张载的气学思想有所注意。其三是由反思程朱"理气"观进而对其展开批判的气学思想,他们对张载思想的评论颇引人关注,理学由此展现出复归张载气学思想的趋向。

(一)心学的批评

心学的集大成者王阳明(1472—1529)对张载的气学思想有所注意,并借用张载气学思想对心学与气学做了沟通。王阳明认为,"我的灵明,便是天地鬼神的主宰","离却我的灵明,便没有天地鬼神万物了"(《王阳明全集》卷三《传习录下》)。其意是说,没有人的主体性的发挥,也就没有与我的"灵明"对待存在的天地万物了,天地万物的存在及其价值是人的主体性的寄予使然。王阳明所谓"人的良知就是草木瓦石的良知,若草木瓦石无人的良知,不可以为草木瓦石矣"(《王阳明全集》卷三《传习录下》),正是此意。由此王阳明得出"天地万物,与人原是一体"(《王阳明全集》卷三《传习录下》)的结论。那么,为什么人与万物能共有一个"良知",为什么人与万物能够"同体"呢?王阳明指出,"只为同此一气,故能相通耳",因为天地万物(包括人)是

---

① 关于儒家不同经典在张载思想体系中的各自地位和作用,可参方光华、曹振明:《张载思想研究》,第51—63页。

"一起流通的,如何与他间隔得?"(《王阳明全集》卷三《传习录下》)王阳明借用并发挥了张载的"气"之感通说讲"万物一体",使心学与气学一定程度上得以沟通。

此外,王阳明说:

> 良知之虚,便是天之太虚;良知之无,便是太虚之无形。日月风雷山川民物,凡有貌象形色,皆在太虚无形中发用流行,未尝作得天的障碍。圣人只是顺其良知之发用,天地万物,俱在我良知的发用流行中,何尝又有一物超于良知之外,能作得障碍?(《王阳明全集》卷三《传习录下》)

有学者指出,"显然,良知是王阳明哲学的本体,而良知之虚无属性也就等于天之太虚及其无形的本质,是太虚之无形本质在人生中的具体落实",并且"在这里,王阳明不仅肯定了太虚的天道本体地位,而且将太虚作为其良知得以成立的天道本体依据,将太虚本体的发用流行作为其致良知的标准与指向"①。事实上,与其说王阳明将"良知"的形而上依据诉诸"太虚",不如说王阳明将在他看来具有客观化色彩的"太虚"本体做了主体化的落实。

(二)气学评论的萌发

与王阳明同时的罗钦顺(1465—1547),虽未完全突破程朱理学的束缚,但开始以气学角度评论张载思想。他曾以朱学捍卫者身份与王阳明展开论辩,因而被视为"朱学后劲",但他不满意朱熹"理与气决是二物"的说法,主张"盖通天地,亘古今,无非一气而已"、"理须就气上认取"、"理只是气之理"、"气之聚便是聚之理,气之散,便是散之理,惟其有聚散,是乃所谓理也"(《困知记》卷上、续卷上、卷下)。这种由"气"而言"理"、"气"本身包涵形而上之"理"的思路是对张载气学思想的继承和发挥,也在一定程度上对程朱理本论做了否定。

罗钦顺对张载的《正蒙》及其气论学说进行了赞扬,对张载"一物两体"的宇宙生成观表示认同。他说:

> 《正蒙》有云:"若阴阳之气,则循环迭至,聚散相荡,升降相求,絪缊相揉,盖相兼相制,欲一之而不能,此其所以屈伸无方,运行不

---

① 丁为祥:《太虚即气——张载哲学体系及其定位》,第298—299页。

息,莫或使之,不曰性命之理,谓之何哉?"此段议论最精。(《困知记》卷下)

但罗钦顺不同意张载"合两之性"的人性论。他说:

> 夫性一而已矣,苟如张子所言"气质之性,君子有弗性",不几于二之乎?此一性而两名,仆所以疑其词之未莹也。若以理一分殊言性,较似分明,学者较易于体认,且与诸君子大意亦未尝不合也。(《困知记》附录《答林正郎贞孚》)

> "理一分殊"四字,本程子论《西铭》之言,其言至简,而推之天下之理,无所不尽。在天固然,在人亦然,在物亦然……持此以论性,自不须立天命、气质之两名,粲然其如视诸掌矣。(《困知记》卷上)

> 盖人物之生,受气之初,其理惟一成形之后,其分则殊。其分之殊,莫非自然之理,其理之一,常在分殊之中,此所以为性命之妙也。(《困知记》卷上)

可见,罗钦顺并未完全摆脱程朱的理本论思想,他赞同程朱所谓"理一分殊"之论,而且以此论阐发人性问题,认为人性不过是宇宙本性在人身上的再现而已,无需再分"天地之性"与"气质之性"。之所以如此,是因为罗钦顺的"气""理"缺少如张载那样的价值本原的内涵。

与罗钦顺大约同时的王廷相(1474—1544),批判程朱、回归张载的气象更加明显。王廷相认为"气"才是宇宙最为根本的存在,"理"只是"气"本身的属性而已,认为"元气之上无物""气载乎理,理出于气""非元气之外又有物以主宰之"(《王氏家藏集》卷二八《答薛君采论性书》),明确反对程朱以来理学家"独以理言太极而恶涉于气"的思想观点。他在《横渠理气辩》中说:

> 张子曰:"太虚不能无气,气不能不聚而为万物,万物不能不散而为太虚。循是出入,是皆不得已而然也。""气之为物,散入无形,适得吾体;聚为有象,不失吾常。""聚亦吾体,散亦吾体,知死之不亡者,可与言性矣。"横渠此论,阐造化之秘,明人性之源,开示后学之功大矣。而朱子独不以为然,乃论而非之,今请辨其惑。(《王氏家藏集》卷三三《横渠理气辩》)

不难发现,王廷相完全回归于张载的气本论学说,指出张载的气学思想阐明了宇宙、人生等根本问题,并认为朱熹误读了张载的气学思想,立志要为张载的气学思想辨正。

王廷相从"气本"与"气化"的视角对张载的气本论做了探究。他说:

> 气者,造化之本。有浑浑者,有生生者,皆道之体也。生则有灭,故有始有终。浑然者,充塞宇宙,无迹无执,不见其始,安知其终?世儒止知气化而不知气本,皆于道远。(《王浚川所著书·慎言》卷一《道体篇》)

> ……有太虚之气而后有天地,有天地而后有气化……(《王浚川所著书·慎言》卷一《道体篇》)

"气"是宇宙的本原,并有不同的存在形态。比如,在"气化"之前,就有一个"太虚之气";而所谓"生则有灭,故有始有终"的"生生者",就是"气化",指的是宇宙生成,也是程朱理学所关注的宇宙生化问题;然而,在"气化"之上还有一个被程朱理本论所忽视但更为本质的"气本",即"充塞宇宙,无迹无执,不见其始,安知其终"的"浑浑者",也就是"太虚之气"。总之,王廷相别分"气本"与"气化"来阐发其气学思想,与张载别分"太虚"与"气化"的气本论思想很接近。

王廷相还认为:

> 气返而游散,归乎太虚之体也……譬如之于海矣,寒而为冰,聚也;融渐而为水,散也。(《王浚川所著书·慎言》卷一《道体篇》)

> 道体不可言无,生有有无,天地未判,元气混涵,清虚无间,造化之元机也。有虚即有气。虚不离气,气不离虚,无所始、无所终之妙也。不可知其所至,故曰太极;不可以为象,故曰太虚。非曰阴阳之外有极有虚也。二气感化,群象显设,天地万物所由以生也,非实体乎!(《王浚川所著书·慎言》卷一《道体篇》)

此处所论之"虚不离气,气不离虚""气返而游散,归乎太虚之体",可以说就是对张载"虚空即气""知太虚即气,则无无"及"形溃反原"等思想的再表达。其所谓海水与冰的比喻,与张载所言的"气之聚散于太虚,犹冰凝释于水"也具有相同的意义。因此,当王廷相的好友何塘(1474—1543)批评张载的"太虚即气"实际上落入老子的"有生于无"时,王廷相即以"知太虚即气,则无无"的理论加以反驳。以至于何塘发出了"浚川所见,出于横渠,其文亦相似"(《王浚川所著书·内台集》卷四《答何柏斋造化论》)的感叹。

在气本论基础上,王廷相还对程朱的"理一分殊"论做了批判。他认为,天地万物都统一于"气",这是"气一";"气"聚散变化的不同形态形成了世界万事万物,这是"气万","世儒专言理一而遗万,偏矣"(《王浚川所著书·雅述》上篇)。

然而,王廷相的气学思想并不完全是张载的思想。张载不仅言"天道",而且言"天德",认为"天德"是"太虚"超越但又蕴涵阴阳交感变化的总体属性,张载称之为"神";"天道"是阴阳二气交感变化的属性,张载称之为"化";二者构成了"体"与"用"的关系。此意王廷相并未完全揭示出来。尽管王廷相对张载所谓"神与性乃气所固有"深表赞同(《王氏家藏集》卷三三《横渠理气辩》),但王廷相所谓的"神"并非是指"太虚"的本质属性。王廷相之所以没有彻底解释出张载气本论的全部内涵,与他对"太虚"的理解有关。在张载那里,作为宇宙本体的"太虚"是阴阳未分的"湛一"之气。而王廷相指出:"非曰阴阳之外有极有虚也。"(《王浚川所著书·慎言》卷一《道体篇》)在王廷相那里,"虚"并不存在于阴、阳之气以外,尽管"气"有不同的存在形态及其功能与属性,但"气"仅指阴、阳之气而言,并不存在阴阳未分的"湛一"之气,而"太虚"本质上不过是阴、阳之气而已。因而,王廷相的"太虚"实际上就是张载所谓的阴阳交合的"太和",并非是纯粹意义上的宇宙本体。

另外值得注意的是,王廷相并未将现实社会的价值规范予以抽象并赋予宇宙本体属性当中,即是说,其宇宙本体缺乏价值内涵的抽象原则,主要是一种自然哲学的宇宙论。因此,当王廷相论及人性思想时,对张载"合两之性"的形上根据表示怀疑。他说:"未形之前,不可得而言矣,谓之至善,何所据而论?既形之后,方有所谓性矣,谓恶非性具,何所从而来?"(《王浚川所著书·慎言》卷四《问成性篇》),最终坚持了张载所反对的"生之谓性"。他指出:

> 人有生,斯有性可言;无生,则性灭矣。恶乎取而言之?故离气言性,则性无处所,与虚同归;离性论气,与死同涂。是性与气,可以相有,而不可相离之道也。是故天下之性,莫不于气焉载之。(《王氏家藏集》卷三十三《性辩》)

王廷相否认了来自于"太虚"的至善的"天地之性",即人性中本具的先验至善的内容,单方面地强调了"生之谓性",也就是张载所谓的"气质之性",并把"生之谓性"或"气质之性"当作人性的全部内容。可见,王廷相所谓的人性,主要是指现实生活中的自然之人性,"为恶之才能,善者亦具之,为善之才能,恶者亦具之"(《王浚川所著书·慎言》卷四《问成性篇》)。因而在认识论方面,王廷相强调了"见闻之知"的感官作用,并主张"耳目见闻,善用之足以广其心"(《王浚川所著书·慎言》卷五《见闻篇》),但却对张载所言的先验的"德性之知"予以否认,认为这是儒家学者受到禅宗影响的结果:"世之儒者,乃曰思虑见闻为有知,不足为知之至,别出德性之知为无知,以为大知。嗟乎!其禅乎!"(《王浚川所著书·雅述》上篇)

  王廷相之后,张载的气学思想受到学术界的继续关注。如学宗程朱的高攀龙(1562—1626),推崇张载的"太虚即气":"虚空都是气,不知道者不知耳。人之在气,犹鱼之在水。张子所谓太和谓道、太虚谓天,指点人极醒。"(《东林书院志》卷五《东林论学语下》)所谓"虚空都是气"是符合张载思想的。张载将宇宙论别分"太虚"与"气化",并认为"太虚"即"天","天德""神"是其属性,而阴阳二气的交感变化被称为"气化","天道""化"是其属性。高攀龙所谓"太和谓道、太虚谓天"确实十分接近张载气本论思想的实际意蕴。不过,在理气观上,高攀龙依然坚持程朱从形而上与形而下的立场区分了"理""气"的高下。因此,"太和谓道、太虚谓天"虽然接近于张载思想的实际,但并未将张载气本论思想的真正涵义揭示出来。又如唐征鹤(1538—1619)曰:"盈天地之间,只有一气,惟横渠先生知之。故其言曰:太和所谓道。又曰:知虚空即气,则有无、隐显、神化、性命,通一无二。顾聚散出入,形不形能推本所从来,则深于《易》者也。"(唐征鹤:《桃溪札记》)这些气学思想成为程朱之学占据学术正统、王学风靡正酣的明代学术的重要一支。

  此外,有明一代,对张载学说做出注解与诠释的还有胡广等奉敕编辑的《性理大全》,吕柟的《张子抄释》,刘玑的《正蒙会稿》,韩邦奇的《正蒙拾遗》,刘蕺的《新刊正蒙解》,高攀龙、徐必达的《正蒙释》等。《性理大全》辑成于永乐十三年(1415),为宋代理学著作与理学家言论的汇编,其中卷四为张载的《西铭》,卷五、卷六为张载的《正蒙》,主要收入了朱熹的解释。《新刊正蒙解》成书于嘉靖二十三年(1545),该书"博采诸家,参以自得而折衷之",但仍以程朱观点为主。《正蒙释》由高攀龙集注,徐必达发明,或成书于明万历(1573—1620)年间,集注部分征引程子、朱子、刘玑、叶氏、卢中庵、张南轩、真德秀、熊禾、吴临川及不知何人所撰"补注"等十种注解,发明部分与集注一一对应,对张子思想多有会通式的阐释。《张子抄释》《正蒙会稿》《正蒙拾遗》是明代关中地区《正蒙》注释著作的代表。《张子抄释》作于嘉靖五年

(1526),以抄为主,解释虽较少,但其或一章一释或数章一释,均是对张载思想的深刻体悟。《正蒙会稿》当作于弘治(1488—1505)年间,收录了作者与时人讨论《正蒙》义理的状况,不乏对张载思想的独特理解。《正蒙拾遗》成于《正蒙会稿》之后,认为"自孔子而下,知道者惟横渠一人",主要从易学和天文历算之学等视角对《正蒙》做了深入地解释[①]。

(三)气学评论的高峰

明代的气学思想至明清之际的王夫之而达到高峰。在王夫之那里,理学真正地展现出复归张载气学思想的趋向。王夫之是宋明以来最为推崇张载的学者。他认为"张子之学,上承孔孟之志,下救来兹之失,如皎日丽天,无幽不烛,圣人复起,未能有易焉者也"(《张子正蒙注·序论》),甚至在自撰的墓志铭中言到"希张横渠之正学而力不能及",即以弘扬张载之学为终生之志,可见他对张载的推崇程度。王夫之指出:"张子之学,无非《易》也,即无非《诗》之志,《书》之事,《礼》之节,《乐》之和,《春秋》之大法也,《论》《孟》之要归也。"(《张子正蒙住·序论》)即是说,张载的思想体系是以儒家"六经"或"五经"以及《论语》《孟子》等为根据而建立起来的,其体系之根本是"易学"。这一看法是很深刻的。

王夫之曾作《张子正蒙注》,对张载的气学思想做了深入地研究和阐发。他指出:

> 太虚即气,纲缊之本体,阴阳合和于太和,虽其实气也,而未可名之为气,莫之为而为万物之资始者,与此言之则谓之无。(《张子正蒙注·太和篇》)

> 言太和、纲缊为太虚,以有体、无形为性,可以资广生大生而无所倚,道之本体也。(《张子正蒙注·太和篇》)

王夫之认为,虽然"太虚""纲缊""太和"不直接称为"气",但它们本质上就是"气",不过是"气"的特殊状态而已。"太和"在张载那里,是指阴阳二气交合的理想状态,王夫之同样主张"阴阳合和于太和"。不过王夫之常常用"纲缊"代替"太和"。

至于"太虚",王夫之似乎把它理解为"太和""纲缊"的载体,他说,"虚涵

---

① 参见魏涛:《明代〈正蒙〉诠释考略》,《华夏文化》2012年第3期。

气,气充虚","阴阳异撰,而其纲缊于太虚之中"(《张子正蒙注·太和篇》)。张载有时也把"太虚"视为包罗万象的载体。但王夫之同时又指出:"言太和纲缊为太虚,以有体无形为性,可以资广生大生而无所倚,道之本体也。"(《张子正蒙注·太和篇》)在此,王夫之似乎直接把"太和""纲缊"与"太虚"等同起来。王夫之说"阴阳二气,充满太虚,此外更无他物"(《张子正蒙注·太和篇》),"太虚"也被从阴阳二气的角度做了说明。所谓"太虚,一实也"(《船山思问录·内篇》),就是把阴阳二气的交合状态视为一个独立存在的实体。张载则认为,"太虚"和"太和"不同,"太虚"是阴阳未分的"湛一"之气,是宇宙本体的范畴,"太和"则是"气化"的理想状态,是宇宙生成论的内容,"太虚"和"太和"一起构成宇宙论的基本内涵。"太虚"虽然也是王夫之哲学中重要范畴,但王夫之更加重视的是"太和"("纲缊"),而不是"太虚"。在王夫之看来,"太虚"是宇宙一切的承载体或者直接被理解为阴阳二气交合的理想状态(与"太和""纲缊"同义),并不存在阴阳未分的"湛一"之气,张载所谓的"湛一"之气——"太虚"本体被消解了,取代其本体地位的是阴、阳二气交合的理想状态——"太和""纲缊"(或曰"太虚",但王夫之的"太虚"即是"太和""纲缊",与张载的"太虚"不同)。

在对于"理"的问题上,王夫之做出了符合张载本意的解释。张载认为"理"是"天序""天秩",是指阴阳交感而化生万物的过程中所蕴含的规则,是"气化"的一种属性。王夫之同样主张:

> 气化有序而亘古不息,唯其实有此理也。(《张子正蒙注·诚明篇》)

> 其序之也亦无先设之定理,而序之在天者即为理。(《张子正蒙注·动物篇》)

在王夫之看来,"理"也是"天序"的表现,是阴阳二气交感变化所蕴含的规则。因此,王夫之反对程朱等人严格区分"理""气"的做法,认为:

> 若其实,则理在气中,气无非理,气在空中,空无非气,通一无二者也。(《张子正蒙注·太和》)

即是说,"理"并非独立存在,它必须依附于"气",通过"气"得以存在并得以展现出来,即"理"统一于"气","理""气"并不能强分,二者"通一无二"。王夫之气本论的特色在此得到充分的展现。

不过在人性论上,王夫之并不同意张载的"合两之性"说,认为"古今言性者,皆不知才、性各有从来,而以才为性尔"(《张子正蒙注·诚明》),"程子谓天命之性与气质之性为二,其所谓气质之性,才也,非性也"(《读四书大全说》卷十《孟子·告子上篇》),"离理于气而二之,则以生归气而性归理……其亦胶固而不达于天人之际矣""志于仁而无恶,安有恶之所从生而别为一本哉"(《船山思问录·内篇》)。王夫之名义上直接批评的虽为程朱,但实际上也是对张载人性论的批评,因为理学中把人性别分"天地之性"(程朱改为"天命之性")"气质之性"是张载的首创。王夫之的人性论坚持了其"理"统一于"气"的气本论思路,认为人性是禀受于宇宙生化的特有品质,提出了"一本然之性也"(《读四书大全说》卷七《论语·阳货篇》)的人性论。所谓"本然",即是"气"的自然状态及其属性而已,它构成了人性的所有内涵,既包括仁义道德,也包括非道德情感,并处在不断变化之中。

王夫之指出:

> 盖言心、言性、言天、言理,俱必在气上说。若无气处则俱无也。(《读四书大全说》卷十《孟子·尽心上》)

> 气之化而人生焉,人生而性成焉。(《读四书大全说》卷十《孟子·尽心上》)

> 就气化之流行于天壤,各有其当然者,曰道;就气化之成于人身,实有其当然者,曰性。(《读四书大全说》卷十《孟子·尽心上》)

> 盖性者,生之理也。均是人也,则此与生俱有之理,未尝或异;故仁义礼智之理,下愚所不能灭,而声色臭味之欲,上智所不能废,俱可谓之为性……故告子谓食色为性,亦不可谓为非性,而特不知天命之良能尔。(《张子正蒙注·诚明篇》)

人的身心由"气"生成,人性也以"气"为根据,并包含着"气化"所蕴含之"理"。因此,王夫之赞同告子所谓"生之谓性"的观点,认为即使是"上智"之人,其人性中同样具有"声色臭味之欲"。但是,王夫之的人性并非单纯的自然意义上的人性。他在赞同告子"生之谓性"的同时,又指出告子并不懂得人性中的"天命之良能",它来自于阴阳二气交感变化的精神属性——"理",因而"下愚"之人,其人性中同样具有"仁义礼智"。"声色臭味,顺其道则与仁义礼智不相悖害,合两者而互为体也"(《张子正蒙注·诚明篇》),即是说,只要是人的自然欲望符合一定的节制,它也就与"仁义礼智"相统一了,王夫之甚至还认为"理皆行乎其中也",即"理"正体现在"声色臭味""饮食男女"当中。这是他"一本然之性也"的必然结论。此外,王夫之说:"夫性者,生理也,日生则日成也。"(《尚书引义》卷三《太甲二》)"气"始终处于不断运行之中,禀受于"气"的人性在现实社会中也是不断变化的,可以在先天禀受的基础上随着后天的熏习修养而不断丰富和发展。

王夫之之后,清代中叶的戴震(1724—1777)对张载的气学思想也做了深入研究。他也十分推崇张载,认为张载的学说要比其他理学家的思想更加符合儒家经典的基本精神。

> 独张子之说,可以分别录之,如言"由气化,有道之名",言"化,天道",言"推行有渐为化,合一不测为神",此数语者,圣人复起,无以易也。张子见于必然之为理,故不徒曰神,而曰"神而有常"。诚如是言,不以理为别如一物,于"六经"、孔、孟近矣。(《孟子字义疏证》卷上《理》)

戴震赞同张载的气论学说,认为世界的本质就是"气"及阴阳二气运动变化的结果;赞同张载把"神"归结为"气"的属性,而不使其成为超然独立之物,这也就是"神而有常";反对程朱理学将"理气"强分为二以及扬"理"而贬"气"的观点,赞同张载"不以理为别如一物"的看法,认为"理"统一于"气",是"气"运动变化的规则、条理等。不过,由"分别录之"可以看出,戴震并非完全同意张载的所有思想,而是主张要有所区别和取舍,比如戴震并不同意张载的人性说,而是把血气心知规定为人性,人性就是欲、情、知的统一;认为"理存乎欲中",反对理学中的天理人欲之辨,提出"以理杀人,甚于酷吏""依法杀人"等具有启蒙色彩的思想。

另据《四库全书总目提要》,清代研究张载思想的主要还有李光地(1642—1718)的《注解正蒙》、王植(生卒年不详)的《正蒙初义》等。对于《注解正蒙》,"光地是书,疏通证明,多阐张子未发之意""于明以来诸家注释之中,可谓善本矣"。《正蒙初义》除广采《性理大全》中的集释、补注、集解外,又取明代高攀龙、徐德夫及清代冉觐祖、李光地、张伯行等人的注解,"并采张子《经学》《理窟语录》《性理拾遗》三书相发明者,附录之,而各以己见参订于后",认为张载"从儒释异同处入""其言太虚皆与释氏对照",思想创见"见道原"。它对张载的研究"论皆持平,颇能破门户之见",指出"程、朱多不满此书'太虚'二字,然晰其本旨,殊途同归,正不必执程、朱诸论以诋之"。参见《四库全书总目》卷九十二《子部二·儒家类二》。

(四)学术史视角的评论

明清之际的黄宗羲、黄百家、全祖望等所著的《宋元学案》以学术史视角对张载思想做了探究,对张载思想的学术渊源、师承关系及其门人弟子等做了梳理,展示出关学学派的基本面貌。不过,《宋元学案》卷十七《横渠学案上》所提出的张载乃"高平(范仲淹)门人"的看法,常遭到学人的怀疑。张载青年时代确实接受了范仲淹的指点,据史料记载,范仲淹引导张载关注儒学之"名教",并让他研读《中庸》。因而或许可以说范仲淹"导横渠以入圣人之室",但恐不能说张载是"高平(范仲淹)门人"。《宋元学案》卷三《高平学案》载:"汪玉山(即汪应辰,1118—1176)与朱子书云:'范文正公一见横渠,奇之,援以《中庸》,若谓从学则不可。'"这种说法是比较恰当的。

《宋元学案》之《横渠学案》对张载思想的评论,对前人的基本观点有所继承,比如政治理想上主张"复归三代"、注重学贵于用的实践风格、论二程在先而述张载于后等。但值得注意的是,它对张载的理学体系创见之功颇表认同,认为"横渠之学,是苦心得之""先生覃测阴阳造化,其极深至精处,固多先儒所未言",并指出"横渠先生勇于造道,其门户虽微,有殊于伊洛,而大本则一也"(《宋元学案》卷首《序录》),即是说,张载思想与二程洛学有所差异,但是有其自己的学理依据并自成体系。因此赞扬张载思想说:"横渠气魄甚大,加以精苦之功,故其成就不同。"总结张载思想时,用"为天地立心,为生民立命,为往圣继绝学,为万世开太平"概括了张载的学术宗旨;又说"其学以《易》为宗,以《中庸》为的,以《礼》为用,以孔、孟为极",揭示出张载思想内容的基本特征。

但是,《横渠学案》对张载思想也有指责。它指出,"其言天人之故,间有未当者""其凭心臆度处,亦颇有后学所难安者"。黄宗羲对各位理学家虽各有评论,但着意调和张载、程朱、陆王之学的分歧,他将"理""气""心"等冶为一炉,认为"盈天地者皆气也","其所以然"者或气"流行而不失其序"即是"理","理"与"气"乃"一物而两名,非两物而一体也"(《明儒学案》卷四四《诸儒学案上二》),主张"质之本然者是性,失其本然者非性",其"本然"亦即是王夫之所谓的"气"及其属性,并以"盈天地者皆心也"重点说明人把握宇宙本质何以可能的问题,提出"吾心之物"的逐渐培养和发展过程就是"心"之"本体",从而提出了不同于张载的宇宙论、人性论和修养论。因此黄宗羲说张载思想中的"天人之故"有不足之处,有令后学所难安的"凭心臆度处"。

此外,《横渠学案》说张载"谓《周礼》必可行于后世,此亦不能使人无疑",因为"《周礼》之的为伪书,姑置无论……窃恐《周官》(即《周礼》)虽善,亦不过随时立制,岂有不度世变之推移,可一一泥其成迹哉!况乎《周官》之繁琐,黩扰异常",即认为张载此举过于守旧或迂腐,因此说"先生法三代,宜不在《周礼》"(《宋元学案》卷十七《横渠学案上》)。

明清以来还出现了"关学史"的专门著作,如《关学编》《关学宗传》等,它们以纪传体例记述张载及其之后的关中历代儒家学者的生平与思想,揭示关学的延承脉络。张载的生平与思想均是它们关注的重要内容。《关学编》为明代关中著名理学家冯从吾编纂,是我国第一部关学史著作,除追述秦子(字子南)、燕子(字子思)、石作子(字子明)、壤驷子(字子从)等孔门四贤的"卷首"外,正篇即以横渠先生张载为首,次述张载之弟张戬及张载弟子吕大忠、吕大钧、吕大临、苏昞、范育等,勾勒了关学学派的基本面貌。其后不断有关中学人陆续补入。其他一些关中儒家学者,被后人编为《关学续编》。清朝末、民国初的张骥继承了这一传统,于民国十年(1921)撰成的《关学宗传》,辑宋代张载至清末刘古愚等关中儒家学者。不过,他们对于张载生平及思想的记述主要综述了《横渠先生形状》《宋史·张载传》等的基本观点,并未提出新的见解,但为我们呈现了"关学史"中的张载及其思想面貌。

三、近现代学者对张载思想的研究

近代以来,中国学术出现了由传统向现代的转向,对张载思想研究最为突出的表现就是,摆脱传统道统观念或理学窠臼,参考西方哲学原理,对张载思想做出体系化的解释。因研究者的立意不同,张载思想的多面内涵得到不同程度的发掘和高扬,张载在理学和思想史上的地位得到越来越清晰的呈现。

(一)体系化阐释的探索与成果

谢无量(1884—1964)在1916年出版了第一部哲学通史著作《中国哲学史》。他摆脱儒家道统束缚,"用今世哲学分类之法",别分"气一元论"和"伦理学"两部分对张载的哲学思想做了体系化的整理。他指出,张载的宇宙观是"气一元论",并以"天地万物一体之仁"和"天地之性与气质之性"为重点,对张载"伦理学"即道德性命学说做了探察①。

钟泰(1888—1979)于1929年出版了哲学通史著作《中国哲学史》。此著也跳出了传统的道统观念,主要分《正蒙》和《西铭》两部分,综论了张载哲学思想,认为"宋儒之中,吾则以横渠为博大矣"。他指出,张载之学"上则天道,下则人事,明则品类,幽则鬼神,大则经训,小则物名,无不阐述""所言亦不出阴阳变化之理""观其大体,要得之于《易》多矣"。他认为张载的"太虚"范畴及"心"与"象"的关系之说吸取了佛教的思想,但张载以"天道"之"体用"驳斥佛、道的论说,"其文理密察,即二程有所不逮"。《西铭》则集中体现了张载"极于穷神知化、事天之功""穷人生之始,本诸天地,而不本诸法性;穷生之终,信有委顺,而不信有涅槃"。此外,钟泰赞扬了张载的心性论与修养论对于理学的贡献②。

吕思勉(1884—1957)于1928年整理其在上海沪江大学的中国哲学史讲义并于1931年出版为《理学纲要》。他同样以西方哲学为参考,对张载哲学思想进行提纲挈领式的把握。他认为,在张载哲学思想中,"宇宙本体""惟是一气",同时"气"也是天地万物的唯一"原质","神也,道也,气也,一物而异名",太虚是"气之散而不可见者",与本体相对立的"现象"即是"阴阳两端"及其化生之宇宙万物,肯定了张载哲学的气学性质。他还从认识论、生死鬼神观、人性论、道德修养论、"重礼"等方面对张载的"人生观"做了论述,最后得出了"张载之学,合天地万物为一体,而归结于仁"的结论③。

冯友兰(1895—1990)的《中国哲学史》上下卷于1934年由商务印书馆出版,此书从"气""宇宙规律""宇宙现象""天文地理""性说""天人合一""对二氏(佛教、道教)之批评"等方面论述了张载的哲学思想,着意把张载的哲学思想更加体系化。他认为"横渠之学,亦从《易》推衍而来",即《易》构成了张载哲学的根基与主旨。他指出,"在道学家中,确立气在道学中之地位者,为张横渠""在其散而未聚之状态中,此气即所谓太虚",主张张载哲学在"宇宙论"上是气"一元论",进一步强调了张载哲学思想的"气"学性质。张载虽也论及"理",但"仅略发其端"。在此基础上,冯先生认为张载别分"天地之

---

① 谢无量:《中国哲学史》,中华书局,1916年,"绪言",第345—354页。
② 钟泰:《中国哲学史》,卷下,商务印书馆,1929年,第18—22页。
③ 吕思勉:《理学纲要》,商务印书馆,1931年,第65—77页。

性"与"气质之性"的人性"二元论"似乎与其"一元"的宇宙论不符,但又强调"就横渠别一部分之言论观之,则横渠可维持其'气质之性'之说,而同时亦不至与其系统之别方面相冲突",此"别一部分之言论"是指,张载将"太虚"之"气"提升为"天"的高度以使人性具有"天性"(天地之性)的同时,又将"攻取之欲"赋予"气"以使人性具有"气质之性"。而张载道德修养的理想境界则是"使个体与宇宙合一"的"天人合一"①。

与冯友兰大约同时的还有陈钟凡(1888—1982),其著《两宋思想述评》将张载哲学思想概括为"二元论",别分"宇宙论""自然现象之解释""心理学说"和"人性论"等内容加以论述,为体系化地重构张载哲学思想做出了有益的尝试。他指出,张载将"以宇宙为一气之变化,本纯粹之惟一惟气论也",理、道与气"一而二,二而一",同样肯定了张载哲学思想的气学性质。但同时又指出,张载虽然将太虚视为"气之真体",但又"别太虚与气、神与形为两事,构成二元之宇宙观"。此外,陈先生还对张载哲学思想中的心性论、人生境界论等做了探究。值得注意的是,除引用一元论、二元论,唯物、唯理等西方观念审视张载哲学思想外,陈钟凡深受新文化运动所倡导的"民主、科学"思潮的影响,特辟"自然现象之解释"一节以发掘张载的自然科学思想,指出:"惜(张)载有科学思想而不知应用科学方法,虽坚守唯物之说,终不能成科学专家。"认为其"后世祖述无人",科学思想终未能发扬光大,"诸夏科学之无进步,此其绝大原因"②。

范寿康(1894—1983)于20世纪30年代初在武汉大学哲学系任教,1936年上海开明书店出版其中国哲学史讲义《中国哲学史通论》。他指出,"社会的意识不外为社会的存在的反映,所以从这种社会意识(即哲学的、宗教的、艺术的以及政治的各种理论)所构成的所谓观念的上层结构(就是通常所谓观念形态或意识形态),也是随着经济基础结构的变动而变动的"。不过,在具体论述张载思想时,范寿康并未真正将其置于中国历史的"社会存在"基础上予以深入考察。他认为,"横渠以为宇宙的本体,乃是太虚一元之气",同样肯定了张载的气本论和一元论性质,同时也对张载的道德性命学说做了论述。范寿康指出,张载的"太虚"与"太和"不同,前者是气之"体",后者是气

---

① 冯友兰:《中国哲学史》,下册,华东师范大学出版社,2000年,第228—237页。
② 陈钟凡:《两宋思想述评》,商务印书馆,1933年,第60—73页。

之"用";张载人性论中的天地之性本原于"太虚",气质之性来自气的"清浊"等①。这些都触及到了张载哲学思想的本质。

1937年,张岱年(1909—2004)写成《中国哲学大纲》,后辗转于1958年才得以正式出版(署名宇同)。他指出:"唯气的本根论之大成者,是北宋张横渠(载)。"在张载看来,"气自本自根","宇宙一切皆是气,更没有外于气的","太虚即气散而未聚、无形可见之原始状态","道""理""性"等"乃气所内涵"。因此,张岱年说:"张载的本根论,确实可以说是一种唯物论。"②这是学术界正式明确地将张载哲学归结为"唯物论"。此外,该书还从"人生论""致知论"探讨了张载的道德性命学说,努力发掘中国固有的哲学精神。20世纪50年代后期,张岱年出版了一部研究张载的专著——《张载——十一世纪中国唯物主义思想家》。在20世纪30年代的基本观点基础上,他将张载哲学归结为"气一元论的唯物论学说",称赞"张载是宋代卓越的唯物论者",进一步突出了张载哲学的唯物论性质,认为"太虚"是气消散的原始状态,所谓"天,就是太虚,也就是广大无垠的物质世界",主张"张载的哲学体系是在与佛教唯心论进行斗争中建立起来的",并以张载的"唯物宇宙论""辩证观念""认识论""伦理学说""政治思想"等为章节③,构建了马克思主义原则下的较为完整的张载思想体系,同时也树立了张载个案研究的一个典范,深刻地影响了后来的张载思想研究,奠定了此后许多思想史、哲学史、理学史等著述论述张载哲学思想的基本框架与观点。

与张岱年大约同时,侯外庐(1903—1987)等在1959年和1960年相继出版了《中国思想通史》第四卷上、下册。侯外庐等认为,张载的哲学思想属于"气的唯物主义",太虚除具有宇宙时空之义外,即是"气的本然的'散'的状态",对张载关于"两"的辩证法做了充分的赞扬。不过,侯外庐等又指出:张载"既指'气'是万物之一源,但同时又说'性者,万物之一源'",使"气"与"性"成为"两条不同的渊源",从而陷入了"唯心主义的泥沼"。因而,张载的哲学思想其实是一种"二元论"。最后,侯外庐等对张载与二程思想的异同做了探析,指出关学是洛学的分支,这种说法和历史实际不尽符合。值得注意

---

① 范寿康:《中国哲学史通论》,开明书店,1936年,第20、第334—382页。
② 张岱年:《中国哲学大纲》,商务印书馆,1958年,"自序"、第67—73页。
③ 张岱年:《张载——十一世纪中国唯物主义思想家》,《张岱年全集》(第三卷),河北人民出版社,1996年,第241—274页。

的是,侯外庐等以思想史与社会史相结合为原则,对张载哲学思想的"社会根源"做了发掘,认为张载的"二元论"与其身世地位、政治态度与社会主张及其对自然科学的探究紧密相连①。侯外庐的这一尝试尽管不免有其时代烙印,但却是首次将"社会存在决定社会意识"这一唯物史观原则真正地应用于张载思想的研究当中。

(二) 新儒家的人文阐发

张载学说也成为新儒家②所关注的重要内容。他们坚信中国传统文化存在永恒的价值,倡导在会通中西与古今的视野下对儒家文化做出整体性、系统系的阐释,着意发掘儒家文化所蕴含的人文意蕴与价值理念,或曰道德精神、宗教精神。新儒家有不少学者对张载思想做出了研究。比如劳思光指出,张载的"气""既为万物之根源,又为有形上意味之实有"③。罗光认为,"太虚即是最初之气,最纯净之气,没有成之气,为形而上"④。他们对张载哲学思想中的人文价值内涵做了特别关注和阐发。其中牟宗三和唐君毅为主要代表。

牟宗三(1909—1995)于1968年出版的《心体与性体》,辟"张横渠对于'天道性命相贯通'之展示"一章对张载哲学思想做了专门论述。他把张载哲学思想看作一个整体,不满二程对张载的批评而为张载辩护,指出张载属于理学之"正宗",而程颐、朱熹是理学的"别子为宗",同时不同意国内学术界将张载哲学归结为"唯物论""唯气论"的观点,将"太虚神体"视为张载哲学体系的根本范畴,指出"虚与神非是气之谓词(predicates),非是气之质性

---

① 侯外庐主编:《中国思想通史》,第四卷上册,人民出版社,1959年,第545—570页。

② 有学者也将宋明理学视为"新儒家",不过"新儒家"更普遍的是指产生于20世纪20年代初期,一直发展到现在的一个学术思想流派,这一流派力图在现代中国恢复儒家思想的主导地位,重建儒家的价值系统并以此为基础吸纳、融合、会通西学,以谋求中国文化和社会的现代化。其代表主要有:(第一代)熊十力、梁漱溟、马一浮、张君劢、冯友兰、钱穆等(但对于钱穆是否属于新儒家,学术界有不同看法);(第二代)方东美、唐君毅、牟宗三、徐复观;(第三代)成中英、刘述先、杜维明、余英时等。有学者将后者称为"现代新儒家"。笔者所言"新儒家"即指"现代新儒家"。

③ 劳思光:《中国哲学史》,第三卷上册,香港友联出版公司,1980年,第190页。

④ 罗光:《中国思想史》,第三卷,台湾先知出版社,1976年,第145页。

(Properties)",认为太虚、神为既是实有又有大用的创造实体,并本着中国体用圆融的思维,在"性与天道"或"天人合一"的体系框架中着意发挥了张载哲学思想中的人文价值意蕴,指出"横渠对于'天道性命通而为一',言之极为精透"。不过,为了打破本体与现象的二元分割、阐发虚气的圆融为一,牟宗三一方面刻意抬高"太虚神体"的形而上地位,另一方面又把"气"看成是形而下的,因此要构建起"虚不离气,即气见神之体用不二之圆融之论"①,其实是有理论上的缺陷和难度的。

唐君毅(1909—1978)在20世纪六七十年代先后出版了《中国哲学原论》之《原性篇》《导论篇》《原教篇》,出版较晚的《原教篇》对前两部著作的观点做了进一步整理和修正。唐君毅认为,张载的"气"具有形而上的涵义,"视之如孟子之浩然之气之类,以更视其义同于一形上之真实存在"。他认为"虚""气"不可强分,"虚即气之虚,无即道之无,而气则万古不息。故虚气不二之道为常道"。在《原性篇》中,他就特意突出张载的心性学说,主张"气"有精神生命,在《原教篇》中进一步强调:气"是一流行的存在或存在的流行,而不更问其是吾人所谓物质或精神",反对唯物主义倾向的"唯气论"观点。他还以《正蒙·大心篇》融通张载的其他篇章和著述,同样对张载哲学思想所蕴含的人文意蕴与价值理念做了领会式的发掘和彰显②。

常被学人视为"接着宋明理学讲"的新儒家,对儒家文化特别是其心性之学抱有很深的"感情",认为它们是中国传统文化的本原和核心,试图在现代中国恢复儒家思想的主导地位,从而着意高扬儒家文化的普世性和优越性。他们对张载哲学思想的人文价值内涵的阐发同样如此。20世纪70年代末以来,随着国内外学术交流的增多,新儒家对张载人文价值内涵的阐发及其研究结论对学术界的相关研究产生了较大影响,张载哲学思想所蕴含的人文价值内涵逐渐受到越来越多的关注。

(三)百花齐放的研究

自20世纪70年代末以来,国内学术界对张载学说的研究也越来越活跃,呈现出百花齐放的繁荣面貌。

---

① 牟宗三:《心体与性体》,上海古籍出版社,1999年,第9—52、第358—489页。
② 唐君毅:《中国哲学原论·原性篇》,中国社会科学出版社,2006年,第70—91页;《中国哲学原论·原教篇》,中国社会科学出版社,2006年,第212—218页。

第一,对20世纪前三十年主流观点的继承和发展。张岱年在1977年为《张载集》出版写的《关于张载的思想和著作》中,坚持认为"张载的自然观是气一元论,其中包含了一些朴素辩证观点"①。姜国柱所著《张载的哲学思想》继承了侯外庐等人的观点,认为张载一方面承认"气"的宇宙根源地位,另一方面又承认"心""性"是"万物之一源",以此为基础说张载哲学思想"处处充满矛盾",是"二元论"的哲学家②。不过,姜国柱后来在《张载关学》中又转向了唯物主义"气本论"③。在20世纪80年代出版的侯外庐、邱汉生、张岂之主编的《宋明理学史》,是新中国成立以来第一部系统论述宋明理学的专著,它虽然以唯物史观为基本原则,但摆脱了前一阶段唯物与唯心"两军对垒"的"对子"模式,从"本体论""道德论""认识论"等论述了张载的哲学思想体系,对张载的气学思想做了高度赞扬,认为"建立一个以'气'为宇宙本体的宇宙观,张载却是首功","太虚"是气的消散的原始状态,"神""道""理"等均是"气"所表现出的属性,主张张载的理论主要来自《易》,并从"天地之性"与"气质之性"、"穷神知化"与"穷理尽性"、"大心"等方面对张载的道德性命学说做了深入系统的梳理。此外,他们还对张载学说与二程学说的关系做了分析,以凸显张载思想的特征,指出"二程从张载那里吸取了不少东西","张载提出的一些命题,经二程的扩充、发展,成为理学思想体系的最基本的、最重要的命题"④。继此之后,冯友兰的《中国哲学史新编》、任继愈主编的《中国哲学史》⑤著作中等均坚持认为张载的学说是气本论的唯物主义,但同时以《西铭》为中心对张载的道德修养与境界学说做了重点阐述。

第二,对20世纪前三十年主流观点的明确反思及新途径的探索。丁伟志在1980年发表《张载理气观析疑》,批评了长期以来套用的"两军对战"模式,认为"张载没有正面论述'理'与'气'之间的关系,没有回答、也没有提出谁产生谁、谁从属谁的问题","这样,便使得张载的哲学没有成为严格意义上的唯物主义哲学,同样也没有成为严格意义上的唯心主义哲学。强行加冕,

---

① 张岱年:《关于张载的思想和著作》,载于《张载集》,中华书局,1978年,第3页。
② 姜国柱:《张载的哲学思想》,辽宁人民出版社,1982年,第29—34页。
③ 姜国柱:《张载关学》,陕西人民出版社,2001年,第78页。
④ 侯外庐、邱汉生、张岂之主编:《宋明理学史》,上册,人民出版社,1984年,第85—126页。
⑤ 冯友兰:《中国哲学史新编》,下册,人民出版社,1998年,第142—172页;任继愈主编:《中国哲学史》,第三册,人民出版社,2003年,第201—216页。

绝无益处"①。丁伟志的观点并不全面,因为张载确实指出"神与性乃气所固有"(《张子语录·语录中》)等,此外在分析张载宇宙观和认识论时依然具有二元论倾向,但此文确实展现出了对前一阶段主流观点的深入反思和有力冲击。与此同时,陈俊民发表《论中国哲学史的逻辑体系问题》称:唯物与唯心"'两军对战'的'对子'不能构成哲学和哲学史体系的逻辑结构","实质是一个人为的强制性结构,在理论上和史实上都难以成立",主张中国哲学史的逻辑体系应当是"由多序列、多层次、多环节上的小'圆圈'构成的'大圆圈(螺旋)'"②。此后,陈俊民出版的《张载哲学思想及关学学派》③对此做了有益的探索。程宜山所著《张载哲学的系统分析》认为,张载哲学思想是朴素唯物主义的气"一元论",但同时又具有明显的"一元二重化"的倾向。更为重要的是,此书引入了范畴分析和系统分析的方法,展示了张载哲学中天道观、人道观、认识修养学说三部分有机统一的逻辑行程、系统和特征,在此基础上对张载的"诚明所知"和"德性所知"的关系等做出了诸多发明,成为反映唯物主义一派张载思想研究取得新进展的著作。④

第三,20世纪80年代末以来张载学说研究的多元化趋势。

一是研究张载哲学思想的学术视角与方法的多元化。陈来的《宋明理学》继承了"气一元论的唯物主义哲学"的观点,认为太虚、气、万物均是"气"这一实体的不同状态,"神""化""理"是"气"的属性,同时注重对张载道德性命学说的考察⑤。蒙培元的《理学范畴体系》不再判定张载哲学"唯物""唯心"立场,从宋明理学的主要范畴及其逻辑结构出发展开张载哲学思想的研究,在宇宙论方面指出张载确立了"气是宇宙本体的一元论哲学""太虚是气的本然状态,也是自然界的本体存在",并从"体用"的立场论证了"太虚"与"万物"的关系⑥。张立文的《宋明理学研究》同样摒除了"唯物""唯心"的立场,注重从哲学范畴和逻辑结构分析张载哲学思想,力图探求张载哲学文本

---

① 丁伟志:《张载理气观析疑》,《中国社会科学》1980年第4期。
② 陈俊民:《论中国哲学史的逻辑体系问题》,《陕西师范大学学报》(哲学社会科学版)1980年第4期。
③ 陈俊民:《张载哲学思想及关学学派》,人民出版社,1985年。
④ 程宜山:《张载哲学的系统分析》,学林出版社,1989年。
⑤ 陈来:《宋明理学》,辽宁教育出版社,1991年,第57—75页。
⑥ 蒙培元:《理学范畴体系》,人民出版社,1989年,第9—12页。

"在特定语境中的本来意义"①。方光华的《中国古代本体思想史稿》从张载对佛教思想的批判角度论述了张载的"太虚本体论",通过对"佛性前提批判——'八不缘起'与'天道神化'""佛性内涵批判——虚空即性与天道即性""佛性体证批判——止观并重与穷理尽性"等的深入论析,认为"张载的哲学体系乃是在深入批判佛学佛性论过程中建立起来的"②,有助于澄清张载哲学与佛教思想之间的关系这一长期困扰学术界的重大问题。另有部分专著及研究成果,使得张载哲学思想与道家、道教的关系也得到一定探讨③。丁为祥的《虚气相即——张载哲学体系及其定位》以天人、体用、本然与应然三重关系构建张载的哲学体系,反对将太虚与气等同起来,而将二者看成是全面的"相即"关系,并将张载哲学放置于整个宋明理学潮流当中反观张载哲学思想在理学中的地位及宋明理学的发展趋势④,发前人所未发。不过,丁为祥对"气"多重含义的认识有所不足。林乐昌也撰有论述张载哲学思想的不少成果⑤,在张载哲学的诠释框架上做了创新,认为"太虚"是具有超越时空、超越物质之气的本体,从宇宙本体论和宇宙生成论两层结构讨论太虚与气之

---

① 张立文:《宋明理学研究》,人民出版社,2002年,第180—224页。

② 方光华:《中国古代本体思想史稿》,中国社会科学出版社,2004年,第284—306页。

③ 朱伯崑:《易学哲学史》(第二卷),华夏出版社,1995年,第312页;李大华:《北宋理学与唐代道教》,《道教文化研究》第8辑,上海古籍出版社,1995年;谢阳举:《张载与道家关系概说》,葛荣晋、赵馥洁、赵吉惠主编:《张载关学与实学》,地图出版社,2000年,第473页;孙以楷主编,李仁群、程梅花、夏当英著:《道家与中国哲学》,宋代卷,人民出版社,2004年,第198页;孔令达:《宋代理学与道家、道教》,中华书局,2006年,170—171页;卿希泰主编:《中国道教思想史》,第二卷,人民出版社,2009年,第547页;林乐昌:《论张载对道家思想资源的借鉴与融通——以天道论为中心》,《哲学研究》2013年第2期等。

④ 丁为祥:《虚气相即——张载哲学体系及其定位》,人民出版社,2000年,第59—69页。

⑤ 主要有《张载对儒家人性论的重构》,《哲学研究》2000年第5期;《张载"心统性情"说的基本意涵和历史定位——在张载工夫论演变背景下的考察》,《哲学研究》2003年第12期;《20世纪张载哲学的主要趋向反思》,《哲学研究》2004年第12期;《张载成性论及其哲理基础研究》,《中国哲学史》2005年第1期;《张载理观探微——兼论朱熹理气观与张载虚气观的关系问题》,《哲学研究》2005年第8期;《张载礼学论纲》,《哲学研究》2007年第12期;《张载两层结构的宇宙哲学探微》,《中国哲学史》2008年第4期;《"为天地立心"——张载"四为句"新释》,《哲学研究》2009年第5期;《张载性命论的新架构及学术价值》,《陕西师范大学学报》(哲学社会科学版)2017年第2期;《张载理学与文献探研》,人民出版社,2016年等。

间的相分与相合关系,提出了张载哲学思想乃"两层结构的宇宙哲学"。不过,当林乐昌把"气"视为"形而下"之时,就同样面临着牟宗三等所遇到的理论难题。杨立华的《气本与神化——张载哲学述论》,采取了回归与细致分析张载哲学文本的方法,认为无形的"太虚"聚为有形的"气"和万物,主张"太虚"与"气"的关系乃无形之气与有形之气的关系①。龚杰的《张载评传》是中国学术史上关于张载的第一部评传体研究著作,除介绍张载生平及著作外,以文化背景、天道观、人学思想、道统论、社会思想、关学与程朱及明代反理学思潮的关系等为专题,较为全面地梳理了张载思想。与学术界的一般认识不同,此书将张载哲学思想归结为"四书学"②。此外,张载哲学思想的生态蕴涵及其现代意义等也受到学术界的关注③。

二是张载思想的专题研究的多元化。作为理学思想的重要部分,张载的思想内容是非常丰富的,除哲学思想外,至少还有经学思想、教化和教育思想、政治思想、宗教思想、学术特色与方法,等等。自20世纪末以来,对张载思想做出专题化的研究越来越引起学术界的重视。对张载经学思想的研究主要表现为对张载《易》学思想的研究,如丁原明的《〈横渠易说〉导读》、朱伯崑的《易学哲学史》、余敦康的《汉宋易学解读》《内圣外王的贯通——北宋易学的现代诠释》等④。学术界一般将张载哲学归结为"易学",但同时也认识到张载对"四书"非常重视,并将其纳为建构理学体系的重要思想资源(甚至有学者将张载哲学归结为"四书学",如龚杰),因此学术界对张载"四书学"也做了研究,如龚杰的《张载的"四书学"》、肖永明的《张载之学与"四书"》,束景南、王晓华的《四书升格运动与宋代四书学的兴起:汉学向宋学转型的经典诠释历程》,董灏智的《"四书"经典结构形成过程的思想史考察》、王振华

---

① 杨立华:《气本与神化——张载哲学述论》,北京大学出版社,2008年,第40页。
② 龚杰:《张载评传》,南京大学出版社,1996年。
③ 蒙培元:《张载天人合一说的生态意义》,《人文杂志》2002年第5期;许宁、朱晓红:《"物与"之道:张载关学的生态哲学意蕴》,《陕西师范大学学报》(哲学社会科学版)2010年第2期;林乐昌:《论张载的生态伦理观及其天道论基础——兼论张载生态伦理观的现代意义》,《孔子研究》2013年第2期等。
④ 丁原明:《〈横渠易说〉导读》,齐鲁书社,2004年;朱伯崑:《易学哲学史》,昆仑出版社,2005年;余敦康:《汉宋易学解读》,华夏出版社,2006年;余敦康:《内圣外王的贯通——北宋易学的现代诠释》,学林出版社,1997年。

的《张载对孟子心性论思想的继承与发展》,等等①。同时,也出现了对张载经学思想做出综合性研究的著作,如蔡方鹿主编的《经学与中国哲学》、姜广辉主编的《中国经学思想史》等②。关于张载的政治思想也出现了相关研究论文及著作,如姜国柱《谈张载的政治思想》、刘昶的《官僚政治下的三代理想——张载社会政治思想概述》、毕明良的《张载哲学的政治意涵诠释》、宋义霞的《张载"四为"之政治伦理思想价值探析》,李蕉的《张载政治思想述论》、范立舟的《张载的"封建"构思及其政治理想》等③。对于张载的"横渠四为句"——"为天地立心,为生民立命,为往圣继绝学,为万世开太平",亦出现了新的研究成果④。此外,有关张载的教育和教化思想及学术特色与方法

---

① 龚杰:《张载的"四书学"》,《西北大学学报》(哲学社会科学版)1994年第3期;肖永明:《张载之学与"四书"》,《船山学刊》2007年第1期;束景南、王晓华:《四书升格运动与宋代四书学的兴起:汉学向宋学转型的经典诠释历程》,《历史研究》2007年第5期;董灏智:《"四书"经典结构形成过程的思想史考察》,《东北师范大学学报》(哲学社会科学版)2012年第6期;王振华:《张载对孟子心性论思想的继承与发展》,《陕西师范大学学报》(哲学社会科学版)2011年第5期。

② 蔡方鹿主编:《经学与中国哲学》,华东师范大学出版社,2009年;姜广辉主编:《中国经学思想史》,中国社会科学出版社,2010年。

③ 姜国柱:《谈张载的政治思想》,《人文杂志》1980年第5期;刘昶:《官僚政治下的三代理想——张载社会政治思想概述》,《上海师范大学学报》(哲学社会科学社)1984年第4期;毕明良:《张载哲学的政治意涵诠释》,《船山学刊》2010年第4期;宋义霞:《张载"四为"之政治伦理思想价值探析》,《理论导刊》2010年第10期;李蕉:《张载政治思想述论》,中华书局,2011年;范立舟:《张载的"封建"构思及其政治理想》,《中国哲学史》2019年第1期。

④ 林乐昌:《"为天地立心"——张载"四为句"新释》,《哲学研究》2009年第5期;刘学智:《张载"为天地立心"释义》,《西北大学学报》(哲学社会科学版)2019年第3期;林乐昌:《"为生民立命"——张载命运论的新解读》,《西北大学学报》(哲学社会科学版)2019年第3期;赵馥洁:《张载"为往圣继绝学"》,《西北大学学报》(哲学社会科学版)2019年第3期;韩星、李雅雯:《中国士人使命担当的经典表达——张载"为万世开太平"新解》,《西北大学学报》(哲学社会科学版)2019年第3期等。

乃至宗教思想等也陆续有学术成果出现①。然而,如何对包含诸多面向的张载思想进行体系化的把握,从而更好地呈现张载思想的真实意蕴和整体面貌,还原张载思想在理学史和思想史上的地位?方光华、曹振明的《张载思想研究》从张载思想"性道合一、学政不二"内核出发对此做出了推进②。

第四,在古代学人传统影响下出现了"关学史"视野下的张载关学研究。早在20世纪五六十年代出版的侯外庐主编的《中国思想通史》及20世纪80年代出版的侯外庐、邱汉生、张岂之主编的《宋明理学史》就曾分别专辟章节对张载关学的传承与学风及其与洛学的关系等做了整理论述③。20世纪80年代,陈俊民出版了《张载哲学思想及关学学派》,从关学的角度出发,对张载关学的社会背景、学术源流及其哲学思想、发展历史等做了梳理④。方光华等著《关学及其著述》在考察和厘清"关学"一词的含义的基础上,对张载关学的形成背景、思想内容、发展演变、主要著述等做了专门论述⑤。此外,还有不少研究张载关学的成果,对张载关学的发展历史、思想要旨、学风特质、与程朱理学和陆王心学的关系、与张载气学的关系、与明清实学的关系及其历史地位与影响等做了考察和论述,赵馥洁的《关学精神论》、刘学智的《关学思想史》等就是这方面的新成果⑥。其中值得注意的是,明代关学在哲学思想

---

① 杜成宪:《张载的教育思想》,《华东师范大学学报》(教育科学版)1985年第4期;郝保权:《论张载礼学的社会教化功能与现实意义》,《西北大学学报》(哲学社会科学版)2010年第3期;林乐昌:《"以礼为教":张载教育哲学主题论》,《孔学堂》2017年第1期;林乐昌:《张载关学学风特质论——兼论张载关学学风的现代意义》,《陕西师范大学学报》(哲学社会科学版)2002年第3期;李刚:《张载经典阅读的方法论》,《长安大学学报》(社会科学版)2013年第4期;张践:《张载的实学思想及其宗教观》,《江汉论坛》2000年第1期;辛亚民:《张载易学鬼神观新探》,《世界宗教研究》2015年第6期;马鑫焱:《论张载的宗教观》,《西北民族大学学报》(哲学社会科学版)2016年第3期等。
② 方光华、曹振明:《张载思想研究》,西北大学出版社,2015年。
③ 侯外庐主编:《中国思想通史》,第四卷上册,人民出版社,1959年,第545—550、562—570页;侯外庐、邱汉生、张岂之主编:《宋明理学史》,上册,人民出版社,1984年,第121—126页。
④ 陈俊民:《张载哲学思想及关学学派》,人民出版社,1985年。
⑤ 方光华等:《关学及其著述》,西安出版社,2003年。
⑥ 赵馥洁:《关学精神论》,西北大学出版社,2015年;刘学智:《关学思想史》,西北大学出版社,2015年。

上明确出现"向张载之学复归的思想动向"①。经过不断探讨,学术界对张载关学与二程洛学、朱熹闽学、陆王心学、张载气学等关系的研究日益走向深入,"关学洛学化"的传统之说越来越受到质疑,"关学推动了洛学的升华""关学对朱子学有所匡正、对王学有所发展"等认识受到越来越多的接受和认可②。

第五,对张载及关学著述文献的整理也日益受到学术界的重视,并出现了诸多成果。1978年,中华书局编辑出版《张载集》,收录有《正蒙》(《东铭》《西铭》并入《正蒙·乾称篇》)《横渠易说》《经学理窟》《张子语录》《文集佚存》《拾遗》等,并根据各种版本做了校订、补遗,并在附录中收集了《横渠先生行状》《宋史·张载传》《司马光论谥书》以及各本序文等。2012年,中华书局还出版了林乐昌的《正蒙合校集释》(上下册)。2014年,知识产权出版社出版了周赟的《〈正蒙〉诠译》,对《正蒙》进行了白话文诠释。但张载还有诸多著述已经亡佚,近年来陆续有学者从史籍中辑出张载的佚文和佚诗。程宜山的《关于张载著作的佚文》是这方面较早的尝试③。《全宋文》卷一二九九、卷一三〇五辑得佚文20篇④。李裕民在《张载诗文的新发现》中辑得佚文14篇、佚诗61首,与《全宋文》佚文有所重复⑤。林乐昌在《张载答范育书三通与关学学风之特质》中,辑得佚文1篇。林乐昌还从各种古籍中采辑张载《孟子说》计130余条⑥。刘宁的《论〈吕氏家塾读诗记〉所引张载〈诗说〉》,对张载的《诗说》做了辑佚⑦。当然,张载散佚的著述还有很多,当前不少学者正

---

① 魏冬:《韩邦奇学术特色及其关学定位——兼论明代早中期关学对张载之学的传承》,《西藏民族大学学报》(哲学社会科学版)2016年第6期等。

② 侯外庐主编:《中国思想通史》,第四卷上册,人民出版社,1959年,第545—550、第562—570页;侯外庐、邱汉生、张岂之主编:《宋明理学史》,上册,人民出版社,1984年,第121—126页;陈俊民:《论吕大临易学思想及关学与洛学之关系》(上下),《浙江学刊》1991年第2—3期;林乐昌:《张载关学学派特性刍议》,《唐都学刊》2013年第6期;刘学智:《"关学洛学化"辨析》,《中国哲学史》2016年第3期;方光华:《〈关学文库〉之关学观》,《陕西日报》2015年12月6日第7版;方光华:《张载与二程的学术交往》,《中国社会科学报》2018年1月5日第6版等。

③ 程宜山:《关于张载著作的佚文》,《中国哲学史研究》1981年第4期。

④ 曾枣庄、刘琳等主编:《全宋文》,第三十册,巴蜀书社,1992年。

⑤ 李裕民:《张载诗文的新发现》,《晋阳学刊》1994年第3期。

⑥ 林乐昌:《张载答范育书三通与关学学风之特质》,《中国哲学史》2002年第1期;《张载佚书〈孟子说〉辑考》,《中国哲学史》2003年第4期。

⑦ 刘宁:《论〈吕氏家塾读诗记〉所引张载〈诗说〉》,《古籍整理研究学刊》2018第5期。

在进行更加全面的辑佚工作。对于关学文献的整理出版,近年来中华书局相继出版了陈俊民、徐兴海点校的《关学编》以及陈俊民点校的《蓝田吕氏遗著辑校》等。20世纪80年代以来,还发现了《横渠族谱》以及关于张载的明、清、民国时期的公文等新史料①。

需要特别提及的是,由刘学智、方光华总主编的"'十二五'国家重点图书出版规划项目"《关学文库》(共40种,47册,约2300万字),2015年由西北大学出版社出版,它对包括张载著述与思想在内的上起北宋、下迄清末民初的关学基本文献和学术思想进行了"第一次"系统整理和研究②。近期,西北大学出版社"关学文献整理续编"工作已经启动,计划对关学有关文献进行进一步搜集、整理和研究。

(四)国外学者的评说

张载思想也受到国外学者的关注和研究。美国传教士丁韪良(1827—1916)在1894年出版的著作《翰林集》中,对张载的思想做了非常高的评价,认为张载的"太虚即气"说与笛卡尔的"以太""旋涡"说"相吻合",将张载思想视为比笛卡尔哲学早四百年的"前笛卡尔的笛卡尔哲学",并提出笛卡尔的学说可能来自张载学说的推测。

笛卡尔被黑格尔称为"现代哲学之父",他认为宇宙中并不存在"虚空",而是充满着一种非常稀薄的连续流体——"以太",由此形成许多转动着的漩涡而构成宇宙万物的生成和变化。这一学说对西方近现代哲学和物理学的发展产生了很大影响。丁韪良认为,张载思想的"主要目的"虽然是"进行道德教育",但却是"从宇宙的本原入手的",他的"太虚即气"论"从本国最古老的神圣之书(指《易经》)中发源","否认虚空的存在,而主张所有空间都充满着以太",宇宙万物均"由'以太'这种原始元素集聚而成",这种观点与笛卡尔的理论"相吻合"。因此丁韪良指出:"张载不仅同意笛卡尔关于物质是由'以太'这种原始元素集聚而成的观点,而且他和他的同道们似乎已经有了用旋涡运动来解释集聚方式的猜测。"

---

① 高景明:《新发现的〈横渠族谱〉》,《文博》1987年第4期;郑爱莲、林乐昌:《宝鸡市档案馆征集的张载史料简介》,《历史档案》1992年第2期等。
② 方光华:《弘扬民族文化》,《陕西日报》2015年10月20日第9版;方光华:《〈关学文库〉之关学观》,《陕西日报》2015年12月6日第7版。

不过,在丁韪良看来,笛卡尔并没有解决由"以太"形成的宇宙万物的消亡问题,而"张载比笛卡尔更向前推进一步,他进而认为,一切形态的物质注定还要复归于'以太'","而这种复归又为一种新的物质的出现作了准备"。丁韪良发现,张载的这一思想旨趣受到了西方近现代哲学和物理学的认同。他说,"张载这种思想的全部内容,又出现在最近由波·基·费特和巴尔福·斯图沃特二位教授所写的名为《看不见的宇宙》的著作中""主张分子动力学理论的现代物理学家们实际上抱有同样的信念"。由此,丁韪良发出了如此的感叹:"看到一种过时的理论在西方科学的至盛时期复活,是令人感到惊奇的,而在八个多世纪以前的中国遇见它,更令人感到惊奇!"在此基础上,丁韪良提出了笛卡尔的学说可能来自张载学说的推测,认为"我们可能不得不承认,那从法国兴起,席卷整个欧洲的哲学运动之第一推动力来自十一世纪的中国思想家"①。

英国近现代科学家李约瑟(1900—1995)也对张载思想做了探察和评论。他对丁韪良的上述观点做了直接的呼应,在《中国科学技术史》第二卷《科学思想史》中他写道:"丁韪良在距今约一个世纪以前所写的而现在仍然值得一读的论文里说,理学是比笛卡尔早四百年的笛卡尔主义,这话并不是不中肯的。"此处所谓的"理学"就是指丁韪良笔下的张载及其"同道们"的思想。李约瑟对张载的"一切事物和生物都是由'气'的凝聚过程而形成,并由'气'的离散过程而毁灭"的气本思想深表赞同,认为张载的思想显示出显著的"自然主义",而且"在朱熹用'理'作为宇宙组织的原则之前,张载就用了"太和"一词,并且是在非常唯物主义的意义上使用的"。不过,在李约瑟看来,笛卡尔的哲学是"把世界看成一个庞大的机器"的"机械实在论",这与后来产生的"把世界看成一个庞大的活的有机体"的"有机主义哲学"不同。李约瑟认为,与西方有机哲学"相信事物是由于自然的预先安排按前定的秩序而产生的"类似,张载及其"同道们""把宇宙的'物质原理'在某种方式上等同于人类德行的'道德原理'和其他'精神'事物(即这样从非人类甚至无生命的世界的根源中得出的人类的和社会的最高价值)",是对中国古代自然主义的有机科学哲学系统化的有益尝试,因而将中国的宋代理学时代视为中国"自然

---

① 〔美〕丁韪良,程宜山译:《笛卡尔的"以太""旋涡"说与张载的"太虚即气"说》,《陕西师范大学学报》(哲学社会科学版)1982年第4期。

科学的黄金时代"①。

2010年,上海古籍出版社出版了美国学者葛艾儒的《张载的思想》。受到唯物主义的影响,葛艾儒认为"气"是张载哲学的根本范畴而将张载哲学视为气本论。在将张载的"气"作出"氣"与"气"双重诠释的基础上尝试构建张载的思想体系,是葛艾儒研究张载思想的显著特色。他认为,在张载思想中,"氣"是混沌的、根源性的、形而上的气,也就是"太虚""太和";"气"是现象层的、化生的、形而下的气,并以此解释了"天地之性"和"气质之性"的根据问题。同时,他将阴与阳视为气本身所固有的"极性"即根本属性,而乾坤、刚柔、仁义、动静等则是气的部分属性。在此基础上,葛艾儒尝试说明以"理"为本的二程学说不同于张载的气本论,并对牟宗三的形而上之"虚"与形而下之"气"的体用论做了批评。他将"气"别分为"氣"与"气"的双重诠释为张载思想的研究提供了一种新的可能路径。但在葛艾儒的诠释体系中,张载的"氣"的形而上属性以及"'仁''义'何以成为两极"等关键性问题并未得到合理的解释和恰当的说明②。

此外,东亚国家特别是日本和韩国学者对张载思想也多有研究。近年来,中日韩学者还多次聚集张载故里,举办了如"'张载关学与实学'国际研讨会""'关学、南冥学与东亚文明'国际学术研讨会""张载关学与东亚文明学术研讨会"等重大国际性学术交流活动,就张载气论思想及其对韩国曹南冥等的影响以及东亚儒学走势等问题进行有益的探讨和交流。韩国教育部还曾在2011年邀请张载后裔到韩国参加为期数月的学术访问。这些均展示了张载及其思想"对当时(古代)和如今的东亚以至于整个亚洲东方文明和世界文明,都有极大的贡献和影响"③。

纵观张载思想研究历程,张载思想在不同历史时期均受到学人的关注和重视。与其他理学家相比,张载的思想特别是其哲学思想在学术界中引起的争议最大。深入反思和总结千年来学人对张载学说研究的成绩与教训,有助于提升张载思想研究的境界。

---

① 〔英〕李约瑟著,何兆武等译:《中国科学技术史》第二卷《科学思想史》,科学出版社、上海古籍出版社,1990年,第499、第503、第525、第530页。
② 〔美〕葛艾儒著,罗立刚译:《张载的思想》,上海古籍出版社,2010年版。
③ 葛祥邻:《张载"三观"与东亚文明》,《宝鸡社会科学》2007年第4期。

第十二讲

金元时期关学的学术面向

常　新

【作者简介】

常新,西安交通大学人文学院教授,陕西省哲学学会副秘书长。

《元史·赵复传》中"北方知有程、朱之学,自复始"①的理学北传时限问题曾经支配学界,但实际情况远非此寥寥数语可言清。此时北方的儒学既有苏轼为代表的苏学②、王安石的新学,也有始于北宋,盛于南宋的程朱理学,张载创立的关学也有传播,此时学术路径和问题意识呈现出复杂的面向。关中地区经过"完颜之乱"和蒙元南侵,学术环境较北宋更为萧条。忽必烈分封秦中,在理学家赵复、许衡等支持下,使关中学术生态得以改善。这一时期的关中理学家力挽既倒之"绝学",以"勇于造道"的学术气魄,融合包括全真教在内的诸多学派学术思想,开启了关中理学的新局面。

一、北方的儒学

金灭北宋,引发了中国历史上第二次大规模的人口南迁,北宋士人被裹挟其中,学术的中心随之南移,留在中原的士人艰难存续理学学脉,进入庙堂的士人未能被金人信任,"有兵权、钱谷,先用女真,次渤海,次契丹,次汉

---

① 〔明〕宋濂等撰:《元史》卷一八九《列传》第七六《儒学》一《赵复传》,中华书局,1976年,第4314页。
② 〔清〕翁方纲:《石洲诗话》卷五"有宋南渡以后,程学行于南,苏学行于北",中华书局,1985年,第82页。

儿"①,"宰执中虽用一二儒臣,余则武弁世爵,若论军国大计,又皆不预。其内外杂职,以儒进者三十之一,不过阅簿书、听讼理财而已"②。金末元初北方儒学更为零落,大批士人或死于战乱,或颠沛流离,或隐逸于山林草莽之中,甚至沦为驱口杂役,南宋彭大雅、徐霆笔下描绘燕京儒士"有亡金之大夫混于杂役,堕于屠沽,去为黄冠,皆尚称旧官。王宣抚家有推车数人,呼运使,呼侍郎。长春宫多有亡金朝士,既免跋焦、免赋役,又得衣食,最令人惨伤也"③,士人艰难求存于世。蒙元士人地位未见改善,自成吉思汗始,蒙古贵族无法从精神内涵理解士人,仅从实用的角度视其为"告天的人",如儒士刘秉忠被视为卜筮之官,"其阴阳术数,占事知来,若合符契"④,受到成吉思汗的器重。即使许衡在忽必烈支持下行汉法时也自谦道:"万世国俗,累朝勋旧,一旦驱之下从臣仆之谋,改就亡国之俗,其势有甚难者。"⑤由于佛教和道家受到蒙古贵族的推崇,儒学在金元之前官方的主导地位已不复存在。

  金元尽管仿照唐宋科举之制选拔人才,让北方汉族士人参与政事,但科举的内容和形式并未从根本上改变北方士人的境遇与学术环境。金朝科举以词赋科为最重要的形式,内容分诗、赋、策、论四类,其中以律赋为要,"故学子止工于律、赋,问之他文则懵然不知"⑥。南渡后,强化策论,故士风和文风稍变。元代立国之初,并未规范科举,直至仁宗皇庆二年(1313)科举才形成定制,但同样未能彻底改变士人的地位和学术环境,有些士人久困场屋,如士人孙伯英最终"为世故之所摧""思得毁裂冠冕,投窜山海,以高蹇自便,日暮途远,倒行而逆施之"⑦。士人科举不行,无法实现抱负,选择黄门,寻求精神寄托。

---

  ① 〔南宋〕徐梦莘:《三朝北盟会编》卷九八《靖康中帙》七三《诸录杂记》,上海古籍出版社,1987年,第725页。
  ② 〔元〕苏天爵辑撰,姚景安点校:《元朝名臣事略》卷十《宣慰张公》,中华书局,1996年,第206页。
  ③ 〔南宋〕彭大雅、〔南宋〕徐霆疏证:《黑鞑事略》,中华书局,1985年,第9页。
  ④ 〔元〕刘秉忠:《藏春集》卷六《故光禄大夫太保赠太傅仪同三司刘公神道碑并铭》,北京图书馆馆藏明刻本。
  ⑤ 〔明〕宋濂等撰:《元史》卷一五八《列传》第四五《许衡传》,第3719页。
  ⑥ 〔元〕刘祁著:《归潜志》卷八,中华书局,1975年,第80页。
  ⑦ 〔金〕元好问:《元好问全集》上,卷三一《孙伯英墓铭》,山西人民出版社,1990年,第707页。

虽然面临诸多不利因素,金元时期北方儒学在艰难中延续学脉,理学也通过各种途径北传,在一定范围内改善了北方的学术生态。靖康南迁之前,北宋五子所创的新儒学,尤其是二程洛学在北方已有传播,元代刘因所撰《泽州长官段公墓碑铭》记有程颢在宋治平(宋英宗年号,1064—1067)中在泽州(今山西晋城)为官兴儒学的记载,明道在"诸乡皆立乡校,暇时亲至,为正儿童所读书句读。择其秀异者,为置学舍粮具,而亲教之,去邑才十余年,服儒服者已数百人。由是尽宋与金,泽恒号称多士"①。金代泽州士人李俊民"得河南程氏传授之学。金承安中举进士第一,应奉翰林文字。未几,弃官不仕,以所学教授乡里,从之者甚盛,至有不远千里而来者"②。金章宗承安(1196—1200)、泰和(1201—1208)年间,士人杜时昇"隐居嵩洛山中,从学者甚众。大抵以伊洛之学教人自时昇始"③。

金末元初河汾理学也有一定发展。作为金遗民,河汾诸老所传儒学是元初理学主要构成成分,诸老之一曹之谦(？—1265)十分推崇理学,他有《送梁仲文》一诗,写道:"濂溪回北流,伊洛开洪源。学者有适从,披云见青天。"④曹之谦北渡后居汾晋间,为诸生讲授伊洛之学,使学风和文风发生了变化。据此,洛学在金代的北方仍有一定的学术影响。邵雍、王安石、苏轼的学说大致情况相同。

金亡后,理学北传规模和影响均超金朝,郝经于蒙古定宗三年(1248)所作《与汉上赵先生论性书》谈到理学书籍北传的情况,可以作为观察南宋理学北传的情况:"近岁以来,吴楚巴蜀之儒与其书浸淫而北,至于秦雍,复入于伊洛,泛入三晋齐鲁,遂至燕云辽海之间。"⑤这一过程也并非一帆风顺。宋金

---

① 〔元〕刘因:《静修文集》卷四《泽州长官段公墓碑铭》,商务印书馆,1936年,第73页。
② 〔明〕宋濂等撰:《元史》卷一五八《列传》第四五《李俊民传》,第3733页。
③ 〔元〕脱脱等撰:《金史》卷一二七《列传》第六五《隐逸·杜时昇传》,中华书局,1975年,第2750页。
④ 薛瑞兆、郭明志编:《全金诗》第四册,卷一三〇《送梁仲文》,南开大学出版社,1995年,第267页。
⑤ 〔元〕郝经:《陵川集》卷三四《与汉上赵先生论性书》,影印文渊阁《四库全书》本,第1192册,台湾商务印书馆,1986年,第256页。

时期,关于理学书籍北传有"南北不通,程、朱之书不及于北"①的记载,这一记载可能来自相关史料中有关书籍贸易的禁令②,但实际情况并非如此,理学书籍在民间已有传播,元人许有壬曾记:"宋行人箧《四书》至金。一朝士得之,时出论说。闻者竦,谓其学问超诣。"③此处《四书》为朱子的《四书章句集注》,这应是贞祐二年(1214)南渡④前之事,反映出北方士人初次接触北传理学时的惊喜之情。同时,王若虚《滹南遗老集》之《杂著》录有南宋学者近40人,著述近50余种,其中理学类著述有朱熹之《论语集注》及《语孟集义》、吕祖谦之《东莱博议》及《吕氏家塾读诗记》、张栻之《癸巳论语解》、叶适之《水心别集》⑤,这些文献说明宋金时期南宋理学在北方已有传播,只是限于政治与地域等原因,未能广泛传播而已。到金章宗时,这一情势发生转变,郝经《太极书院记》云:"金源氏之衰,其书(指南宋理学著作)浸淫而北。"到金国灭亡时,"学士大夫与其书遍于中土"⑥,南宋理学家及其著作逐渐得以流布。金人李纯甫在读南宋佚名所辑的《诸儒鸣道集》后著《鸣道集说》,扩大了王若虚《滹南遗老集》所录南宋理学家范围,甚至引到朱熹的一些学术观点,并进行广泛而深入的讨论。

元代忽必烈及其继承者从实用主义出发,试图通过尊化崇儒巩固统治,孔庙祭祀上升为国家行为,儒学在表象上成为国家文化的符号象征,为理学的发展留些许空间。在赵复、姚枢、许衡、刘因、杨弘道、窦默、王粹、王磐等理学名家的推动下,融合金代理学和北传理学的元代理学形成合力,推动了元初北方理学的发展。

当然,南宋理学的北传在士人内部并非没有异议,有时甚至遭到排挤和

---

① 〔清〕黄宗羲著,〔清〕全祖望补修,陈金生、梁运华点校:《宋元学案》卷九十《鲁斋学案·隐君赵江汉先生复》,中华书局,1986年,第2994页。

② 北宋书籍贸易控制稍严,"(景德)三年,诏民以书籍赴沿边榷场博易者,非九经书疏,悉禁之"。又,"元丰元年,复申卖书北界告捕之法"(《宋史·食货下八》);南宋对书籍贸易控制稍微松懈,主要禁售"事干国体及边机军政利害文籍",如"举人时务策"等(《宋会要辑稿·刑法二》)。

③ 〔元〕许有壬:《雪斋书院记》,《圭塘小稿》卷六,民国十二年(1933)河南官书局刊《三怡堂丛书》本。

④ 贞祐二年(1214),蒙古大举犯金,陷河北、山西、山东90余州,金被迫迁都汴京(今开封)。

⑤ 孔凡礼:《南宋著述入金述略》,《文史知识》1993年第7期,第98—99页。

⑥ 〔元〕郝经:《陵川集》卷二六《太极书院记》,第288页。

讥笑。如元初，北方的乡间老儒还"说经止传疏义，为文尽习律赋"①，旧金习气很浓，对刘因的讲贯、论著还要谤讪一番。王磐信奉理学，招来徒单公履的讥讽，"一座大笑"②。这说明金元时儒学内部存在经学与理学学术争议和话语权的争夺，这更加剧了金元北方儒学发展的复杂性。

二、兵燹之后的关中

陕西的关中和陕北自古为军事重镇，尤其是终南山东西横亘陕西中部，成为中国自然和文化的分界线，《左传》称终南山是"九州之险"，历史上周秦汉唐的统治者依托终南山为军事要塞而控制天下，关中成为军事角逐的主要地域，宋、金、元时期400年间，陕西有三分之一的时间处于兵燹之中③。战争往往造成经济凋敝和生计艰难。北宋时期，这一地区主要在宋和西夏的战争前沿地带，元昊犯边以来，"骨肉离散，田园荡尽，陕西之民，比屋凋残"④。南宋于绍兴十一年（1141，金年号皇统元年）和金签订《绍兴和议》，划定两国疆界，东以淮河中流，西以大散关为界，宋割唐、邓二州及商、秦二州之大半予金，今陕西秦岭以北大部分地区成为金国辖地。金朝前期，关中一度为伪齐刘豫统治，在税赋上进行残酷盘剥，"以什一法括民田，籍丁壮为乡军"⑤，且"令民鬻子依商税法，许贯陌而收其算"，以至于"赋敛烦苛，民不聊生"⑥。金开兴元年（1232）为蒙古所灭，前后合计90余年。蒙元在征战过程中对抵抗的宋、金极为严酷，在攻城略地过程中"凡敌拒命，矢口一发，则杀无赦"⑦，"城拔为屠"⑧，战后造成"河朔为墟，荡然无统，强焉弱凌，众焉寡暴，孰得而

---

① 〔元〕苏天爵撰：《滋溪文稿》卷八《静修先生刘公墓表》，影印文渊阁《四库全书》本，第1214册，台湾商务印书馆，1986年，第90页。
② 〔元〕王恽：《玉堂嘉话》卷四，中华书局，1985年，第50页。
③ 秦晖：《陕西通史》（宋元卷），"绪论"，陕西师范大学出版社，1997年，第9页。
④ 〔明〕陈邦瞻撰：《宋史纪事本末》卷三十五《刺义勇》，中华书局，1977年，第308页。
⑤ 〔元〕脱脱等撰：《金史》卷七九《列传》十七《张中孚传》，第1788页。
⑥ 〔元〕脱脱等撰：《宋史》卷四七五《列传》第二三四《叛臣传》上《刘豫传》，第13799页。
⑦ 〔元〕苏天爵编：《元文类》下册，卷五七《中书令耶律公神道碑》，商务印书馆，1958年，第833页。
⑧ 〔元〕苏天爵编：《元文类》下册，卷五九《湖广行省左丞相神道碑》，第853页。

控制之,故其遗民自相吞噬殆尽"①,整个社会几近崩溃边缘,完全失序。兵燹之后沉重的赋税徭役,使社会生产力遭到严重破坏,百姓生计艰难。从京兆府路和凤翔府宋金蒙元人口统计数据可以看出战争对关中的破坏程度。金宋拥有居民 278626 户的京兆府路(大体包括关中中、东部及商洛地区)到蒙古征服后的蒙哥汗二年(1252)只剩下了 33935 户,户口损失达 88%。而战争最激烈的凤翔府更从 62302 户锐减为 2081 户,损失达 97%②。金朝和蒙古军队在关中进行战争,使"陕右之民,废而后复之,未遽宁也。兵尘骚屑,旷野平芜,视向之所有,失之者十九"③。金元军队退却后地方群盗复起,"岐雍之郊,千百为曹,以剽发财粟为业,及既殚亡无所得,始掠人为粮"④,社会极度混乱。

战乱中关中士人苟全于乱世之中,在存世的诸多关于金元关中士人的神道碑及其他相关记载中,士人或离乱、或出仕、或隐居,他们安贫乐道,以气节相砥砺。我们以冯从吾《关学编》中所列金元关学学者为考察对象,可以大致勾勒出金元关中士人的生存境遇。

金元之际,"中原沦陷,耆献硕儒,半窜死于兵燹之余"⑤,关中士人受战争影响颠沛流离,仕金的杨君美在汴梁被蒙古攻陷后"流寓宋、鲁间十年"⑥,其子杨恭懿"会时艰,从父逃乱""年十七侍父西归,家贫,假室以居,乡邻或继其匮,皆谢不取,惟服劳以为养"⑦。金天兴二年(1235),蒙元陷汴京,杨奂

---

① 〔元〕刘因:《静修文集》卷九《易州太守郭君墓表》,第 77 页。
② 秦晖:《陕西通史》(宋元卷),第 297 页。
③ 李修生主编:《全元文》第二册,卷五二《咸宁县夏侯村清华观碑》,凤凰出版社,2002 年,第 110 页。
④ 〔元〕姚燧:《牧庵集》卷二一《平凉府长官元帅兼征行元帅王公神道碑》,中华书局,1985 年,第 272 页。
⑤ 〔元〕萧㪺、〔元〕同恕、〔元〕杨奂著,孙学功点校整理:《元代关学三家集》附录二《杨文宪公年谱》,西北大学出版社,2015 年,第 514 页。
⑥ 〔明〕冯从吾著,陈俊民、徐兴海点校:《关学编(附续编)》卷二《君美杨先生》,中华书局,1987 年,第 16 页。
⑦ 〔明〕冯从吾著,陈俊民、徐兴海点校:《关学编(附续编)》卷二《元甫杨先生》,第 19 页。

"微服北渡,羁孤流落,人所不堪"①,同恕"金末避兵关东"②,这些士人即使在颠沛流离之际,求道之心不懈。

关中士人自古以气节相尚,王阳明在给其关中门人南大吉书中曾说:"关中自古多豪杰,其忠信沉毅之质,明达英伟之器,四方之士,吾见亦多矣,未有如关中之盛者也。"③金元时期许多士人无意于仕途,杨天德"出也有为,死生以之,处也有守,不变于时",至晚年"风节矫矫,始终不少变"④,其子杨恭懿拒绝了忽必烈至元七年的征召,至元十年"帝遣协律郎申敬来招,以疾辞",次年"太子下教中书,俾如汉惠聘四皓故事,再聘之","不得已,乃至京师"⑤。作为元大德、延祐年间关中大儒的萧㪺、同恕"笃志励操,高蹈深隐","士类推其学术,朝廷重其名节"。元世祖、元仁宗时期,萧㪺被荐于朝,"遣使征之",均"以书辞之"⑥。元至年间,"朝廷选名士为吏属,关陕以先生(同恕)贡礼部曹,辞不行",仁宗初年,"即其家拜国子司业,阶儒郎,使三召不起"⑦。关中士人这种"忠信刚毅"之质是关学"躬行礼教为本"⑧传统的体现,在道德与学术上寻求统一的途径,践行"经世致用"的关学学风,对关中士人影响至深。杨奂"读书厌科举之学,遂以濂、洛诸儒自期待""作文务去陈言,以蹈袭

---

① 〔元〕萧㪺、〔元〕同恕、〔元〕杨奂著,孙学功点校整理:《元代关学三家集》附录二《杨文宪公年谱》,第521页。

② 〔元〕萧㪺、〔元〕同恕、〔元〕杨奂著,孙学功点校整理:《元代关学三家集》,《榘庵集附录·元故奉议大夫太子左赞善榘庵先生同公行状》,第368页。

③ 〔明〕王守仁:《王阳明全集》卷六《答南元善》,上海古籍出版社,2011年,第235—236页。

④ 〔明〕冯从吾著,陈俊民、徐兴海点校:《关学编(附续编)》卷二《君美杨先生》,第16页。

⑤ 〔明〕冯从吾著,陈俊民、徐兴海点校:《关学编(附续编)》卷二《元甫杨先生》,第19页。

⑥ 〔元〕萧㪺、〔元〕同恕、〔元〕杨奂著,孙学功点校整理:《元代关学三家集》附录二《元故集贤学士祭酒太子右谕德萧贞敏公墓志铭》,第510-511页。

⑦ 〔明〕冯从吾著,陈俊民、徐兴海点校:《关学编(附续编)》卷二《宽甫同先生》,第23页。

⑧ 〔清〕黄宗羲:《明儒学案》卷一《师说·吕泾野柟》,中华书局,1985年,第11页。

为耻"①。杨恭懿"志于用世""耻为章句儒"②。同恕之学"务实浃事理,以利于行"③。这种士风和学风对于关学传统的继承、关中士人风骨的涵养至关重要,对整个金元时期北方士风同样影响深远,"北方人文实以公(杨奂)为巨擘"④,杨恭懿与许衡被视为北方"笃志于学,真知实践"仅有的两个人⑤。

在关学学人的精神世界里,对儒学有一种迹近乎纯粹的追求,其基本的人生倾向就是,当"道"与现实矛盾乃至冲突时,关学学人总是毫不犹豫地选择"隐德丘园不求仕进"的方式,以求得道德经术的纯粹性,"其志其学,粹然一出乎正"⑥。这种埋首穷经,不求闻达,"箪瓢自若"的苦己自奉精神,实际上也是对关学思想宗旨——"真儒"事业的彻底实践。

三、关中士人学术选择

关学在南宋"百年不闻学统"的"阴霾"下艰难前行。金末元初的北方"干戈之闋,而斯文之昧昧也"⑦。关中自沦为金元势力范围,在学术上也进入"斯文虽未丧,吾道竟谁伸"⑧的时代。考察此时关中士人的学术选择,可从学术传播的途径与学术传播的内容进行,以此说明金元关中士人的学术选择。

北宋熙宁十一年(1077),张载去世,其弟子李复在关中独承其学,三吕及

---

① 〔明〕冯从吾著,陈俊民、徐兴海点校:《关学编(附续编)》卷二《紫阳杨先生》,第17—18页。
② 〔明〕冯从吾著,陈俊民、徐兴海点校:《关学编(附续编)》卷二《元甫杨先生》,第19页。
③ 〔明〕冯从吾著,陈俊民、徐兴海点校:《关学编(附续编)》卷二《宽甫同先生》,第23页。
④ 〔元〕萧㪍、〔元〕同恕、〔元〕杨奂著,孙学功点校整理:《元代关学三家集》附录二《杨文宪公年谱》,第514页。
⑤ 〔明〕冯从吾著,陈俊民、徐兴海点校:《关学编(附续编)》卷二《元甫杨先生》,第20-21页。
⑥ 〔元〕萧㪍、〔元〕同恕、〔元〕杨奂著,孙学功点校整理:《元代关学三家集》,《还山遗稿》附录,第461页。
⑦ 李修生主编:《全元文》第二册,卷四七《真定府元氏县重修庙学记》,第26页。
⑧ 〔金〕王寂:《拙轩集》卷二《挽姚仲纯》,中华书局,1985年,第18页。

第十二讲 金元时期关学的学术面向

苏昞转入二程门下,后遭完颜之乱,致使关学"再传何其寥寥"①。金元之际的杨天德父子、萧㪺、同恕、杨奂等大儒维系关学学脉不绝,忽必烈"出王秦中"在一定程度上改善了关中学术生态。元宪宗四年(1254),许衡应忽必烈之召,任京兆提学。金统治北方时,"江南诸郡,凡先正过化之地,皆置书院","北方金氏,百年所无",许衡提学京兆,建鲁斋书院,"以绍前人,淑后学"②,并带动关中书院的兴起,"郡县皆建学校,民大化之"③。许衡"以理学绍伊洛诸贤",萧㪺和同恕为关辅"后学蓍龟者"④。许衡与杨恭懿友,"一遇将贯,动穷日力"⑤。杨恭懿初次接触朱子学在许衡任京兆提学之前,在其二十四岁(金章宗大安元年,1209)"始读朱子《四书章句集注》《太极图》《小学》《近思录》等书"。杨恭懿之父杨君美晚年归长安,始"读《大学解》,沿及伊洛诸书,大嗜之",这一时期也应在许衡提学京兆之前。杨奂至少在金兴定五年(1221)前"以濂、洛诸儒自期待"⑥,这说明金元关中士人接受朱子学渠道较为复杂,许衡只是促进和加深了朱子学在关中的传播,他与"奉天、高陵诸儒相唱和,皆朱子学"⑦。从这些文献可以看出,许衡传播朱子学对关中士人产生了深远影响,萧㪺之学"一以洙、泗为本,濂、洛、考亭为依"⑧,同恕之学"由程朱上溯孔孟"⑨。

---

① 〔清〕黄宗羲著,〔清〕全祖望补修,陈金生、梁运华点校:《宋元学案》卷首《宋元学案序录》,第 6 页。
② 〔元〕萧㪺、〔元〕同恕、〔元〕杨奂著,孙学功点校整理:《元代关学三家集》卷一《学古书院记》第 14 页。
③ 〔明〕宋濂等撰:《元史》卷一五八《列传》第四五《许衡传》,第 3717 页。
④ 〔元〕萧㪺、〔元〕同恕、〔元〕杨奂著,孙学功点校整理:《元代关学三家集》,《勤斋集·勤斋集序一》,第 3 页。
⑤ 〔明〕冯从吾著,陈俊民、徐兴海点校:《关学编(附续编)》卷二《元甫杨先生》,第 20 页。
⑥ 〔明〕冯从吾著,陈俊民、徐兴海点校:《关学编(附续编)》卷二《紫阳杨先生》,第 17 页;萧㪺、〔元〕同恕、〔元〕杨奂著,孙学功点校整理:《元代关学三家集》,《还山遗稿附录·故河南路征收课税所长官兼廉访使杨公神道碑》,第 455 页。
⑦ 〔明〕冯从吾著,陈俊民、徐兴海点校:《关学编(附续编)》,《关学续编·柏景伟小识》,第 68 页。
⑧ 〔元〕萧㪺、〔元〕同恕、〔元〕杨奂著,孙学功点校整理:《元代关学三家集》,《勤斋集·勤斋集序二》第 4 页。
⑨ 〔元〕萧㪺、〔元〕同恕、〔元〕杨奂著,孙学功点校整理:《元代关学三家集》附录二《同恕传》,第 542 页。

儒家礼教核心内容是"天道性命""人伦日用"二者之间的统一,通过礼教,维系社会的伦理纲常与其他社会秩序。黄宗羲在《明儒学案》中言"关学世有渊源,以躬行礼教为本"①,这是对关学特点所做的一个比较到位的总结。关学通过理论和实践两个层面,发展了儒家的礼教传统,形成关学所特有的礼教文化。和张载同时的程颐对张载推崇礼教予以赞许,认为"以礼教学者,最善,使学者先有所据"②,自此以后的理学家大都以"以礼为教"标识关学。金元关中士人在朱子学尚未主导关学学术之时都重视儒家的礼仪与礼制,这一状况同关中士人所面临的社会现实直接相关:经历长时期的战乱,整个社会礼制受到严重破坏,甚至"士大夫或不能自守"③。这一状况同孔子所面临的东周"礼坏乐崩"、北宋五子面临整个社会"不安于礼""礼意犹有所缺"④何其相像,孔子和张载对礼教的重视展现出儒家内部对重整礼乐文化,维系传统社会伦理纲常的文化自觉。张载"以礼乐为急"⑤,"教人学虽博,要以礼乐为先"⑥,经过张载对礼教的推广,"关中风俗一变而至于古"⑦,"关中学者用礼渐成俗"⑧。金元距张载离世不远,关中士人重视礼学是对北宋关中学者"用礼成俗"的自然延续,并对礼学的理论都有深究。杨奂视礼为"制度明教之所寓",在《与姚公茂书》中谈到以朱子《家礼图说》为据,纠正时人家庙与祠堂建筑中的越礼行为⑨。同时关注葬礼的规范,在其《行状》记有

---

① 〔清〕黄宗羲著,沈芝盈点校:《明儒学案》卷一《师说·吕泾野柟》,第11页。
② 〔北宋〕程颐、〔北宋〕程颢著,王孝鱼点校:《二程集·河南程氏遗书》,中华书局,1981年,第23页。
③ 〔明〕冯从吾著,陈俊民、徐兴海点校:《关学编(附续编)》卷二《君美杨先生》,第16页。
④ 〔北宋〕张载著,林乐昌编著:《张子全书》卷十四,《补遗一·礼记说》,西北大学出版社,2015年,第373页。
⑤ 〔北宋〕张载著,章锡琛点校:《张载集·张子语录》,中华书局,1978年,第317页。
⑥ 〔北宋〕张载著,章锡琛点校:《张载集》附录《又哀横渠诗》,第388页。
⑦ 〔清〕黄宗羲著,〔清〕全祖望补修,陈金生、梁运华点校:《宋元学案》卷十七《横渠学案》上,第664页。
⑧ 〔清〕黄宗羲著,〔清〕全祖望补修,陈金生、梁运华点校:《宋元学案》卷十七《横渠学案》上,第771页。
⑨ 〔元〕萧㪺、〔元〕同恕、〔元〕杨奂著,孙学功点校整理:《元代关学三家集》,《还山遗稿》卷上《与姚公茂书》,第398页。

"父丧,一尊礼制",规范其同父异母的妹妹的丧礼①;《神道碑》记有家族墓地葬礼一尊古制②。萧㪺同师友韩择"尤邃礼学,有质问者,口讲指画无倦容"③。"关辅士大夫知由礼制自致其亲者,皆本之公(杨恭懿)"④。从上述材料可以看出,金元时期的关中由于战乱和金元文化的影响,传统礼制已经遭到一定程度的破坏或更改,和传统儒家礼制渐行渐远,关中士人对古礼的推崇和具体的实践既反映出他们的文化危机意识,也同关学传统"躬行礼教"相吻合,使关学"崇礼"文化意识绵延不绝。

所谓经学,是指训解、阐述和研究儒家经典之学,它起源于战国,盛行于两汉。关学具有重视经学的传统,作为关学开创者的张载从义理之学的立场,重视经学,轻视考据,认为"义理有碍,则濯去旧见,以来新意,当自立说以明性,不可以遗言附会解之"⑤。在治经学上,张载既重"六经",又重"四书",目的都是为了从中阐发义理,发明儒家圣人之道。张载治经的思路和目的被关学学人奉为治经的圭臬,形成关学独特的学术取向,顾炎武曾言"秦人慕经学,重处士,持清议,实与他省不同"⑥。

金元关中学者以"抱经济学"⑦相标榜,视儒家经典为"入德""进道"之门径,"笃信圣贤之要,力求经传之遗"⑧。杨奂"隐而天道性命之说,微而五经百民之言,悉本诸经"⑨。杨恭懿"博综于书,无不究心,而尤于《易》《礼》《春

---

① 〔元〕萧㪺、〔元〕同恕、〔元〕杨奂著,孙学功点校整理:《元代关学三家集》,《㪺庵集》附录《元故奉议大夫太子左贤善㪺庵先生同公行状》,第369—340页。
② 〔元〕萧㪺、〔元〕同恕、〔元〕杨奂著,孙学功点校整理:《元代关学三家集》附录《元故太子左贤善赠翰林直学士亚中大夫同文贞公神道碑铭》,第372页。
③ 〔明〕宋濂等撰:《元史》卷一八九《儒学》一《韩择》,第4326页。
④ 〔明〕冯从吾著,陈俊民、徐兴海点校:《关学编(附续编)》卷二《元甫杨先生》,第20页。
⑤ 〔北宋〕张载著;章锡琛点校:《张载集·张子语录中》,第321—323页。
⑥ 〔清〕顾炎武:《顾亭林诗文集》,《亭林文集》卷四《与三侄书》,中华书局,1983年,第87页。
⑦ 〔元〕姚燧:《牧庵集》卷一《杨恭懿赠弘农郡文康公制》,第6页。
⑧ 〔元〕虞集:《虞集全集·鲁子翚金院画像赞》,天津古籍出版社,2007年,第320页。
⑨ 〔元〕苏天爵辑撰:姚景安点校:《元朝名臣事略》卷十三《廉访使杨文宪公》,第259页。

秋》,思有纂述,耻为章句儒而止"①。萧㪺博极儒典,以经术相尚,于"天文、地理、律历、算数,靡不研究"②。金元关学这种重视儒家经典,于其他学问"靡不研究"的学风,实际上是向"学为通儒"的学术旨趣的趋近,也是对汉晋以来经学"支离蔓衍"学风的反动。他们试图以"明德新民之学"取代"法术功利之学"③,坚守儒家之门户,将事功与德性相统一,体现出关学"抱经济学"的学术旨趣。金元关中士人献身经术,行其所学,将道德、经术融入元代理学系统,延续了张载开启的关学学派,成为金元北方的理学重镇。

四、关学在北方的学术地位和影响

金元北方形成了京畿、河洛、关中三个学术中心。贞元元年(1153),海陵王完颜亮迁都中都大兴府(今北京),金宣宗贞祐二年(1214),迫于蒙古军压力,迁都汴京(今开封)。公元1271年,忽必烈升中都燕京(今北京)为大都,因此作为京畿之地的北京是金元主要政治文化中心之一。蒙元在忽必烈之前的成吉思汗至蒙哥汗时期,"遵祖宗之法,不蹈袭他国所为"④,因此儒学的发展有限。忽必烈在继位之前"招致四方文学之士,问以治道"⑤,使北方儒学得以恢复。公元1236年,窝阔台三子窝出攻陷德安城后,赵复被俘,随姚枢北上至燕京,"筑室,贮江淮书,立周子(敦颐),刻《太极图》及《通书》《西铭》等于壁","选俊秀之有识度者为道学生","于是伊洛之学遍天下矣"⑥。河洛地区在北宋时是二程创立洛学之地,曾经集聚了一批耆老硕儒,金元之际也是北方理学家隐居讲学的中心。贞祐南渡,定都汴京,集中了一批儒士。公元1241年,姚燧辞官后在苏门讲学,许衡、姚枢、窦默等曾在苏门与姚燧相讲习,造就人才颇多。关中为忽必烈封藩之地,在其藩府集中了包括许衡在内的一批儒士,他们扶植理学,诱掖后进,关学士人从许衡处吸收消化了的程

---

① 〔明〕冯从吾著,陈俊民、徐兴海点校:《关学编(附续编)》卷二《元甫杨先生》,第19页。
② 〔明〕宋濂等撰:《元史》卷一八九《儒学》一《萧㪺传》,第4325页。
③ 〔元〕萧㪺、〔元〕同恕、〔元〕杨奂著,孙学功点校整理:《元代关学三家集》,《槃䒽庵》卷一《策问四道》,第133页。
④ 〔明〕宋濂等撰:《元史》卷三《宪宗纪》,第54页。
⑤ 〔明〕宋濂等撰:《元史》卷四《世祖》第一,第57页。
⑥ 〔元〕郝经:《陵川集》卷《太极书院记》,第289页。

朱学,建构了蒙元初期关中的学术格局。

金元之际,关中作为一个相对独立的文化区域,理学人才辈出,对金元北方理学影响至深。考察金元关学的学术地位,黄宗羲所撰《宋元学案》和冯从吾所撰《元儒考略》不失为圭臬。前者《萧同诸儒学案》基本涵盖了金元主要关学学人,后者是对金元北方诸儒的宏观考察,对二者进行结合考察,大致可以梳理出金元关学在北方的学术地位和学术影响。陈俊民先生在钩稽金元关学之后提出"奉天之学""高陵之学""奉元之学"三个关学"团体"①,这种考察金元之际关学学源的方法符合这一时期关学发展轨迹,对这一阶段关学研究具有一定启发意义。

奉天之学在时间上较高陵之学和奉元之学为早,其讲习师友多是亡金儒士,奉天杨氏为杨隋后裔,谓之"隋杨氏",是世家大族。杨奂早年留心经学,研究圣心,其学风延续金朝,仍以章句之学为主。在朱子学北渐过程中,奉天学人接受稍晚。杨奂在学术上和张载有着大致相同的为学之道,曾"沈浸庄骚,出入迁固,然后折衷于吾孔孟之六经"②,晚金归隐时,"讲道授德"达五年之久,"门人百人"③,奉天之学在朱子学北渐过程中,逐渐"厌科举之学","以濂、洛诸儒自期待"④,但为学"博览强记,务为无所不窥","与人交,每以名教为言"⑤,锐意仕进,学贵致用,保持了关学特性。其道德学问名响关中,"秦中百年以来号称多士,较其声闻赫奕。耸动一世,盖未有出其右者"⑥,"文章道德,为第一流人物"⑦。一代词臣文匠元好问、姚枢等均与杨奂交好,为世所重。

---

① 陈俊民:《张载哲学思想及关学学派》,人民出版社,1986年,第42页。
② 〔元〕萧㪺、〔元〕同恕、〔元〕杨奂著,孙学功点校整理:《元代关学三家集》,《还山遗稿》附录《杨紫阳文集序》,第461页。
③ 〔元〕萧㪺、〔元〕同恕、〔元〕杨奂著,孙学功点校整理:《元代关学三家集》附录二《杨文宪公年谱》,第520页。
④ 〔明〕冯从吾著,陈俊民、徐兴海点校:《关学编(附续编)》卷二《紫阳杨先生》,第17页。
⑤ 〔元〕萧㪺、〔元〕同恕、〔元〕杨奂著,孙学功点校整理:《元代关学三家集》,《还山遗稿》附录《故河南路征收课税所长官兼廉访使杨公神道碑》,第455页。
⑥ 〔元〕苏天爵辑撰,姚景安点校:《元朝名臣事略》卷十三《廉访使杨文宪公》,第358页。
⑦ 〔元〕李士瞻:《经济文集》卷四《跋关西杨焕然先生画像赞》,景印文渊阁《四库全书》本,第1214册,台湾商务印书馆,1986年,第480页。

高陵之学也是儒学世家,在学术上具有从金代儒学向元代儒学过度的特征,其学所建构的崇儒、信道、践履学风,一直成为元代关学的主脉。杨天德、杨恭懿(字元甫)、杨寅祖孙三代以儒学相尚,贯彻有元一代。杨天德早年肄业太学,登兴定二年进士,"晚年酷嗜伊洛诸书,笃信程朱义理"①。杨天德之子杨恭懿"志于用世","海内缙绅与父友善者,驰书交誉,即以宗门斯文期之"②。许衡倡道关中时,杨元甫与之"分庭而行,抗席而坐"③。高陵学术传人有雷贵、雷禧,他们都注重学术的纯粹性,走"通儒"之路,"力学博综,奥学笃行"④,"抱经济学,耻章句儒"⑤,是北方同许衡并列的传承程朱理学的硕儒之一⑥,高陵学人基本上是一介淳儒,他们"隐德丘园,不求仕进"⑦,关中士人"即以宗盟斯文期之"⑧,是元代关学学派的学术峰巅。

　　萧㪺、同恕号称"关陕大儒",两人均系奉元人,他们代表了此时关中学术。奉元之学是奉天、高陵学的继续发展。以萧㪺、同恕为代表的奉元之学,始终以学术为旨归,他们以接续奉天、高陵之学为己任,以师儒的身份进入学术文化圈,"倡鸣理学",承杨恭懿、杨奂之遗响,阐精述要,"学者赖焉"⑨。尤其是同恕领鲁斋书院教席时,"教人随其才之高下,诱掖激励"⑩。因而关中士人"先后来学者殆千数"⑪。这说明后期关学的学术影响力已超越了关中

---

　　① 〔元〕苏天爵:《元文类》下册,卷五一《南京转运司支度判官杨公墓志铭》,第735页。
　　② 〔明〕冯从吾著,陈俊民、徐兴海点校:《关学编(附续编)》卷二《元甫杨先生》,第19页。
　　③ 〔元〕苏天爵辑撰,姚景安点校:《元朝名臣事略》卷十三《太史杨文康公》,第265页。
　　④ 〔元〕苏天爵:《滋溪文稿》卷三《陕西乡贡进士题名记》,第34页。
　　⑤ 〔元〕姚燧:《牧庵集》卷一《杨恭懿赠弘农郡文康公制》,第6页。
　　⑥ 〔明〕冯从吾著,陈俊民、徐兴海点校:《关学编(附续编)》卷二《元甫杨先生》,第20-21页。
　　⑦ 〔明〕宋濂等撰:《元史》卷一六四《列传》第五一《杨恭懿传》,第3841—3842页。
　　⑧ 〔明〕冯从吾:《冯从吾集》,《元儒考略》卷二,西北大学出版社,2015年,第621页。
　　⑨ 〔元〕萧㪺、〔元〕同恕、〔元〕杨奂著,孙学功点校整理:《元代关学三家集》附录《元故集贤学士国子祭酒右谕德萧贞敏公墓志铭》,第512页。
　　⑩ 〔元〕萧㪺、〔元〕同恕、〔元〕杨奂著,孙学功点校整理:《元代关学三家集》,《榘菴集》附录《元故奉议大夫太子左善榘庵先生同公行状》,第370页。
　　⑪ 〔明〕宋濂等撰:《元史》卷一八九《列传》第七六《儒学》一《同恕》,第4327页。

一隅,关学学派的道德、经术影响及于全国,作为北方理学的学术精英集团之一,关学学派已在一定程度上影响着元代儒士学风。

五、余 论

金元之际关中学术较为复杂,相较上述四个问题较为次要的还有张载之学在关中的传播和全真教在关中兴盛的原因分析,限于篇幅,作为余论对其进行简要学术总结。

关于张载去世后其学不传的原因,王夫之《张子正蒙著·序论》见解精辟,认为张载"素位隐居""世之信从者寡"[1]。全祖望从宋亡于金的史实出发,认为完颜之乱导致关、洛"百年不闻学统"[2]。赵复北上燕京,曾刻张载《西铭》于壁,这至少说明在蒙元早期,关、洛、濂、闽在北方都有传播,但由于官方主导,洛学和闽学传播范围和影响力远远大于濂溪之学和关学。创生于关中的关学在金元关中士人中并未成为"显学",翻检《关学编》中所著九人,罕见他们学术渊源中有关学,在其他的碑刻和墓志铭中,也少见关中学者在学源上接续张载的记录,其学术渊源或濂溪,或伊洛,或考亭。个中原因除政治层面之外,张载之学直系传人的不续、典籍史料的散佚、关中学者地域意识未萌等都是需要考虑的因素。明代随着关学中兴,关中学者在地域意识逐渐萌发的情况下,关中学者在学术上遥接张载。吕柟着手搜集整理张载遗著,编《张子抄释》,使关学在理学内部重新获得了崇高的学术地位。

金元之际的全真教在关中的兴起在学术上有着必然的逻辑。从文化学术渊源方面来看,自佛教东渐以来,和本土的儒学、道家一直存在冲突与互融的关系,保持着一定的学术张力。隋唐三教合一思潮延续到金元,这一学术融合的趋势更为明显,其间道教内丹派和三教合流思想所形成的道教派别,表现出所谓"非儒非释非道"的特点,被称为"新道教"或"道教中之改革派"[3]。另外,辽宋金元期间的战乱使儒家士人进退失据,"靖康之后,河北之士正欲避金,不数十年又遭贞佑之变,燕都亡覆,河北之士又欲避元,全真遂

---

[1] 〔清〕王夫之:《张子正蒙著·序论》,中华书局,1975年,第3页。
[2] 〔清〕黄宗羲著,〔清〕全祖望补修,陈金生、梁运华点校:《宋元学案》卷一,第3316页。
[3] 陈垣:《南宋初河北新道教考》,中华书局,1962年,第11页。

为遗老之逃避处"①,佛教和道教成为他们逃避战乱的庇护所。金元之际的关中尽管战乱导致残破不堪,但士人仍可以通过科举进入仕途,王重阳就是在这一仕途不通的情况下,"每有出尘之志"②,正隆四年(1159),重阳于甘河遇仙得道,自此尽断尘缘,创立全真教。关中全真教的兴盛同关中金朝皇族较多及全真教徒不懈传教有关。作为金朝的边防重地,多"国朝贵族"在此镇守,三原全真教杨明真多结交"国朝贵族""宦贵士流尊礼":"承安、泰和间,徒众颇多归之。适陕右二统帅俱皇族,相继师礼焉"③。众多的机缘促使关中成为全真教祖庭,并对金元影响至深,对金元关学的学术也产生一定影响。

金元关学是两宋儒学革新运动的思想产物,它的思想渊源直承宋代理学,其中张载开启关学中"崇礼尊经"的传统为金元关中士人得以继承,通过"尊经",从先秦儒学寻求学理依据,显示出古拙淳朴的学风;通过"反躬穷理"与"抱经济世",寻求德行与事功的统一,践行儒家修齐治平的入世理想,显现出经典儒家的学术传统。同时,面临程朱理学北渐,关中士人兼采众长,主动融合,应和了整个学术发展的趋势:一方面依据经典,保持了关学"躬行礼教"的传统;另一方面,通过融合程朱理学获得学术发展空间,使关学在金元之际的北方蹒跚前行,为明代关学的复兴奠定了基础。

---

① 陈垣:《南宋初河北新道教考》,第20页。
② 李一氓编:《道藏》第三册,《金莲正宗仙源像传》,文物出版社、上海书店、天津古籍出版社,1988年,第371页。
③ 李一氓编:《道藏》第三册,《甘水仙源录》卷四《终南山碧虚真人杨先生墓志铭》,第752页。

第十三讲

明代关学的形成与发展

刘 莹

【作者简介】

刘莹,贵州大学中国文化书院讲师。

关学自北宋张载创立之后,起初"关中学者郁兴,得与洛学争光"①,但在张载去世后,弟子逐渐四散,加之其他各种原因,遂出现"再传何其寥寥也"②的状况。到了金元时期,学派性质的关学事实上已不存在了,代之而起的则是地域性理学意义上的关学③,不过,张载读经重礼、躬行实践和崇尚气节的学风却被历代关中学者继承了下来。而作为地域性的理学且一直传承着张载学风的关学在明代不仅出现了自南宋之后的第一次"中兴"局面,而且经历了两次发展高峰。关学之所以能够在明代达到一个高度,从思想上来看,主要是因为它在形成与发展的过程中不断吸收和融合着其他的思想资源,如明初河东薛瑄的朱子学、明代中期的阳明学与湛甘泉之学,并且能够针对当时的思想现状和弊端不断去修正所学,如从朱子学中发展出"重气"的思想和尚行的特点,将阳明心学对道德本体的重视和程朱之学的心性涵养工夫结合起

---

① 〔清〕黄宗羲著,〔清〕全祖望补修,陈金生、梁运华点校:《宋元学案》,北京:中华书局,1986年版,第665页。

② 〔清〕黄宗羲著,〔清〕全祖望补修,陈金生、梁运华点校:《宋元学案》,第6页。

③ 作为地域性理学概念的"关学",最早是由晚明万历时期长安(今陕西西安)学者冯从吾在其著作《关学编》中提出,随后,"关学"的意识在清代和民国时期不断被巩固和加强,最后形成了一个具有共同体性质的概念。但是,正如林乐昌先生所指出的,从北宋至明清,关学在不同时代具有不同的特点和差异性,若不加区分,而只是笼统地称为"关学",虽无不可,但却不足以体现其发展演化脉络。因此,从"关学"的演化脉络和差异性来看,可以将"关学"分为北宋关学、明代关学和清代关学。参见林乐昌:《张载理学与文献探析》,人民出版社,2016年,第161—164页。

来,等等。

为了更清楚地去认识和把握明代关学的形成、发展和演变,本文将明代关学分为四个时期,并对每一时期关学的代表人物及其思想特点和阶段特征进行概括说明①。首先,我们从明初的"关陇之学"与河东薛瑄之学的关系说起。

一、主敬穷理:明初的关陇之学

明初,北方讲学且能够称得上大儒的学者并不多,除河南曹端(月川,1376—1434)之外,便是山西河津的薛瑄(敬轩,1389—1464)。薛瑄曾长期在家乡讲学,由于交通的便利和薛瑄在明初北方思想界的影响,使得不少关中士子前往河津问学。据薛瑄弟子且亦为关中人的王盛所记录的74名薛瑄弟子中,就有17人来自陕西,仅次于山西本省②。正是通过这些陕西弟子,薛瑄的朱子学思想得以在关中广泛传播,并构成了明初关学最主要的思想资源。虽然此时的关中仍有一些本地学者在钻研理学,如三原的马贵(靖川,1394—1443)和马江(号云岩)父子二人都精于性理之学,并以讲授为业③。但显然,陕西当地提倡理学的学者很少且影响不大,所以《关学编》中记载的明初关学学者基本上都是薛瑄的弟子或私淑弟子。现代研究也指出,薛瑄的河东之学有两条主要的扩张和发展路径,一是往南入河南,一是往西入陕西④。

在薛瑄的这些陕西弟子中,以咸宁的张鼎(大器,1431—1495)、凤翔的张杰(默斋,1421—1472)和韩城的王盛(号竹室)名声较大。张鼎的父亲曾为山西蒲州知州,张鼎十五六岁时就随父就任,因而得以受学于薛瑄,并得到薛瑄的器重。后来,张鼎又在山西为官十三年。而薛瑄去世后,其文集散漫失传,张鼎则用数年时间搜辑校正并刊刻成书,这是薛瑄文集的第一次刻印,从而为薛瑄著作的保存与流传做出了贡献。不过,张鼎仕途比较顺利,大部分

---

① 刘学智先生在其著作《关学思想史》中对明清关学的发展及其特点也进行了说明,并把明代关学划分为三个阶段,参见刘学智:《关学思想史》,西北大学出版社,2015年,第213—215、第374—380页。
② 〔明〕薛瑄:《薛瑄全集》,山西人民出版社,1990年,第1656—1658页。
③ 〔清〕张骥:《关学宗传》卷十《马尚宾先生》,陕西教育图书社排印本,1921年。
④ 许齐雄、北辙:《薛瑄与河东学派》,浙江大学出版社,2015年,第125页。

时间都是在外省为官,故对于薛瑄之学在关中的传播贡献不及张杰。张杰是在山西赵城任训导时认识并从学于薛瑄的,后来因奉养母亲而不再出仕,居家读书讲学,并拓家塾以《五经》教授乡里,学者称为"五经先生",名重一时。张杰不仅在家乡教授弟子,而且还将讲学的范围扩展到天水、兰州一带。当时他与兰州的段坚(容思,1419—1484)、秦州(今天水)的周蕙(号小泉)和安邑(今山西运城)的李昶相与论学①,初步形成了一个比较松散的讲学圈,因为他们讲学的范围基本集中在今陕西关中和甘肃东部一带地区,故可称之为"关陇之学"。

而与张杰、李昶不同的是,关陇讲学圈中的段坚和周蕙却并非薛瑄的及门弟子。段坚年轻时曾南游访学,在洛阳"得阎子与、白良辅辈定交焉"②,并向二人问学。阎禹锡(字子与)与白良辅是薛瑄在河南的弟子,但段坚与他们却并非师承关系,《段容思先生年谱纪略》称之为"纳交"③,而《关学编》也说是"定交"。不过,虽为私淑,但段坚对薛瑄之学在关陇地区的传播却非常重要,时人称其"继往开来,远探濂洛,文清之统,惟公是廓"④。段坚晚年结庐兰山之麓,扁其居曰"南村""东园",授徒讲学。而在前来问学的人中,秦州的周蕙是最为重要的一个。周蕙本是兰州的戍卒,听说段坚在家中集诸儒讲理学,遂前往听之。一开始,他只是个站着的听众,时间长了,大家让他坐着听,之后又让他参与讨论,后来有什么疑惑都向他请教。除了向段坚问学外,周蕙还师从当时为秦州清水县教谕的薛瑄弟子李昶,从而"得薛文清公之传"⑤,学问也越来越精纯,为远近学者之宗。关中渭南的薛敬之(思庵,1435—1508)听说后,于是不远千里前往天水从学周蕙。

后来周蕙在游历西安时,又遇到了咸宁的李锦(介庵,1436—1486),与之论学,李锦在听了周蕙讲濂洛关闽之学后,便放弃了正在从事的辞章记诵之学,"专以主敬穷理为事"⑥,此后又经常与薛敬之等人相互讲学,相劝相规,成为关西名儒。也正是从薛敬之与李锦开始,明代初期的关陇讲学的重心又

---

① 李昶是薛瑄的弟子,做过甘肃秦州清水县教谕,周蕙曾向其问学。张杰与段坚、周蕙和李昶相互讲学时,可能即在其任清水教谕时。
② 〔明〕冯从吾:《关学编(附续编)》,中华书局,1987年,第26页。
③ 彭泽:《段容思先生年谱纪略》,清道光三年刻本,1823年。
④ 〔明〕冯从吾:《关学编(附续编)》,第28页。
⑤ 〔明〕冯从吾:《关学编(附续编)》,第31页。
⑥ 〔明〕冯从吾:《关学编(附续编)》,第34页。

从甘肃兰州、天水一带回到陕西关中地区,从此绵延不断。薛敬之后更是培养了高陵的吕柟(泾野,1479—1542),在吕柟这里,河东之学终于通过私淑弟子一脉发扬光大,并最终融汇到关学的滚滚洪流之中。清初关学学者李颙(二曲,1627—1705)就说:

> 小泉先生崛起行伍之中,阐洛、闽绝诣以振颓俗,远迩向风,贤愚钦仰。思庵薛子不远数千里从之学,每晨候门,躬扫坐榻,跽而请教,事之唯谨,卒得其传,为一时醇儒。其后吕文简公又问道于薛,以集关中大成,渊源所自,皆先生发之,有功于关学甚伟①。

总的来说,明初的关学与关陇讲学由于受时代和条件的限制并不兴盛。从讲学活动来看,首先,影响不大,理学学习的氛围不浓,也没有出现一个像河东薛瑄那样著名的人物。其次,范围较小,参与者不多,也没有一个稳定的讲学场所即书院,更没有像后来阳明学那样定期举行的讲会活动,只是随所到之处或居家讲学。但不管怎样,明初的关陇一带已经开始出现了学者讲学的活动,这不仅预示着关中讲学之风即将兴起,而且也为随后关学的发展培养了一批著名学者。从思想上来看,第一,河东薛瑄的朱子学是明初关学最主要的思想资源。第二,比较传统保守,明初关学学者基本上都恪守着程朱"主敬穷理"之传。第三,北宋张载以来关中读经重礼、强调实践的学风得到继承和发扬。总的来说,明初是关学传播、融合河东之学的时期。

不过,明初的关学也不是一味趋于保守,而是于保守中蕴含着变化,在一定程度上反映了时代的脉搏。正如许多研究者所指出的,明初理学界有一种重视心性、强调躬行的趋向②,而这在许多关学学者思想中也有所体现。如薛敬之就非常重视心体,认为为学首先要从心地上做工夫。他说:"千古圣贤非是天生底,只是明得此心分晓。"在薛敬之那里,传统的朱子理气之辨也被他转化为心气之辨,"心"的含义与"理"和"太极"同义。他说:"心者,理之天,善之渊也。养心者,则天明渊澄而理与善莫不浑然发外矣。""一身皆是气,惟心无气。随气而为浮沉出入者,是心也。"③不过,薛敬之虽然具有心学的倾向,其所言之"心"也具有道德本心的含义,但他始终是一位程朱学者,在他那里,心、气就像理、气一样是二分的。如曰:

---

① 〔清〕李颙:《二曲集》,中华书局,1996年,第286页。
② 吕妙芬:《胡居仁与陈献章》,文津出版社,1996年,第31—44页。
③ 〔明〕薛敬之:《思庵野录》卷上,清咸丰元年渭南武鸿模重刻本。

> 心乘气以管摄万物而自为气之主,犹天地乘气以生养万物而亦自为气之主。
>
> 心有所守则气自无不制。气无不制者,心之驭气也,无制者,气之驭心也。
>
> 学者始学切须要先识得此心是何物,此气是何物。心主得气是如何,气役动心是如何,方好着力进里面去①。

但不管怎样,薛敬之是明初关学中的一位开风气之先的学者,他为当时以"主敬穷理"为学的关学注入了更多心性涵养的因素。不过,由于明初关陇学者多以读经重礼、躬行实践为主,不重视著述,间有著述但保存下来的很少,今天所能够见到的仅有薛敬之的《思庵野录》一书,其他如段坚的《容思文集》《柏轩语录》以及薛敬之的其他著作等都早已佚失,因而不能完全窥探明初关学的全貌,以及了解关陇学者之间的学术交流,不能不说是一个遗憾。

二、读经重礼:三原弘道书院的讲学

在明初段坚、周蕙、张杰等人的关陇讲学之后,陕西本地的理学和讲学之风也逐渐兴起,关学开始迎来了其发展的第二个阶段,其代表是三原王恕(介庵,1416—1508)、王承裕(平川,1465—1538)父子的三原之学和弘道书院的讲学。

弘道书院是王承裕于弘治八年(1495)在三原创建,并于第二年完工。王承裕先是在三原当地的一个僧舍里讲学,取名"学道书堂",三原士子马理(谿田,1474—1555)、秦伟(西涧)、雒昂(三谷)等人皆来从学。后来随着前来问学的人逐渐增多,僧舍过于狭小,于是在秦伟的倡议下,众弟子合力,在三原普照寺旧址上创建了明清关中著名的讲学书院——弘道书院,并在书院讲学的基础上形成了当时有名的三原学派。

弘道书院的主讲者是王承裕,王恕只是在研究学问之余会为书院诸生讲学。其实,王恕一生的成就主要是在事功和经济上,只是到了晚年致仕回乡后,才开始潜心儒家学问的研究,但也主要是对朱注《四书》《五经》的进一步解释,虽间有与朱注不同之处,但总体上还是属于经书传注的形式,对儒学义

---

① 〔明〕薛敬之:《思庵野录》卷上,清咸丰元年渭南武鸿模重刻本。

理发挥很少,如其所著《玩易意见》和《石渠意见》便是如此。因此冯从吾在编《关学编》时,有人曾提出王承裕的学问是来自其父,为何《关学编》中不收王恕,冯从吾则回答说"《石渠意见》有裨经学"①,与《关学编》以记述"关中理学"的原则不符,故最终没有为王恕单独立传,只是在王承裕的传文末尾附了一句话:"端毅公林居日,著《五经四书意见》,独撼心得,自成一家,学者宗之。先生(王承裕)著述种种,盖多本之庭训云。"②

与王恕关注经书传注不同,王承裕之学则以义理为主,其弟子马理说:"先生教以宗程朱以为阶梯,祖孔颜以为标准。"③另外,从其著述如《论语近说》《谈录漫语》《草堂语录》《进修笔录》《动静图说》等书名中亦可以看到王承裕以理学为主的学问倾向,可惜其著作大多已佚失,只有后人所辑录的《进修笔录》和《动静图说》以及一些诗文,难以窥见其思想之全部。

不过,根据《进修笔录》《动静图说》和冯从吾的记载,王承裕之学主要以恪守程朱之说为主,但在一些方面也体现出与关陇之学相同的特点,如重视心性、强调经学和以礼为教、躬行实践等。在心性方面,王承裕比较重视心的涵养,如"正心",而非心性之辨或心体含义的阐发。他指出,人之一身,以心为主,故"心正则身正,身正则万事皆正矣。是故正万事莫如正身,正身莫如正心也"④。另外,对于经学和礼教的强调,也可以从弘道书院的学规、设施和教学中看到。王承裕为书院诸生所立学规之一就是每日要读经,并且《诗》《书》《礼》《易》《春秋》五部经书中必须专研一经,余下的四经也要依次学习。他还专门将弘道书院的后堂命名为"考经堂",作为讲解、讨论经书的场所。当然,对经学的强调,与科举之业分不开,但又并非全为科举考虑。弘治年间的陕西提学副使王云凤(虎谷,1465—1517)在《建弘道书院记》中指出,王承裕以"弘道"作为书院之名,实际上就是要学者懂得为学的大道理,而不以举业为限。"道"是君子修身、君王治天下的根据,而这个根据就是每个人所固有的天命之性,因此,"弘道"就是要尽己之性、尽人物之性,以至参天地、育万物,而非仅以举业为务,以功名显达自期⑤。王云凤的认识,显然是符合

---

① 〔明〕薛敬之:《思庵野录》,清咸丰元年渭南武鸿模重刻本,第 294 页。
② 〔明〕冯从吾:《关学编(附续编)》,第 39 页。
③ 〔明〕马理:《马理集》,西北大学出版社,2015 年,第 325 页。
④ 〔明〕王承裕:《少保王康僖公文集》,李锡龄、王稷刻本,清道光十八年。
⑤ 〔明〕来时熙:《弘道书院志》,明弘治十八年刻本。

王承裕弘道书院讲学之旨的。对于礼教,王承裕更是重视。冯从吾说,王承裕"自始学好礼,终身由之,故教人以礼为先。凡弟子家冠婚丧祭,必令率礼而行"①,并且还在三原刊布和推行《吕氏乡约》《乡仪》,以教化风俗。

另外,王恕和王承裕在弘道书院的讲学还崇尚气节,反对空谈。故其门人弟子多以气节著名,如马理、雒昂与张原(士元,1473—1524)等都因在嘉靖初年的"大礼议"中上疏劝谏而遭受廷杖,雒昂与张原二人乃至因此殒命。从而"气节"成为关中三原学派的一大特点。黄宗羲在《明儒学案》中就称赞说:"关学大概宗薛氏,三原又其别派也。其门下多以气节著,风土之厚,而又加之学问者也。"②

可见,王承裕的弘道书院讲学是继明初关陇讲学之后进一步将程朱理学中心性修养的内容与张载"以礼为教"的精神相融合的时期。这一时期的关学,不仅继承且强化了之前关陇之学对心体的重视,而且突出了对本地理学资源如张载"读经重礼"之学的发挥。总之,随着三原弘道书院讲学的兴起,关中无讲学书院的状况不仅得以改变,而且为理学的传播提供了比较稳定的场所,培养了更多的理学人才,同时也开启了明代关中地区大规模的讲学之风。在弘道书院创立之后不久,弘治九年(1496),陕西提学副使杨一清(邃庵,1454—1530)重建西安府正学书院,并在武功修建绿野书院,在陇州(今陇县)建岍山书院等,关中讲学之风开始兴起。随后,在吕柟、马理、韩邦奇、南大吉等人的讲学推动下,明代关学迎来了其发展的第一个高峰。

三、多元化的发展:关学的中兴

在王承裕弘道书院讲学之后,到了正德、嘉靖年间,关中一时理学人才济济,讲学蔚然成风,这一时期关学的代表人物有高陵的吕柟、三原的马理、朝邑的韩邦奇(苑洛,1479—1555)、富平的杨爵(斛山,1493—1549)和渭南的南大吉(瑞泉,1487—1541)、南逢吉(姜泉,1494—1574)兄弟等。在这些学者的推动下,关学走向了在明代发展的第三个阶段,这一时期的关学不仅出现了自南宋以来第一次"中兴"的局面,而且还迎来了其多元化的发展方向,呈现

---

① 〔明〕冯从吾:《关学编(附续编)》,第39页。
② 〔清〕黄宗羲:《明儒学案(修订本)》,中华书局,2008年版,第158页。

出如下几个新的特点：

第一，阳明学的传入，为关学增添了新的思想元素和发展活力。明代关中有王学之始，是从渭南的南大吉兄弟开始。晚清关学学者柏景伟（沣西，1831—1891）说："明则段容思起于皋兰，吕泾野振于高陵，先后王平川、韩苑洛，其学又微别，而阳明崛起东南，渭南南元善传其说以归，是为关中有王学之始。"①南元善即南大吉，他与其弟南逢吉于嘉靖二年（1523）在浙江绍兴师从王阳明，学习良知学，成为日后王阳明在关中最重要的两位弟子②。南大吉对老师的学问，可以用一个字来概括，就是"信"。他在嘉靖五年（1526）写给王阳明的信中说道：

> 兹孟子谓七十子之服孔子，中心悦而诚服之也。夫苟其中心之悦也，必得其心之所同然者矣……大吉兄弟资不敏，其幼而学也，窃尝有志于圣贤之道，乃为近世格物之说所罔，终焉莫得其门。比其长也，乃遂驰骛于词翰之场，争奇而斗胜者，然且十数年矣。既乃以守越获登尊师之门，而领致知之教，始信人皆可以为尧舜，而七十子之所以服孔子者非伪也。天命我心而我自放之，不仁孰大焉？亲生我身，而我自失之，不孝孰大焉？今而后愚兄弟可以勉强惕厉以求自存其心，自成其身，而不至不仁不孝之大者，皆尊师之赐也，故曰孔子于诸子有罔极之恩焉③。

在信中，南大吉以"七十子之服孔子，中心悦而诚服之"以及自己兄弟二人的为学经历来表达对王阳明良知教的深深信服，以及对老师的感恩之情。另外，南大吉在写给友人的信中也说："王先生之学，天下方疑而非议之，而某辄敢笃信而诚服之者，非所以附势而取悦也，非谓其所惑也，非喜其异而然也，反而求之，窃有以见夫吾心本如是，道本如是，学本如是，而不可以他求也。"④正是由于对"良知"说的"笃信而诚服之"，南大吉不仅在绍兴知府任上重建稽山书院及尊经阁，延请王阳明及其弟子前来讲学，并刊刻《传习录》，传

---

① 〔明〕冯从吾：《关学编（附续编）》，第69页。
② 南逢吉也是明代关中王学的一位重要代表人物，并一直积极在渭南传播阳明学，曾建姜泉书院讲学，著有《姜泉集》和《越中述传》等。可惜二书已佚，无法窥知其思想。但对于南逢吉，《明儒学案》和《关学编》均无记载，其原因不得而知。
③ 〔明〕南大吉：《南大吉集》，西北大学出版社，2015年，第80—81页。
④ 〔明〕南大吉：《南大吉集》，第78页。

播海内,而且在离任后还与其弟南逢吉积极在家乡渭南传播良知学,使得关中、关学一改过去以朱子学为宗的情况。此一学术格局的变化对明清关学发展影响深远,此后关学遂呈现出朱子学与阳明学两大学术思想并行且交替盛衰的主线来。也正是从南氏兄弟开始,关学开始了与阳明学相融合的时期。

第二,气学和"重气"思想的出现。随着朱子学自身的逻辑展开,到了明代中期,从朱子的理气关系逐渐转出"重气"或以气为本的思想来,如湛若水、罗钦顺、杨东明等人①。而这种思想转向也发生在一些关学学者身上,如吕柟和韩邦奇等。吕柟是正德、嘉靖年间关学最主要的代表人物,如果说明代关学有两个发展高峰,那么吕柟就是其中之一,而另一个则是晚明万历年间的冯从吾。从为学宗旨来看,吕柟之学是以程朱为主,恪守"主敬穷理""知先行后"之说。但吕柟对程朱之学也并非完全墨守成规,这主要体现在其理气关系上,将朱子的"理气二分"转变为"理气一物"。如他在解释张载"合虚与气,有性之名"的时候,明确指出"理气非二物"。他说:

观合字,似还分理气为二,亦有病。终不如孔孟言性之善,如说"天命之谓性",何等是好!理气非二物,若无此气,理却安在何处?故《易》言"一阴一阳之谓道"②。

另外,在性气关系上,吕柟也反对分性气为二,以为性自性,气自气,而是认为气中自有性在,性是从气中发出来③。他说:"性、神皆在气中,只一物耳。故养成浩然之气,性命皆得。""天命只是个气,非气则理无所寻着,言气则理自在其中,如形色天性也即是,如耳目手足是气,则有聪明持行之性。"④不过,如果仔细分析吕柟关于理气、性气关系的论述,可以看到,他虽然主张"理气一物""性气一物",认为理和性只在气上求,但其理论还不是后来所讲的气学或以气为本,毋宁说只是一种"重气"的思想,重在强调气对于理的显现和发用,故言"一物",而与同时代罗钦顺(整庵,1465—1547)讲的"理只是气之理,当于气之转折处观之"⑤,气"千条万绪,纷纭胶轕,而卒不可乱,有莫

---

① 关于明代气学的相关研究,可参见杨儒宾、祝平次编:《儒学的气论与工夫论》,华东师范大学出版社,2008年,第111—163页。
② 〔明〕吕柟:《泾野子内篇》,中华书局,1992年,第124页。
③ 〔明〕吕柟:《泾野子内篇》,第116页。
④ 〔明〕吕柟:《泾野经学文集》,西北大学出版社,2015年,第306页。
⑤ 〔明〕罗钦顺:《困知记》,中华书局,2013年,第89页。

知其所以然而然,是即所谓理也。初非别有一物,依于气而立,附于气以行也"①不同,也与清初黄宗羲(梨洲,1610—1695)说的理与气只是"一物而两名,非两物而一体"②,以及"造化只有一气流行,流行之不失其则者,即为主宰,非有一物以主宰夫流行"③等说法不同。

不过,吕柟对理气、性气、心性等形上问题的讨论较少,他的"重气"思想主要是强调"气"对理的实现,关联的是工夫实践,而不是单纯的理论思辨。刘宗周(蕺山,1578—1645)就指出,吕柟之学以尚行为旨④。冯从吾也说,吕柟"重躬行,不事口耳","不为玄虚高远之论"⑤。

如果说吕柟的"理气非二物"说还只是一种"重气"的思想,那么与吕柟同时的韩邦奇所提出的"元气"说就明显具有气学的特点。黄宗羲在《明儒学案》中将韩邦奇和其弟子杨爵,以及更后来的王之士(秦关,1528—1590)列入"三原学案"中,但事实上,所谓"三原学派"只是一个地方性理学学派,以王恕、王承裕及其三原籍弟子为中心,但韩邦奇是朝邑人,杨爵是富平人,而王之士则是蓝田人,不仅籍贯与王恕、王承裕和马理等人不同,而且他们与王氏父子包括马理既无师承关系,也没有向其问过学,在思想上也有较大不同,但不知黄宗羲为何将他们都归入到三原学派中。但不管怎样,韩邦奇在本体论上并没有遵循朱子的理气之说,而是发挥了张载的气学思想。

韩邦奇认为,"混沌之初也,一元之气,渣滓融尽,湛然清宁,而万象皆具一极中,《易》所谓太极,天之性也。及其动静继成之后,气化形生,并育并行,是天率之性而行,是之谓天道"⑥。在韩邦奇看来,"元气"是一种湛然清宁的气,同时也就是《易》所说的太极,就是天之性。而"元气"在自身运动变化过程中所显现出来的条理性就是理。人之心即是湛然清宁的"元气",亦是人之性,所以韩邦奇说:"人有人之性,人率人之性而行,发而见诸行事为道,子思所谓'率性之谓道'是也。天有天之性,天率天之性而行,发而见诸化育流行为道,孔子所谓'一阴一阳之谓道'是也。"⑦因此,对韩邦奇来说,天地之间,

---

① 〔明〕罗钦顺:《困知记》,第5页。
② 〔清〕黄宗羲:《明儒学案(修订本)》,第1061页。
③ 〔清〕黄宗羲:《明儒学案(修订本)》,第438页。
④ 〔清〕黄宗羲:《明儒学案(修订本)》,第11页。
⑤ 〔明〕冯从吾:《关学编(附续编)》,第46页。
⑥ 〔明〕韩邦奇:《韩邦奇集》,西北大学出版社,2015年,第1358页。
⑦ 〔明〕韩邦奇:《韩邦奇集》,第145页。

只是气而已。不过,与吕柟和南大吉等关学学者一样,韩邦奇对形而上的讨论兴趣不大,他更多的成就是在音乐和易学上。

虽然正德、嘉靖年间的关学出现了王学、气学或"重气"的思想等多元化发展的趋势,但其主流仍然是程朱之学,吕柟、马理、韩邦奇和杨爵等人对阳明学都持拒绝或批评的态度,这在很大程度上影响了阳明学在关中地区的传播和发展。另外,与前期的关陇之学和弘道书院讲学相比,这一时期的关学除了在主流上仍是以程朱为宗,还在很大程度上维持着对经学、礼教和实践的强调。如吕柟指出,"君子以行为先,以言为后"①,强调"明经修行",并对"五经"都有相关著述。马理对礼的重视和执守则不亚于张载,对"五经"亦都有阐释。韩邦奇则精于易学,对《周易》《尚书》和《毛诗》诸经也都有阐释,等等。总之,正德、嘉靖年间的关学是处于一个各种学术思想互相碰撞并逐渐融合的时期,保守与开放并行。

四、"朱王会通":冯从吾与晚明关学

随着南大吉、吕柟、马理、韩邦奇等人的去世,关学与关中讲学开始走向衰微,直到万历二十年(1592)冯从吾在西安城南宝庆寺讲学,以及张舜典(号鸡山)在凤翔讲学,关学才再次出现兴盛,进入了其发展的第四个阶段,并走向第二次高峰。据冯从吾《关学编》记载,在冯从吾讲学之前,关中较有名的学者有泾阳的吕潜(槐轩,1517—1578)、张节(石谷,1503—1582)和郭郛(蒙泉,1518—1605),以及咸宁的李挺(字正立)、蓝田的王之士等吕柟弟子或以吕柟为学的学者,但无论其思想影响,还是讲学规模都远不及正德、嘉靖年间的关学,而且由于这些学者或者没有著述,或者著作失传,现已很难了解其具体的思想。因此,这一段时间是关学的衰落期。

但随着万历十三年(1585)时任陕西提学副使的许孚远(敬庵,1535—1604)开始主持西安正学书院,并邀蓝田王之士讲学其中之后,以及随后冯从吾在宝庆寺和关中书院的讲学,使关学迎来了其在明代发展的第二次高峰。

冯从吾是晚明长安人,也是许孚远的弟子。许孚远从学于甘泉学派的唐枢(一庵,1497—1574)。唐枢对湛若水的"随处体认天理"之说和王阳明的

---

① 〔明〕吕柟:《泾野先生文集》,第 981 页。

"致良知"说是"两存而精究之"①,具有明显的会通朱王的倾向。而许孚远亦信良知之说,但他对王门后学援良知以入佛的做法,特别是"无善无恶"论极为反对,曾作《九谛》同周海门(汝登,1547—1629)进行辩难。冯从吾作为许孚远的弟子,同时又与东林学派的高攀龙(景逸,1562—1626)相友善,再加上家学的影响,冯父从小就教其王阳明"个个人心有仲尼"之诗,故他对于王阳明的良知说也极为笃信,认为"阳明先生'致良知'三字,真得圣学真脉,有功于吾道不小。知善知恶是良知一语,尤为的确痛快"②。但对晚明流行的"无善无恶"说,冯从吾也与其师一样持批评的态度。在他看来,当时王门后学有一种"猖狂"之风,其原因就在于被"无善无恶"之说所误,而"无善无恶"说的实质是要翻孟子性善之案,从而堕于告子的"无善无不善"、佛氏的"无净无垢"之说中。

尽管冯从吾笃信良知说,但他并非就以王学为宗,对他来说,晚明的学术之弊,除了因王门后学提倡"无善无恶"之说而导致的"猖狂"之风外,还有朱子学者与阳明学者之间的纷争而造成的学术分歧。为了解决这一纷争,冯从吾提出了以良知为本体,以主敬穷理为工夫的"本体与工夫合一"的为学主张。其曰:

> 学者往往舍工夫而专谈赤子之心,则失之玄虚;舍赤子之心而专谈工夫,则失之支离,心学几为晦蚀③。

> 近世学术多歧,议论不一,起于本体、工夫辨之不甚清楚……若论工夫不合本体,则泛然用工夫必失之支离缠绕;论本体而不用工夫,则悬空谈体必失之捷径猖狂,其于圣学终隔燕越矣④。

在冯从吾看来,识得本体,然后可做工夫,做得工夫,然后可复本体。本体与工夫并不是截然分开的,而是统一于同一个过程之中,因此两者不可偏废。应该说,冯从吾以"本体与工夫合一"来融会贯通程朱、陆王之学,这为晚明的思想界开出了一条新的为学之路,而与之同时的影响更大的东林学派则在批评王学之中重新走向了朱子学,反而在一定程度上加剧了明末清初的朱王门户之争。同时,冯从吾的"朱王会通"说,也是明代关学发展到晚明时出现

---

① 〔清〕黄宗羲:《明儒学案(修订本)》,第948页。
② 〔明〕冯从吾:《关学编(附续编)》,第301页。
③ 〔明〕冯从吾:《关学编(附续编)》,第241页。
④ 〔明〕冯从吾:《关学编(附续编)》,第288页。

的一种新的动向,是明代中期以来关中朱子学和阳明学互相吸收融合的结果,它对清初关学也产生了极大影响。清初以李颙及其弟子王心敬(丰川,1656—1738)为代表的关学主流,走的就是一条以王学为主,会通程朱的学问之路。

而在尽力统合本体与工夫的同时,冯从吾为救正晚明王学"空谈良知"的学风,故又特别强调实修的重要性,认为学问源头是在于对性体的透悟,但唯有真修实践才能真正体认、把握性体,所以他指出:"今日讲学,要内存戒慎恐惧,外守规矩准绳,如此才是真悟,才是真修。"①又说:"日用平常自有天,如何此外觅空玄。请看鱼跃鸢飞趣,多少真机在眼前。"②可见,冯从吾之学依然保持着明代以来关学重实践的品格。

除了走向"朱王会通"的道路之外,晚明关学的第二个特点就是由前期的"主敬穷理"为主转向凸显心性的价值。冯从吾明确指出:"圣贤之学,心学也,心之不养而徒事于枝叶间,抑末矣。"③又说:"自古圣贤学问,总只在心上用功,不然即终日孳孳,总属枝叶。"④事实上,对心性价值和意义的重视,明代前期的薛敬之就曾说过:"为学不从心地做工夫,则却无领要,纵然力研强记,不过卤莽灭裂,成甚气质,况可望德业之过人。"⑤但此后除了少数学者如南大吉主张"致良知",强调在心体上做工夫之外,大多数关学学者恪守的是朱子学的"主敬穷理"之传和张载的读经重礼学风,即通过"穷理"和"守礼"来收摄心性。但到了冯从吾这里,传统的朱子学的学问路向开始转为对心性之学以及心性涵养的重视。如在工夫论上,冯从吾就很少谈及"穷理"或"礼教",而是更强调在"一念未起"和"一念方动"时做工夫。他说:"一念未起,则涵养此心;一念方动,则点检此心,于此惟精,于此惟一,庶乎有不发,发皆中节;有不感,感皆尽道矣!"⑥具体来说,在冯从吾那里,所谓"一念未起"时的工夫主要指戒慎恐惧和静中体验未发气象,而"一念方动"时的工夫则是指慎独和诚意。

最后,需要说明的是,尽管冯从吾重视心体,强调戒慎恐惧、静坐和慎独

---

① 〔明〕冯从吾:《冯从吾集》,第306页。
② 〔明〕冯从吾:《冯从吾集》,第351页。
③ 〔明〕冯从吾:《冯从吾集》,第237页。
④ 〔明〕冯从吾:《冯从吾集》,第32页。
⑤ 〔明〕薛敬之:《思庵野录》卷中,清咸丰元年渭南武鸿模重刻本。
⑥ 〔明〕冯从吾:《冯从吾集》,第272页。

等心性修养功夫,但他并非就属于王学。在冯从吾那里,对心性本体的重视,主要是针对中晚明以来朱子学者的支离之病,而对修养工夫的强调,则针对的是王门后学脱略工夫的学风以及对世道人心的警醒,其"会通朱王"的色彩非常明显。但若从思维方式来看,冯从吾的朱子学性格则十分明显,如他对天命之性、气质之性、道心人心、天理人欲和涵养省察的划分,无一不是一种"理气二分"的思维方法。

除了冯从吾之外,晚明关学的另一位重要代表就是与冯氏同时的张舜典。张舜典主要是在凤翔一带讲学,其学以"明德"为宗,辅以"致曲"工夫,走的也是一条以心体本原为主而融合朱、王之学的学问之路①。虽然从理论深度和学术影响上来看,张舜典之学远不及冯从吾,但他对晚明关学的复兴与转折仍具有重要的推动作用,清初的李二曲说:"凤翔张鸡山先生,明季理学真儒也,深造自得,洞彻大原,与长安冯少墟先生同时倡道,同为远迩学者所宗。横渠、泾野而后,关学为之一振。"②不管怎样,以冯从吾和张舜典为代表的晚明关学,以拯救时弊为问题意识,强调良知心体的价值,主张"会通朱王",不仅一改之前关中以程朱为宗的思想局面,而且也使得自明初以来关学对"格物穷理"和经学与礼制的研习都有所弱化,而更注重内在心性的修养。

五、结　语

从明代关学的四期发展来看,虽然不同时期的关学在思想上各有侧重,但尊崇程朱之学,继承和发扬张载读经重礼、躬行实践的学风,不尚理论思辨,重视"学贵有用",则是其总体特征,体现了关学朴实而又保守的学术性格。不过,在另一方面,虽然明代关学发展较慢,理论创新也不足,但它最后总能跟上时代思想的步伐,能够在其发展的过程中不断吸收和融合河东之学、阳明心学、甘泉之学以及气学等,从这一点来说,明代关学也有其开放的一面。而到了晚明,强烈的问题意识和现实关怀使得关学更加注重心性道德本体的挺立,并走向"朱王会通"之路,而这一转变又极大地影响了清初以李二曲和王心敬为代表的关学主流的发展方向。

---

① 米文科:《论明代关学与朱子学之关系》,《中国哲学史》2017年第4期,第52页。
② 〔清〕李颙:《二曲集》,第222页。

第十四讲
明代关学《中庸》学的概况和特质

李敬峰

【作者简介】

李敬峰,陕西师范大学哲学与政策管理学院副教授。

《中庸》原属《礼记》中的一篇,它何时从《礼记》中抽出单列成篇,学术界仍存争议。但无论何者,它从《礼记》文献上升至经典文本,跻身"四书"行列,表明其在学术史上的重要性。《中庸》学研究的勃兴始自宋代,它内含丰富的本体、工夫、境界的思想为宋代几于消亡的儒家辟佛立儒提供经典依据和思想支撑。关学在"异端之说日新月盛,以至于老佛之徒出,则弥近理而大乱真"①的时代背景下脱颖而出,以张载为首的关学学派回到轴心时代,借助对儒家经典文本的诠释以返本开新,重建范式以复振儒学。在赖以借助的经典文本中,《中庸》成为关学建构的重要凭借。然当前学界的研究主要集中在对关学宗师张载以及部分重要人物的思想研究,文本只是作为思想研究的陪衬而被加以裁剪,缺乏和忽视对文本的整体研究,且文本的缺失也在一定程度上影响关学的经学研究。随着 2015 年《关学文库》的整理和出版,为关学的经学研究提供了文本支持。基于此,以关学建构的重要文献《中庸》为对象,探析明代《中庸》学的状况和特质,推进明代关学经学的研究。

一、明代以前的关学《中庸》学

学术史演进到北宋,《中庸》内含的本体、工夫思想使其成为儒家弥补短

---

① 〔明〕朱熹著,金良年译,《四书章句集注》(上),上海古籍出版社,2006 年,第 22 页。

板、对抗佛老的经典依据,其地位始凸显出来。这一时期《中庸》学的研究成果蔚为大观,如胡瑗《中庸义》、晁说之《中庸篇》、司马光《中庸广义》、陈襄《中庸讲义》、乔执中《中庸义》、游酢《中庸解义》、杨时《中庸解》等。学者对《中庸》的研究,形成一股强势的学风影响士人、学界。关学始祖张载身处北宋时代思潮之中,自然不能置身于外。他在21岁拜访范仲淹时,范仲淹即引导其潜心学习《中庸》,久久自有得。他常说:"读《中庸》二十年,每观每有义。"①张载虽没有专门的、单列的《中庸》学注解著作,但他却有《礼记解》,已经有学者辑录张载的《礼记解》"中庸"篇②,为研究张载的《中庸》学思想提供蓝本。除注解外,他将《中庸》里的思想糅合进他的哲学体系中,比如在他的《正蒙》中有专门的篇章《诚明》,对《中庸》的"诚"予以发挥。故《宋史》称其学是"以《中庸》为体"③。张载对《中庸》的重视开启关学学派的治经传统,张载的弟子中,吕大临专门作《中庸解》,其水准之高以至于学者将其误为程颐的著作。其他弟子虽无专门性著作,但他们走的是张载的第二条路径,就是糅合《中庸》的思想于自己的思想体系中。弟子对学派精神的秉承,抬升和奠定了《中庸》在关学中的地位。北宋灭亡后,关中地区一直处在战争前线,动乱的局势不仅无益于学术的发展,且对学术的研究造成严重的甚至毁灭性的影响,致使关学一直处在暗而不彰的境遇。这种局面的稍稍改观则要到政局稳定后的元代。元代关学出现复兴的气象,这从黄宗羲等在《宋元学案》中专设《萧同诸儒学案》即可得到反映。然元代关学诸儒并无专门的《中庸》学著作,他们将《中庸》思想糅合进自己的哲学体系中,发明思想,传承和延续学派。可见,在明代以前,关学的《中庸》学实际上呈现出两条演进路线:一是以注解的形式出现;二是以《中庸》为助,将《中庸》的思想加以糅合,建构思想范式和体系。

二、明代关学的《中庸》学著作概况

明代则是关学异军突起的时代,王阳明说道:"关中自古多豪杰,然自横渠之后,此学不讲,或亦与四方无异矣……自此关中之士有所振发兴起,进其

---

① 〔北宋〕张载著,章锡琛点校:《张载集》,中华书局,1978年版,第277页。
② 参见陈瑞新:《张载〈中庸〉学研究》,陕西师范大学硕士论文,2010年。
③ 〔北宋〕张载,章锡琛点校:《张载集》,第386页。

文艺于道德之归,变其气节为圣贤之学,将必自吾元善昆季始也。"①在王阳明看来,关学自张载以后,此学淹没无息,自明代后依赖关中学者的努力才得以振兴。他们延续对经学的重视,借对经学的注解阐发义理。对于《中庸》,明代关学承继关学宗师张载的治学风格,亦给予必要和足够的重视和观照。就著述来说,明代关学学者的《中庸》著作极为丰富,主要有王徵的《学庸解》、马贵的《中庸讲义》、马理的《四书注疏》、杨爵的《中庸解》、吕柟的《四书因问》、寇慎的《四书酌言》、王承裕的《五经四书意见》、单允昌的《四书说》、冯从吾的《读中庸》等著作。除此之外,其他关学学者虽没有专门性的诠释《中庸》的著作,但在其文集中或对《中庸》部分篇章进行诠释,如三原学派创始人王恕的《石渠意见》涉及对《中庸》的大部分篇章的解释;或糅合《中庸》的思想以建构自己的思想体系,如韩邦奇的《苑洛集》中涉及对《中庸》的大量论述,这都为研究关学的《中庸》学思想提供丰富的材料。可见,明代关学学者秉承自张载以来关学重视《中庸》的学派学风,推动《中庸》学的研究。从整个著作形式来看,明代《中庸》学的研究形式较之以前呈现出几方面特征:一是出现问答体的著作;二是深受四书学的的影响。

三、明代关学《中庸》学的诠释特质

明代关学的演进和发展历史,刘学智先生曾给予明确划分,他认为明代关学的发展分为三个阶段:以王恕、王承裕、韩邦奇等为代表的三原学派是第一阶段,以薛敬之、吕柟为代表的"关陇之学"为第二阶段,以冯从吾以及明末清初学者李二曲为代表是第三阶段②。刘先生的判析可谓确论,基本符合明代关学的演进历史。关学学者对《中庸》的诠释变化与关学的历史演进有直接关联。有明一代,学术思潮几经变化,明代初年沿袭元代学术格局,朱子学继续以官方意识形态独步学术舞台的中心,但在陆学的影响下,对朱子学开始反思和质疑。至明代中期阳明心学起,门人弟子遍天下,一时王学蔚然成风。明代后期王学内部及宗朱学者开始有意识地纠正王学流弊,对王学展开批判。关学作为明代学术思潮的一个分支,自然印上时代的烙印。本文试以

---

① 〔明〕王守仁:《王阳明全集全译》,燕山出版社,2007年,第395页。
② 刘学智:《南大吉与王阳明——兼谈阳明心学对关学的影响》,《中国哲学史》2010年第3期,第98—99页。

每个时期的代表人物入手,分析其《中庸》学思想,展现明代关学《中庸》学的历史性、发展性的特质。

(一)反思和质疑朱熹的《中庸》学

明代初期的学界形势,张学智先生总结道:"明代初年,朱熹学说占据统治地位,学者一般沿袭朱学的思想取向和修养方法。但在数百年发展中,理学格局起了变化,朱熹偏于格物穷理的方向有所纠正,加重主敬涵养这个方面。"①张先生的论述是确然的。以王恕为代表的三原学派对朱子学并不一味推崇,而是开始反思和质疑。如王恕在解释《中庸》时,对朱子学多有质疑和批评,他在诠释《中庸》"戒慎恐惧"章时说:"戒慎恐惧二节,天理人欲相为消长,有天理即无人欲,有人欲即无天理。如何前一段是天理之本然,后一段是遏人欲于将萌?"②从这段释文中可以看出,王恕显然是针对朱子的解释所做的诠释,他认为朱子的解释不合逻辑,既然朱子前面说天理人欲相消长,后又说遏制人欲于萌芽状态,这就形成相互矛盾。王恕的解释显然是对朱子意思的断章取义,并没有掌握朱子的全部要义。在朱子哲学中,他并不是将天理、人欲截然相分,而是认为"人欲便也是天理里面做出来。虽是人欲,人欲中自有天理"③,又说"饮食者,天理也,要求美味,人欲也"④,朱子认为天理和人欲不是截然分开的,而是相互依存,如果人欲正当即是天理,比如饮食,是天理之当然,但是要求美味,就是人欲。由此可见,王恕确然是误解朱子的原意。无独有偶,在对"诚者自成章"的诠释中,王恕说:"诚,实也。人之心无不实,乃能自成其身,而道之在我者,自无不行矣。注以诚与道对言,以人与物为二事,非也。"⑤王恕以"实"释"诚"是对朱子意思的认同与回归,但他认为朱子将"诚"与"道"对立言,将"人"与"物"分为二事则是错误的。我们回到朱子的哲学中,朱子认为:"诚者,物之所以自成,而道者人之所当自行也。诚以心言,本也;道以理言,用也。"⑥可见,朱子并不是像王恕所说的那

---

① 张学智:《明代哲学史》,北京大学出版社,2000年,第11页。
② 〔清〕黄宗羲:《明儒学案(修订本)》,中华书局,2008年,第160页。
③ 〔南宋〕黎靖德:《朱子语类》,中华书局,1986年,第224页。
④ 〔南宋〕黎靖德:《朱子语类》,第224页。
⑤ 〔清〕黄宗羲:《明儒学案(修订本)》,第162页。
⑥ 〔南宋〕黎靖德:《朱子语类》,第42页。

样,将"诚"与"道"相对应,"人"与"物"相为二,他认为"诚"是本,"道"是用,体用合一,人之心诚,而道才能畅行无碍。唯有人"诚",才能推己及物,无"诚",则心为物左右,物也由此失去其本性。

在对《中庸》"鬼神"章的诠释时,王恕说:"鬼神,盖言应祀之鬼神。为德,如生长万物,福善祸淫,其盛无以加矣。以其无形也,故视之而弗见。以其无声也,故听之而弗闻。言鬼神以物为体,而无物不有,如门有门神,灶有灶神,木主为鬼神之所栖是也。然其有感必应。"①张载对"鬼神"解释道:"鬼神者,二气之良能也"②,朱子解释道:"以二气言,则鬼者,阴之灵也,神者,阳之灵也。以一气言,则至二伸者为神,反而归者为鬼,其实一物而已。"③可以看出,张载与朱子都从"气"而非"天理"的角度去解释鬼神,认为"鬼神"乃气化而成,朱子推进一步认为从阴阳二气言,鬼神分属阴阳,从一气言,则二者同属一物。王恕的诠释则异于张载、朱子,他没有从"气"的角度去解释,而是将"鬼神"人格化,具有造化万物、决定福祸的性质,且"鬼神"无形无声,有感必应,以物为其载体。可以看出,王恕的诠释已经不同于张载、朱子。总之,在对《中庸》的诠释中,王恕在"中和""鬼神"等篇目中都对朱子的诠释提出异议。之所以如此,一是朱子学经过长时间的发展,弊端已为学人所识;二是陆学作为"他者"一直存在于当时的学界,影响当时学人的思想。以王恕为代表的三原学派虽然对朱子学的质疑多不符合朱子的思想实际,但这种怀疑和批判精神是值得肯定的,对于打破朱子学一统天下的格局以及丰富学术的多样性具有重要的意义。

(二)扬弃程朱,辨乎王氏

吕柟作为光大张载之学的明代学者,其对《中庸》尤其重视。《四库全书总目提要》称其"《中庸》亦从古本分章,所说多因'四书'之义推而证诸躬行,不徒为训诂空谈"④。《国朝列卿纪》称:"其训释经籍,则以心求心,以道合

---

① 〔清〕黄宗羲:《明儒学案(修订本)》,第160页。
② 〔北宋〕张载著,章锡琛点校:《张载集》,第32页。
③ 〔南宋〕朱熹著,金良年译,《四书章句集注》(上),第32页。
④ 〔明〕吕柟:《四书因问》,文渊阁《四库全书》本,台湾商务印书馆,1986年,第753页。

道,以经释经,故多躬行心得之言,有程朱所未发者。"①这些引文意在表明吕氏注经皆本"四书"原义,躬行心得而推阐。吕柟所处的时代,是程朱理学继续以强势话语主导学界,阳明心学正在日益崛起的时代,吕柟亦不再一味崇信程朱理学,开始在反思程朱理学的基础上予以明确扬弃,而对正在崛起的阳明心学则加以辩驳。吕柟的这一思想宗旨体现在其对《中庸》的诠释中,比如在对《中庸》首章首句的诠释中:"章诏问:'天命之谓性?'先生曰:'天命只是个气,非气则理无所寻着,言气则理自在其中,如形色天性也即是,如耳目手足是气,则有聪明持行之性。'"②在这里,吕柟通过对"天命之谓性"的诠释彰显其不同于朱子的理气观。朱子以"理"为本体,以"气"为形著、载体,认为"天"即理,天以阴阳五行之气生成人与物的同时,理亦随气着落在人与物上。吕柟则提出与朱子相异的看法,他认为"天命"是气,把"气"作为形而上的本体,"理"只是因"气"而生的,非"气"则"理"无所依,言"气"则"理"在其中,他进一步说道:"问:张子说'合虚与气有性之名'。曰:观'合'字,似还分理气为二,亦有病。终不如孔孟言性之善,如说'天命之谓性',何等是好!理气非二物,若无此气,理却安在何处?故《易》言'一阴一阳之谓道'。"③在这里,吕柟批评张载的"合",认为他的"合"仍然有分理气为二的嫌疑,亦是有不足之处。他认为"理"与"气"不是二物,而是一体。可以看出,吕柟回归张载,对朱子理气观偏于追求形上之理,忽视形下之气的学术倾向进行修正,主张"理气合一",且以"气"为形上本体。虽如此,但吕柟并没有完全抛弃朱子学,而是在理学的窠臼内对朱子学进行扬弃。

《中庸》是集本体、工夫、境界为一体的经典文本,在本体层面,吕柟已经对朱子的思想进行扬弃。在《中庸》所重视的"戒慎恐惧"与"慎独"工夫上,吕柟亦提出不同看法,他说:"大器问:戒慎恐惧与省察只是个慎独工夫否?……然以今日吾辈各求于心,静坐体验,只省察便涵养,只闲邪便存诚,只克己便复礼,实非有两事也,岂不是一个工夫,不然则天下有二独矣。"④在这里,吕柟认为戒惧慎独、存天理遏人欲、省察涵养、克己复礼等并非二事,只是一个工夫。吕柟的这种主张显然不同于朱子,朱子说:"独者,人所不知而已

---

① 〔明〕雷礼:《国朝列卿纪》,黄山书社、中国基本古籍库,2007年,第857页。
② 〔明〕吕柟:《四书因问》,第770页。
③ 〔明〕吕柟:《泾野子内篇》,中华书局,1992年,第124页。
④ 〔明〕吕柟:《四书因问》,第770页。

所独知之地也……是以君子既常戒惧,而于此尤加谨焉。"①朱子认为,君子不仅要做戒惧的工夫,更要在"慎独"的工夫上用功。朱子的哲学是架构式的,他认为慎独和戒慎恐惧是不同的工夫,因为两者指向不同,慎独指的是独处之时,戒慎恐惧是不睹不闻之时,也就是不与外物接触之时,且慎独指的是已发的省察工夫,而戒慎恐惧指的是未发的存养工夫。吕柟则将工夫打并为一,认为皆是一事,不必加以区分。吕柟的这种主张是针对朱子的"分而为二""支离"的流弊而提出的解决之方。这与王阳明的哲学倾向相似,但只是形式上的。对于阳明哲学,他在《中庸》"生而知之"章的诠释中说道:"观此章有生知、学知、困知,又有安行、利行、勉行,可见知、行还是两个,阳明子以知行为一个还不是。"②"在儒家思想体系中,知行问题主要是道德知识与道德践履的关系问题"③,吕柟自然不外儒家传统,他不认同王阳明的知行合一,而是认为知与行是两个物事。至于"知"与"行"的关系,他说道:"人之知行,自有次第,必先知而后行,不可一偏。传说曰'非知之艰',圣贤亦未尝即以知为行也。周子教人曰'静',曰'诚',程子教人曰'敬',张子以礼教人,诸贤非不善业,但亦各执一端。"④吕柟认为,知与行是有先后次第的,知先行后,不可偏颇。历代圣贤并没有将知等同于行,并认为北宋四子则各执一端,失去圣人之学体用完备之特质。在知行问题上,吕柟仍然恪守程朱范式,主张先知后行,批判阳明心学。可见,吕柟的《中庸》学,是在扬弃程朱理学,批判阳明心学的基础上建构的。

(三) 不拘一家,会通程朱、陆王

明代中晚期,王学已经风靡全国,且空谈、玄虚之流弊日益凸显,以至于出现"平时袖手谈心性,临危一死报君王"⑤的极端。冯从吾作为明代末期关学的集大成者,他已经有意识地对王学进行纠偏,但这种纠偏不是站在朱子学立场补王学之失,相反,是通过会通程朱、陆王的方式来建构哲学体系。冯从吾将其哲学宗旨贯穿于其对《中庸》的诠释中,尤其是在对《中庸》"尊德性

---

① 〔南宋〕朱熹著,金良年译,《四书章句集注》(上),第24页。
② 〔明〕吕柟:《四书因问》,第784页。
③ 陈来:《宋明理学》,华东师范大学出版社,2002年,第144页。
④ 〔明〕吕柟:《泾野子内篇》,第589页。
⑤ 〔清〕颜元:《存学编》,黄山书社、中国基本古籍库,2007年,第9页。

而道问学"的诠释中,此精神彰显殆尽,他说道:"问:尊德性而道问学?曰:尊德性由于问学,道问学乃所以尊德性,广大、精微、高明、中庸、故新厚礼是德性本体,致之、尽之、极之、道之、温之、知之、敦之、崇之是学问工夫,识得本体,然后可做工夫,做得工夫,然后可复本体,此圣学所以为妙。"①"尊德性"与"道问学"是理学与心学争论的核心焦点,程朱理学主张"尊德性"与"道问学"的相互助长,且偏于"道问学"的层面;而陆王心学则强调"尊德性而后道问学",主张"尊德性"的优先性。程朱与陆王的这种争论衍生出是由体达用还是由用及体的为学进路的争辩。冯从吾则既不认同程朱,亦不认可陆王,而是会通程朱、陆王,予以调和。在引文中,他的"识得本体,然后可做工夫;做得工夫,然后可复本体。此圣学所以为妙"即是这种调和的体现,他认为本体与工夫是相互不离的,体证本体,方可做工夫;去做工夫,然后可复本体。冯从吾显然是把本体、工夫合一,对程朱、陆王的为学进路予以调和,这就既补程朱之学的"不及",又纠陆王之学的"过"。在解释"致曲"时他继续申明其义:"如其次致曲,下苦工夫不待言矣;如至诚尽性,岂遂无工夫邪?故兢兢业业、忘食忘忧,工夫都是一样,只是自然勉然处不同耳,非谓至诚尽性全不用工夫也。"②冯从吾将其本体与工夫合一的思想贯穿在其他章节的解释中,他认为讲"致曲",则工夫自然内于其中;而论"至诚尽性"则是直接以本体为工夫。在对《中庸》"不可能"章的诠释中,他说道:"中庸不可能也,近来讲学者把不可能处说得太高远、太玄虚、太奥妙,真是不可能,不知于不可能,则不可能矣却又不中庸了,中庸不可能也,观于此益信。"③又说:"中庸不可能也,圣人又恐人无处觅个中庸,故下文便有所求乎,子以事父未能之语,可见中庸道理,只在纲常伦理间,若舍此别觅个中庸,便玄虚而流于佛氏。"④这两段引文,冯从吾实际是各自针对理学与心学的弊端立论。在第一段中,他认为学者把本体说得太高,而无下手工夫处,故中庸确实不可能;在第二段中,他认为圣人恐无下手工夫处,指出工夫当在人伦日用、纲常伦理中,而非徒然去寻觅本体。这两者皆有偏颇,前者以寻求、体悟本体为务,容易流向佛老,这是

---

① 〔明〕冯从吾:《少墟集》,文渊阁《四库全书》本,台湾商务印书馆,1986年,第46页。
② 〔明〕冯从吾〔明〕:'《少墟集》,第270页。
③ 〔明〕冯从吾:《少墟集》,第44页。
④ 〔明〕冯从吾:《少墟集》,第44页。

针对心学所言;后者专过于强调下学,走向支离,故他明确指出:"若论工夫不合本体,则泛然用功必失之支离缠绕;论本体而不用工夫,则悬空谈体必失之捷径猖狂,其于圣学终隔燕、越矣。"①冯从吾调和二者,提出"本体工夫合一"的思想来纠正二者之失。在冯从吾的《中庸》学中,贯彻"本体工夫合一"的思想,去调和理学、心学,开创出新的理论形态,以"集大成"的角色推进和丰富关学《中庸》学的研究。

四、结 语

明代关学的建构继续推崇和依赖《中庸》,以其为思想体系建构的来源。明代关学《中庸》学的诠释初经对程朱的反思和质疑,中历扬弃程朱、辨乎心学,后会通程朱、陆王,完成关学学派思想体系的建构。在这诠释历程中,必须指出的是张载之学一直作为"他者"存在于关学学者的思想境遇中,但只是作为"底色"而存在,远不及程朱、陆王之影响。明代关学历代圣贤的不懈研究,一方面推动和丰富《中庸》学的研究。虽然关学是地域性学派,但它是明代哲学史的组成部分,它的研究对明代哲学的成熟和丰富起到有益的补充作用。另一方面推进关学在明代的复兴。学派的建构必有其赖以凭借的经典文本,否则则学无所凭,流于空谈。关学在其建构之始,便以《中庸》为其思想来源,明代关学返本开新,继续从《中庸》中挖掘思想,建构体系,致使关学在经过金、元时期的暗淡无光之后,终在明代崛起振兴。可见,对明代《中庸》学的研究有助于我们理解明代关学的旨趣。通过对关学学者《中庸》著作的解读,可以看出其与张载、程朱理学、阳明心学的差异,从而彰显思想的演进和变化,凸显明代关学的学派特色。总而言之,明代关学《中庸》学的研究对于方兴未艾的关学的经学研究具有重要的推进作用。

---

① 〔明〕冯从吾:《少墟集》,第262页。

第十五讲

明清之际的关学与张载思想的复兴
——地域与跨地域因素的省思

吕妙芬

【作者简介】

吕妙芬,中国台湾"中央研究院"近代史研究所研究员,兼任所长。

一、前　言

本文主要从地方学术史与思想观念史两种视角,探讨明清之际张载(1020—1077)学术地位提升、思想重获重视的情形。全文主要分为两部分:第一部分以地方学术史的视角,将主要讨论明中叶以后关学的发展及学术系谱的建构活动,特别着力说明冯从吾(1556—1627)对关学建构的贡献,并说明张载的地位如何在建构地域学术传统的同时,获得进一步的提升。在这部分,我也将讨论晚明关中士人对张载文献的保存及出版、张载祠祀的兴建,以及如何透过具体行动提升张载个人及其家族的政治地位,强化张载家族与关中故里地域性纽带的关联性。第二部分以思想观念史的视角,将分别从"明代气论思想"与"礼学复兴"两方面,讨论张载的思想在沉寂多时之后,再度涌现于明清之际的学术论域中。除了试图提供明清之际张载思想复兴的思想史脉络外,也将进一步讨论明清气论学者与张载气论的异同。这篇论文的主旨也呼应陈来对儒学普遍性与地域性问题的省思[①],强调不同研究视角确实能开出独特的见解与学术脉络,地方社会史与学术思想史两种研究视角具有不可偏废的重要性。

---

① 陈来:《儒学的普遍性与地域性》,《天津社会科学》2005年第3期,第4—10页。

二、张载与明清之际的关学

(一) 冯从吾与"关学"的建构

北宋以张载为核心的关中理学,曾经盛行一时。张载及其弟张戬,门人吕大忠、吕大钧(1031—1082)、吕大临(1092殁)、苏昞、范育、游师雄、李复(1052—1128)、张舜民等所形成的学派①,曾达到与周敦颐(1017—1073)、邵雍(1011—1077)、二程之学并称的实力,故有"关学之盛,不下洛学"之说②。不过,张载之后,随着北宋衰亡,弟子"三吕"与苏昞转入程门,关学一度式微,遂进入南宋"百年不闻学统"的命运。

后代学者根据现存史料所整理的关中理学发展史③,可简述如下:关中学术在元代相当衰微,虽仍有杨奂(1186—1255)、杨君美(1218进士)、杨恭懿(1224—1293)、萧㪺(1241—1318)、同恕(1254—1331)等学者,但影响力有限④。明代早期主要受到河东薛瑄(1389—1464)的影响,栽培了张杰(1421—1472)、张鼎(1431—1495)、王盛、段坚(1419—1484)、周蕙等后学。明代中叶以降,关中儒学有再度复兴的迹象。先有三原的王恕(1416—1508)、王承裕(1465—1538)父子致力地方学术的发展,形成三原学派;再有吕柟(1479—1542)、马理(1474—1556)把关中讲学带到一个高峰,甚至可与

---

① 陈俊民:《张载哲学与关学学派》,台湾学生书局,1990年,第15—17、第42页;龚杰:《张载评传》,南京大学出版社,1996年,第198页。张载之弟张戬的女儿嫁吕大临,故张、吕二家有联姻关系,蓝田吕氏是当地大族。张世敏指出,当时关学的领袖和思想支柱虽是张载,但关学的政治支柱是蓝田诸吕,此为当时关学得以形成、发展,并与洛学、新学构成鼎立的重大政治因素。参见张世敏:《关学的形成与发展》,http://www.confucius2000.com/zhangzaici/gxdxcyfazhan.htm。

② 〔清〕黄宗羲著,〔清〕全祖望补定:《增补宋元学案》,台湾中华书局,1984年,卷三十一,第1a页。

③ 所谓后代学者整理的关中理学史,即本文所强调的明代中期以后的学者对关中学术史的整理,冯从吾的《关学编》具有开创性的地位,其影响甚至及于今日,见下文讨论。

④ 〔明〕冯从吾:《关学编(附续编)》,中华书局,1987年,卷二,第17—25页;〔清〕黄宗羲著,〔清〕全祖望补定:《增补宋元学案》,卷九五,第1a—4a页。方光华等:《关学及其著述》,收入《古都西安》丛书,西安出版社,2003年,第2章。

当时兴盛的阳明学相抗衡①。明末清初之际,则以冯从吾和李颙(1627—1705)的讲学最为著名,二人均以关中书院为讲学基地。目前学界研究关学思想,也常以张载、吕柟、冯从吾、李颙的次第发展来理解关学思想内容的变化②。

上述学术思想发展的脉络与变化虽然有一定的历史根据,譬如薛敬之(1435—1508)之于周蕙、吕柟之于薛敬之,确有师承渊源③,吕柟在关中的讲学也的确对提振关学有贡献,并不断为后人所纪念、颂扬④。然而,这种系谱式的地方学术传统的呈现,其实更多仰赖学者们对地方历史文献的搜集、整理与反思的工作,才能真正彰显。换言之,清晰的学术传统与脉络往往相当程度是后代人为建构的结果。对于关中理学史的整理,晚明的冯从吾无疑是最重要的贡献者,稍早的吕柟也已经开始了一些努力⑤。

冯从吾是西安府长安人,受业许孚远(1535—1596)门下,举万历十七年(1589)进士,曾任左副都御史、工部尚书等职。万历二十年(1592)因上疏指责皇帝,罢官回籍,潜修著述,并在地方上与张舜典、周传诵等学者共同讲学,吸引许多人参与⑥。万历三十七年(1609),在陕西布政使汪可受(1620殁)等地方官员的支持下,将城南小悉园别业改建为关中书院,仍由冯从吾、周传诵二人主盟,作为关中人士讲学之所,此也创造了晚明关中讲学的高峰⑦。据

---

① 〔明〕冯从吾:《关学编(附续编)》;亦参见《明儒学案》之《河东学案》《三原学案》,华世出版社,1987年。关于关中讲学历史,见陈时龙:《明代关中地区的讲学活动》,《政大历史学报》2007年第27期,第215—253页;2007年第28期,第93—130页。

② 陈俊民:《张载哲学与关学学派》,第63页。

③ 〔明〕冯从吾:《关学编(附续编)》卷三,第32页;卷四,第41页。

④ 例如冯从吾:"论者谓关中之学自横渠张子后,惟先生(即吕柟)为集大成云"。见氏著:《关学编(附续编)》卷四,第46页。

⑤ 关于元、明关中学者对张载文化资产的运用,以及冯从吾建构关学的意义,参见 Chang Woei Ong, "ZhangZai's Legacy and the Construction of Guan xue in Ming China", MingStudies, 51—52(2006):58—93; Chang Woei Ong, Men of Letters within the Passes: Guanzhong Literati in Chinese History, 907—1911(Cambridge and London: Harvard University Asia Center, 2008), ch. 3。

⑥ 冯从吾初于长安城南宝庆寺讲学。张舜典和周传诵的传,见冯从吾:《关学编(附续编)》,第74—77页。

⑦ 〔明〕何栽图:《关中书院志》,明万历年间刊本,台湾故宫博物院制缩影资料,卷一,第1a—10a页。亦见〔明〕冯从吾:《关中书院记》,《少墟集》,台湾商务印书馆,1983年,卷十五,第1a—5b页。

称,负笈求学者从四方来到关中书院,盛况可与当时的东林书院,以及江右、徽州的书院相媲美①。

冯从吾在关中除了讲学培育后进外,也从事整理关中理学史的工作。冯从吾对关中的学术传统有很深的敬意,万历三十九年(1611)冬天,他到池阳讲学,曾率领数十门人一同拜谒关中先贤王恕、王承裕、马理、张原(1473—1524)、温纯(1539—1607)的祠墓,并说:

> 吾关中如王端毅(王恕)之事功,杨斛山(杨爵)之节义,吕泾野(吕柟)之理学,李空同(李梦阳)之文章,足称国朝关中四绝。然事功、节义系于所遇,文章系乎天资,三者俱不可必。所可必者,惟理学耳。吾辈惟从事于理学,则事功、节义、文章随其所遇,当自有可观处,不必逐件去学而后谓之学四先生也②。

冯从吾在这个充分显示尊崇乡贤的礼仪动作中,表达了他对理学的崇高信念,认为关乎道德修养的理学是人人必修习的功课,也是其他学问的基础,故也最足以代表关中精神。由此可说明他何以致力于编纂关中理学史的工作,其成果则是《关学编》一书。

《关学编》的编纂目的,除了保存历史、建立关中理学的道脉系谱,更有欲透过整理先贤事迹言行,激发当代士人延续张载所开创的关学学风之意。该书编纂的原则是:专门辑录关中理学者,历代名臣并不泛入③。《关学编》虽列了四位上古学者为前传,但主要断自张载始,下讫王之士(1528—1590),总共收有关中理学家四十四人,并在明清多次刊行④。根据我以"中研院"汉籍数据库搜寻的结果,"关学"一词确实在《关学编》之后才被使用。虽然明初

---

① 当时东林书院、关中书院,及江右、徽州等地书院的主盟人主要为高攀龙、冯从吾、邹元标、余懋衡,他们曾经一起在北京讲学,又都是魏忠贤打压的对象。天启四年(1624),张讷上疏奏请拆毁全国书院时,也特别指名这些书院和主讲学者,故其间政治意涵不可忽视。张讷奏疏,见《明熹宗实录》,台湾"中央研究院"历史语言研究所,1966年,卷六二,第2911页。关于天启年间冯从吾等人讲学涉入的政治斗争,见黄森茂:《论天启年间首善书院讲学之兴废始末》,《中国文学研究》2005年第20期,第211—244页。

② 〔明〕冯从吾:《少墟集》,卷十一,第1a—b页。

③ 《关学编凡例》,收入冯从吾《关学编(附续编)》卷首。

④ 包括附传,共四十四人。《关学编》在晚明有万历三十六年朝邑世德堂刻本,清代又有多次重刊。见吴有能:《冯从吾理学思想研究:一个意义结构的展现》,台湾清华大学硕士论文,1991年,第46—49页。

学者已普遍使用"濂洛关闽"的词汇①,不过这主要用以标识周敦颐、二程、张载、朱熹(1130—1200)的个人之学,亦即虽以地域为名,实指涉个别学者之学问,并不具有标志整体地域学术传统的意义。类似的用法今日仍为某些学者所使用,例如龚杰即以"关学"为张载建立于北宋的一个理学派别,上无师承,下无继承,在南宋初年即告终结,他对关学的判准主要根据张载之学的特色,而非地域性的关中②。不过大体而言,自从冯从吾借着《关学编》明确将"关学"定义为"关中理学",即以地域性的理学传统作为关学的范畴之后,这个用法与意涵广为后学接受,此也是今日学界普遍理解的"关学"的意义。

我们可以透过比较地方志的史料,进一步说明《关学编》对关学建构的意义。元代的《类编长安志》并没有关中理学的史料③。嘉靖年间由吕柟、马理纂修的《陕西通志》中有乡贤传,主要是依照各府、按年代编排,在文史子集各类文献中虽包括了张载等理学家的作品,但也是依照年代编纂。"理学"并没有成为一个特定范畴④。同样地,冯从吾参与编修的万历版《陕西通志》也没有为"理学"特辟一类,虽然《关学编》所收录的学者大部分均在此方志中有传,吕大防、王恕、韩邦奇(1479—1555)分别置于"名相"和"名卿",段坚在"循吏",其他理学家多置于"儒林"。特别值得说明的是,张载的传也在"儒林"项下,但却被放在元、明诸儒之后,这种安排与《关学编》有意强调张载作为关中理学开创者和奠基者的形象,相差颇远⑤。

再者,如果我们比较冯从吾与稍早的关中学者在保存与表彰张载所代表的地方学术传统方面的表现,也可以看出冯从吾的突出之处。我们检视王恕、马理的文集,发现他们很少言及张载。相对地,吕柟较常提到张载,也很推崇张载的成就,例如他说:"横渠子厚精思力践,执礼不回,发为《西铭》《正蒙》诸书,开示后学,故殿中丞(案指张载父亲张迪)之寿赖以至今数百载常

---

① 例见〔明〕宋濂:《元史》,中华书局,1976年,卷一七一,第4013页。〔明〕黄训编:《杨士奇传录》,《名臣经济录》,台湾商务印书馆,1983年,卷十二,第1b页(总第212页);〔明〕丘浚:《设学校以立教三》,〔明〕杨士奇:《吴文正公祀议》,收入《名臣经济录》,卷二十六,第3b页(总第519页);卷三十,第11a页(总第648页)。
② 例如龚杰:《张载评传》,第206页。
③ 〔元〕骆天骧纂修:《类编长安志》,中华书局,1990年。
④ 〔明〕赵廷瑞修,〔明〕马理、〔明〕吕柟纂:《陕西通志》,三秦出版社,2006年。
⑤ 〔明〕汪道亨修:《陕西通志》,万历年间刊本,藏"中央研究院"傅斯年图书馆,卷二四,第38a—42b页。

存也。"①吕柟称赞张载之书"皆言简意实,出于精思力行之后,至论仁孝、神化、政教、礼乐,自孔孟后未有能如是切者也"②。又有感于其书散失甚多,文集收录不全,且因未适当编辑而散漫无统纪,故曾将张载的遗著粹抄成书,加以注释,成《横渠张子抄释》一书,由解梁书院出版③。另外,吕柟在讲学中也曾向门人谈论关中先儒周蕙、薛敬之之事,显示其对关中先贤学问的认识与肯定,并有传承之功④。

尽管如此,吕柟并不像冯从吾,明确地把张载和宋元以降关中地区的理学传统做紧密的联系,也没有像冯从吾以致力于整理、发挥关中理学传统为职志。相对而言,吕柟对于理学学术更具有一种超越地域限制的看法。举例而言,他最景仰的理学家是程颢(1032—1085),他在十七八岁时,曾梦见程颢、吕祖谦(1137—1181)二人在泾野草堂之上,吕柟升阶质疑,聆听教导。即使在梦中,他也受到极大的启发⑤。他对张载的评价是介在程颢与朱熹之间:"方伯淳则不足,方元晦则有余。伯淳已近乎化,元晦亦几于大,张子之化十三,其大十九。"⑥

吕柟除了抄释张载之文,也抄释周敦颐、二程之文,同样由解梁书院印行⑦。后又条释《朱子抄释》出版⑧。可见他对文献的抄释,更多是在宋明理学大传统下的考虑,并没有明显的地域因素。另外,我们从几次外地学者拜访吕柟的对话中,可以看到当外地学者先提起、并称赞"横渠以礼教人"的关学特色时,吕柟的回答并没有把张载的礼学和关中地域联系起来,反而总联

---

① [明]吕柟:《徐氏双寿序》,《泾野先生文集》,庄严文化出版有限公司,1997年,卷二,第25b—26b页。
② [明]吕柟:《横渠张子抄释序》,《泾野先生文集》,卷四,第17b—18a页。
③ 此书成于嘉靖五年(1526)。
④ [明]吕柟:《泾野子内篇》,中华书局,1992年,第49页。
⑤ [明]吕柟:《二程子抄释序》,《泾野先生文集》,卷四,第18b—19a页。
⑥ [明]吕柟:《泾野子内篇》,第11页。当然,士人可以同时俱有强烈的地域意识与超地域意识,对于"道"无南北差异的看法,也相当普遍地存在于士人心中,例如力提倡北学的孙奇逢,也有如此的表述。见汤斌:《孙夏峰先生年谱》,广文书局,1971年,卷下,第13a页。此处主要欲说明以提倡关中地域性学术传统而言,吕柟不及冯从吾。
⑦ [明]吕柟:《宋四子抄释序》,《泾野先生文集》,卷十一,第12b—13a页。此书亦成于嘉靖五年(1526)。
⑧ [明]吕柟:《朱子抄释序》,《泾野先生文集》,卷十一,第13b页。此书成于嘉靖十五年(1536)。

系到更古老的儒学传统①。最明显显示吕柟不受狭义地域限制来看待理学传统的是他以下这段话：

> 问："宋时贤人辈出，多有方所。"先生曰："一地方怎能得？如周子，湖广人；二程，洛阳人；张子，陕西人；朱子，新安人。四五百年，生得数人而已。孔子曰：才难。不其然乎？然今不可为地方限量，当以圣贤为必可至。"②

由此可见，虽然吕柟对于保存张载文献、致力于地方学术工作有极大的贡献，但他更多是从传承整个儒学传统的角度思量，并不特意宣扬关中地方性的儒学传统③。相对地，虽然冯从吾也是举国闻名的大儒，他与邹元标（1551—1624）等人在北京首善书院讲学引起极大轰动，故不论是实际交友网络或对学术的关怀，冯从吾都有超越关中地域的向度，但是他同时也具有强烈的地域认同，并致力于整理地方理学史的工作，因此也是在他手中，关学以及张载与地域传统的联系，获得进一步的确定④。

冯从吾编纂《关学编》的工作得到其他关中学者的高度肯定，张舜典赞其用心宏远，使得关学不致埋没无闻⑤；李元春（1769—1854?）嘉此为振兴关学的壮举⑥；李因笃（1631—1692）也特别表扬其为关学追溯源委、厘清道脉之功⑦。

《关学编》的编纂及其对讲学的提倡，也使得冯从吾成为晚明关学集大成者。崔应麒（1571进士）曾说：

---

① 江西有五人来见，先生谓之曰："若等为实，学动静当以礼。"一人对曰："是横渠以礼教人也。"先生曰："不特张子也，曾子亦然。虽孔子克己复礼，为国以礼，亦何尝不是。"见吕柟：《泾野子内篇》，第58、第91、第126页。

② 〔明〕吕柟：《泾野子内篇》，第66页。

③ 参见钟彩钧：《吕泾野〈宋四子抄释〉研究》，收入龙宇纯先生七秩晋五寿庆论文集编辑委员会编：《龙宇纯先生七秩晋五寿庆论文集》，学生书局，2002年，第459—484页。

④ 见下文。

⑤ 〔明〕张舜典：《关学编后序》，收入《关学编（附续编）》，第62页。从冯从吾《答李翼轩老师》一文可窥见他如何在文献中搜集撰写先正传记的情形，见《少墟集》，卷十五，第41a—42a页。

⑥ 〔清〕李元春：《关学续编序》，收入《关学编（附续编）》，第66页。

⑦ 见〔清〕达灵阿、〔清〕周方炯纂：《重修凤翔府志》，清乾隆三年刊，成文出版社，1970年，卷十中卷，第26b—27a页。

第十五讲 明清之际的关学与张载思想的复兴

然横渠氏,学足以名世而不得一遇世主。泾野能致其身于兰台虎观之上,以为大行之兆,而从游者遂寥寥无几。乃先生(案指冯从吾)出则以直声动天下,居则以斯道裁吾党,斯又两君子交际其穷,先生有以独集其大也①。

李颙也说:"关学一脉,张子开先,泾野接武,至先生(案指冯从吾)而集其成,宗风赖以大振。"②

冯从吾所整理、勾画出的关学传承脉络,也成为后世学者理解关中理学最重要的文献。黄宗羲(1610—1695)《明儒学案》所收录的关学学者及内容,并不出《关学编》的范围;后代对关学史增修时,也主要在冯从吾《关学编》的基础上进行。王心敬的《关学续编》③、王维烑的《关学续编本传》④、李元春的《关中道脉》⑤、李元春和贺瑞麟(1824—1893)编的《关中两朝文钞》⑥、张骥的《关学宗传》,均有明显的延续性⑦。另外,《关学编》所载的关中理学系谱,也影响了后来地方书院祭祀的典制⑧。

其实在《关学编》以前,已有类似地域性理学史的著作产生,但主要在东

---

① 〔明〕崔应麒:《关中书院志序》,《关中书院志》卷首。
② 〔清〕李颙:《二曲集》,中华书局,1996年,卷十七,第181页。又如张绍龄曰:"我师少墟夫子崛起关中,继泾野先生后执理学牛耳。"收入冯从吾:《少墟集》,卷三,第73b页。
③ 〔清〕王心敬:《关学续编》,中华书局,1987年。
④ 王维烑的《关学续编本传》,收于《二曲集》附录二。
⑤ 李元春的《关中道脉》我未能见,该书收集《增订关学编》《张子释要》《关中三先生要语录》《关中四先生要语录》四种。参见刘学智:《关学及20世纪大陆关学研究的辨析与前瞻》,《中国哲学史》2005年4期,第110—117页。
⑥ 此书我尚未见到,但根据张骥所言,李、贺二人亦主要承续冯从吾之作有所增益。〔清〕张骥:《自叙》,《关学宗传》卷首,陕西教育图书馆,1921年。
⑦ 张骥在《关学宗传》的自叙中说,冯从吾辑《关学编》,后李元春、贺瑞麟又有增辑,蔚然可观,可惜后继无人,他的《关学宗传》既有承继先贤续编之意,以关中地区的理学为范围,在体例上则仿周汝登的《圣学宗传》和孙奇逢的《理学宗传》。另外,从张骥遵循冯从吾将关学开派断自张载,把张载以前已具关学规模的儒者编入附传,亦可见冯从吾《关学编》的影响。张骥的自叙和编纂例言,收入《关学宗传》卷首。
⑧ 〔清〕李颙:《二曲集》,第181页。

南地区。金贲亨(1483—1568)的《台学源流》①、朱衡(1532进士)的《道南源委录》,与杨应诏(1515—1588)的《闽南道学源流》②,都是早于《关学编》的类似体例之作。以学术文化的整体表现而言,明代的东南盛于西北,故对本地学术史整理反思的工作,东南领先是可以理解的。若以北方学界而言,《关学编》仍是开风气之作,不仅后来关中地区又有许多同体例的续编,河南中州亦有类似之作。清初以孙奇逢(1584—1675)为领袖的河南学圈,也陆续编纂《北学编》《洛学编》《中州道学编》等地方学术史著作③。这些著作的出现具有学术史上更广泛的意义,事实上明清之际有相当多学术史著作涌现,这类以地域性理学为主的编纂作品,仅是其中一部分④。

我们若考虑当时南北差异及晚明王学弊端等因素,或者 Peter Bol 所称16世纪有一种"向地方转向"(localist turn)的现象,以及在建构地方传统与认同的风潮中,全国性指标因素的重要性等⑤,均有助于我们进一步了解这些地域性学术史的建构工作。南宋以降,中国政治、经济中心往东南转移,北方无论在经济或学术文化各方面的表现,均逐渐失去与南方抗衡的力量,长期处于弱势。但是晚明江南随着市镇文化兴起,风俗变易,加上王学所引发的争议愈演愈烈,明亡之后,王学末流更成为士大夫大肆攻击的目标,甚至被指控为亡国的主因。此时的北方学者往往以中华文化发源地、纯正学风代表者

---

① 〔明〕金贲亨:《台学源流》,庄严文化事业有限公司,1996年。该书是浙东台州理学史。金贲亨是浙江临海人,传见〔明〕洪朝选:《江西提学副使金公贲亨墓志铭》,收入〔明〕焦竑:《国朝献征录》,收入《明代传记丛刊》,明文书局,1991年,卷八六,第95a—98b页。

② 二书均为福建理学史。朱衡是江西万安人,在督学福建时,录《道南源委录》,庄严文化事业有限公司,1996年,但明代仅录陈真晟等四人,附录传很简略。杨应诏的《闽南道学源流》,庄严文化事业有限公司,1996年,载杨时以后诸儒,终于蔡清,共百九十五人。

③ 孙奇逢晚年在河南讲学,也致力于学术史的整理工作,尤对北方儒学史的编纂与提倡,投入极大心力。他于六十四岁编纂《理学宗传》,六十五岁修《新安县志》,七十四岁完成《中州人物考》,七十五岁完成《畿辅人物考》,又考苏门遗事,及编辑《圣学录》。孙奇逢又命魏一鳌辑《北学编》,汤斌纂修《洛学编》。孙奇逢看过《关学编》也受其一定的影响,见于《洛学编》的"凡例";关于孙奇逢在中州的讲学情形,参见吕妙芬:《清初河南的理学复兴与孝弟礼法教育》,收入高明士编:《东亚传统教育与学礼学规》,台大出版中心,2005年,第177—223年。

④ 关于清初顺治、康熙年间理学相关的学术史著作,参见史革新:《清顺、康间理学的流布及其发展趋势争议》,《福建论坛》(人文社会科学版)2004年第5期,第53—58页。

⑤ Peter Bol,"The 'Localist Turn' and 'Local Identity' in Later Imperial China", Late Imperial China 24.2(2003):1—50.

的姿态出现,表现出欲重振当地学术传统、矫正南方士习的企图。例如,张舜典在《关学编后序》中说:

> 吾乡居天下之西北脊,坤灵淑粹之气自吾乡发,是以庖羲画卦,西伯演《易》,姬公制礼,而千万世之道源学术自此衍且广矣①。

他又说,《关学编》所载录均是学洙、泗,祖羲、文的学者,故此书不仅是记载关中之学,更是天下千秋万世之正学②。同样的,孙奇逢晚年献身修纂中州学术史,他讲到中州学术传统时也流露出一种"天下道脉在兹"的自信与骄傲:

> 洛为天地之中,嵩高挺峙,黄河蜿蜒,自河洛图书,天地已泄其秘,而浑庞淳朴之气,人日由其中而不知。至程氏两夫子出,斯道大明,人知所趋的,学者于人伦日用至庸极易之事,当下便有希圣达天路径,是道寄于人而学寄于天。盖洛之有学,所以合天人之归,定先后之统,关甚巨也③。

关中和洛阳,既是中国古代文明的发源地,又是北宋张载、二程的家乡。即使到了晚明,在经济、学术、文化各层面的实力均远落后于江南,但在某些学者眼中,江南奢靡成风、党争激烈、杂糅三教,早已"病入膏肓",如今能重振中国纯正学统者,非北学莫属。因此,这些反思北方学术传统的学术史著作,往往透露着鲜明的地域意识,并有强调正学传统、欲重振本地学风,甚至励进全国士习的意味。

冯从吾在关中讲学,试图超越程朱与陆王的学派之争,力排佛道、辨正学术,回归笃实重礼的关中精神,明显有发扬关学、矫正时弊的意图。而孙奇逢这一代走过明清鼎革的士人,对于晚明江南学风的反省更为深刻;年轻一辈如冉觐祖(1636—1718)等清初学者,对于阳明学的抨击更是毫无保留,他们的学术取向也明显呼应了清初崇儒重道、标榜"真理学"、打击江南士习的官方意识形态④。简言之,从冯从吾编纂《关学编》以重振关学,到孙奇逢等河

---

① 〔明〕张舜典:《关学编后序》,收入《关学编(附续编)》,第62页。

② 同上注。另外,吕柟也曾描述关中风土淳厚,孕育强悍尚义的民性,流露出对家乡作为中国古代文化中心的深厚情感。见钟彩钧:《吕泾野思想研究》,《中山人文学报》2004年第18期,第1—29页。

③ 〔清〕孙奇逢:《洛学编序》,汤斌辑:《洛学编》,庄严文化事业有限公司,1996年,卷首,第1a—b页。

④ 参见吕妙芬:《清初河南的理学复兴与孝弟礼法教育》。

南中州学者的类似作为,若置放在明清之际政治、文化、学术的大变局与地域间的竞争关系中看,我们可以读出更丰富的意涵。

不过,明清之际学者的南北论述其实有更复杂的表述和认同方式。赵园指出,当时南方学者有以"南北"论"夷夏"者,如王夫之(1619—1692)、黄宗羲均以北方狎于羯胡,又久经流寇之乱,故不及江南远矣;但也有如屈大均(1630—1696)、顾炎武(1613—1682)等南方遗民,强烈表达了对西北的倾慕之情,他们对西北的倾慕即是对中华文明的认同。此不仅显示地缘政治复杂的情感与竞争关系,也提醒我们不可过度简化复杂的认同表述方式①。

综上所述,尽管关学开创于北宋,不过张载之后,即面临衰微的命运,要到明代中叶,尤其吕柟、冯从吾的讲学,才真正再创高峰。吕柟虽也致力于关中地方史的整理,对于先贤的祠祀和学问也有延续、发挥之功,但若以发扬地方意识之"关中理学"而言,其贡献无法与冯从吾相提并论。冯从吾不仅长期主盟关中地区的讲学活动,他编纂《关学编》还赋予"关学"明确的界定与内容,并相当程度规范了后代对于"关学"的理解。透过建构关学传承的道脉系谱,以关中地域作为关学的重要判准,"关学"成为从张载创立以降绵延发展的地域学术传统。如此不仅更紧密地将张载之学与关中地方联系起来,也更鲜明地表彰了关中地域学术的独特精神样貌。

(二)张载地位的提升

本节将进一步探讨作为关学开创者的张载,在地方上被记忆、纪念的情形,检视当晚明学者们反省、整理、建构地方学术传统的同时,对于提升张载的地位是否也有具体的作为。

1. 张载的祠祀

张载死后,在南宋嘉定年间获谥,宋淳祐元年(1241)与周敦颐、二程、朱熹一同从祀孔庙,封为"郿伯"②。嘉靖九年(1530)改称"先儒"③,崇祯十五

---

① 关于明清之际士人的南北论述与自我认同,参见赵园:《明清之际士大夫研究》第二章,北京大学出版社,1999年。

② 《宋史》记载,张载于嘉定十三年赐谥曰明公,不过根据《道命录》,直到嘉定十六年谥号仍未定。见《宋史》,中华书局,1977年,卷四二,第821—822页;卷四一七,第12725页;〔南宋〕李心传辑,朱军点校:《道命录》,上海古籍出版社,1997年,卷九,第9b—10b页。关于张载谥号问题的考证,感谢陕西师范大学博士生张波提供。

③ 〔清〕张廷玉:《明史》,中华书局,1974年,卷五〇,第1298—1299页。

年(1642)改称"先贤",然仅及于国学与阙里庙廷;直到清康熙二十五年(1686),才通行天下①。因此,从朝廷祀典看,张载在宋明理学中一直享有崇高的地位,虽然他的学问在南宋之后,其实少有传人。

尽管张载之学在关中快速衰微,但对于这位先贤,地方上仍有祠祀的建制,其中最著名的是张载家乡凤翔眉县横渠镇的张子祠。张子祠建于元代元贞元年(1295),又于泰定三年(1326)在祠后兴建横渠书院,成为祠与书院一体的结构。张子祠与书院从元代始建到清末历时五百余年间,虽曾衰颓于一时,但终未全废。张子祠前后共修葺十四次,书院也修葺了九次。目前则设有张载祠文物管理所②。

我们从陕西地方志史料中可以发现其他府、州、县也有祭祀张载的建制,详见表1。

表1 关中张子祠祀表

* 据陕西地方志资料整理

府	县	祭祀地点与对象	修建时代与兴废情形	资料来源
凤翔府	郿县横渠镇	张子祠（专祠）	元元贞元年兴,至清末,共修葺十四次	《重修凤翔府志》
凤翔府	凤翔县	横渠祠	不详	《重修凤翔府志》《陕西通志》
凤翔府	府治东	岐阳书院三公祠（祀周之三公,张载配）	不详	《重修凤翔府志》《陕西通志》
凤翔府	扶风县	张横渠祠（专祠）	不详	《陕西通志》

---

① 同上注,第1301页;赵尔巽:《清史稿》,中华书局,1976年至1977年,卷七,第220页;〔清〕袁文观纂修:《同官县志》,成文出版社,1969年,卷五,第6a—b页;〔清〕罗彰彝纂修:《陇州志》,成文出版社,1970年,卷二,第9a页。

② 张世敏、张立华:《张子祠、横渠书院、张子墓历代修葺考》,http://www.confucius2000.com/zhangzaici/zzchqsyzzmldxqk.htm。

续表

延安府	肤施县	五贤祠（祀北宋五子）	不详	《延安府志》《陕西通志》
延安府	靖边县	龙图书院正学祠（祀孔子,范仲淹、张载配）	明万历元年建,毁于清同治六年回回之乱。	《延安府志》《靖边县志》
延安府	宜川县	二贤祠（祀胡瑗、张载）	明万历初年建,清雍正初年废	《延安府志》《宜川县志》《陕西通志》
延安府	宜川县	名宦祠（祀胡瑗、张载等七人）	民国时期废	《宜川县志》
延安府	宜川县云岩镇	张子祠（专祠）	清乾隆五十二年建	《宜川县志》
西安府	长安县	关中书院正学祠（祠二程、张载,配以朱光庭、吕大忠等）	明弘治朝建,明万历、清顺治朝均曾修葺。	《西安府志》《长安县志》《陕西通志》
西安府	长安县	七贤祠（祀张载、吕大忠等七人）	不详	《西安府志》
西安府	临潼县	横渠先生祠（专祠）	万历三十五年建,清初废。清康熙三十七年,改建横渠书院,仍祀张载。	《西安府志》《陕西通志》

续表

同州府	蒲城县	横渠祠	明正德五年建,后改祀观音。明万历壬子,李烨然重建祠于龙祥观侧。清光绪年间新其祠,复设书院。	《蒲城县志》《蒲城县新志》《陕西通志》
西安府	武功县	张横渠先生祠(专祠)	旧祠在关帝庙后,明弘治八年改建,增置讲堂学舍。明末颓败,清康熙五十年重修。	《武功县后志》《陕西通志》

从上表我们可以发现,关中大多数的张载祠是建于明朝,特别是明中叶以后。这也大致呼应了关中地区的理学发展史,即在南宋后沉寂多时,直到明中期以后才再度复兴的情形。根据吴有能的考查,关中地区的书院也多建于明中期以后[1]。因此我们可以说,随着地方士人群体及学术动能的增长,研究、反思自身传统的能力也提升,而在对学术传统反思与建构的过程中,作为学派开创者的张载也再度唤起人们的记忆及相关的纪念行动,关中张子祠的兴建工作也才得以获得新的活力。

另外,我们从关中士人对张载文献的整理、出版工作,也可看到大致相符的趋势。嘉靖年间有吕柟抄释《横渠张子抄释》出版[2],万历末期,凤翔知府沈自彰因久慕张载之学,除了重修横渠书院与张载祠外,也广搜张载遗著,编成《张子全书》,于万历四十六年(1618)出版[3]。《张子全书》在顺治、康熙、嘉庆、道光、同治年间又多次被重刊[4]。张载著作的结集出版对于提倡、研究张载之学有重大意义,而出版的时间与契机则与上述关中理学复兴与祠祀再兴

---

[1] 吴有能:《冯从吾理学思想研究:一个意义结构的展现》,第7—9页。
[2] 吕柟在《张子抄释序》中曰:"横渠张子书甚多,今其存者止二铭、正蒙、理窟、语录及文集,而文又未完,止得二卷于三原马伯循氏。"吕柟:《横渠张子抄释序》,《泾野先生文集》,卷四,第17b—18a页。
[3] 见袁应泰:《张子全书序》,收入《张载集》,汉京文化事业有限公司,1983年,第389—392页。
[4] 不同年代出版各版本序,收入《张载集》,第392—400页。

相符合。另外,晚明关中士人也有不少搜集、编辑、出版乡贤著作的努力。薛敬之的《思庵野录》、王之士的《秦关全书》、南大吉兄弟与王阳明讲学的语录《越中述传》等都在晚明出版,张舜典的《鸡山先生语要》则稍后由李颙整理付梓①。上述种种学术活动都显示明清之际是一个全面反省、整理、建构、发挥关中理学传统的重要时期。

2. 张载后裔重回关中故里

凤翔眉县虽是张载的故里,张载的墓地也在此,又建有张子祠,但是张载的后裔从南宋以降屡经迁徙,散落在滦州、长沙、南阳、福建、苏州、荆门、镇江等地②,晚明凤翔府已经没有张载的后裔居住,也没有亲人能够照顾张载的墓、祠。关学始祖的血脉竟然已在关中故里断绝,这对正在积极建构关学、联系张载与关中地域纽带的晚明士人,是何等令人不堪的事实。故冯从吾等地方士人及知府沈自彰希望能够觅得张载的后裔,并妥善照顾张载的墓、祠。也就在这时候,冯从吾因阅览河北滦州旧志,得知张载后人从金、元已流寓于滦,他立即写信给沈自彰与永平的王保宇③。万历四十八年(1620),沈自彰移文直隶永平府,请永平府知府史文焕(1598进士)在其所属滦州张载后裔中选择品学兼优者,让凤翔府将他们迎归回到眉县定居④。在官府的积极运作下,最后张载第十四世后裔张文运(1630殁),带着儿子张承绩,孙子张元福、张元寿、张元祥回到凤翔府定居,并被安排在张子祠内的张子书院讲学任教、俸祀先祖⑤。为了表达张子故里终于有人可以承胤,张承绩改名为张承胤⑥。另外,张载家族的家谱编纂似乎也与冯从吾有关,因冯从吾进呈一部张

---

① 参见冯从吾:《思庵野录序》《秦关全书序》《越中传序》,《少墟集》,卷十三,第6a—8a页;第16b—18a页;第41a—43b页;李颙:《题张鸡山先生语要》,《二曲集》,第222页。

② 张世敏:《〈横渠族谱〉及其族系迁衍考》,http://www.sxmx.gov.cn/E_ReadNews.asp? NewsID=630。

③ 我未能查到王保宇的名。见冯从吾:《与王保宇郡丞》二书、《答王苍坪明府》《与沈芳扬太府》,收入《少墟集》,卷十五,第60b—62b页。沈自彰是大兴人,万历年间中进士,其传见〔清〕达灵阿:《重修凤翔府志》,卷五,第73b页。

④ 张世敏:《〈横渠族谱〉及其族系迁衍考》;沈自彰撰有碑文,详述张载后十四世的世系,碑文见 http://www.confucius2000.com/zhangzaici/zzchqsyzzmldxqk.htm。

⑤ 张承绩是张文运的三子。张元福、张元寿是张文运的长子张承嗣之子,当时张承嗣已亡。张元祥是张承绩的长子,见沈自彰撰的碑文。

⑥ 张世敏:《〈横渠族谱〉及其族系迁衍考》。

氏家谱给沈自彰①；后沈自彰又在崇祯十六年(1643)撰写了一篇载有张载十四代世系的碑文，这篇碑文现在成为研究北方张载后裔的重要史料②。

图 1

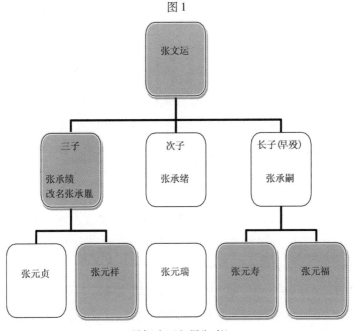

（黑框为回归凤翔者）

寻找张载后裔并迎归凤翔的举措，实与关中士人欲为张载后裔争取朝廷世袭官位有关。明朝廷将翰林院世袭五经博士的官衔授予儒家先贤的后裔，景泰年间有颜子、孟子、程颐、朱熹、周敦颐、刘基的后裔承袭；曾子和子路的后裔分别于嘉靖、万历年间承袭；程颢、邵雍的后裔承袭于崇祯年间③。张载虽与周敦颐、二程、朱熹同列孔庙"先贤"，但其后裔一直未能承袭五经博士，主要因为未能在关中找到后裔。冯从吾说：

> 吾乡横渠张子，其尊人当祀启圣祠，昨毕东郊公业已题请矣。

---

① 冯从吾写给沈自彰的信言及："横渠家谱寄在张心虞处，老公祖取而观之，何如。"见冯从吾：《与沈芳扬太府》，《少墟集》，卷十五，第61b—62a页。
② 沈自彰碑文，见 http://www.confucius2000.com/zhangzaici/zzchqsyzzmldxqk.htm。
③〔清〕张廷玉：《明史》，卷七三，第1791页。

至如后人,二百五十年,当道诸公止在吾乡物色,竟不可得①。

沈自彰也说:

二程、周子、朱子之后则世袭博士,藉冠裳以光俎豆,徼国恩以荣奕叶。而张子之后则犹未沾,盖缘其五世孙以功食邑于滦,从此世为滦人,而陕中无考,故莫有为之②。

可见冯从吾等关中士人对于张载的父亲张迪能够从祀启圣祠、后裔能够世袭五经博士是十分重视的,他们也以具体行动积极争取③。当冯从吾从滦州旧志中得知张载后裔流寓滦州之后,他立即上报官府,并兴奋地说道:"国朝二百五十年阙典,直待今日,良为奇遇。"④果然,天启二年(1622)朝廷授予张文运五经博士衔,子孙世袭,以奉祀张子祀事⑤。张文运卒于崇祯三年(1630),张承胤以父忧未袭,又卒于崇祯六年(1633),后由张元祥于康熙元年(1662)袭五经博士⑥。张载的父亲张迪,也在清雍正二年(1724)获祀崇圣祠,称先儒⑦。因此,在晚明关中士人与官员的携手努力下,张载及其家族的地位都获得提升,享受更高的尊荣。

冯从吾、沈自彰等寻找张载后裔迎归凤翔故里的举动,对于当时积极建构、提振的关学也有重要意义。上文已说及,冯从吾明确把关学和关中地域联系起来,尽管后代关中理学家未必都受到张载思想的启发,也不见得能发挥张载之学,只因同为关中人又传承广义的理学传统,便被归入"关学"。正因为"关学"具有实质的地域意义,学派创始人张载的墓、祠、家族后裔与关中的地域纽带关系也具有重要的象征意义。家族血脉毕竟代表着张载生命具

---

① 〔明〕冯从吾:《与王保宇郡丞》,《少墟集》,卷十五,第60b页。毕东郊即毕懋康,歙县人,万历二十六年进士。天启中累官右佥都御史,魏忠贤以其为赵南星所引,欲去之,御史王际逵劾其附丽邪党,遂削籍。崇祯初,起南京通政使,历南京户部右侍郎,旋引疾归。

② 〔清〕沈锡荣纂:《郿县志》,成文出版社,1969年,卷十四,第9a页。

③ 《郿县志》收有一篇萧大雅为张迪从祀启圣祠所写的文章,见〔清〕沈锡荣纂:《郿县志》,卷十四,第11a—b页。

④ 〔明〕冯从吾:《与王保宇郡丞》二,《少墟集》,卷十五,第60b页。

⑤ 〔清〕张廷玉:《明史》,卷二八四,第7303—7304页;见〔清〕沈锡荣纂:《郿县志》,卷十四,第7a—10b页。

⑥ 〔清〕张廷玉:《明史》,卷二八四,第7303—7304页;见〔清〕沈锡荣纂:《郿县志》,卷十二,第8a—b页。

⑦ 赵尔巽:《清史稿》,卷八四,第2534—2535页。

体有形的传承,最理想的当然是张载的血脉与学术传承,都能在关中故里永续繁衍;若张载的家族血脉果真断绝于关中故里,似乎也寓示着其学问精神传衍的飘缈难测。

综上所论,明中叶以降,关中理学经历了复兴,地方士人群体及学术动能均有增长。在这样的风气下,关学的建构与发扬也获得进一步的进展。冯从吾对此有极重要的贡献,在他手中,"关学"被定义为关中理学传统,并对主要学者和学术传承有所记录,在他积极倡导下,关中地方的讲学也开创了另一高峰。大约在同时期,我们也看到关中地区的书院建兴更蓬勃,张载祠有更多的建制,士人对于张载遗书及其他先儒文献的整理出版工作也更积极。而寻觅张载后裔、迎归凤翔、积极为之争取世袭五经博士,并争取张迪从祀启圣祠的政治行动,也都在此时积极展开。据此我们可以说,当晚明士人建构关学的同时,作为关学始祖的张载,不仅地位获得进一步的提升与稳固,张载个人的学问及其家族与关中故里的关系,也获得更实质而紧密的联系。

张载家族从关中故里消逝多年之后,已重新回归,持续繁衍,并因此获得朝廷世袭的恩典,与其他北宋四子享有同等的尊荣。我们不禁想问,张载的学说如何?是否也在消沉多年之后,在这波关学复兴与建构的潮流中,重新找回思想的生命力和传人?而在发扬张载的学说上,关中士人又扮演着怎样的角色?此则是下一节讨论的重点。

三、张载之学再现明清思想论域

本节主要说明,张载的学说在沉寂多年之后,也同样在明清之际重获重视,再现其学术生命力。我们知道,张载学说的两大特色,即气学与礼学。因此,本节将以张载思想的这两个特色,配合明中叶以降气论思想的发展与明清之际礼学复兴这两个方面,试图为明清之际张载之学的复兴提供某些思想史的脉络。

(一)明代的气论思想

张载的学问之所以能够在北宋时与周敦颐、二程呈现三足鼎立的态势,绝不仅止于学派的势力而言,同时也由于其思想内容的独特性和开创性。张载之学的最大特色在于一种深具本体宇宙论意涵的气论①。其实程朱思想与张载思想之间有相当的近似性,程朱重视本体论及体用二元的思维架构均与张载相近,但他们并不满意张载使用"太虚"这个词来指涉本体,朱子认为这是"夹气作一处",即认为"太虚"一词气的意味太重,不如用"理"来指称形上本体②。在宋明理学的发展史中,由于程朱学的强势,张载气论思想长期受到忽略,处于非主流地位,要直到明代中期以后,随着学者们对程朱理气论的修正转而强调气一元论,才再度涌出台面③。尤其在王夫之手中,透过阐释《正蒙》,不仅开创自我学问,也同时将张载之学推向另一高峰。

明代中期之后气论思想的复兴,已是学界的共识④。对此,过去学者有不少研究,早期强调唯物主义的见解,晚近已受到修正⑤。虽然学者们研究的立场和本身的观点往往造成解读上的歧义,故所梳理、挖掘出的思想变化轨迹也不尽相同,但是发展的趋势还是鲜明的,对主要代表性思想家的看法也颇一致⑥。罗钦顺(1465—1547)、王廷相(1474—1544)、吴廷翰(1491—1559)、

---

① 简言之,具有形上本体义的太虚作为气之本体,但同时太虚又与气永远相即不离地处在宇宙生生的创化之中。本文对于张载"太虚"与"气"的理解,采张亨、丁为祥等人的解释,以"太虚"为形上本体义的气之本体,"太虚即气"并不意味着太虚等同气,而是强调两者相即不离、通一而二。张亨:《张载"太虚即气"疏释》,收入氏著:《思文之际论集——儒道思想的现代诠释》,允晨文化实业股份有限公司,1997年,第192—248页;丁为祥:《虚气相即——张载哲学体系及其定位》第二章,人民出版社,2000年。

② 〔南宋〕朱熹:《朱子语类》,华世出版社,1987年,卷九九,第2538页。关于张载"太虚"的概念,主要因为张载关于太虚的文字本身有歧义,后代学者对其"太虚"与"气"的关系也有不同解读。关于此,见张立文:《正学与开新:王船山哲学思想》,人民出版社,2001年,第116—117页。

③ 日本学者荒木见悟认为,明代的气学主要是对朱子学某种程度的修正形态。见氏著:《气学商兑——以王廷相为中心》,收入氏著,廖肇亨译:《明末清初的思想与佛教》,联经出版事业有限公司,2006年,第13—47页。亦参见陈来:《元明理学的"去实体化"转向及其理论后果》,收入氏著:《诠释与重建:王船山的哲学精神》,北京大学出版社,2004年,第394—427页。

④ 陈来指出,从元明以来的朱子学,已有摆脱"理"之实体化的倾向,强调理气不分、气的第一性。参见陈来:《元明理学的"去实体化"转向及其理论后果》。

⑤ 〔日〕荒木见悟:《气学商兑——以王廷相为中心》;丁为祥:《虚气相即——张载哲学体系及其定位》。

⑥ 对明代气学的分类讨论,参见杨儒宾:《检证气学:理学史脉络下的观点》,《汉学研究》卷25,2007年第1期,第247—281页。

第十五讲 明清之际的关学与张载思想的复兴

王夫之、戴震(1723—1777)等人都是著名的气论代表性思想家①。

尽管谈到宋明理学中的气论思想,总会令人立刻联想到张载开创性的地位,但是否明清气论思想家都真的受到张载的启发?他们都赞同或忠实再现了张载的思想吗?张载之学是否真的在明清气论论域中占据着重要的地位?以下我想透过检视这些明清气论代表性思想家的文字,主要考查张载思想被援引、讨论的情形,即检视张载的气论是否在后代气学论述(discourse)中占据鲜明而重要的位置,并借此说明其思想在明清气论思潮中的地位。

罗钦顺明确反对程朱视"理"为独立于气之外的实体,强调理气一体,他说:"理只是气之理,当于气之转折处观之。往而来,来而往,便是转折处也。"②罗钦顺通常被视为明代中期反对程朱理气论的思想先锋,我们检视罗钦顺的《困知记》,发现他确实提及张载的《正蒙》,对于张载辟佛及部分言论,也表达了称许之意③。但他不同意张载"聚亦吾体,散亦吾体,知死之不亡者,可与言性矣"之说,并质疑张载将理、气看作二物的观点④。整体而言,罗钦顺并没有太多关注张载的学说,他的气论思想,与其说受到张载的直接影响,不如放诸元、明以来学者对程朱"理先气后"的修正传统,更为适切⑤。

相形之下,王廷相显然更受到张载的影响,也更认同张载的学说。他几次反驳别人对张载的批评,并在《横渠理气辩》中称赞张载的气论:

张子曰:"太虚不能无气,气不能不聚而为万物,万物不能不散

---

① 当然,这些学者的作品不能完全涵盖当时气论的论述,而且不同学者所选择的代表性人物亦略有差距,如日本学者山井涌以罗钦顺、湛若水、王廷相为明中叶代表性学者,刘又铭所选择的则是罗钦顺、王廷相、顾炎武、戴震。不过,上述几位学者均是明代气论重要学者,应无异议。参见〔日〕小野泽精一、〔日〕福光永司、〔日〕山井涌编,李庆译:《气的思想:中国自然观和人的观念的发展》,上海人民出版社,1999年,第354—357页;刘又铭:《理在气中》,五南图书出版有限公司,2000年。
② 〔明〕罗钦顺:《困知记》,中华书局,1990年,第68页。
③ 罗钦顺认为,气散而死,终归于无,无此物即无此理,故不可谓"死而不亡者",并同意朱子说张载此言,"其流乃是个大轮回"。见氏著《困知记》,第30页。
④ 同上注。
⑤ 陈来指出,从元代吴澄到明初胡居仁,均可看出对程朱"理先气后"的修正。日本学者荒木见悟也持同样看法。参见〔日〕荒木见悟:《气学商兑——以王廷相为中心》;陈来:《元明理学的"去实体化"转向及其理论后果》。这里基本上包括程颐和朱子的理气论合论,然若更细致地看,两人尚可进一步区分。钟彩钧指出,两人理论中气的位置不同,程颐视气为理之用,朱子则把气视为另一存有。参见钟彩钧:《吕泾野思想研究》,第4页。关于罗钦顺气论与张载的差异,见杨儒宾:《检验气学:理学史脉络下的观点》。

而为太虚,循是出入,皆不得已而然也。""气之为物,散入无形,适得吾体,聚而有象,不失吾常。""聚亦吾体,散亦吾体,知死之不亡者,可与言性矣。"横渠此论,阐造化之秘,明人性之源,开示后学之功大矣①。

除了赞许张载"太虚即气"的学说阐发造化之秘与人性之源,王廷相也针对朱子的批评,提出反驳。朱子认为"性者理而已矣,不可以聚散言",故对张载之说颇有批评②。王廷相指出,朱子因为自己持定"性与气原是二物""性之在气外者卓然自立"的观点,故不能欣赏张载之说,王廷相更明确地说程朱理气二元论是错误的③。虽然如此,王廷相诠释下的张载气论,其实并非忠实再现张载思想,而更接近气一元论的立场。他将"太虚"解释为"太虚之气"④,即所谓的"元气",是一种创造宇宙造化万物前的原始状态⑤。如此解释,虽然发挥了张载太虚与气始终相即不离之义,但背离了张载体用二元的思维架构,也消解了张载思想中的形上义⑥。

另外,我们从《答何栢斋造化论十四首》中也可见王廷相为张载学说辩护⑦。何瑭(1474—1543)几次说到王廷相的气论出于张载,并认为两人之说与老子"有生于无"无异。对于自己的学说是否出于张载,王廷相没有正面回答⑧,不过他清楚说明自己"元气"的概念与老氏"有生于无"相去极远⑨。对

---

① 〔明〕王廷相:《王廷相集》,中华书局,1989年,第602页。
② 朱熹对于张载气论的批评,主要在《朱子语类》,卷九八、卷九九。
③ 〔明〕王廷相:《王廷相集》,第602页。王廷相对朱子理气论的批评,可参见《王廷相集》,第848、第851—852页。王廷相主要进路还是程朱学,其透过诠释张载主要还是与程朱学对话。参见〔日〕荒木见悟:《气学商兑——以王廷相为中心》;丁为祥:《虚气相即——张载哲学体系及其定位》,第303—312、第316页。
④ 王廷相说张载论学以气为主,见氏著《王廷相集》,第752、第972页。
⑤ 王廷相言:"太极者,道化至极之名,无象无数,而天地万物莫不由之以生,实混沌未判之气也,故曰元气。"见氏著《王廷相集》,第849页。
⑥ 王昌伟:《求同与存异:张载与王廷相气论之比较》,《汉学研究》卷23,2005年第2期,第133—159页。
⑦ 〔明〕王廷相:《王廷相集》,第963—974页。
⑧ 〔明〕王廷相:"横渠之论,与愚见同否,且未暇辩。但老氏之所谓虚,其旨本虚无也,非愚以元气为道之本体者,此不可以同论也。"见氏著《王廷相集》,第964页。
⑨ 王廷相所理解的道不是独立于气外的道,而是气内之道,他说:"元气即道体,有虚即有气,有气即有道。气有变化,是道有变化。气即道,道即气,不得以离合论者。"见氏著《王廷相集》,第848页。亦见《王廷相集》,第971页。

第十五讲　明清之际的关学与张载思想的复兴

于何瑭批评张载不知神形之分、见道未真,并将张载置于周敦颐之下,王廷相也不同意,认为这种判断完全因为何瑭与张载在基本观点的差异,故无法充分理解张载的气论①。综观王廷相的文集,虽然他也曾质疑张载的某些说法②,但却相当认同张载的学说,并大量援引、讨论,只是王廷相诠释的张载气学更属于气一元论立场,反映了诠释者自我思想的投射③。

吴廷翰以《易》"一阴一阳之谓道"反驳程朱"所以一阴一阳者道也"之说,即反驳程朱认为在阴阳之先尚有一"理"(道、太极)的看法。吴廷翰说道:"气即道,道即气。天地之初,一气而已矣;非有所谓道者别为一物,以并出乎其间也。"④他说太极、道、阴阳、理等观念都是就着气而言的,太极是就气之极致而言;道是就着气为天地人物之所由出而言;阴阳是就气之动静而言;理是就气得其理而言⑤。

至于吴廷翰对张载的看法,我们从其文集可知他熟悉张载的《正蒙》,也肯定张载之学能"独异诸儒",但他也批评张载"言之未精"。他反对张载"太虚为清,清则无碍,无碍故神;反清为浊,浊则碍,碍则形"之说,认为此言仍将虚、气二分;也批评张载以聚散言气与虚,仍陷入虚、气二分的架构,不能真正通一而无二⑥。简言之,吴廷翰一元论的立场迥异于张载体用二元论,故他强烈批评张载使用体用、虚实、动静等二元区分的表述⑦。但即使如此,吴廷翰还是肯定张载气论有别于那些强调"知觉出于气,性独出于理"的理气论者,也给予较高的评价⑧。

王夫之是明清之际张载思想最重要的继承者与发扬者,他对张载的推崇与承继是十分自觉的,他在自撰墓志铭中说自己是:"希张横渠之正学而力不

---

① 王廷相:"夫同道相贤,殊轨异趋,栢斋又安能以横渠为然?"见氏著《答何栢斋造化论十四首》,《王廷相集》,第972页。
② 王廷相对张载某些说法的质疑,见氏著《王廷相集》,第852、第855页。
③ 丁为祥说,张载的本体宇宙论,到了王廷相则演变为实然的气化宇宙论。丁为祥:《虚气相即——张载哲学体系及其定位》,第308—311页。另外,关于罗钦顺、王廷相在心性论上的看法及其异于朱子之处,见蒙培元:《中国心性论》,学生书局,1990年,第459—477页。
④ 〔明〕吴廷翰:《吉斋漫录》卷上,收入《吴廷翰集》,中华书局,1984年,第5页。
⑤ 同上注,卷上,第5—6页。
⑥ 同上注,第18—19页。
⑦ 同上注,卷上,第19—20页。
⑧ 同上注,卷上,第20页。

能及。"①充分显示他对张载的尊崇。王夫之说道:

> 张子云:"繇气化,有道之名。"而朱子释之曰:"一阴一阳之谓道,气之化也。"《周易》阴阳二字是说气,着两"一"字,方是说化。故朱子曰:"一阴而又一阳,一阳而又一阴者,气之化也。"繇气之化,则有道之名。然则其云"由太虚,有天之名"者,即以气之不倚于化者言也。气不倚于化,元只气,故天即以气言,道即以天之化言,固不得谓离乎气而别有天也②。

王夫之同样以"太虚"为太虚之气,即所谓"不倚于化"者,是一比气化更原始、具有本体义的"气"的概念。故王夫之的"气"同时包含了气之本体和气之实体的意涵,体现气一元论的宇宙本体论③。在气一元论的架构下,王夫之强调理在气化中才能显现,理是气之条理和次序④。王夫之对张载之学的理解与发挥,主要体现在其晚年的著作《张子正蒙注》中。虽然王夫之自觉欲承继张载之学,但也有创新,陈来先生指出,王夫之在《张子正蒙注》中,除了承继张载批判佛老、发明儒家圣学、正人心的精神外,更进一步强调"存神尽性"的修养论,追求全生全归的生命境界,也因而赋予《正蒙》更多的人道实学色彩。张载所言气聚而生成人物、人物死而散为气、归回太虚的天道自然变化,到了王夫之手中,则添加了个人必需靠着修养工夫才得以回归太虚,全性以归天地的宗教性意涵⑤。这种转变既反映了王夫之个人的关怀,也有明清之际学术和宗教的影响⑥。丁为祥则指出,王夫之从"气"的角度重新诠释张载的"太虚",因而消解了太虚的本体义,但王夫之同时又对气做了本体化

---

① 〔清〕王夫之:《姜斋文集》,岳麓书社,1995年,第229页。王夫之又说:"张子之学,上承孔孟之志,下救来兹之失,如皎日丽天,无幽不烛,圣人复起,未能有易焉者也。"见氏著《张子正蒙注》,广文书局,1970年,序论,第10页。

② 〔清〕王夫之:《读四书大全》,中华书局,1975年,下册,卷十,第718页。

③ 丁为祥指出,有别于王廷相从朱子入手,追溯到张载,王夫之则直接从张载出发,从宇宙论的角度重新审定本体与现象的关系,建构起属于自己的宇宙本体论。参见丁为祥:《虚气相即——张载哲学体系及其定位》,第314—324页。

④ 王夫之:"理即是气之理,气当得如此便是理。理不先而气不后。"见氏著《读四书大全》下册,第660页。陈来认为,王夫之并未排除理有"所以然"的形上义,只是在未气化之前,形上义的理与浑沦之气为一,称为太极、天、诚,此时分殊之理不能显现。参见氏著《诠释与重建:王船山的哲学精神》,第182—183页。

⑤ 陈来:《诠释与重建:王船山的哲学精神》,第307—330页。

⑥ 同上注,第316页。

的提升,最终完成了以气为本的宇宙本体论建构,故也可视为明代中叶以来气一元论思想的一个高峰①。

最后,清代考证学大家戴震被学者誉为"气的哲学之集大成者"②。虽然关于戴震气论的直接渊源并不清楚,但学者们多认为与明中叶以降对程朱理气论的批判、反省思潮有密切关系③。戴震之所以被认为是气学思想的集大成者,主要因为他的气论与心性论紧密的结合,而且彻底地走出宋明理学的形上、形下二元架构,翻转了程朱"理先气后"的关系,明确体现着清代去形上化思想的倾向与一元论的形态④。戴震对"形而上者谓之道,形而下者谓之器"的解释为:"形,谓已成形质,形而上犹曰形以前,形而下犹曰形以后。"⑤即将形而上、形而下转换成时间轴上的前后概念。如此,宋明理学中超越义的形上本体概念被彻底瓦解,"气"为自然的实体,不再有独立于气之外的"理"存在,"理"只是气这个自然实体的内在规律和法则,"道"也不离人伦日用之事。在这样气一元论的思想形态下,戴震也彻底扬弃天地之性和气质之性的分野,以深具血肉实感的"血气心知"作为性的实体,并进一步肯定情、欲的地位⑥。

戴震对于张载的气论,同样有一定的了解,也有相当的批评,他主要针对张载二元论的立场,批评道:

> 分理气为二,视理为"如一物"。故其言理也,求其物不得,就阴阳不测之神以言理,以是为性之本源,而目气化生人生物,曰:"游气纷扰,合而成质者,生人物之万殊。"则其言合虚与气,虚指神而有常,气指游气纷扰,乃杂乎老释之见,未得性之实体也⑦。

---

① 丁为祥:《虚气相即——张载哲学体系及其定位》,第323页。

② 〔日〕小野泽精一、〔日〕福光永司、〔日〕山井涌编,李庆译:《气的思想:中国自然观和人的观念的发展》,第354—357、第452—466页。

③ 刘又铭:《理在气中》,第129—130页。

④ 关于明清之际反对宋明理学道德形上学的典范转移,见刘述先、郑宗义:《从道德形上学到达情遂欲——清初儒学新典范论析》,收入刘述先、梁元生编:《文化传统的延续与转化》,中文大学出版社,1999年,第81—105页;王泛森:《清初思想中形上玄远之学的没落》,《"中央研究"院历史语言研究所集刊》,第69本第3分(1989),第557—583页。

⑤ 〔清〕戴震:《孟子私淑录》卷上,收入《戴震全书》(六),黄山书社,1995年,第38页。

⑥ 郑宗义:《明清儒学转型探析》第九章,中文大学出版社,2000年。

⑦ 〔清〕戴震:《孟子私淑录》卷下,收入《戴震全书》(六),第67页。

戴震的批评遥承罗钦顺、吴廷翰等人对宋儒二元论的反省,以及明清中叶以降向气一元论修正的发展趋势,只是戴震比前人走得更彻底、更远。

综上所论,张载的气论虽然在高扬形上本体义上与程朱有相通之处,但他强调气以及使用"太虚"指涉本体的说法,则遭受程朱的批评,甚至扭曲和压抑,因此在宋明理学史中,张载思想长期处于非主流的地位。到了明代,愈来愈多的学者针对程朱理气二元论进行反省与修正,气一元论也逐渐蔚为重要的思想流派。这整个思潮的兴起与发展并非直接受到张载的启发,张载体用二元论的立场也屡次受到学者们的批评。即使如王廷相重视张载的气论,但他对张载的诠释也反映着自身思想的投射;王夫之高度自觉地承继张载之学,仍不免对其思想进行创新和改造。整体而言,明、清气论的主流发展是走向气一元论,有减煞形上本体义的倾向,故并非张载学说的忠实继承。尽管如此,我们从几位明清气论代表性思想家的作品中仍可清楚看到,这些学者都熟悉张载的著作,并经常援引、讨论张载关于气论的文字,因此张载之学也相当程度地镶嵌在明清气学论域中,故随着明中叶以降气学的复兴,张载思想的能见度也获得提升。这一点我们从明中叶后陆续有注释《正蒙》的书籍出版,也可获得进一步的印证,均显示张载思想确实在明清之际重新受到学界的重视①。

(二) 肯认礼的重要性

张载思想的另一特色是"以礼为教",此主要与其工夫论有关。呼应着太虚与气的关系,张载的人性论也有明显二元论的架构。他认为每个个体实然存在都禀受"气质之性",这也是造成个体限制和差异的所在,但同时又都有一超越而全善的"天地之性"。在这样的人性论下,张载的工夫论主要是一返回的修持过程,即在道德实践中,人要不断变化气质,返回到原初清通的天地之性,才能达到天人合一的境界,即所谓"形而后有气质之性,善反之,则天地之性存焉"②。

---

① 明中期之后有刘玑:《正蒙会稿》;高攀龙:《正蒙注》;王夫之:《张子正蒙注》;清代王植:《正蒙初义》。另外,韩邦奇说他曾想著《正蒙解结》,也提到张廷式有《正蒙发微》一书,见〔明〕韩邦奇:《正蒙会稿序》,《苑洛集》,兰州古籍书店,1990年,卷一,第26b—27b页。

② 〔北宋〕张载:《正蒙》,收入《张载集》,第23页。

要如何才能变化气质？除了强调要立志、养气、扩充本心、化除习气外①，张载十分注重以礼为教，这也使得"学礼"成为张载乃至后代关学所标举的重要特色。对张载而言，"礼"不只是仪节，也不只是出于人为的建构，而是天地所彰显的自然秩序，即所谓"天叙天秩"。他说：

> 礼亦有不须变者，如天叙天秩，如何可变。礼不必皆出于人，至如无人，天地之礼自然而有，何假于人？天之生物便有尊卑大小之象，人顺之而已，此所以为礼也。学者有专以礼出于人，而不知礼本天之自然，告子专以义为外，而不知所以行义由内也，皆非也，当合内外之道②。

从礼之根源而言，礼就是天地之德③，有不可移易的真理性和规范性，人只能顺应天地之秩序而为，即使圣人制作礼，亦本之天地自然而已。这并不意味着礼是外在于人心的，正因人性中亦禀赋着天地之性，天地之礼不仅彰显于自然中，亦内在于人心，故张载也说"礼之原在心"④。简言之，人的道德根源与自然界中的秩序都有着共同的根源——天，故道德修养同时具有主观与客观的基础。

张载也注意到礼仪的形式其实会随着时代和情境而有变化，故他也强调礼须能合乎时中，所谓"时措之宜便是礼"⑤。但如何才能合乎时中之义？他说："须是精义入神以致用，始得观其会通以行其典礼，此则真义理也。"⑥所以关键还是在心的判断，故也与立志、养气、穷理、尽性的工夫不可分⑦。至于礼教与心性工夫之间更细密的关系与实践的程序，张载并没有细论，但可以确定的是，他相信圣人所留下的礼制，相当程度体现了天地之秩序，且足以作为社会的普遍规范，同时也是变化气质的心性工夫所不可或缺的。他说：

> 礼所以持性。盖本出于性，持性，反本也。凡未成性，须礼以持

---

① 丁为祥：《虚气相即——张载哲学体系及其定位》，第144—154页。
② 〔北宋〕张载：《经学理窟》，收入《张载集》，第264页。
③ 同上注。
④ 同上注。
⑤ 同上注。
⑥ 同上注。
⑦ 张载："盖礼者理也，须是学穷理，礼则所以行其义，知理则能制礼。"见《张子语录》，收入《张载集》，第326页。

之,能守礼已不畔道矣①。

学者且须观礼,盖礼者滋养人德性,又使人有常业,守得定,又可学,便可行,又可集得义②。

可见张载认为礼教不仅可以改变学者的习气、收敛体气,更能滋养人的德性,使人反本持性,并说自己以行礼为学之快捷方式③。他在实际教学上也确实着重以礼为教,又说关中学者多能用礼成俗④,张载重视礼教也成为关中理学的重要特色⑤。

张载"以礼为教"的思想在明清之际学界也有重要的影响。周启荣指出,清初许多学者包括黄宗羲、张履祥(1611—1674)、顾炎武、王夫之等都受到张载礼教的启发⑥。明末清初学者称赞张载礼学者还有不少,例如,郝敬(1558—1639)说:"张子厚教人学礼,正容谨节,变化气质,此庶几下学而上达之意。"⑦郝敬甚至认为学礼的重要性甚于程朱主敬穷理之教,他说:"主敬空虚,穷理琐碎,其实不如学礼。"⑧而强烈批判宋明理学的颜元(1635—1704),选择以行礼作为践履儒家圣学的方式,也以此为对治宋明理学传统弊病的药石⑨,他对于张载也十分推崇,认为"宋儒胡子外,惟横渠之志行井田,教人以礼,为得孔、孟正宗"⑩。另外,顾炎武也曾在关中,"略仿横渠、蓝田之意,以

---

① 〔北宋〕张载:《经学理窟》,收入《张载集》,第264页。
② 同上注,第279页。
③ 同上注,第265页。杨儒宾:《变化气质、养气与观圣贤气象》,第103—136页。
④ 〔北宋〕张载:《张子语录·后录上》,收入《张载集》,第337页。
⑤ 刘宗周:"关学世所渊源,皆以躬行礼教为本。"见〔清〕黄宗羲:《明儒学案》卷上,第11页。亦见陈秀兰:《关学源流暨清初李二曲学派》,台湾大学中文系硕士论文,1977年,第34—35页。
⑥ Kai-wing Chow, The Rise of Confucian Ritualism in Late Imperial China, pp.48—50.
⑦ 〔明〕郝敬:《时习新知》,台湾商务印书馆,1983年,卷四,第23b—24a页。
⑧ 同上注。
⑨ 关于颜元家礼实践及其意义,见吕妙芬:《颜元生命思想中的家礼实践与"家庭"的意涵》,收入高明士编:《东亚传统家礼、教育与国法》,台大出版中心,2005年,第143—196页。
⑩ 又说:"张子教人以礼而期行井田,虽未举用而其志可尚矣。"见〔清〕颜元:《颜元集》,第60、第43页。

第十五讲 明清之际的关学与张载思想的复兴

礼为教"①。

张载礼教思想之所以在明清之际学界激起重要回响,实有着更广泛的学术发展脉络可循。强调礼规范的重要性与有效性,在明清学术界是非常重要的议题,也是我们理解张载之学在当时受到重视的重要学术史背景。晚明以王畿(1498—1583)、王艮(1483—1540)、罗汝芳(1515—1588)等人为中心在江左形成的阳明学讲学活动,招致许多的争议和批判。无论"猖狂放肆、冲决名教"或"重悟轻修、荡越礼法"等批评是否符合情实,它都反映着当时许多学者的共同焦虑,而焦虑的源头正是有关外在礼法规范有效性的动摇,论述的焦点则是"无善无恶"之说。江左阳明学者所强调的现成良知、自信良知,以自然顺应良知为为学之最高原则,势必减弱外在礼法规范在其学说中的重要性,其可能的流弊则是陷入一种毫无客观判准、人人自是、颠倒是非的失序状态②。针对此,从晚明开始便有许多学者提出激烈的批评,并一再重申"礼"在圣学中的重要地位,强调外在礼法规范的有效性。关于此,我曾经在其他文章中讨论了晚明江右学者,包括胡直(1517—1585)、王时槐(1522—1605)、刘元卿(1544—1609)、邹元标等人的看法,以及他们重视礼法规范的态度③。其他包括东林的顾宪成(1550—1612)、高攀龙(1562—1626)、关中的冯从吾、河南的孙奇逢,也都有类似的看法及对礼的坚持。

顾宪成批判阳明学的立场十分鲜明,尤其痛恶"无善无恶"之说,认为这已造成当时"以恣情为本性,以礼法为桎梏,肆无忌惮而莫之救"的弊病④。他也和张载一样,强调礼出于天秩、根于人心⑤,认为孔子教导颜回非礼勿视、听、言、动是儒门的庄严法,不可轻弃⑥。高攀龙对于当时三教杂糅、欠缺躬行

---

① 〔清〕顾炎武:《与毛锦衔》,《顾亭林诗文集》,汉京文化出版有限公司,1984年,卷六,第141页。
② 必须强调的是,这只是可能的而非事实必然的结果。详细讨论,见吕妙芬:《阳明学士人社群:历史、思想与实践》第八、第九章,新星出版社,2006年。
③ 这个问题我曾在其他文章中讨论过,在此不再赘述,见吕妙芬:《阳明学士人社群》,第402—409页。
④ 〔明〕顾宪成:《南岳商语》,收入《顾端文公遗书》,庄严文化事业有限公司,1997年,第5b—6a页。亦见顾宪成:《小心斋札记》,广文书局,1975年,卷十八,第3a页。古清美:《顾泾阳、高景逸思想之比较研究》,大安出版社,2004年,第19—23、第25—26、第75—91页。
⑤ 〔明〕顾宪成:《小心斋札记》,卷九,第8b页。
⑥ 〔明〕顾宪成:《小心斋札记》,卷十四,第9a—b页。

实修的学风深感忧心,故与顾宪成一样,他认为"扶持程朱之学,深严二氏之防"才是对治之药①。他以"内存戒慎恐惧,外守规矩准绳"为治学之原则②,强调"礼"是儒家正学不可移易的途径:"圣门以礼教门弟子,皆使由礼求仁,礼与仁皆性也。"③又认为要补救当时的"虚症",只有靠礼教:"反之于实知及仁守,苴之以庄,动之以礼,一一着实做去,方有所就。"④古清美也指出,顾宪成和高攀龙之学都极力强调人性本具的规矩准则,并落实学的工夫,此都是针对当时学风而发,欲重申其肯定客观价值判断存在的立场⑤。

同样的,冯从吾也极力反对"无善无恶"之说⑥,严厉批评时人视礼为迂伪、为糟粕的态度,强调古代圣人之教必须动容周旋均合礼⑦。他说,"规矩准绳是性体真条理"⑧;"礼仪三百,威仪三千,此天地间实在道理,此士君子实在学问……若不敦厚以崇礼,而曰礼伪,率天下荡检逾闲,放纵恣肆,以为真是小人而无忌惮也。"⑨至于孙奇逢本人及其弟子们如何重孝弟、谨礼法、尤重在日常家庭生活中的礼仪实践,并以此发扬中州精神,对治江南奢靡学风,我已在其他文章论及,此处不再赘述⑩。

简言之,从晚明到清初,无论江右、东林或北方的儒者,都同样针对王学讲学旋风及"无善无恶"论所引发的弊病,提出对治的方法,其中一个重要的主张,便是重新确认是非善恶之判断标准的客观存在,以及外在礼法规范的有效性。诚如赵园所说,明清之际士人以"礼失"为重大危机,表达了对丧失

---

① 〔明〕高攀龙:《崇正学辟异说疏》,《高子遗书》,台湾商务印书馆,1983年,卷七,第1a—7b页。关于顾宪成主张以程朱之学救补当时学风,见古清美:《顾泾阳、高景逸思想之比较研究》,第21—23页。

② 〔明〕高攀龙:《高子遗书》,卷八上,第24b—25a页。

③ 同上注,卷四,第29b—30b页。

④ 高攀龙把学问简单分成两路,一重在人伦庶物实知实践,一重在灵明觉知默识默成,朱陆之异,或明初与晚明学风之异,都可简单归成这两路学风的差异。所谓"虚症",意指晚明阳明学及三教融合的学风所造成的弊端。见高攀龙:《高子遗书》,卷四,第36b页。

⑤ 古清美:《顾泾阳、高景逸思想之比较研究》,第三章。

⑥ 例见〔明〕冯从吾:《少墟集》,卷一,第18a—20b、第24a—b页。

⑦ 同上注,卷一,第52b—53b页;卷二,第19b—20a页。

⑧ 〔明〕高攀龙:《高子遗书》,卷八上,第24b页。

⑨ 〔明〕冯从吾:《少墟集》,卷二,第25a—b页。其他关中学者如文翔凤亦极力反对"无善无恶"之说,重视名教,见〔清〕张骥:《关学宗传》,卷二九,第1a—b、第4a—b页。

⑩ 吕妙芬:《清初河南的理学复兴与孝弟礼法教育》。

第十五讲　明清之际的关学与张载思想的复兴

文化品格的深刻焦虑,以礼为教、移风易俗,则是当时士人致力重建文化的工程①。

除了从矫正王学末流之弊的角度强调"礼"的重要性以外,明清之际主流学风的变化与儒家家礼实践的普及化,也都是重要的背景。张寿安的研究指出,明清学术有"以礼代理"的典范转移,礼学持续在清代学术思想中占据着重要的地位②。我们从周启荣对明清之际儒家礼教主义兴起的研究,可知其间所关涉的不仅止于思想潮流的变化而已,更关系到宗族组织的兴盛、地方乡绅社会,甚至朝廷统治等各个面向③。Patricia Buckley Ebrey 对《家礼》各种文本的研究,以及何淑宜对元、明儒家祖先祭礼的研究,也都清楚指出近世中国儒家礼仪教化与实践逐渐向社会底层渗透的发展趋向④。另外,我们在考虑张载思想于明清之际复兴的背景时,对于佛、道的批判态度也是不容忽视的因素。我们知道,张载的学说有着强烈批判佛、老的意涵,并以建构儒家特殊形上思想与之对抗。张亨说:"张载是在辟佛的历史发展中,从外在的经济社会问题,转而为从形上本体问题上辟佛的关键。"⑤而晚明江南三教融合的学风虽盛行,但同时也引发相当的批判和修正的声音,上述无论是明代气学思想的代表性学者,或是抨击"无善无恶"之说而重新肯认礼法的学者们,他们几乎都站在严厉批判二氏、强调儒学本位的立场。张载的学说引发他们的共鸣和好感,这种共同辟佛的心态也是不可忽略的一个面向。上述种种学术发展现象,应都是张载的礼学之所以在明清之际重新受到重视的重要学术史背景。

然而,值得注意的是,无论是明代气学或礼学复兴的思潮,都不限于关中地区,反映着当时广泛的学术思想关怀。那么,关中理学家在思想上对张载

---

① 赵园:《明清之际士大夫研究》,第 125 页。
② 张寿安:《以礼代理——凌廷堪与清中叶儒学思想之转变》,台湾"中央研究院"近史所,1994 年;《礼学考证的思想活力》,"中央研究院"近史所,2001 年。另外,关于清廷大力提倡礼仪伦理方面,见王文东:《清代的文化政策与礼仪伦理建设》,《满族研究》2005 年第 3 期,第 52—60 页。
③ Kai-wing Chow, The Rise of Confucian Ritualism in Late Imperial China.
④ Patricia Buckley Ebrey, Confucianism and Family Rituals in Imperial China, Princeton: Princeton University Press, 1991;何淑宜:《香火:江南士人与元明时期祭祖传统的建构》,稻香出版社,2009 年;〔日〕伊东贵之:《思想としての中国近世》,东京大学出版会,2005 年。
⑤ 张亨:《张载"太虚即气"疏释》。

的直接扬继如何？他们对于张载思想在明清之际的复兴有何贡献？

纵观几位关中学者的文集，除了在躬行礼教方面，他们确实具有素朴、重视实践的特色外，若以直接进入张载思想和话语的讨论而言，这些关中后学的表现其实并不出色，他们更多是在"程朱对陆王"的框架内思索学问，并未全力投入对张载学说的阐释、发扬。马理几乎没有谈及张载之学；吕柟虽然尊崇张载，他的学问也受到张载的影响，但主要还是在程朱学与阳明学之间思索，以强调躬行实践为基调①。冯从吾则试图超越程朱、陆王的学派之争，针对时弊和"异端"提出严厉批评，并借讲学重倡他心目中的儒家圣学。李颙之学深受阳明学影响，他一生自学有成，以"悔过自新"的实践落实其"明体适用"的学术理想，并以此体现他深心世道、志切拯救的淑世精神。简言之，这些晚明关中理学家的学问基点并不在张载的气学，而是在当时主流学派的论辩框架内，以及受到王学末流和三教融合的学风刺激下的反思与创新。

相对而言，对于张载《正蒙》思想较有体认的关中学者则是韩邦奇（1479—1555），韩邦奇很欣赏张载"太虚即气则无无"的本体论，认为张载说出汉、唐、宋以来儒者所不能见的道理，具有在思想上对治佛老的重要贡献②。他甚至曾欲写作《正蒙解结》一书，讨论《正蒙》书中的难题，并想和张延式的《正蒙发微》一起出版，但后来因见到刘玑的《正蒙会稿》而作罢，可见他确实曾在《正蒙》上下过工夫③。只是韩邦奇对《正蒙》的重视，并没有在关中后学中形成明显的学术传统，也无法与后来的王夫之相提并论。

综上所论，在明清之际，张载的地位不仅因着关中士人对本地理学传统的反思与建构而获得进一步的提升，他的学说也在沉寂多时之后，再次受到学界的重视。本节主要从明代气学的发展与明清之际礼学复兴两方面，讨论张载学说复兴的学术史脉络。我们发现，虽然明代气学论者并非都直接受到张载的启发，他们的思想也未必忠实承继张载之学，但是张载的气论确实为明代学者所熟悉，并明显镶嵌在当时气学论域中，具有不可抹杀的地位。而明清之际纠正当时王学末流弊病而重视礼教的学术背景，以及针对晚明三教

---

① 吕柟思想也受到张载一定的影响。关于吕柟思想受到程颢、张载之影响，其理气一元论的内容与张载不同，及其学说与朱子和王阳明的异同等，见钟彩钧：《吕泾野思想研究》，第1—29页及《吕泾野〈宋四子抄释〉研究》。
② 〔明〕韩邦奇：《苑洛集》，卷十八，第25a—26a；第35a—37a页。
③ 〔明〕韩邦奇：《正蒙会稿序》，《苑洛集》，卷一，第26b—27b页。

融合而辟二氏之态度,也都是使得张载之学能获得学者认同的重要学术背景。然而,这一节的研究也让我们看见,就阐发和承继张载思想而言,关中本地的士人并没有发挥关键性的作用,这也充分说明了在儒学大传统之内,思想观念的契合与传递往往具有穿透地域限制的力量,士人们对学术文化的关怀,也具有某种超越地域区隔的普遍性。

四、结　语

张载之学自南宋以降,长期处于理学中的非主流地位,虽然张载身为北宋五子之一,其重要性很早即为朝廷与学界所认可,并与二程、朱熹同祀孔庙;他的《西铭》更被誉为《孟子》以下第一书,有宋理学宗祖的美称[①]。然而,其学说最重要的代表作《正蒙》及书中所谈论的气的思想,却长期受到忽略与压抑,后继无人。这情形到了明中叶以后有了改变,张载其人及其思想都在此时重获学界的重视,得到某种程度的复兴。

本文选择从地域学术史和思想观念史两个研究视角,讨论张载与明清学界之间的关系。从地域学术史的角度,我们发现张载地位的提升与关中地区理学的复兴息息相关。关中理学虽可溯自北宋,但其实在南宋与元朝均相当衰微,要到明代中叶后才逐渐复兴,这种发展的趋势既呼应着明代整体学术的发展,即从明中叶以降士人教育普及、生员人数大增等全国性士人群体结构的变化趋势,同时也与吕柟、冯从吾等重要讲学的倡导有关。明代中、晚期,关中地方士人群体扩大、讲学活动兴盛、知识动能累增,这种学术实力的增强不仅反映在书院建制上,也反映在整理先贤文献、祭祀先贤、反思并书写地方学术历史等工作上,于各方面都取得可观的成绩。冯从吾的《关学编》便是在这样的学术大环境下完成的。通过《关学编》,冯从吾定义"关学"为关中地区的理学传统,对于关学道脉的传承也有明确的交代,并以张载为学派的始祖。张载之学与关中的地域纽带,也在这波关学建构中,获得更紧密的联系。同时我们也看到,冯从吾等地方士人和官员致力提升张载及其家族的努力,他们将张载后裔从河北滦州迎归故里,让张载的血脉传承能够在关中

---

① 《御纂性理精义》,收入《四部备要》,中华书局,1965年,第132册,"凡例",第1b页。

故里代代繁衍,并且向朝廷争取张迪入祀启圣祠、张氏后裔袭封五经博士官衔。在他们的努力下,张载的家族果然获得朝廷的恩典,享有与其他北宋四子同等的尊荣。

但若仅从地域学术史或朝廷赐封的角度,我们尚无法理解张载之学复兴的另外一些因素,因此我们从思想观念史的视角进一步探讨。本文第二部分即扣紧张载之学的两大特点——气学与礼学,并配合明清思潮变化的两大脉络,进行讨论。

本文认为,张载气的思想之所以在明末清初的学界能见度大增,主要与当时气论思想的兴起有关。明清气论思潮主要是针对程朱理气二元论的架构进行反思、批判,也与批判佛教有关,故学者们未必都受到张载的直接启发,也未必完全赞同张载所言。然而不可否认的是,他们几乎都注意到张载的气论,并加以讨论或发扬,显示出张载之学是他们不可忽视的文化资源。另外,明中叶以后不少学者也对《正蒙》进行注释,尤其王夫之更是以张载为自己的典范,透过注释、阐扬《正蒙》,他更将张载思想推到学术史上的另一个高峰。

在礼学方面,我们从晚明阳明学的冲激,谈到明清之际士人普遍具有对"礼失"的深切危机感,以及他们极力重申礼法规范的重要性,致力于重建礼仪文化传统的努力。其他学者的研究也从各个角度,包括学术典范的转移、宗族组织兴盛、家礼实践、地方乡绅社会、教化普及、朝廷统治等更广泛的面向,告诉我们,在明清之际礼仪的实践有愈来愈受重视的趋向。而伴随着儒家礼教文化建构的同时,学者也多持严辟二氏的立场。在此学术氛围下,张载重视礼教的为学特色,及其试图透过建构儒家形上本体太虚气论以对抗佛老的用意,都使得他的学问受到许多明清士人的赞许和认同。

从思想观念史的角度,我们也发现关中士人对于承继、发挥张载思想的贡献并不特别突出。毕竟儒学在中国士人教育中具有相当普遍性,思想观念的契合与否,往往与个人情性有关,而思想观念靠着文本或师教的辗转传递,也能够穿越地域的限制,触动心思。这情形在印刷出版业兴盛、社会流动性渐增的明清社会,更不难想象。从本文的讨论可见,张载之学在明清之际的再现,既有关中地域学术复兴、地方学术传统建构的因素,也有属于整体思想潮流变化的脉络。我希望透过这个个案研究,除了说明张载与明清学界的关系,也能具体呈现地域学术史和思想观念史两个不同研究视角所带出的研究成果,具有互补、不可偏废的重要性。

第十六讲

清初关学的"朱陆会通"
——以李二曲与王心敬为中心的考察

米文科

【作者简介】

米文科,宝鸡文理学院马克思主义学院副教授。

清初,为了救正晚明以来阳明后学造成的虚浮学风和端正人心,再加上康熙帝对程朱之学的提倡,一时之间,"尊朱辟王"的风气盛行整个思想界,学者或以辟陆王为尊朱,或讳言王学,亦不敢讲调停朱陆,在此情形下,反而导致门户之争越演越烈,双方辩驳不已。这一现象即使在远离学术中心的关中地区也依然存在。不过,以李二曲、王心敬为代表的关学学者却不避非议,力图用"本体工夫合一"的方式来融会贯通程朱、陆王之学,并在此基础上提出返归《大学》"明新止善"之旨,从而为清初的"朱陆之争"开辟了新的为学方向,并对以后关学的发展产生了深远的影响。

一

李颙(1627—1705),字中孚,号二曲,陕西盩厔(今周至)人,是清初关中的理学名儒。李二曲少时家境贫寒,无力求学,但他凭借自己的勤奋刻苦,遍览经史子集以及佛老之书,无师自通,逐渐声名远播,前来求学者日众。李二曲曾先后讲学于陕西的蒲城、同州、华阴、高陵等地。康熙九年(1670),又应邀赴江南地区讲学,听者众多,被誉为"江左百年来未有之盛事"[①]。康熙十二年(1673),又受聘主讲关中书院。清廷屡次加以征召,但李二曲皆以疾力

---

① 〔清〕李颙:《二曲集》,中华书局,1996年,第75页。

辞,坚决不赴诏。后来,康熙帝亲书"志操高洁"赐之。李二曲倡学关中,全祖望称:"关学自横渠而后,三原、泾野、少墟,累作累替,至先生而复盛。"①又说:"先生起自孤根,上接关学六百年之统,寒饿清苦之中,守道愈严,而耿光四出,无所凭藉,拔地倚天,尤为莫及。"②李二曲与黄宗羲、孙奇逢并称为清初"三大儒"③,著有《二曲集》和《四书反身录》等。李二曲弟子众多,其中最著名的是户县的王心敬。

王心敬(1656—1738),字尔缉,号丰川,学者称丰川先生,陕西鄠县(今户县)人。早年为诸生,二十五岁时,在母亲的支持下,放弃举业,前往周至从李二曲学近十年。王心敬对二曲之学极为佩服,"尊闻而行知",成为李二曲最得意的弟子,且"学业日粹,声闻日章"④。康熙四十八年(1709),王心敬应湖广巡抚陈诜之邀,讲学于江汉书院。康熙五十三年(1714),又应江苏巡抚张伯行之请,至姑苏紫阳书院讲学。后来湖广总督额伦特闻知王心敬之名,荐之于朝,王心敬以疾力辞。随后,他又先后两次辞去朝廷的征召,在家乡终老一生。王心敬著作有《丰川全集》(正续编)《丰川续集》《丰川易说》《丰川诗说》《尚书质疑》《春秋原经》《礼记汇编》《关学续编》和《江汉书院讲义》等。对于王心敬在清代关学史上的地位,唐鉴在《国朝学案小识》中说:"关中之学,二曲倡之,丰川继起而振之,与东南学者相应相求,俱不失切近笃实之旨焉。"⑤关中学者孙景烈(酉峰,1706—1782)认为"吾关中自南阿(指康吕赐)、丰川两先生没后,薪火炱炱不续"⑥。而周元鼎在《关学续编后序》中也说:"自丰川先生后,吾关中之学其绝响矣,是不能不望于豪杰之士。"⑦

李二曲和王心敬生活的时代,由于康熙帝对程朱理学的重视,并以之作为修身治国的思想,再加上许多学者痛感晚明以来王学末流所造成的空疏学风和不良社会风气,于是大力提倡程朱学而批判阳明学,这其中尤以几位理

---

① 〔清〕李颙:《二曲集》,第612页。
② 〔清〕李颙:《二曲集》,第614页。
③ 〔清〕李颙:《二曲集》,第614页。
④ 〔清〕周元鼎:《丰川王先生》,见冯从吾:《关学编(附续编)》,中华书局,1987年,第94页。
⑤ 〔清〕唐鉴:《唐鉴集》,岳麓书社,2010年,第611页。
⑥ 见〔清〕孙景烈《〈史复斋〉墓表》,载〔清〕史调:《史复斋文集·行述》,乾隆间刻本。
⑦ 〔清〕周元鼎:《关学续编后序》,见〔明〕冯从吾:《关学编(附续编)》,第96页。

学名臣最为著名,如陆陇其(1630—1693)、熊赐履(1635—1709)、张伯行(1651—1725)等人。陆陇其曾说:

> 自阳明王氏倡为良知之说,以禅之实而托儒之名,且辑《朱子晚年定论》一书,以明己之学与朱子未尝异。龙溪、心斋、近溪、海门之徒,从而衍之,王氏之学遍天下,几以为圣人复起,而古先圣贤下学上达之遗法,灭裂无余,学术坏而风俗随之①。

另外,张履祥(1611—1674)、吕留良(1629—1683)等一些理学名儒也积极主张朱学,批评王学。故一时之间,"尊朱辟王"之风在清初思想界大为流行。

二

对于清初思想界盛行的"辟王尊朱"之风,李二曲的态度很明显,他反对这种门户意见之争,认为当今第一要务不在于辨别门户,而是要"明学术,醒人心"②。而当时士人"所习惟在于辞章,所志惟在于名利"③,对自己的身心修养却毫不在意,李二曲认为,这其中最主要的原因就在于学术"不明"。正是从这种高度的学术使命感出发,李二曲提出了以王学为主,以德性为先,会通程朱的为学道路。

首先,对于"辟王尊朱",李二曲认为,其实质不过是口舌之争,仅仅靠语言文字来争胜。他说:

> 自孔子以"博文约礼"之训,上接虞廷"精一"之传,千载而下,渊源相承,确守弗变,惟朱子为得其宗。生平自励励人,一以"居敬穷理"为主。"穷理"即孔门之"博文","居敬"即孔门之"约礼"。内外本末,一齐俱到,此正学也,故尊朱即所以尊孔。然今人亦知辟象山,尊朱子,及考其所谓"尊",不过训诂而已矣,文义而已矣;其于朱子内外本末之兼诣,主敬浞躬之实修,吾不知其何如也,况下学循序之功。象山若疏于朱,而其为学,先立乎其大,峻义利之防,亦自

---

① 〔清〕陆陇其:《学术辨上》,《陆稼书先生文集》卷一,《丛书集成初编》本,中华书局,1985年。
② 〔清〕李颙:《二曲集》,第104页。
③ 〔清〕李颙:《二曲集》,第105页。

有不可得而掩者。今之尊朱者能如是乎？不能如是,而徒以区区语言文字之末辟陆尊朱,多见其不知量也①。

李二曲指出,朱子之"居敬穷理"即孔子"博文约礼"之旨,内外本末,一齐俱到,故尊朱即所以尊孔。但今天学者之所谓"尊朱",只是以辞章训诂、口耳记诵为学,与心性无关,早已背离了朱子之学的本旨。陆象山虽然在工夫上有所疏略,但却能够发明本体,专注于心性修养,远非今日之"尊朱"者所能相比。在这里,李二曲强调了朱子之学原是内外本末一以贯之的,而后世学朱子之学者则务外遗内,逐末忘本,故其辟陆尊朱也只是停留在表面的语言文字上,仅仅是门户意见之说。如他对明代朱子学者陈建(号清澜)所著的专门针对王学的著作《学蔀通辨》进行了批评,认为其书是"有为为之也"。因为在李二曲看来,陈建写此书的目的是为了"逢迎当路"。当时明朝政府与王阳明有矛盾,故视其学为禅学,并以尊陆背朱为口实,对阳明之学加以禁止、压制,而陈建"遂曲为此书",以迎合当政者之喜好。也正因为如此,陈建书中才有着太多牵强附会的地方,"一则曰'禅陆',再则曰'禅陆',借陆掊王,不胜词费",其实是"学无心得,门面上争闲气,自误误人"②,其说不可据为定论。

其次,李二曲对王阳明之学在救正朱子学末流之弊上的作用给予了肯定。他说:

> 晦庵教不躐等,固深得洙泗家法,而其末流之弊:高者徇迹执象,比拟摹仿,畔援歆羡之私,已不胜其憧憧;卑者桎梏于文义,纠画于句读,疲精役虑,茫昧一生而已。阳明出而横发直指,一洗相沿之陋。士始知鞭辟着里,日用之间,炯然涣然,如静中雷霆,冥外朗日,无不爽然自以为得。向也求之于千万里之远,至是反之己而裕如矣③。

> 孟子论学,言言痛切,而"良知"二字,尤为单传直指,作圣真脉……后阳明先生以此明宗,当士习支离蔽锢之余,得此提倡,圣学真脉,复大明于世,人始知鞭辟着里,反之一念之隐,自识性灵,自见本面,日用之间,炯然涣然,无不快然自以为得。向也求之千万里之

---

① 〔清〕李颙:《二曲集》,第126页。
② 〔清〕李颙:《二曲集》,第139页。
③ 〔清〕李颙:《二曲集》,第139页。

隔,至是反诸己而裕如矣①。

从上面的引文中,我们可以看到李二曲对王阳明"良知"学的肯定,这种肯定不仅表现在对救正朱学末流的支离蔽锢上,使学者能够"鞭辟着里",重视对心性本体的认识和把握,而且还在于他把阳明学看作是"圣学真脉",视为直接孟子之传。

最后,李二曲分析了朱子与阳明之学,以及其后学末流的得失,并提出会通朱王的为学旨趣。他说:

> 人之所以为人,止是一心,七篇之书反复开导,无非欲人求心。孟氏而后,学知求心,若象山之"先立乎其大"、阳明之"致良知",简易直截,令人当下直得心要,可为千古一快。而末流承传不能无弊,往往略工夫而谈本体,舍下学而务上达,不失之空疏杜撰鲜实用,则失之恍惚虚寂杂于禅。程子言"涵养须用敬,进学在致知",朱子约之为"主敬穷理",以轨一学者,使人知行并进,深得孔门"博约"家法。而其末流之弊,高者谈工夫而昧本体,事现在而忘源头;卑者没溺于文义,葛藤于论说,辨门户同异而已。吾人生乎其后,当鉴偏救弊,舍短取长,以孔子为宗,以孟氏为导,以程朱陆王为辅,"先立其大""致良知"以明本体,"居敬穷理""涵养省察"以做工夫,既不失之支离,又不堕于空寂,内外兼诣,下学上达,一以贯之矣②。

李二曲指出,阳明之"致良知",直指本体,令人当下洞悟本性,极有功于世教,但其后学往往略工夫而谈本体,舍下学而希上达,不是失于空疏而缺乏实用,就是流于虚寂而杂于禅。而朱子之"主敬穷理""涵养省察",让学者知行并进,涵养心性,但其后学不是论工夫而忘本体,就是沉溺于辞章记诵之中。总之,朱子与阳明之学都"大有功于世教人心"③,但对于其后学末流之弊,李二曲则认为,"必也以致良知明本体,以主敬穷理、存养省察为工夫,由一念之微致慎,从视听言动加修",所谓"两相资则两相成,两相辟则两相病"④。故李二曲说:"学术之有程朱,有陆王,犹车之有左轮,有右轮,缺一不

---

① 〔清〕李颙:《二曲集》,第529页。
② 〔清〕李颙:《二曲集》,第532页。
③ 〔清〕李颙:《二曲集》,第36页。
④ 〔清〕李颙:《二曲集》,第129页。

可,尊一辟一皆偏也。"①

不过,李二曲虽然主张会通朱王,但其倾向性是很明显的,即以王学为主,以本体为先。他说:

> 如欲做个德业名儒,醇正好人,则《程氏遗书》《朱子录要》《薛氏读书录》《胡氏居业录》,言纯师,行纯法,于下学绳墨,无毫发走作,精研力践,尽足自树。若欲究极性命大事,一彻尽彻,一了百了,不容不以《龙溪集》为点雪红炉,峦雾指南,辅以象山、阳明、近溪语录与《圣学宗传》,日日寓目,食寝与俱可也②。

可见,如果只是读程朱之书,那就仅仅只能做个"德业名儒,醇正好人",而要究极性命、直达性天,则还需要读阳明学的书。换言之,在李二曲看来,学问的目的是要"洞本彻源,直透性灵"③,即只有对本体有透彻的体认,才是尽性至命之圣学。因此对李二曲来说,学问首先是要识本体,然后才能做工夫。他说:"识得良知,则主敬穷理、存养省察方有着落,调理脉息,保养元气,其与治病于标者,自不可同日而语。否则主敬是谁主敬?穷理是谁穷理?存甚,养甚?谁省,谁察?"④

当然,识得本体后,并不意味着一了百了,本体就能够时时朗现,做到时时是此心,而是还需要工夫来操持此心,使之发用流行,否则便是"玩弄光景"。因此李二曲又用"本体工夫合一"的方法来加以调停,即所谓:"识得本体,若不继之以操存,则本体自本体;夫惟继之以学,斯辑熙无已。所谓识得本体,好做工夫;做得工夫,方才不失本体,夫是之谓'仁'。"⑤

尽管李二曲在"朱陆异同"上持有以上看法,但他并不主张学者将精力用在这种门户意见之争上。在李二曲看来,学者之第一要务是自我身心道德修养,而不是论学术之异同。他说:"辨朱辨陆,论同论异,皆是替古人担忧。今且不必论异同于朱陆,须先论异同于自己,试反己自勘,平日起心动念,及所言所行与所读书中之言同耶?异耶?同则便是学问路上人,尊朱抑陆亦可,

---

① 〔清〕李颙:《二曲集》,第532页。
② 〔清〕李颙:《二曲集》,第139—140页。
③ 〔清〕李颙:《二曲集》,第159页。
④ 〔清〕李颙:《二曲集》,第530页。
⑤ 〔清〕李颙:《二曲集》,第455页。

取陆舍朱亦可；异则尊朱抑陆亦不是，取陆舍朱亦不是。只管自己，莫管别人。"①从而体现了他的"明学术，醒人心"的为学之旨

三

李二曲之后，思想界中的"尊朱辟王"之风并没有减弱，正如王心敬所指出的："自晚村（即吕留良）之说行天下，制举者无不读其选，故十九见言及陆王者极口诋斥，但有一人不然者，即移排陆王之力以排是人，曰是愿学陆王者也，并举其生平而弃之。"②如果说对李二曲而言，其思想重心还在于使学问重归心性修养，强调体认良知本体和工夫实践，那么到了其弟子王心敬那里，扫除门户之见，提倡"朱王会通"，返归《大学》"明新止善"就成了其学问中心，同时也成为其著作《丰川全集》（正续编）和《丰川续集》的主要内容。

与其师李二曲一样，王心敬也把"尊朱辟王"看作是门户之见、党同伐异，不过，与李二曲将学风弊端看作是朱学末流与王学末流造成的不同，王心敬则认为这种弊端是由朱子、阳明本身学问的偏重而引起的。他在写给张伯行的信——《与张仪封先生论尊朱子之学书》中指出，朱子一生为学有三次变化，即：早年为学时致力于辞章注释，这是朱子学问"路途未定时事，不必深讳，亦何必相非"；中年以后，学问大成，但这时朱子看到"程门末流之多失于静虚而类禅也，于是力矫其偏，于道问学处独加详密"；到了晚年，朱子看见门人弟子沉溺于口耳记诵之中，而忽略身心修养，于是对自己偏重道问学的做法颇为后悔，故又常常向学者指示本体，"欲一返之尊德性、道问学合一之途"③。显然，在王心敬看来，不是朱学末流，而是朱子本人为救正程门后学之失，故其学问多偏重于"道问学"一边，而对于本体或心性修养则强调不够。这就与李二曲对朱子之学的完全肯定态度有所不同。

对于陆王之学，王心敬也指出："陆王立论，意在张皇本体之本善，未免于尽性复性，实工夫容有脱疏，殊与六经四子本旨有异。苟不善学，虚见不实之

---

① 〔清〕李颙：《二曲集》，第36页。
② 〔清〕王心敬：《丰川全集（正编）》卷十一《又与逊功弟》，清康熙五十五年额伦特刻本。
③ 〔清〕王心敬：《丰川全集（正编）》卷十五。

弊所不能免。"①又说:"陆子意主于立本,故其语言间遂时有偏重德性、脱略问学之弊,且其气胜而养疏。"②可见,心学末流的空疏之弊也是导源于陆、王本人对本体的偏重。

总之,王心敬认为,朱、陆、薛、王等人为救当时学风之弊而或有偏重,但其学都是以孔孟为宗,绝非像儒与佛老那样邪正判然二分。因此,对于当时学者"尊朱辟王"之举,王心敬一方面指出:

> 陆王之立本良知,非陆王之私创,乃孟子之本旨,陆王可排,孟子亦可排耶?孟子之立本良知不为禅,陆王之立本良知遂禅耶?陆王语言意见之时有偏着自其病,然此属贤者过之之弊耳。力诋为禅,不惟于陆王为失人,亦且于自己为失言。且不佞更虑以立大本为禅,不善学者将必至于情识口耳,逐末迷本;以致良知为禅,不善学者将必至于支离扰扰,任情冥行,其不至举吾道尽性至命之宗流于见闻标榜、格套假藉之途不止也,一时之毁誉离合曾足道耶?③

这就是说,陆王之学虽有偏颇,但其"立大本""致良知"之说乃是来自孟子,故排陆王即是排孟子,以陆王为禅就是以孟子为禅。更何况,如果将"立大本""致良知"视为禅学,那势必会使学问流于情识口耳、支离缠绕。另一方面,王心敬又指出,今日之尊尚朱子,定要推原朱子之本心,在王心敬看来,朱子之本心就是要尊德性与道问学合一。王心敬认为,如果学者不了解这一点,而一味以"道问学"为学,那就会重蹈朱子晚年之悔。故他说:"程朱、陆王最宜相资,岂宜偏排……专尊陆王而轻排程朱,是不知工夫外原无本体,不惟不知程朱,并不知陆王;若专尊程朱而轻排陆王,是不知本体外无有工夫,不惟不知陆王,并不知程朱。"④

不过,相较李二曲将程朱、陆王之学视为车之两轮,强调其相辅相成,不可偏废来说,王心敬则更进一步,指出"尊德性"与"道问学"不只是不可偏废,二者更是一以贯之的,"道问学"原是为"尊德性",而"尊德性"之功原在于"道问学"。他说:"尊德性不容不道问学,道问学乃所以尊德性。《中庸》

---

① 〔清〕王心敬:《丰川全集(续编)》卷二《姑苏论学》。
② 〔清〕王心敬:《丰川全集(续编)》卷十《与张仪封先生求证书院记书》。
③ 〔清〕王心敬:《丰川全集(续编)》卷一《姑苏论学》。
④ 〔清〕王心敬:《丰川续集》卷十四《寄无锡顾杨诸君》,清乾隆十五年刻本。

正以明本体之全于工夫,工夫之不离本体耳,一贯之言,非并列之言也。"①
又说:

> 《中庸》"尊德性而道问学"一语乃千古圣学本体工夫合一之宗,不特单说者义有未备,即并说者旨亦未融……吾辈今日论学术,观圣经之大全,鉴前儒之流弊,要知道问学原是为尊德性,乃算得道问学,而尊德性亦正须道问学,乃算得尊德性。务令真体实功一贯不偏,乃为善学圣人,千盅先贤,亦始不负吾辈责在明道之正职正分耳②。

王心敬指出,《中庸》"尊德性而道问学"说的正是"本体工夫合一",故对学者来说,"尊德性"与"道问学"既不能偏废,亦非两件并行之事,而是一以贯之的,所谓"无体不立,无用不达,无真本体则工夫亦并不真,无实工夫则本体亦并不实"③。若以"尊德性"与"道问学"为两事而言不可偏废,那就只是一种调停之说,并没有真正融会贯通《中庸》之旨。这就比李二曲的车之两轮、相辅相成之说要更进一步了。当然,在如何会通朱王上,王心敬仍然用的是其师李二曲的"本体工夫合一"方法,即:"无本体无工夫,无工夫亦无本体……本体即工夫之体段,工夫即本体之精神,初间尚可分别,到得成熟后,只是这一点兢业灵醒心操存涵养耳,亦更无处可容人分别也。"④

尽管在朱陆问题上,王心敬强调要"会通朱王",取长舍短,不偏一边,但更多时候他认为程朱、陆王之学还不够中正圆满,同时也是为了摆脱学者之间的门户之争,他提出,学问应以《大学》"明新止善"为宗旨,向孔孟回归。王心敬说:

> 自孔孟而后,濂洛关闽、河会姚泾,皆血脉相贯,无不可宗。然学以合天地万物一体为大,以体用工夫融会贯通为全。诸儒不免因一时之症,立补救之方,故其为说,不必兼备。善用之,皆切病之良剂;统论之,或有未满之分量。今日论学术,而欲斟酌圆满,不堕一偏,必如《大学》"明新止善"之旨,全体大用、真体实功一以贯之,然

---

① 〔清〕王心敬:《丰川全集(正编)》卷七《侍侧纪闻》。
② 〔清〕王心敬:《丰川全集(续编)》卷十七《答友人问尊德性道问学之旨》。
③ 〔清〕王心敬:《丰川全集(正编)》卷四《语录下》。
④ 〔清〕王心敬:《丰川全集(正编)》卷一《语录一》。

后中正浑全,印合孔孟也①。

在王心敬看来,"千古圣学,必以合真体实功、全体大用而后中正圆满、不堕一偏"②,但唯有《大学》"明新止善"才能够做到这一点,而程朱、陆王诸儒或偏重本体而略工夫作用,或详于工夫作用而略本体,或即使懂得本体与工夫作用合一,也不能够做到中正圆满。故王心敬说:

> 古今道统学术之源流尽于全体大用、真体实功,惟《大学》"明新止善"乃于此包括无遗,真是会四渎百川之众流于沧海,更无一滴旁溢。明此者,六经四子乃得其宗传,百家众说乃得所权衡,吾辈遵闻行知乃不至差如旁蹊小径③。

这样,王心敬就在"会通朱王"的思想基础上提出了以孔孟为宗,返归《大学》"明新止善"之旨的学问道路,从而为清初思想界的"朱陆之争"开辟了新的为学方向。

四

王心敬提出兼采程朱、陆王之长而会归于《大学》"明新止善"的学问宗旨,事实上亦非其独创,而是发源于其师李二曲。李二曲之学以"明体适用"为特征,他曾说:"明体适用,乃吾人性分之所不容已,学而不如此,则失其所以为学,便失其所以为人矣。"④又说:"明体而不适于用,便是腐儒;适用而不本于明体,便是霸儒;既不明体,又不适用,徒汨没于辞章记诵之末,便是俗儒。"⑤在李二曲看来,《大学》正是一部"明体适用"之书,《大学》之学正是"明体适用"之学⑥。他说:

> 《大学》,孔门授受之教典,全体大用之成规也……吾人无志于学则已,苟志于学,则当依其次第,循序而进,亦犹农服其先畴,匠遵其规矩,自然德成材达,有体有用,顶天立地,为世完人⑦。

---

① 〔清〕王心敬:《丰川全集(续编)》卷一《姑苏论学》。
② 〔清〕王心敬:《丰川全集(续编)》卷一《姑苏论学》。
③ 〔清〕王心敬:《丰川全集(正编)》卷一《语录一》。
④ 〔清〕李颙:《二曲集》,第401页。
⑤ 〔清〕李颙:《二曲集》,第401页。
⑥ 〔清〕李颙:《二曲集》,第401页。
⑦ 〔清〕李颙:《二曲集》,第401页。

因此，李二曲号召学者要"勇猛振奋，自拔习俗，务为体用之学"，亦即"澄心返观，深造默成以立体；通达治理，酌古准今以致用"①，如此才能体用兼备，不愧须眉。显然，王心敬的会归《大学》"明新止善"之说是直接继承于李二曲并加以进一步发展的。

另外，需要指出的是，以"本体工夫合一"来会通朱王只是李二曲和王心敬学问的一个方面，即李二曲说的"明体"或王心敬讲的"真体实功"。而另一方面，他们还主张学问要"适用"或"大用"。如李二曲在给弟子开列的书目中就有"明体类"与"适用类"之分，"明体类"包括本体与工夫，而"适用类"则为经世致用之书，包括真德秀的《大学衍义》、吕坤的《实政录》以及《武备志》《资治通鉴纲目大全》《大明会典》《历代名臣奏议》和《农政全书》《水利全书》等17部在李二曲看来属于"适用"的书籍，他还指出："道不虚谈，学贵实效，学而不足以开物成务，康济时艰，真拥衾之妇女耳，亦可羞已！"②而王心敬在其《丰川续集》中也大量讨论了礼制、选举、积储、备荒、水利、筹边、军事等诸多现实问题，而且较之李二曲，王心敬对"适用"的关注和重视明显加强，正如李二曲的另一个弟子所指出的，李二曲中年以前，"殷殷以明体适用为言"，而中年以后，"惟教以返观默识，潜心性命"③。

虽然，李二曲与王心敬提出的"会通朱王"、返归《大学》"明新止善"之旨并没有改变或终结清初的"朱陆之争"，但他们所主张的"明体适用"和"全体大用、真体实功"在关中地区却产生了重要的影响。在这一主张的推动下，清代关学在以后的发展中避免了走向单纯的"道问学"，也很少以考据训诂为学，而是在强调心性之学的同时又重视经世致用。

---

① 〔清〕李颙：《二曲集》，第401页。
② 〔清〕李颙：《二曲集》，第54页。
③ 〔清〕李颙：《二曲集》，第48页。

第十七讲

晚清民国关学清麓一系学术思想评述与反思
——以孙迺琨、牛兆濂为中心

王美凤

【作者简介】

王美凤,西北大学关学研究院教授,西北大学关学研究院副院长。

北宋张载(1020—1077)创立关学,之后屹然与濂、洛、闽诸学并峙,成为理学重要一脉,数百年弦诵不辍,彬彬称盛。然至晚清民国,随着西学东渐以及民族危机的加深,社会上多种思潮蜂拥而起,关学在思想上也出现多元化趋向,如以刘光蕡(号古愚)为代表的倡导中西结合、经世致用为特征的烟霞一系,和以柏景伟为代表的强调实事实功的沣西一系,均受时势的熏染,表现出向近代转型的倾向。然而值得注意的是,在西学渐炽、儒学衰落的大背景下,关学中尚有以贺瑞麟为代表的清麓一系,仍坚守"道继横渠,学宗程朱"的传统理学路向,一以道德性命为依归,遂成为关学中延及民国时期的重要理学堡垒。史载清麓学脉"以倡明绝学为心,祖述邹鲁,宪章洛闽,力绍横渠之统绪"[①],"一以程朱为法,丝毫不容假借"[②],其影响之深,延续之久,传播之广,在国内实不多见,使关学呈现出独有的学术景象,亦使传统理学在西北地区仍存一线生机。可见,在考据之学淡出、今文经学兴起,国家内忧外患加剧的晚清乃至民国时期,关中大地的理学不仅没有"衰歇",反而表现出相当的活力。但是,清麓一系的思想特征及其学术走向,毕竟与当时的时代潮流脱节乃至相悖,所以亦需对其进行必要的反思,以记取其历史的教训。本文拟

---

① 〔清〕孙永言:《贺清麓先生年谱书后》,王长坤、刘峰点校:《贺瑞麟集》,西北大学出版社,2015年,第1179页。

② 〔清〕张骥:《关学宗传》卷五四《贺复斋先生》,王美凤编校:《关学史文献辑校》,西北大学出版社,2015年,第527页。

以清麓一系传人孙迺琨、牛兆濂的学术思想为中心加以分析,以就教于同仁。

一、一脉相承,弦诵不辍

贺瑞麟(1824—1893),字角生,号复斋,学者称清麓先生。20 岁中秀才。道光二十七年(1847)"从李桐阁(元春)先生闻程朱之学,屏弃荣利,锐志圣贤,以立志居敬、穷理、反身为纲要"①,由此成为桐阁先生晚年入室弟子,从学近十年,得其高致,步入程朱之门,与朝邑杨树椿、芮城薛于瑛并称"三先生"。同治四年(1865),贺瑞麟主讲三原学古书院,与诸生"预约不开时文课",手订书院《学约》六条,训诫门下"为学第一要路脉真,第二要工夫密"②,规定"凡学于此者,一以圣贤之学为宗",而对于"世俗记诵词章、功名利禄之说","务使扫除净尽,不以干碍其胸中"③。同时订立《学要》六条,提出"审途以严义利之辨""立志以大明新之规""居敬以密存察之功""穷理以究是非之极""反身以致克复之实""明统以正道学之宗"④。坚守居敬穷理、涵养省察等程朱一以贯之的为学宗旨,认为唯有如此,方可恪遵朱子轨辙。他尝曰:"朱子之学,孔子之学也。朱子之道,孔子之道也。宗朱子者为正学,不宗朱子即非正学。"⑤他对"凡异学之空寂,霸学之功利,汉学之博杂,俗学之卑陋,以及心学阳儒阴释,无不峻拒而痛惩之"⑥。正因于此,其门下士孙迺琨谓其"守道之笃,辨道之精,体道之实,卫道之严,直欲开千古之光明,而启奕禩之屯蒙"⑦。

贺瑞麟一生的主要活动是讲学、著述,清麓精舍和正谊书院的创建是其重要的学术事业与社会贡献。其讲学和著述的特点,一是不重举业,而一意

---

① 〔清〕牛兆濂:《贺复斋先生墓表》,王美凤点校:《牛兆濂集》,西北大学出版社,2015 年,第 240 页。
② 〔清〕孙迺琨:《贺清麓先生年谱》,《贺瑞麟集》附录,第 1153 页。
③ 〔清〕孙迺琨:《贺清麓先生年谱》,《贺瑞麟集》附录,第 1150 页。
④ 〔清〕孙迺琨:《贺清麓先生年谱》,《贺瑞麟集》附录,第 1151—1152 页。
⑤ 〔清〕孙迺琨:《清麓文集约钞序》,《灵泉文集》,民国二十九年(1940)济南善成合记印务局印版,卷三,第 43 页。
⑥ 〔清〕孙迺琨:《清麓文集约钞序》,《灵泉文集》卷三,第 43 页。
⑦ 〔清〕孙迺琨:《贺复斋先生行略》,《灵泉文集》卷一,第 4 页。

于圣贤求仁之学,欲以此"明学术,正人心"①。按他的说法,就是"师以求仁为教""弟子以求仁为学"②。二是排斥诸种"杂学",但凡"特权谋术数,与夫百家众技",以及"老之虚无,佛之寂灭,俗儒之词章记诵"等"弃塞仁义者",决"不可与圣贤求仁之学同年而语也"③,坚决予以痛拒之。三是遵循清初朝邑大儒王建常所奠定的学术路向,惟程朱是守。故左宗棠赞其"学术纯粹,真朱子的派"④。清麓之学以其鲜明的理学特色,在晚清学界独树一帜。

贺瑞麟的弟子众多,早年就有被称为"贺门四先生"的谢景山、杨克斋、马杨村、王石城等⑤,光绪十六年(1890),有"贺门曾子"之称的山东淄川人孙迺琨,徒步入陕,得列清麓门墙,成为此后有较大影响的清麓派异地学人。孙迺琨(1861—1940)字仲玉,世称灵泉先生。在清麓期间,他系统接受了关中理学思想,也受到关学学风的熏陶,其治学一依清麓为学宗旨,以朱子的《小学》《近思录》为入门阶梯,坚守"朱子以前以《四书》为精要,朱子以后《小学》《近思录》及《章句集注》并为精要"⑥。由于他"备曾闵之笃行,履次宪之苦节"⑦,"筚路一方,倡行绝学,推行古礼"⑧,颇有关学遗风,虽仅侍先生三年,遂有《清麓答问》《清麓语录》《清麓札记》《清麓经说》等著述,其笃志于关学可知矣。之后他又五次入陕,多年主讲于贺瑞麟开创的正谊书院,成为晚清民国时期关学清麓一系之干城,四十余年如一日,几将毕生精力奉献给了关学事业。孙迺琨牢牢把握贺瑞麟关于励志圣学、不尚词章、不事举业、专务正学的为学方向,"专攻性道,敦笃实修"⑨。他认为清麓派所理解的圣学核心理念就是仁义,故说"虞廷'惟精'工夫,乃是精察此心之仁与不仁,义与不义;'惟一'工夫,乃是笃守此仁与义耳"⑩,他以此心讲学,以此义著书,遂成

---

① 〔清〕孙迺琨:《与陈铭斋书》,《灵泉文集》卷四,第68页。
② 〔清〕孙迺琨:《与管向定书》,《灵泉文集》卷四,第59页。
③ 〔清〕孙迺琨:《与管向定书》,《灵泉文集》卷四,第59页。
④ 〔清〕孙迺琨:《贺清麓先生年谱》,《贺瑞麟集》附录,第1177页。
⑤ 据曹冷泉《陕西近代人物小志》记载,贺瑞麟门下有众多异地学子,"如山西任安卿兄弟,山东孙仲玉兄弟,河南白寿庭、梁艮斋,朝鲜李习斋其尤著也"。见《陕西近代人物小志》,樊川出版社,1945年,第4页。
⑥ 〔清〕孙迺琨:《复廖燮堂书》,《灵泉文集》卷四,第51页。
⑦ 〔清〕焦振沧:《灵泉文集序》,《灵泉文集》卷首,第1页。
⑧ 〔清〕焦振沧:《灵泉文集序》,《灵泉文集》卷首,第1页。
⑨ 〔清〕焦振沧:《灵泉文集序》,《灵泉文集》卷首,第1页。
⑩ 〔清〕孙迺琨:《复赵琢之书》,《灵泉文集》卷五,第7页。

为晚清民国时期关学史上有突出贡献的异地学人。

贺瑞麟的关门弟子是被视为"传统关学最后一位大儒"①的牛兆濂。牛兆濂（1867—1937）字梦周，号蓝川，陕西蓝田人。光绪十四年（1888）乡试中举，之后于同年三月，遵从贤母之命，赴陕西三原拜贺瑞麟为师。当牛兆濂回答先生"何不赴公车"的问题时，说："慈母之志，只望濂学为好人，他非所望也。"贺瑞麟感叹曰："贤哉母也！"②透露出牛兆濂不愿举业而立志圣贤性道之学的决心，此正与清麓一系的治学宗旨相一致，故受到贺瑞麟的赞赏。入学后，牛兆濂谨遵师训，专注圣道，然遗憾的是，半年后贺瑞麟病逝，但其"程朱是孔孟嫡派，合于程朱即合于孔孟；不合于程朱，即不合于孔孟"③的学术宗旨，已经深深地影响了牛兆濂的思想，故其一生励志持守，成为清麓学派的重要传人。牛兆濂曾于1913年至1918年间主讲正谊书院，继则归讲蓝田芸阁学舍。咸阳大儒张元勋说："孔孟程朱之学日再中天，先生洵清麓后第一功臣也。"④其门下李铭诚曾说："有清讲学之风，清献、杨园、仪封而后，薛（于瑛）、贺（瑞麟）、杨（树椿）三先生崛起西北，清麓博大精深，独得其宗。先生则师承清麓，德纯学粹，其克集诸先生之大成而未坠也。"⑤对牛兆濂维护师门、传承关学之功给予高度概括。民国初张骥在《关学宗传·自叙》中说："高陵白悟斋、蓝田牛梦周，恪守西麓之传，皆关学之晨星硕果。"⑥充分肯定了牛兆濂"恪守西麓之传"的学术地位与贡献。由此可知，以贺瑞麟与孙迺琨、牛兆濂三人为代表的清麓之学一脉相承，成为在晚清民国时期有突出特征、独特气象的地域性学术流派。

二、沉潜性理，异于时学

1840年鸦片战争之后，中国思想界受到前所未有的冲击，激发无数仁人志士深刻反思，力图挽救日益加剧的民族危机。梁启超说，时"志士扼腕切

---

① 刘学智：《关学思想史》，西北大学出版社，2015年，第507页。
② 〔清〕牛兆濂：《记清麓问学本末》，《牛兆濂集》，第100页。
③ 〔清〕牛兆濂：《记清麓问学本末》，《牛兆濂集》，第100页。
④ 〔清〕张元勋：《牛蓝川先生行状》，《牛兆濂集》，第390页。
⑤ 〔清〕李铭诚：《先师牛蓝川先生行状》，《牛兆濂集》，第392—393页。
⑥ 《关学宗传·自叙》，《关学史文献辑校》，第146页。

齿,引为大辱奇戚,思所以自湔拔,经世致用观念之复活,炎炎不可抑。又海禁既开,所谓'西学'者逐渐输入,始则工艺,次则政制"①。中国人凭着尚且粗浅的西学知识,与清初启蒙期所谓"经世之学"相结合,始向乾嘉以来的正统派"举叛旗",于是今文经学兴起。亦如邓实所说:"道、咸时海内渐多故,汉学方以破碎无用见讥于时,而今文则出自西汉诸儒,类能通经以致用,学者得借以讽言经世。"②其时引领今文经学之潮流者,是龚自珍和魏源。今文经学在近代的开拓,实自龚氏。梁启超曾言:"晚清思想之解放,自珍确与有功焉。光绪间所谓新学家者,大率人人皆经过崇拜龚氏之一时期;初读《定庵文集》,若受电然。"③而其友人魏源的"经世致用的具体政见,则的确反映了时代的一个侧面。今文家所谓'富国强兵'的商业资本主义思想是起了时代的先锋作用的"④。之后处于近世今文经学运动之中心的则是康有为,先后发表了《新学伪经考》《孔子改制考》《大同书》等著作,提倡以改良的方式,实现人类"大同"社会,对戊戌维新运动及西学的推广传播发挥了重要的作用,在当时的中国思想界又一次掀起飓风,使清学正统派的根基彻底为之动摇,这是晚清中国学术思想之大势。

面对风起云涌的时代变化,关学清麓学人贺瑞麟及其门弟子,有感于"此道日孤,内有枯寂冷淡之味,外无华藻显赫之炫,踽踽凉凉"、几近"匿迹销声"⑤的学术状况,毅然以卫道自任,潜心宋学,守死善道,讲明学术,挽回人心,这是清麓之学不同于其时异地学术最显著的特征之一。

作为清末民国时期关学清麓一系门户守卫者的孙迺琨,一本清麓家法,奉程朱理学为圭臬,曾言"今日为学,断当专趋程朱门户"⑥;同时竭力排斥程朱理学之外的学问,批评其"皆荆棘蓁芜,误人坑堑"⑦。他说:"先师恪遵朱子者也,吾辈今日为学,亦惟有效法先师,专宗朱子而已。"⑧这种"恪遵"表现

---

① 梁启超:《清代学术概论》,中国书籍出版社,2006年版,第113—114页。
② 邓实:《国学今论》,载刘师培、章太炎等撰:《中国近三百年学术史论》,上海古籍出版社,2006年,第342页。
③ 梁启超:《清代学术概论》,第121页。
④ 侯外庐:《中国思想通史》(第5卷),人民出版社,1956年,第634页。
⑤ 〔清〕孙迺琨:《贺清麓先生年谱》,《贺瑞麟集》,第1165页。
⑥ 〔清〕贺瑞麟:《答王逊卿书》,《贺瑞麟集》,第357页。
⑦ 〔清〕贺瑞麟:《答王秉粹书》,《贺瑞麟集》,第381页。
⑧ 〔清〕孙迺琨:《复刘凤岗书》,《灵泉文集》卷五,第20页。

第十七讲　晚清民国关学清麓一系学术思想评述与反思

在三个方面：其一，继承了清麓以朱子《小学》《近思录》和《四书章句集注》为最基本儒学典籍的观念，认为朱子的著作中，"《小学》书则又性理之要，而尤切于学之始基"①。其二，一以程朱"主敬"为工夫，即"恪守程朱居敬穷理之训"②。他坚信为学工夫只是"居敬工夫"③。其三，力辨门户，恪守程朱。孙迺琨说："为学之初，必先辨门户。若门户一差，学术与道术皆杂。"故他严辨门户，对程朱之外的各家各派，多有排斥："凡汉学家、辞章家、管商之权谋功利、异端之虚无寂灭，与近代之阳儒阴释，一概廓清而扫除之。"④他在为《梁艮斋先生遗集》所作序中，赞赏梁艮斋先生"其专心致志，而精益求精者，惟在纲常名教之大，仁义道德之归。"⑤由此可见其学术立场与治学宗旨之坚定不移。

与孙迺琨相似，牛兆濂一生谨遵清麓教诲，"以恪遵程朱为指归"⑥。光绪二十九年（1903），牛兆濂出任陕西师范学堂总教习。学堂前身是明代大儒冯从吾创立的名闻遐迩的关中书院，李二曲（1627—1705）、孙景烈（1706—1782）、路德（1784—1851）、柏景伟（1831—1891）等关中大儒先后在此执讲席，是该时期关中理学的重镇。在维新风气影响之下，1902年关中书院改制为学堂，设立了近代陕西第一所师范学堂，推行新学。时当局力邀牛兆濂出任总教习，却被其婉拒。最后他与当局约定，只允授程朱理学，方才就任。然为时不久，因诸生中有违程朱之言者，牛兆濂竟予坚辞。后牛兆濂执教于为祭祀元代大儒许衡而建的鲁斋书院时，告知诸生："鲁斋之学，朱子之学也；朱子之学，孔孟之学也。学其学，心其心，名教纲常之不亡于天下，非异人任也。"⑦此时已至1904年，康有为《大同书》已写成，社会风气已发生剧变，然他仍谆谆以倡明孔孟之学、程朱之旨为己任，尽力维护儒家纲常名教，足见其思想已远远落伍于时势。

与清麓一系排斥汉学、功利词章及王学等倾向相一致，牛兆濂对程朱性理之外的学问亦多持否定态度。他曾谈及自己少从事于帖括而不足言文，既

---

① 〔清〕贺瑞麟：《重刻朱子〈小学〉书后序》，《贺瑞麟集》，第3页。
② 〔清〕孙迺琨：《〈晚悔庵笔记录要〉序》，《灵泉文集》卷三，第46页。
③ 〔清〕孙迺琨：《复廖燨堂书》，《灵泉文集》卷四，第51页。
④ 〔清〕孙迺琨：《复廖燨堂书》，《灵泉文集》卷四，第51—52页。
⑤ 〔清〕孙迺琨：《梁艮斋先生遗集序》，《灵泉文集》卷三，第44页。
⑥ 〔清〕牛兆濂：《与夏灵峰》，《牛兆濂集》，第67页。
⑦ 〔清〕牛兆濂：《赠庞纯修》，《牛兆濂集》，第87页。

乃闻清麓之训,"始知为己务实,有厌文敝、从先进之意"。后又担心诗古文辞会"夺志而害道"①,故力加排之,此足见他排斥词章、功利之学的决心早已下定。同时,他把对清麓一脉学术立场的维护和坚守与对清代汉学的批评有意识地联系在一起,对汉学之失导致的学术流弊多有批评。也许因为此,他对持守今文经学的康有为不屑一顾。1923年,康有为至陕,时"达官贵人及文人学士莫不欢迎,刘督军(振华)遣使请牛赴省陪康某,蓝川托疾辞避,不与之接"②。而时在正谊书院讲学的孙迺琨也同样婉拒。牛兆濂承继清麓先生"论人宜宽,论学宜严,此学者第一义也"③的学术精神,严辨学术门户,故对王学末流的批判不遗余力。在《答李荟堂》一文中,对李氏"于二曲、阳明,重其学行,钦其功业而爱之敬之"的态度不以为然,认为"其学之不能无偏处",并指出"夫权谋术数,机械变诈,程朱之所深辟而陆王之所取也"。且大声疾呼"宁学程朱而未至,犹不失为圣人之徒。若一入功利,便堕落坑堑,其害道也必矣"④。针对当时社会上有人提出"何必程朱,何必陆王,但学孔子可矣。况陆王易而程朱难,何必舍易而求难乎"的言论,牛兆濂予以严肃地批评,认为这严重淆乱了人们的思想,导致"学陆王者,每自谓与程朱同,而学程朱者,则自谓与陆王异"⑤的混乱现象。

由贺瑞麟开创,其门弟子孙迺琨、牛兆濂等坚守的清麓之学,形成晚清民国时期不同于异地的独特学术风气。孙迺琨曾十分中肯地言及道、咸以来的学术变化及清麓学风之纯正,说:

自道、咸以来,科举盛行,类皆骛辞章,取利禄,驯致颓风败俗而莫可挽,此学术一坏而心术治术随之也。独先师贺复斋先生崛起西陲,以英明纯粹之姿,励志圣学,暗然为己,功崇实践,亲师友,辨学术,谢绝场屋,不求闻达,别义利之分,审出处之节,挺然特立,洞见大原⑥。

孙迺琨对道光、咸丰以降专务辞章、逐利禄的学术风气深恶痛绝,并对由

---

① 〔清〕牛兆濂:《蓝川文钞序》,《牛兆濂集》,第3页。
② 〔清〕牛兆濂:《蓝川文钞续序二》,《牛兆濂集》,第164页。
③ 〔清〕牛兆濂:《答赵汝笃》,《牛兆濂集》,第198页。
④ 〔清〕牛兆濂:《答李荟堂》,《牛兆濂集》,第193页。
⑤ 〔清〕牛兆濂:《答赵汝笃》,《牛兆濂集》,第198页。
⑥ 〔清〕孙迺琨:《清麓文集约钞序》,《灵泉文集》卷三,第43页。

此而衍生的心术、治术一并予以贬斥。相应地他对在关中一隅的清麓之学励志圣学、明辨学术、躬行实践的关学之风予以高度的认可，赞赏其有"挺然特立，洞见大原"的独特品格。然由于其目光所限，对于当时今文经学的兴起以及其推动社会变革的作用，则莫衷一是，他关注的是儒家性命之学的命运。据他约于民国二十二年（1933）前后写给陕西省孔教会会长赵玉玺（字宝珊）的书信中所说，他看到其寄来的《孔教会杂志》中提及外国（英国）"知殊方异域，亦知吾夫子之道，如天地日月一般，不可离去"，遂感叹"吾中人却罢圣祭飨，禁读四书五经，岂不弄成笑柄？"由此，他特别提到"横览十八省，惟我陕省士君子不囿于风气，按时祭飨，聚徒讲学，仍如治时一般"①，甚至还出现过"文庙会讲，环听者近千余人，可谓盛会"②的情景。由此，他对陕西的尊孔之风不仅肯定，而且认为其前景乐观。他说："当兹世界晦盲，普天之下，圣庙皆罢祭享，独我关中尊崇孔圣，仍照旧例，且致各届人都来行礼，将来中国开治必始于是邦，已露先兆矣。"③他还引用顾亭林"关中风气甲天下"的话，称赞此"非虚誉也"④。这说明，正是包括清麓一系在内的陕西关学学人的努力和坚守，关中大地上出现了有别于异地的独特学术景象。

三、反思与批判

在晚清民国时期的理学已经走向衰微之时，孙迺琨、牛兆濂等清麓一系传人，道继横渠、学宗程朱的鲜明思想路向和尊孔读经、聚徒讲学的举措，应视为当时国学衰微、西风猎猎的时势下独有的思想史现象。该时期历经康梁戊戌维新、清末废除科举、辛亥革命和清帝退位、军阀割据混战、新文化运动、五四运动，等等，其时新式教育来势猛烈，尤其是辛亥革命后，新学日渐深入人心，这必然会对士阶层发生深刻的影响，即使地处西北，陕西亦有以刘光蕡及其后学陈涛、张季鸾、李仪祉、于右任为代表的烟霞一系，顺应潮流，提倡经世之学，举办新式教育和兴办实业。然而与之近在咫尺的另一隅，却有孙迺

---

① 〔清〕孙迺琨：《复赵宝珊书》，《灵泉文集》卷五，第17页。
② 〔清〕孙迺琨：《与牛蓝川书》，《灵泉文集》卷四，第76页。
③ 〔清〕孙迺琨：《与牛蓝川书》，《灵泉文集》卷四，第76页。
④ 〔清〕孙迺琨：《复赵宝珊书》，《灵泉文集》卷五，第17页。

琨、牛兆濂等人,"树起脊梁,大振精神,宏圣贤之志,扩悲悯之心,尽挽回之术"①,沉静而刚毅地坚守着传统关学和程朱理学。他们广开书院,刻印经学典籍,聚众讲学授徒,这在当时的情形下,几成绝响。他们的努力尽管十分艰难,但却顽强地铸成关学在晚清民国一支独特的学术中坚力量。牛兆濂曾感慨地谈及其初衷:

> 惟是斯文一线,自先师后,职大职小,亦止寥寥数人相与维持,以不坠于地。故清麓一局为地极微,而所系至大。盖讲学以明先圣之统,守道以绵正学之传,使天寒地冻之时,尚留此微阳呼吸之延,以待天心之来复,固不独为训蒙课读,区区一村学究事也。夫所系之重,则其任不能轻②。

正是出于使圣学"不坠于地"的"继绝"之心,孙迺琨、牛兆濂坚守的清麓精舍和正谊书院,成为理学在关中地区最后的圣域,完成了"克集诸先生之大成而未坠"③的学术使命,他们德纯学粹,持守之严,造道之深,实开晚清民国关中独特之学术风气。

但是,历史总是要前行的,他们的努力是悲壮的。1915年"新文化运动"前后,西方的自由、民主、平等的思想在国内已颇有影响,孙迺琨、牛兆濂对之所持否定和批评态度,显然是一种文化保守主义的立场。孙迺琨所批评的"今则讲平等,讲自由,坏法乱纪,致纲常扫地以尽,昧于天人之理甚矣"④的说法,已经明显落伍于时代。他还说:"当此天下晦盲、邪说暴行之日,举世之人,乱男女,削亲权,竞尚平等自由,都不知名教纲常为何事?"⑤在中国学术思想已经发生深刻变化的时候,他们没有放眼世界,却孜孜以传统的孔孟之道、程朱之学判别是非。甚至于当全国大部分省区都陆续完成了传统书院改制,新式学堂开始广泛推广,传统理学面临着消亡危险之时,孙迺琨仍在大声呼吁"明学术,正人心,固当今之急务也"⑥,试图以理学作为挽救世道人心的思想武器,一以圣贤之学为旨趣,以程朱理学为依归,以《小学》《近思录》为

---

① 〔清〕孙迺琨:《复张鸿山书》,《灵泉文集》卷四,第52页。
② 〔清〕牛兆濂:《答孙仲玉》,《牛兆濂集》,第205页。
③ 〔清〕李铭诚:《先师牛蓝川先生行状》,《牛兆濂集》,第393页。
④ 〔清〕孙迺琨:《复陈桂山书》,《灵泉文集》卷六,第23页。
⑤ 〔清〕孙迺琨:《孙氏族谱重修序》,《灵泉文集》卷三,第48页。
⑥ 〔清〕孙迺琨:《与陈铭斋书》,《灵泉文集》卷四,第68页。

常课,在书院讲学著述。正是孙迺琨、牛兆濂等人的刚毅坚守,正谊书院存世半个多世纪,直到1948年方得以改建。由此可见,在传统与新学的博弈中,孙迺琨、牛兆濂始终在新、旧学之间挣扎,但最终没有找到冲决固有樊篱的思想武器和路径。正如近世学人曹冷泉所说:"清麓之学,一本敬诚,笃守礼教,固有足多者,惟门户之见太严,且力反时代潮流,日持敬于所谓已发未发之间,不知今世是何年,而犹以身荷道统自任,可谓迂矣。闻今日清麓书院之师徒,皆古服古冠,日咕哩考亭遗言,诚不知其何说也。"①这充分说明,《大学》所谓"苟日新,日日新,又日新"②以及朱熹所说"旧学商量""新知培养"③的态度和方法,在任何时候、对于任何人都是需要思考和借鉴的,即使贤哲也不例外。

---

① 曹冷泉:《陕西近代人物小志》,樊川出版社,1945年版,第4页。
② 朱熹:《大学章句》,《四书章句集注》,中华书局,2016年,第5页。
③ 〔清〕黄宗羲:《宋元学案》卷五七《梭山复斋学案》,中华书局,1986年,第1873页。

第十八讲

清末关学的朱子学面向
——以贺瑞麟《关学续编》为中心

刘 峰

【作者简介】

刘峰,西北大学关学研究院讲师。

关学发轫于张载,但对自身学术史的自觉则始于晚明冯从吾,氏著《关学编》作为关学史自我建构的集成,也反映出关学与程朱理学及阳明心学的交融与合会。逮清末贺瑞麟,在续补《关学编》以延续对关学史自我确证的同时,极力将关学"程朱化"。其出发点是通过对关学自身原则的再强调,以实现对时代问题的回应,但结果也造成了对关学全貌的有意遮蔽。对此加以梳理,既可以回答被学界忽略的为何关学高度程朱化却还是关学这一问题①,又可以为当前歧见迭出的关学、关学史理解提供可能启示②。

一

冯从吾的《关学编》开关学史研究之先河,是书受到学界高度赞誉,"书

---

① 明清关学发展的主线之一就是与程朱学的互联互通,对此的专门研究参见米文科:《论明代关学与朱子学之关系》,《中国哲学史》2017 年第 4 期;常新:《明末清初关学的学术面向》,《孔子研究》2018 年第 6 期等,但是对于为何关学高度程朱化却还是关学的讨论付之阙如。

② 参见刘宗镐:《关学的科学内涵、思想历程及研究方法——评刘学智的〈关学思想史〉》,《孔子研究》2016 年第 2 期;张波《"关学"与"关学史"正名》,《常熟理工学院学报》(哲学社会科学版)2018 年第 3 期等。

第十八讲　清末关学的朱子学面向

成,人无不乐传之"①。并且认为,其价值不仅在于高扬关学,而且对于振兴天下学术大有裨益,"即学即羲、文、周、孔未见有不得者,悉止论关中之学,即以论天下之学,论千万世之学可也"②。可见,《关学编》受到学界推崇的原因不唯独于论关学有功,更在于编纂者"既弘且远"的学术志向、学术视野和"阐圣真、翼道统"为己任的学术担当,使他在选择学人时能够不立门户、兼容并包、学及天下,正如自序中所言:"诸君子之学,虽龤入门户各异,造诣浅深或殊,然一脉相承,千古若契,其不诡于吾孔氏之道则一也。"③《关学编》秉持包容开放的学术标准,一时为学界所称道,特意强调其所选学人"不论升沉,不计崇卑,而学洙、泗、祖羲、文者,无不载焉。少墟之用心可谓弘且远矣!"④"虽诸君子门户有同异,造诣有浅深,然皆不诡于道"⑤。

《关学编》代有刊刻、补续。清初李二曲门人王心敬(1656—1738)有感于代移世易,百年间关学史传记断缺,"后之征考文献者,将无所取证",因此增补冯从吾、李二曲及弟子等七人入《关学编》,书成于1726年。之后周元鼎(1745—1803)于嘉庆七年(1802)在此基础上将王心敬续入;此外,刘得炯学署朝邑(今陕西大荔县)期间有慨于年代久远,冯从吾《关学编》版籍散佚,"恐迟之又久,澌灭殆尽"⑥,遂在乾隆二十一年(1756)与仪陇知县赵蒲共同出资刊刻,"以昭来兹,示典型",补入冯从吾和王建常二人。之后李元春(1769—1854)对刘得炯、赵蒲将冯、王二人补入《关学编》赞誉有加,"赵氏之刻补少墟并及仲复,诚当"。为振兴关学,在此基础上,李元春广泛搜罗,积十年之功于道光十年(1830)"订补入七人、续入十二人"⑦。

继王心敬、李元春后,贺瑞麟再次续补《关学编》。具体分前后两次,初次在同治七年(1868),缘于朝邑杨树椿(1819—1874)之子杨玉清教授三原时,将同县赵蒲后人出售祖上所刻《小学句读》等三书板的情况告知三原张宜堂,张宜堂将此事转告本地乡绅刘毓英,刘出资购回,拟再次刊刻三书以嘉惠学

---

① 〔明〕张舜典:《关学编后序》,〔明〕冯从吾:《关学编(附续编)》,陈俊民、徐兴海点校,中华书局,1987年,第62页。
② 〔明〕张舜典:《关学编后序》,《关学编(附续编)》,第62页。
③ 〔明〕冯从吾:《关学编自序》,《关学编(附续编)》,第2页。
④ 〔明〕张舜典:《关学编后序》,《关学编(附续编)》,第62页。
⑤ 〔清〕余懋衡:《明余懋衡序》,《关学编(附续编)》,第121页。
⑥ 〔明〕刘得炯:《清刘得炯序》,《关学编(附续编)》,第124页。
⑦ 〔清〕李元春:《李元春关学续编序》,《关学编(附续编)》,第66页。

林时,发现其中夹杂有赵蒲所刊《关学编》书板,遂即一并刊刻。当时有感赵本欠完备,所以贺瑞麟在赵本基础上将乃师李元春所补续内容增列,同时为李元春作传,一并补入①。此间经过,贺瑞麟在《答杨仁甫书》《书关学编后》中有详细说明:

> 东里刘氏买得王仲复先生《小学》各种,内有赵氏所刊《关学编》,皆欲刷印。而《关学编》弟意以桐阁先生增订本钞附补刻以成完璧。又以桐阁先生补入②。

> 余乃取桐阁补续各人,并依原书为补刻,而更以桐阁先生续焉,以求是正于当世之为。此学者至以诸贤望吾关中人士,使见诸贤之心而因以自见其心,不好名亦不避好名之谤,为所当为以振兴关学,延斯道于勿坠③。

可见,这次补续,贺瑞麟依仍其师李桐阁以振兴关学为己任的心志,心系关学道脉的传承,其言行大体尚未透露出强烈、鲜明的辨学立场。

贺瑞麟对《关学编》第二次续补是在光绪十八年(1892),源于柏景伟(1831—1891)在关中书院任讲席期间,因感怀关中书院乃冯从吾讲学旧地,而冯从吾对振兴关学有不朽之功。因此力倡修建冯从吾专祠,兼作少墟书院,且拟定刊刻其关学史名著《关学编》,并将之后的王心敬、李元春、贺瑞麟等续补内容合刻为一,其有序:"因刊恭定所编《关学编》,而并集丰川、桐阁、复斋之续,凡以恭定之学为吾乡人期也。"④不料功未竣,柏景伟却病重卧榻,故将此事托付给贺瑞麟。二人就冯、王二编的得失,如何整合冯、王、李三编的内容,此次入编人物的选择,体例的确定等多方讨论⑤。柏景伟所序,即其

---

① 李元春传原本拟请杨树椿撰写,由于杨树椿外出未归,贺瑞麟才决定自撰。之后他将该传转寄给杨树椿,由杨树椿修订后返回,但刊刻工作已经结束,故刊刻中所用李元春传仍是贺瑞麟自己所作,参见贺瑞麟:《答杨仁甫书》,王长坤、刘峰点校:《贺瑞麟集》,西北大学出版社2015年,第236页。
② 〔清〕贺瑞麟:《答杨仁甫书》,《贺瑞麟集》,第236页。
③ 〔清〕贺瑞麟:《书关学编后》,《贺瑞麟集》,第11页。
④ 〔清〕柏景伟:《柏景伟小识》,《关学编(附续编)》,第70页。
⑤ 参见贺瑞麟:《复柏子俊书》《答王逊卿书》,《贺瑞麟集》,第353页、第356—357页。

在病榻上口述,刘古愚笔记而成①。这次续补的详情,贺瑞麟在《重刻关学编序》中有概要叙述。其中既有对柏景伟德行的高度赞扬,又有对他心系关学、力振关学的敬佩,但更重要的是对他治学合程朱陆王于一体、不辨门户表示遗憾:

> 惟君生平重事功,勤博览,其论学以不分门户为主,似乎程、朱、陆、王皆可一视,虑开攻诘之习,心良厚矣!夫学为己者也,攻诘不可也,然不辨门户且如失途之客,贸贸焉莫知所之,率然望门投止,其于高大美富,将终不得其门而入矣,可乎哉?是非颠倒,黑白混淆,道之不明,惧莫甚焉。学以孔孟为门户者也,程朱是孔孟门户,陆王非孔孟门户,夫人而知之矣②。

该序是贺瑞麟在柏景伟去世后所作,既回忆了二人的交往,又论及他们之间的学术分歧,核心就集中在对陆王心学的态度上。柏景伟提倡为学要打破门户之见,"理一分殊之旨,与主静、立人极,体认天理之说,学者不以为异,而其所持究未尝同也;然则主敬穷理,与先天立乎大、致良知之说,得其所以同,亦何害其为异也"③。对此,贺瑞麟则表示坚决反对,其为学要定守程朱的拳拳之心表露无遗。甚至因为未能将此问题在柏景伟生前辨析透彻,促其立场改变、观念扭转而感到万分遗憾,"窃恨当时卒未获痛论极辨,徒抱此耿耿于无穷也……因序此编而并序余之有不尽心于君者"④。

所以说,贺瑞麟两次补续《关学编》,前次主要是"完璧"及增补李元春,后次则补入其仰慕已久的刘鸣珂等七人(含李元春),"惟尝于学关学之人如刘伯容以下七人,久爱之慕之,口诵而手录之,置诸案头,私自取法,以为择善思齐之资而已"。更重要的是,贺瑞麟第二次续补对冯从吾《关学编》"集程朱陆王于一体"的入编标准进行了严重收缩和隘化,力主程朱、陆王之辨,"(冯少墟)关学一编犹及见前辈源流,至其中不无可议是在学者著眼。所以学必以程朱为宗,然后他说皆不足惑"⑤。因此,入编七人无一例外,均以尊

---

① 〔清〕刘古愚:《重刻关学编后序》,《刘光蕡集》,武占江点校,西北大学出版社,2015年,第42页。
② 〔清〕贺瑞麟:《重刻关学编序》,《贺瑞麟集》,第69页。
③ 〔清〕柏景伟:《柏景伟小识》,《关学编(附续编)》,第69页。
④ 〔清〕贺瑞麟:《重刻关学编序》,《贺瑞麟集》,第69页。
⑤ 〔清〕贺瑞麟:《答张柔克书》,《贺瑞麟集》,第274页。

程朱、拒陆王为治学方向。

二

贺瑞麟《关学续编》所补学人依次为刘鸣珂、王承烈、张秉直、史调、李元春、郑士范、杨树椿，其为学无不以尊程朱、辨陆王为立场。

刘鸣珂(1666—1727)，字伯容，号诚斋，陕西蒲城人。为学"潜心程、朱，随处体认"。尤其倾心于朱子的格物说，曾将朱子对道学的贡献与大禹比肩，"晦翁格物一传，至精至当，有功圣学不在禹下"①，自述"自幼于晦翁之书，一字一句，无不僻嗜"②。刘鸣珂自认"朱门之徒"，将陆王视作"异端"而多有批评，"近来异端之学，谓格物即是诚意，诚意即是正心，甚属穿凿"，故人评价其学"尊程朱，辟姚江，不肯稍误"③"足医禅寂之病"④。正如贺瑞麟强调的："伯容先生之学恪守程、朱者也……吾乡自朝邑王复斋先生后首推先生"⑤。

王承烈(1666—1729)，字逊功，又作巽功，号复庵，陕西泾阳人，王徵曾孙，先从学王心敬，后学于李光地"研宋儒书"⑥，由此转尊朱子。他强调朱子学是孔孟真传，"朱子之学集诸儒之大成，而得统于孔孟"，甚至认为"天不可阶升，只是无升天之阶，今程朱揭出居敬穷理，明为万世示以升天之阶"；而阳明为一代大人物，"奈学出于禅"，尤其对阳明"无善无恶心之体"批判较多，"若无善，即无性矣，即无本矣，姚江之谬真不待辨"⑦。此外，王承烈严辟佛道，曾诏入养心殿"讲大学'明明德'，辨儒释之分，上大喜"⑧。

张秉直(1695—1761)，字含中，号萝谷，陕西澄城人。终生"潜心理学，确守程朱"⑨。平生精力尽在《四书集疏》，乃针对朱子之后学者歧见迭出、是非纷杂、真伪莫辨，为"确然知圣道之精微"而作。另有理学名著《开知录》，贺

---

① 〔清〕刘鸣珂：《砭身集》卷一，光绪壬寅，柏经正堂刻本。
② 〔清〕刘鸣珂：《砭身集》卷一，光绪壬寅，柏经正堂刻本。
③ 〔清〕王会昌：《砭身集录要序》，《祛疴斋文集》卷三，光绪元年，怡怡堂刻本。
④ 〔明〕李元春：《祛疴斋记》，《祛疴斋文集》卷一，光绪元年，怡怡堂刻本。
⑤ 〔清〕贺瑞麟：《关学续编》，《贺瑞麟集》，第481页。
⑥ 〔清〕贺瑞麟：《关学续编》，《贺瑞麟集》，第482页。
⑦ 〔清〕王承烈：《日省录》卷一，光绪戊戌，王素位堂刻本。
⑧ 〔清〕贺瑞麟：《关学续编》，《贺瑞麟集》，第482页。
⑨ 〔清〕贺瑞麟：《征信录序》，《贺瑞麟集》，第75页。

瑞麟评价道:"于性道之体统,学问之渊源,异端之偏邪……靡有或遗"。其为学严辨陆王,斥之为异端魔障,"陆王之讲学,理之魔障也"①,象山是"吾儒之异端"②,因其"开禅学之宗","阳明出而大振之",于是"异端惑人不在佛老而又在吾儒矣"③。所以,《关学续编》总结张秉直论学:"孔子,万世之师也……朱子,孔子之真传也,学孔子者宜学朱子。"④

史调(1697—1757),字勾五,号复斋,陕西华阴人。受王建常著作影响,用功于程朱之学,"搜《近思录》、二程遗书及薛、胡诸儒集,日夜勤劬"⑤。曾主讲关中书院、临潼横渠书院,强调"理学书要常在心目上过"⑥。为学主张"存心利物",因为"仁是生之理,具于心,心存则仁存",所以强调"存心要光明正大""主敬是存心工夫"⑦;利物,即经世,具体指"以实心行实政""事事务为躬行实践而使合于义路礼门"⑧。对阳明学和禅宗严于明辨,批评王阳明"《古本大学》祸后世不浅,真圣门罪人",斥责禅宗"认心为性""归于冥行妄作,大乖人伦"⑨。孙景烈曾表其墓"足以羽翼关学"⑩。

李元春(1769—1854),字仲仁,号时斋,人称桐阁先生,陕西大荔人。少即立志圣贤,"其学恪守程朱、辨陆王"。贺瑞麟常以李元春"陆、王之偏坐不知学,考据之僻坐不明理"⑪为辨学至理,强调"先生自少讲学即主程朱,于心说、良知之说辟之甚力,而尊程朱而不甚非陆王者,尤严其辨,不使惑人"。同时指出,李元春对清代关学的发展居功厥伟,关键就在于他对程朱正学的提

---

① "魔"原文为"麽",〔清〕张秉直:《开知录》卷三,光绪元年,传经堂刻本。
② 〔清〕张秉直:《开知录》卷七。
③ 〔清〕张秉直:《开知录》卷四。
④ 〔清〕贺瑞麟:《关学续编》,《贺瑞麟集》,第482页。
⑤ 〔清〕贺瑞麟:《关学续编》,《贺瑞麟集》,第483页。
⑥ 〔清〕史调:《谕子书》,《史复斋文集》卷三,《四库全书存目丛书·集部281册》,齐鲁书社,1997年,第31页。
⑦ 〔清〕史调:《语录》,《史复斋文集》卷四,《四库全书存目丛书·集部281册》,第34—35页。
⑧ 〔清〕周长发:《史复斋文集序》,《史复斋文集》,《四库全书存目丛书·集部281册》,第1—2页。
⑨ 〔清〕史调:《语录》,《史复斋文集》卷四,《四库全书存目丛书·集部281册》,第37页。
⑩ 〔清〕贺瑞麟:《关学续编》,《贺瑞麟集》,第483页。
⑪ 〔清〕贺瑞麟:《关学续编》,《贺瑞麟集》,第483页。

倡,"自先生倡道关中,学者咸晓然知异学、杂学、俗学之非学,而程朱之为吾学正途……先生今日之功于关学岂小补哉!"①

郑士范(1795—1873),字伯法,又字冶亭,自幼"潜心正学,躬行实践"。终生善于储书,"雠校精审,蓄书最富"。教人读书皆以程朱为学,孜孜不倦,"尝令读《朱子全书》《小学》《近思录》等书"。郑士范强调,程朱之学为圣道真传,学者要终身以之为法,"此洙泗真传,我辈宜终身研究,身体力行者也"。所以《关学续编》指出,"其一生学力悉注于此"②。贺瑞麟多次序其著作,并称赞:"先生生平学以朱子为主。"③

杨树椿(1819—1874),子仁甫,号损斋,陕西大荔人。贺瑞麟、杨树椿、薛于瑛(山西芮城人)三人为挚友,常"朝昔共学"。贺瑞麟评价他"君学一本程朱"。其治学对陆王心学多有批评,曾论"阳明之学烘动于明,而乱明天下"。在杨树椿去世后,贺瑞麟曾感叹"芮城、朝邑相继凋谢,此学日孤"④。在他看来,只有杨树椿在李元春后能堪称大儒,道继关学,"关中之学,国朝自朝邑王仲复先生恪守程朱,躬行实践,为不愧大儒,百余年而桐阁先生继之,又数十年而君继之"⑤。

从刘鸣珂到杨树椿,贺瑞麟学尊程朱、力辨陆王的立场贯穿始终,以此为原则,他不惜将自己熟知且在关学史上学通陆王的周元鼎和祝垲排除在《关学续编》外。

三

周元鼎(1745—1803),字象九,号勉斋,乾隆三十六年(1771)进士,官至兵部郎,学问渊博,天文、诗赋、古琴、书法等均有造诣。晚年精研理学,以尊陆王、辟程朱为旨要。其学行在由焦云龙主持、贺瑞麟亲自纂修的《三原县新志》中有具体介绍:

> 周元鼎,号勉斋,乾隆庚寅举人,辛卯进士,升兵部郎,谙习吏

---

① 〔清〕贺瑞麟:《李桐阁先生墓表》,《贺瑞麟集》,第738页。
② 〔清〕贺瑞麟:《关学续编》,《贺瑞麟集》,第485页。
③ 〔清〕贺瑞麟:《重刻朱子约编序》,《贺瑞麟集》,第71—72页。
④ 〔清〕贺瑞麟:《答韩惺臣书》,《贺瑞麟集》,第310页。
⑤ 〔清〕贺瑞麟:《国子监学正衔生员杨君仁甫墓表》,《贺瑞麟集》,第740页。

事,于书无所不读,凡诗赋星数字诸史六书之学靡不掩贯,工琴善奕,尤精篆隶,晚更研究经传,潜心性命,然其学以陆王为主,尝刊布《阳明集要》,所著《汇菊轩文集》亦多逞其才辩掊击朱子①。

周元鼎学承李二曲,认为陆王心学是孔孟道脉所在,为学于此不明,则如买椟还珠,"尼山之脉,曰在陆王,是人获珠,不有厥椟"②。他强调"此一心者,即天之所以为天,是我即天矣"③。因此,批评尊程朱、斥陆王的学者"信耳目而不信诸心,轻为诋訾。虽尊朱,亦朱之罪人也;虽尊陆,亦陆之罪人也"④。周元鼎力主王阳明的"致良知",认为朱子的格物穷理说对于"明明德""不惟工夫散漫"且"已添蛇足"⑤。据此,他对尊程朱、斥陆王的学者有严厉的批评,指责其无中生有、吹毛求疵,"极加訾毁人以所本无,吹求其所有"⑥。所以,贺瑞麟评价他"其学以陆王为主",其著作"亦多逞其才辩掊击朱子"。可见,周元鼎对程朱和陆王之辨也是泾渭分明、立场坚定,只不过与贺瑞麟的立场正好相反,自然无缘《关学续编》。

祝垲(1827—1876),字爽亭,号定庵,陕西安康人。贺瑞麟序其《体微斋遗编》时自述,道光二十三年(1843)已闻祝垲大名,"是时无人不称为才子",并对其行谊有所介绍:道光二十七年(1847)进士,历任"温县、柘城,太康牧、光州守",先后协助曾国藩镇压太平军起义,跟随左宗棠入陕镇压回民起义,功勋显赫,屡获擢升。后协助李鸿章办理天津海防营务,"无人不称为长于将略"。贺瑞麟强调,才子、循吏、将略,固然都能够体现祝垲的才华,但是他非凡的学术造诣更加难得:

> 自日记、语录、易说,诸遗编出,而知君之切实为己,身心性命之功无一毫放过,则又无人不称为深于理学。夫才子循吏将略,犹人易能也,理学非人易能也。而才子循吏将略一皆出于理学,尤不易能。如君者,其几于通儒全才者欤。君之学大抵本于王文成。文成当日称为有用道学,君其有焉。然世之学文成者往往猖狂恣睢,师

---

① 〔清〕焦云龙修,〔清〕贺瑞麟纂:《三原县新志》(据光绪六年刊本影印),《中国地方志丛书》,台北成文出版社,1976年,第351页。
② 〔清〕周元鼎:《李二曲先生赞》,《汇菊轩文集》卷三,咸丰十年守泽草堂刻本。
③ 〔清〕周元鼎:《志学说》,《汇菊轩文集》卷一。
④ 〔清〕周元鼎:《学术解》上,《汇菊轩文集》卷一。
⑤ 〔清〕周元鼎:《致知格物论》,《汇菊轩文集》卷二。
⑥ 〔清〕周元鼎:《学术解》下,《汇菊轩文集》卷一。

心自用,君守程朱之说,实用其力于主敬穷理,践规矩、履绳约,所谓"原心钞忽,较礼分寸",积累为工,涵养为正者。不但为文成补偏救弊,斯亦深知程、朱而为善学文成者矣①。

可见,祝垲不仅有事功之才,更是"深于理学",因此贺瑞麟推崇他"几于通儒全才"。同时也明确指出,"君之学大抵本于王文成"。

祝垲为学以李二曲通王阳明,"夙闻二曲之遗风,服膺《学髓》《四书反身录》,浩然有得"②。他强调"性即本心也,非心之外另有本心也",因此为学大要在于体认此"本心","为学无他,只将吾本心之明体,体到极熟处"③。虽然学尊陆王,但是认为陆王的工夫"不免粗耳""未免少亏",所以主张"我辈讲学,求的陆王本体,用的程朱工夫"④。这也正是贺瑞麟所谓,祝垲以程朱的主敬工夫对阳明学的空疏进行纠补,"为文成补偏救弊""君守程朱之说,实用其力于主敬穷理,践规矩、履绳约"。但同时,祝垲对朱子的主敬说也有批评,"主敬固然貌恭,但在外面把持,故易困倦"⑤。

所以说,祝垲治学实际上不拘泥于门户之见,强调后儒都是孔孟道脉,只不过各偏一隅、故步自封,因此"善学者要不失孔子浑然体段方善"⑥,故学者评论他"求夫金溪、姚江之绪,而于濂洛关闽诸儒先之旨,融会贯通"⑦"讲学不甚别门户"⑧,也即贺瑞麟所谓"斯亦深知程、朱而为善学文成者矣"。可见,祝垲为学正在沟通陆王与程朱。因此,贺瑞麟虽然对他的事功和治学赞誉有加,但对他会通陆王、不辨道统则不以为然,"余虽斤斤程、朱,而于善学文成者又未尝不敬慕其人……惜君早逝,复不获与之议论切磋,以求深益,以究吾学源流之详也!"⑨所以也不难理解,虽然祝垲"于关学中实能继李二曲先生而起"⑩,但注定无缘《关学续编》。

---

① 〔清〕贺瑞麟:《体微斋遗编序》,《贺瑞麟集》,第118页。
② 〔清〕徐桐:《体微斋遗编序》,《体微斋遗编》,光绪十八年刻本。
③ 〔清〕祝垲:《体微斋语录》卷二,《体微斋遗编》。
④ 〔清〕祝垲:《体微斋语录》卷一,《体微斋遗编》。
⑤ 参见王美凤、张波、刘宗镐著:《关学学术编年》,第437页。
⑥ 〔清〕祝垲:《体微斋语录》卷一,《体微斋遗编》。
⑦ 〔清〕徐桐:《体微斋遗编序》,《体微斋遗编》。
⑧ 〔清〕冯端本:《祝爽亭观察事略》,《体微斋遗编》。
⑨ 〔清〕贺瑞麟:《体微斋遗编序》,《贺瑞麟集》,第118页。
⑩ 〔清〕谢裕楷:《体微斋遗编跋》,《体微斋遗编》。

据此可见,贺瑞麟补续《关学编》时,将他熟知的虽然有功于关学,但治学以陆王为主、或者主张会通程朱和陆王的学者,则一概排除在外,这自然使《关学续编》实际上未能反映清代关学的全貌,正如门人马鉴源所谓"至其《关学编续编》多以恪守程朱传,盖生平惟祖述孔、孟,宪章程、朱,故不觉性情流露,时见一斑者"①。马氏所论确当。

四

贺瑞麟学尊程朱、道继横渠,强调为学要以成孔孟圣贤为志,"张子云'学必如圣人而后已',学者断不可无此志"。继而总结道,"圣贤之学,一复性尽之"。此性,即孟子所讲人性善,"不知性善,学个什么"。他指出,人性善是孔孟道统的精髓,从天命源头处揭示了儒家学说的本质,"至善是事理当然之极,事理当然之极即从天命之性来,吾儒所以本天亦此理也"②。"事理当然之极",便为现实的人和社会确立了最高的、最后的、超越的道德本原,"天下道理皆一性字贯之""圣贤之学,性理二字尽之。要知性又要尽性,要明理又要循理"③。儒家学说无非发明此理,使人知"性"而全之、知"道"而求之,由工夫以达本体,变化气质以明善复初,"人性本善,一落气质便多不齐,所以学正为复其本然之善","《大学》一书,无非欲人知其性之所有而全之。《中庸》一书,无非欲人知其道之所在而求必得之"④。

贺瑞麟认为,孔孟后儒学不彰,唯"此性不明"。直到宋代,周、程、张、朱出,尤其是朱子集诸家大成以"性即理""理一分殊"说贯通本体与工夫,孔孟之道才得以豁显。他指出,此"理""性"高扬了超越的大本大原、永恒的宇宙大道,是包括人在内的世间万物之所以存在的逻辑依据,"气如卒徒,理如元帅,天地之间,只这一气莽莽荡荡,若不是理做主宰,安得不胡乱起来"⑤,"天理是个无躯壳底圣人,圣人是个有躯壳底天理","吾心之主宰只有一个义理,所谓道心为主也"。当然,理气有别而理在气中,"初非别为一物,所谓一而

---

① 〔清〕马鉴源:《贺复斋先生行状》,《贺瑞麟集》,第1088页。
② 〔清〕贺瑞麟:《清麓日记》卷一,《贺瑞麟集》,第1019页。
③ 〔清〕贺瑞麟:《清麓遗语》卷四,《贺瑞麟集》,第979页。
④ 〔清〕贺瑞麟:《清麓日记》卷一,《贺瑞麟集》,第1008页。
⑤ 〔清〕贺瑞麟:《清麓遗语》卷一,《贺瑞麟集》,第889—890页。

二,二而一者也"。所以,贺瑞麟格外青睐朱子的"理一分殊"说和张载的"心统性情"说,主张在此基础上,以敬贯动静,变化气质,存心养性,最终实现尽心、知性、知天。

与此相应,贺瑞麟指出,佛道二氏及陆王学说的最大问题在于无视宇宙和世间的超越之根本,无视性、理、道的存在,"金溪、姚江虽各有所主,然皆师心自用,其不知性则一也","大抵阳明之病一言以蔽之,只是认心为性"①。他强调,儒家所谓心为身之主宰,为万事万物之主宰,关键就在于此心中挺立有超越卓然之理,"所以为之主宰者,以其具是理而已"②,换句话说,所谓心为主宰,其本质仍然是理为主宰。而佛教和陆王的"心即理",直接将贯穿在心里面的超越之理消解掉了,所谓心只能是无理之心,是"悠悠荡荡之心","以悠悠荡荡之心而谓身与事物之主宰,岂可哉?"所以他指出,真儒之说"本天",陆王异端"本心",此是二者的根本分际,"本天、本心二语便是判断吾儒与异端之要领。陆王一派亦只以'心即理也'"。又说"陆王大要只是认心为性,认气为理"③。同样的,他批评佛教,不明白心实质上要以性为前提,则所谓心只能是气,因此所谓"识心见性"注定是流于口耳、陷于空疏:"心体本自广大,然亦未性具于中,非性则心亦气耳……释氏不知性,自要大其心,以为识心见性,吾以为仍不识心"④。一句话,"本天"是真儒,"本心"是异端,既从本体层面揭示了程朱理学与张载关学的同质性⑤,又成为贺瑞麟辨学的学理根据。

以是之故,贺瑞麟一方面反对科举,"不变科举时文之陋,则此道决无由明,人心决无由正"。另一方面严于黜二氏异端之说、辨程朱陆王之学。他认为,辨学是趋向圣贤的前提,不然则"误入荆棘","为学先要辨别路途门户"⑥,"学术一毫假借不得,毫厘之差千里之谬,苟不辨明则工夫入手一差,

---

① 〔清〕贺瑞麟:《清麓答问》卷三,《贺瑞麟集》,第845页。
② 〔清〕贺瑞麟:《清麓日记》卷三,《贺瑞麟集》,第1040页。
③ 〔清〕贺瑞麟:《清麓日记》卷三,《贺瑞麟集》,第1039页。
④ 〔清〕贺瑞麟:《清麓日记》卷三,《贺瑞麟集》,第1043页。
⑤ 杨国荣指出,肯定天道和人道的关联是宋明儒学的普遍观念,但是"以天道为人道的根据,则体现了张载关学的特点",参见《关学的哲学意蕴——基于张载思想的考察》,《华东师范大学学报》2017年第1期。
⑥ 〔清〕贺瑞麟:《清麓遗语》卷四,《贺瑞麟集》,第970页。

终身莫救"①。而辨学的核心自然是尊程朱、斥陆王,"学以孔孟为门户者也,程朱是孔孟门户,陆王非孔孟门户""宗程、朱即宗孔、孟,非程、朱即非孔、孟"②,因为陆王师心自用,弃六经、乱圣道,"真万世蟊贼"③。其主旨明确而坚定,为学一尊程朱,别无他途,"程朱一派逼真孔孟家法,程朱门户便是孔孟底门户"。与人论学,反复重申:"今日为学断当专趋程朱门户,是程朱门户自是孔孟门户,不是程朱门户必不是孔孟门户"④。

贺瑞麟辨学不可谓不严,正如弟子孙迺琨所论,"兢兢于朱陆之辨,凡自宋元及讲学家之或纯或驳,必为之分派别支,究极异同。不使稍有驳杂,致误趋向"⑤。因此,马鉴源在《行状》中也指出,即便是贺瑞麟认同的学者,但凡对陆王学说略显宽容,同样会受到他的严厉批评,"即于吕泾野有讲学最切实之慕,亦疵其抵牾朱子。李榕村甚为有功于程朱,因《大学》刻古本,辙訾之。汤文正之笃挚、孙夏峰之节概俱声震寰宇,殊病不脱姚江藩,二曲高风奋百世为流,于禅特黜"⑥。

贺瑞麟不遗余力、坚定不移地批判陆王心学的态度与冯从吾、王心敬甚至包括李元春,已俨然不同。冯从吾"学虽有宗,然于新建亦极笃信",曾"曰'致良知'三字,泄千载圣学之秘,有功吾道甚大"⑦。当然,冯从吾对阳明心学是批判地包容。因此,最终"统程朱陆王而一之,集关学之大成"。王心敬学尊李二曲,《关学续编》载,当时学者竞相辟陆王以尊程朱,其子建议他心存陆王而讳言,以息纷争,结果遭到他的严词痛斥,"小子言何鄙也!……违平日素心,取悦世儒,心何安乎?"⑧即便是李元春这样坚定的程朱学者,对陆王心学也持有相对的宽容,提倡应识其正而斥其非,"予讲程朱之学而不敢斥陆王,以皆躬行实践,则皆正学也。即人所斥其说之非,非必尽非不可诬也,特

---

① 〔清〕贺瑞麟:《答原坦斋太守书》,《贺瑞麟集》,第253页。
② 〔清〕贺瑞麟:《李桐阁先生墓表》,《贺瑞麟集》,第737页。
③ 〔清〕贺瑞麟:《清麓遗语》卷一,《贺瑞麟集》,第912页。
④ 〔清〕贺瑞麟:《答王逊卿书》,《贺瑞麟集》,第357页。
⑤ 〔清〕孙迺琨:《贺复斋先生行略》,《灵泉文集》上册,济南善成合记印书局印,民国二十九年。
⑥ 〔清〕马鉴源:《贺复斋先生行状》,《贺瑞麟集》,第1088页。
⑦ 〔明〕邹元标:《少墟冯先生集序》,刘学智、孙学功点校:《冯从吾集》,西北大学出版社,2015年,第12页。
⑧ 〔清〕王心敬:《关学续编》,《关学编(附续编)》,第95页。

几微之差不能以不辨"①。甚至认为"朱子宗性善,阳明宗良知,一也"②。前后比较可知,冯从吾提倡程朱、陆王兼容并包,反对固守门户的治学风气,至贺瑞麟已彻底隘化。所以,《关学续编》作为隘化背景下的产物,势必带上深刻的辨学烙印。

五

贺瑞麟《关学续编》力主程朱、陆王之辨,实际上在当时的关学群体内部并未取得共识,对此,借助他和柏景伟之间的分歧即以明了。柏景伟提倡治学要兼容并包,认为天下学人同此身心性命、家国天下,"道未尝异,学何可异也?"与贺瑞麟的辨学主张大相径庭。所以柏景伟去世后,贺瑞麟在给柏景倬(柏景伟弟)的信中强调,自己所作序等内容③,虽然意在发明柏景伟振兴关学之志,但"是非不敢自质,一俟后人而已",是否采用还望众人商定④。这里当然有贺瑞麟自谦的因素,但是诸人合力刊刻《关学编》及《续编》的同时,对关学、关学史的认识意见难齐,亦可管窥。

无独有偶,清末亦有学人对王心敬所续《关学续编》将李柏(1630—1700,字雪木,自号白山逸人,晚号太白山人)排斥在关学队伍外,表示质疑。宣统年间,高赓恩提出,李柏被称誉"羽翼六经,发蒙振聩",作为有清一代关辅名流,天下名集无不著录,"而独佚于关学之编",此举匪夷所思、令人震撼,甚至"欲起先儒而问之"。最后他指出,原因在于李柏为学"不专习程朱之书,刻程朱之集,袭程朱之语录",而王心敬"为书攻其稍异于程朱者,以张吾道之门户""遂不许为名儒,而屏之关学之外"⑤。一语道破是书的立场和局限。可见,不管是会通程朱还是互联陆王,关学史建构过程中的"界别"意识并非孤例。

总之,贺瑞麟《关学续编》在关学史自我确证的历史延长线上,希冀对周、

---

① 〔清〕李元春:《检讨孙酉峰先生墓表》,王海成点校,《李元春集》,西北大学出版社,2015 年,第 333 页。
② 〔清〕李元春:《病床日劄》,《李元春集》,第 755 页。
③ 不仅有"序",还包括《书关学续编王复斋先生传后》等资料。
④ 参见〔清〕贺瑞麟:《与柏汉章书》,《贺瑞麟集》,第 384 页。
⑤ 〔清〕高赓恩:《重刻雪木李先生槲叶集序》,程灵生点校,《李柏集》,西北大学出版社,2015 年,第 1 页。

程、张、朱等诸儒先贤所勾勒的光明时代的回归,以正人心、匡世道、兴关学。显然,与稍后的刘古愚等以积极的姿态迎接时代新潮相比,贺瑞麟在建构关学史的同时,对关学的发展也造成了妨碍。但是他的努力,尤其以"本天""本心"之分严辨程朱、陆王之学,为在"以礼为教""崇实致用"等现有基础上,深化对关学内涵的认识,以及彰显关学对宋明儒学的普遍贡献方面具有重要意义。可以说,贺瑞麟《关学续编》为认识清末关学的流变及理学发展的复杂面向,提供了有效的观察窗口。当然,其"门户之见",前人已存省察之心,今之学者在使用诸《关学续编》时理应更加留意。

第十九讲

崇实致用：关学多元理论中的统一精神
——以现代学人的关学终结论为中心

刘宗镐

【作者简介】

刘宗镐，西北大学关学研究院讲师。

关学，作为宋明新儒学的重要流派之一，诞生于北宋时期，开创者是关中地区的张载（1020—1077，字子厚，世称横渠先生），这是学界的共识。但关学终结于何时？终结者又是何人？当前学界众说纷纭。具体来看，有北宋末期说、南宋初期说、明清之际李颙说[①]、清代末期刘光蕡说和民国初期牛兆濂说等五种观点。本文无意于分辨这些观点的孰是孰非，而是关注其背后的理论依据，即判定关学终结的理论标准是什么？对这个问题的思考，不仅有助于我们发掘关学终结的内在原因，更有助于我们深入地认知关学。

一、对关学终结于宋代李复说的反思

当前学界对关学终结于宋代的观点有两种：一种是北宋末期说，另一种是南宋初期说。无论是"北宋亡后，关学就渐归衰熄"[②]，还是"到了南宋，关

---

① 陈俊民认为，"明清之际关学终结"，终结者主要是李颙（陈俊民：《关学序说》，《陕西师范大学学报》1982年第1期，第43—44页）；嗣后，他进而断定李颙是关学的终结者，理据是李颙"儒学即理学"口号表明他自觉地"向原始儒学还原"（氏著《张载哲学思想及关学学派》，人民出版社，1986年，第28页）；而更重要的是他建构的"明体适用"之学"以恢复'明体适用'的儒学，终结了作为宋明理学的关学"（《张载哲学思想及关学学派》，第48页）。

② 侯外庐主编：《中国思想通史》，第四卷上册，人民出版社，第545页。

第十九讲　崇实致用：关学多元理论中的统一精神

学作为一个学派，已不复存在"①，都属于前一种观点；而断定关学"南宋初年即告终结"②则属于后一种观点。这两种观点的关学终结时间虽略有差异，但它们的判定标准完全相同，即作为独立学派的关学以气本论为根本特色。

学派的判定主要有三个要素，学派领袖、诸弟子和独特学说。其中，独特学说是核心要素。就关学来看，张载在关中地区讲学，吸引了大批学子，日渐"为关中士人宗师"，显见，前两种要素都具备。那么，独特学说呢？以张载为领袖的关学有自己独具特色的学说，这就是学界所谓的"气学"。当前学界主流观点认为张载之学以气为本，遂称其学为"气学"。张载之学的建构所直面的现实问题是，佛道二教绝人伦、弃世务的社会现象。他认为佛道二教的教徒之所以有这种行为，是因为他们信奉的教理崇虚尚空。具体而言，佛教尚"空"，这种空观认为现实世界假而非真；道教崇"虚"，或者说崇"无"，认为"有生于无"，故而追求超验的虚无本体。这种崇尚虚空的世界观决定了他们的人生观：现实世界缺乏价值意义，不值得追求，最终踏上绝人伦、弃世务的人生旅程。为了从根源上消除这种社会现象，张载运用其深邃的哲学之思，提出"虚空即气"命题。此命题表明，宇宙万物皆由气构成，即"凡象，皆气也"③；宇宙万物的生成与消亡，都是"气之聚散"：这就是张载的气学。其实，张载"虚空即气"的命题是要说明世界的实在性和真实性，进而纠正佛道虚无的人生观。

张载之学除了学界熟知的"太虚即气"理论特色外，还有非常突出的"崇实致用"精神特色。张载提倡"虚空即气"是为了对抗佛道二教的崇虚尚空；而要反对佛道的崇虚尚空，就必然提倡"崇实致用"。张载之学的"崇实致用"精神具体表现为"实行"④和"致用"⑤。就前者而言，张载强调对儒家的圣人之言践之于行，非常重视道德实践，或者说德行；他认为合乎礼仪的言行即德行，所以非常重视礼仪，教学"以礼为教"。就后者而言，张载一方面强调经世致用，一方面主张"学政不二"⑥，鼓励儒者用儒家的仁政治理社会；另一

---

① 侯外庐等著：《宋明理学史》，上册，人民出版社，1997年，第94页。
② 龚杰著，章锡琛点校：《张载评传》，南京大学出版社，1996年，第206页。
③ 〔北宋〕张载：《张载集》，中华书局，1978年，第323页。
④ 〔北宋〕张载：《张载集》，第272、第288页。
⑤ 〔北宋〕张载：《张载集》，第36、第49、第74页。
⑥ 张载说："朝廷以道学政术为二事，此正自古之可忧者。"（《张载集》，第349页）

方面比较重视先秦的井田制,将之视为德治实现的经济基础。有见张载之学具有突出的"崇实致用"精神,明代新儒家王廷相(1474—1544)将之称为"横渠之实学"①。

张载众多的关中弟子中,就目前掌握的资料来看,只有李复(1052—1128)比较全面地继承了张载之学。

李复继承了张载的气学,主张"太极元气"说。李复认为,宇宙万物皆由气构成,即"万物生芸芸,与我本同气"②;而气的本然状态是元气。为了强调元气的终极意涵,他将之称为"太极元气"。尽管"太极元气"与"虚空即气"存在差异,但都是气本论,这是李复继承张载气学的表现。

李复也继承了张载之学的"崇实致用"精神。李复为学既强调道德实践,也提倡经世致用。就前者而言,他认为成圣要"强其力"③,批评儒者对圣人之言"徒能言之,行之不至"④的不良现象。就后者而言,李复也很关注治世之道,主张政治应当"观时之宜"⑤而革新,反对"不适时变"⑥的守旧。

张载众多的关中弟子中,之所以只有李复一人继承了张载气学,一个非常重要的原因是洛学的创始人程颢和程颐尖锐地反对张载气学⑦;再兼程颢曾来关中宣传洛学,导致张载的弟子吕大钧、吕大临、范育和苏昞等人转而学习洛学,最终只有李复坚守张载气学。

李复之后的关中学者,虽都继承了张载的"崇实致用"精神,却放弃了气学思想。这诚如张岱年所说:"后来关中地区的学者"大都"未能发扬以气为本的思想"⑧。这也就是说,张载气学传衍至李复因后继乏人而在关中断绝。

关学终结于北宋末期的观点和南宋初期的观点,其实都是将李复视为关学终结者而确定的终结时间,故而,本文将之合称为"宋代李复说"。李复去世的公元1128年是南宋建国的第二年,依此来看,南宋初期说显得更切近一些。但无论是北宋末期说,还是南宋初期说,都明显将关学等同于气学。

---

① 〔明〕王廷相:《王廷相集》,第三册,中华书局,1989年,第821页。
② 〔北宋〕李复:《李复集》,西北大学出版社,2015年,第103页。
③ 〔北宋〕李复:《李复集》,第63页。
④ 〔北宋〕李复:《李复集》,第88页。
⑤ 〔北宋〕李复:《李复集》,第56页。
⑥ 〔北宋〕李复:《李复集》,第55页。
⑦ 参阅侯外庐主编:《中国思想通史》,第四卷上册,第567—568页。
⑧ 张岱年:"序",载陈俊民《张载哲学思想与关学学派》,第5页。

二、对关学终结于清末刘光蕡说的反思

有学人认为,尽管李复之后,气学没有被关中儒者继承,但是"关学没有中断过,它不断与程朱理学、陆王心学融合"①。这种融合的结果是,关学旨趣倾向于理学或心学。金元之时,关学旨趣倾向于理学,因为其时著名的关学学者萧㪺(1230—1307)和同恕(1253—1331)为学皆"由程朱上溯孔孟"。直到晚明,倾向于理学的关学才被冯从吾(1557—1627)扭转向心学②。清初的关中,既有享有"王学后劲"③之誉的李颙(1627—1705,字中孚,世称二曲先生)弘扬心学,又有"为学只以朱子为宗"④的王建常(1615—1701)阐扬理学。诚如钱穆所说,二人在当时的关中"东西并峙"⑤。其实,有清一代的关学,就是李颙心学与王建常理学在后学之传承中的此消彼长,共同发展。

李颙心学,经王心敬(1656—1738)、周元鼎(1697—1747)、祝垲(1827—1876)、卢轮(1789—1868)等人传承,至清末的刘光蕡(1843—1903,字焕唐,号古愚)而蔚为大观。张舜徽曾断言:"百年以来关中学者,要必以光蕡为巨擘焉。"⑥这里顺带说明,既然李颙之学一直传衍至清末的刘光蕡;那么,关学由李颙终结于明清之际的观点就与事实不符⑦。

---

① 张岂之:《关学文库·总序》,载刘学智:《关学思想史》,西北大学出版社,2015年,第2页。

② 参阅拙作《论关学的心学化及其价值》,《人文杂志》2018年第12期,第57—60页。

③ 梁启超:《中国近三百年学术史》,东方出版社,1996年,第51页。

④ 王建常:《王建常集》,西北大学出版社,2015年,第363页。

⑤ 钱穆:《中国学术思想史论丛》(八),安徽教育出版社,2004年,第372页。

⑥ 张舜徽:《清人文集别录》,华中师范大学出版社,2004年,第555页。

⑦ 陈俊民判定关学终结的理论依据是,关学理论"向原始儒学还原,即所谓的向原始儒学还原。这表明理学思想已经衰落,也表明关学思想开始终结"(氏著《张载哲学思想及关学学派》,第28页)。他依据此标准断定:"李颙明确提出'理学,儒学也'的口号,同样以恢复'明体适用'的儒学,终结了作为宋明理学的关学"(氏著《张载哲学思想及关学学派》,第48页)。但问题是,他同时又认为明代的薛敬之、吕柟、冯从吾等人的新儒学思想"表面是以张载思想为归,其实是向原始儒学的还原"(氏著《张载哲学思想及关学学派》,第24—25页)。那么,严格地说,关学终结就不是"明清之际关学的终结",应当从明代前期的薛敬之早就开始了;而且关学的终结有一个相当漫长的过程。

刘光蕡拟建构"一以实用为归"①的"中体时用"之学。按照他的人生规划,大概于65岁以后专意建构这种学问②,但遗憾的是他61岁病逝。"中体时用"是刘光蕡的未竟事业;所以,我们今天只能通过他遗留的讲义来探究。

"中体时用"之学的宗旨是"道以中为体,以时为用"③。"中"指儒家的"心性之学",因刘光蕡学尊李颙而表现为"心学之说";"时"强调时代性(即先进性),主要指向西方经济、军事、工业、商业以及自然科学诸领域的先进知识,被刘光蕡统称为"富强之术"。"中"与"时"之间的关系是实体与其功用间的关系:这就是"中体时用";质言之,即晚近以来中国知识分子标榜的"中体西用"。不过,刘光蕡洞察到了西方先进性的所在,强调向西方学习应当"学于时,非学于西也"④,这是"中体时用"的显著特征。

"中体时用"之学浅化"心学之说",原因是刘光蕡认为"今日为学不必求深"⑤。儒学至为重要的人性论,他认为不必深究,理由是"学在切实浅近,不在谈心论性,过精微多沦于虚,能粗浅乃徵诸实"⑥;同样,心学的核心命题"致良知"也不必深究,只要人在现实中"实致良知"就足够了。基于这种认识,他说"论性之善恶,不如论人",因为"人苟无愧于人,即可无愧于性"⑦。他诠释"致良知"说:"夫'良知'者何?即世所谓'良心'也,'致良知'者何?'作事不昧良心'也,此则蠢愚可晓,妇孺皆能喻矣。"⑧毋庸置疑,经他诠释的"致良知"和"性之善恶"都易于理解;但是这种诠释无疑将宋明新儒学的理论浅化了,遑论发展。刘光蕡之所以自觉地浅化宋明新儒学理论,是因为他认为宋明新儒学是"守身之学",而非"义理之学"。"守身之学"的基本特点是"身体力行,实见于用";所以,对儒家的圣人之言只要"务为实行",便是发

---

① 〔清〕刘光蕡:《刘光蕡集》,刘学智、方光华主编:《关学文库》,西北大学出版社,2015年,第275页。
② 据张季鸾《烟霞草堂从学记》记载:"惟知先生未尝专著一书。《遗集》所存,皆课诸生之作。先生尝语余等曰:'待过五六年,精力渐衰,将从事著作。'则知今之所传,不足尽先生蕴蓄也。"(《刘光蕡集》,第868页)
③ 〔清〕刘光蕡:《〈桂学问答〉跋》,转引自张鹏一编:《刘古愚年谱》,陕西旅游出版社,1989年,第130页。
④ 〔清〕刘光蕡:《刘光蕡集》,第644页。
⑤ 〔清〕刘光蕡:《刘光蕡集》,第20页。
⑥ 〔清〕刘光蕡:《刘光蕡集》,第287页。
⑦ 〔清〕刘光蕡:《刘光蕡集》,第20页。
⑧ 〔清〕刘光蕡:《刘光蕡集》,第124页。

展儒学。

"中体时用"之学淡化"心学之说"。这种淡化的显著表现是,"中体时用"之学中的"心性之学"较少,而"富强之术"较多。再者,"中体时用"之学在汲取"富强之术"的过程中,有将"心性之学"自然科学知识化的趋向,突出表现是刘光蕡对"格物"的诠释。他说:"'格物'者,即物以求其性,使归有用也。"①并进而强调格物的目的是"尽物之性"②。显见,格物不再是表示心性修养工夫的宋明新儒学概念,而是探究事物属性的自然科学范畴:这是对宋明新儒学的直接解构。

"中体时用"之学无论是浅化了"心性之学",还是淡化了"心性之学",都反映出其中的"心性之学"相当薄弱;而这种薄弱的"心性之学"当中,"心学之说"更为稀薄:这是倾向于心学之关学走向终结的理论表现。但需要说明的是,尽管"中体时用"之学中的心学思想十分薄弱,但依然属于心学;因为刘光蕡有见"二曲先生当明之季仍守心学之说,近日讲学家多非之"③的现状,非常自觉地坚守李颙心学。"中体时用"之学中的"心学之说"虽然比较薄弱,但处于非常重要的实体地位;而"富强之术"只不过是"心学之说"的表现和功用而已。这就是康有为所谓的刘光蕡之学,始终"以良知不昧为基"④。

刘光蕡掌教陕甘味经书院十多年,"关陇俊才,十九列其门"⑤。这些俊才中,就目前掌握的资料来看,仅有张元勋(1863—1955)继承了"中体时用"之学,并进而发展出自己的"用体用用"之学。

"用体用用"之学是对"中体时用"之学的继承和发展。"用体用用"之学,是张元勋在成书于1904年的《原道》中建构的哲学体系⑥。作为刘光蕡的高第弟子,"用体用用"之学是张元勋对其师未竟事业——"中体时用"之学的完成。因为无论从形式还是从内容来看,"用体用用"之学都是对"中体时用"之学的继承和发展。就形式而言,都运用体用论来架构哲学体系,只不过"用体用用"之学还运用了西方的形式逻辑;就内容而言,都比较广泛地吸

---

① 〔清〕刘光蕡:《刘光蕡集》,第20页。
② 〔清〕刘光蕡:《刘光蕡集》,第20页。
③ 〔清〕刘光蕡:《刘光蕡集》,第711页。
④ 康有为:《烟霞草堂文集序》,载《刘光蕡集》,第7页。
⑤ 张舜徽:《清人文集别录》,第555页。
⑥ 参阅拙作《试析张元勋〈原道〉的哲学思想》,《宝鸡文理学院学报》2016年第6期,第45—50页。

纳西方近代的先进知识,只不过"用体用用"之学从具体的自然科学知识推进到科学思维方法。

但是,"用体用用"之学没有继承刘光蕡的"心学之说"。在《原道》建构的哲学体系中,作为最高范畴的"道"是"体不可见,亦不可名"①的形上存在;并非刘光蕡所理解的"我心自有之理"②,明显不属于心学。这样来看,倾向于心学的关学终结于清代末期,终结者是刘光蕡。

当前学界秉持刘光蕡是关学终结者的观点③,无论是认为"刘光蕡将关学引向了近代学术洪流中",还是认为其学问是"关学近代转型的实现",还是认为"刘古愚将关学做了根本性的转化",都着眼于刘光蕡之学的转变。其实,这种转变只是内容上汲取大量的西学知识,形式上没有转变。张元勋之学则不然,不仅内容上汲取大量的西学知识,而且形式上借鉴西方的形式逻辑,形式与内容全面转变。可见,将张元勋视为"关学近代转型的实现"者更妥当。这说明,刘光蕡并非整个关学的终结者,只是倾向于心学之关学的终结者。这同时也反映出,关学终结于清末刘光蕡说没有将"关学"理解为由张载及其弟子构成的独立学派,而是理解为关中地区的宋明新儒学。

三、对关学终结于民初牛兆濂说的反思

有清一代,倾向于理学之关学发轫于王建常,史调(1697—1747)、张秉直(1695—1761)、李元春(1769—1854)、杨树椿(1819—1874)等人的传衍,至晚清的贺瑞麟(1824—1893)而臻于鼎盛。贺瑞麟以三原县的正谊书院和西安府的鲁斋书院为阵地,积极传播理学,门徒众多。在贺氏的陕西籍弟子中,牛兆濂(1867—1937,字梦周,号蓝川)因弘扬理学,在民国初期"名誉遂满于

---

① 〔清〕张元勋:《原道》(下),尊经堂校印本,1919年,第2页b。
② 〔清〕刘光蕡:《刘光蕡集》,第167页。
③ 任大援和武占江认为,"刘光蕡终结了关学",原因是"刘光蕡将关学引向了近代学术洪流中"(任大援、武占江著:《刘古愚评传》,陕西人民出版社,1997年,第278—279页)。林乐昌认为,"关学的终结与其近代转型有关,关学近代转型的实现便意味着其自身的终结",刘光蕡是"近代关学转型的完成者",自然便是"关学终结的代表人物"。参阅氏著《论"关学"概念的结构特征与方法意义》,《中国哲学史》2013年第1期,第62页。武占江进而认为,"刘古愚将关学做了根本性的转化",故而"作为传统形态的关学已经结束"。参阅氏著《刘光蕡评传》,西北大学出版社,2014年,第372页。

三辅"①,影响甚大。

牛兆濂为学"奉程、朱为圭臬"②,甚至认为"能一生向程、朱脚下盘旋,便是跳崖落井,终是得正而毙"③;同时,他批评考据学、心学、实学和西学,将之贬斥为"邪说",原因是"邪说蜂起,圣途榛塞"④。这种见识导致他墨守理学成规。就他的理学思想来看,也完全是照着朱子讲。

对理学"照着讲"的讲学活动,牛兆濂也难以维持。在晚清新政之前,他主持的正谊书院的讲学活动比较兴盛,学生除了陕西籍外,还有河南籍和山东籍的。但自1901年清政府推行新政以降,他的理学讲学活动便难以维持。1903年,作为关学中理学传播阵地之一的鲁斋书院被政府改造为新式学堂,直接取缔了理学讲学活动;而另一阵地正谊书院的学生也不过二十来人,牛兆濂竟还感到"门户有托,至以为慰"⑤。民国以降,尤其是在五四新文化运动"破坏孔教"⑥的呐喊声中,理学与整个传统儒学一样"为世诟病"⑦,理学讲学活动更是举步维艰。

理学讲学活动举步维艰的现实,迫使牛兆濂不得不思考理学何以生存的问题。在这一思考过程中,他的思想具有了反映晚近时代特点的新内容。具体而言,直面列强侵略而国将不国的严酷现状,他反复思考:中国为什么会沦为殖民地?最终,他给出了"无不归咎于我国之无人格焉"⑧的答案;而国人之所以无人格,是因为理学衰落导致"教化不明"。简言之,中国沦为半殖民地的根本原因是理学衰落。基于这种见识,他说:"欲自立于列强竞争之世界,使人人有国民资格,非讲明圣学,其又何道之从?"⑨他要讲明的圣学是理学,因为"孔孟程朱之学,所以正人心而立人格之本也"⑩。于是,他高呼"尊

---

① 〔清〕孙迺琨:《灵泉文集》(上),第25页a。
② 〔清〕牛兆濂,王美凤点校:《牛兆濂集》,西北大学出版社,2015年,第73页。
③ 〔清〕牛兆濂:《牛兆濂集》,第272页。
④ 〔清〕牛兆濂:《牛兆濂集》,第186页。
⑤ 〔清〕牛兆濂:《牛兆濂集》,第203页。
⑥ 陈独秀:《独秀文存》(论文下),首都经济贸易大学,2018年,第11页。
⑦ 参阅〔清〕牛兆濂:《牛兆濂集》,第63页。
⑧ 〔清〕牛兆濂:《牛兆濂集》,第54页。
⑨ 〔清〕牛兆濂:《牛兆濂集》,第54页。
⑩ 〔清〕牛兆濂:《牛兆濂集》,第54页。

孔之义,为目今救时之急"①。无论是牛兆濂对当时国情的认识,还是提出的救亡图存主张,明显都不切实际。其实,他的这种认识和主张只不过是从理论上为理学的生存争取机会。

当以弘扬理学来救国的主张未给理学的生存赢得支持时,牛兆濂又于民国初年提出儒学宗教化的设想。有见欧洲"各国政与教分,而教之存者,且推而愈广"②的现实,他主张尽管儒学"本不当以宗教名也",但"欲保孔教,势不能不标宗教之名"③。所以,应当"组织一班人才"像基督教徒弘扬基督教那样,专门"诵法先王,保存国粹"。他认为这样做有一个基本前提——中华民国政府确立儒学为"国教"。其实,1916年康有为就曾建议政府"以孔子为大教,编入宪法"④,但未被采纳。可见,牛兆濂以宗教方式挽救理学的设想也无法现实。

在儒学宗教化未能实现的情况下,牛兆濂提出对儒学应当"存其精神"。所谓"存其精神",就是"以身倡道"。基于这种认识,他主张"切实做工夫"⑤,具体落实就是"行之必以礼"⑥,即言行合乎古代礼仪。于是,他号召关中儒者"须以此身任纲常之责,整躬率物,恪守礼法"⑦。再者,他深悉"横渠以礼教关中学者"⑧,故而特别重视"讲礼教"。在他看来,这不只是在"以身倡道",更是在"振兴关学"。但是自新文化运动以来,"破坏旧伦理"⑨成了主流观点;尤其是在"吃人的就是讲礼教的,讲礼教的就是吃人的"⑩批评声中,牛兆濂"讲礼教"的活动也更是难以推行,遑论要求人们遵从古代礼仪。可见,"存其精神"也难以实现。

在对儒学"存其精神"难以实行的情况下,牛兆濂提出儒学形式存在的设

---

① 〔清〕牛兆濂:《牛兆濂集》,第68页。
② 〔清〕牛兆濂:《牛兆濂集》,第60页。
③ 〔清〕牛兆濂:《牛兆濂集》,第60页。
④ 〔清〕康有为:《康有为政论集》,中华书局,1987年,第957页。
⑤ 〔清〕牛兆濂:《牛兆濂集》,第219页。
⑥ 〔清〕牛兆濂:《牛兆濂集》,第222页。
⑦ 〔清〕牛兆濂:《牛兆濂集》,第73页。
⑧ 〔清〕牛兆濂:《牛兆濂集》,第40页。
⑨ 陈独秀:《独秀文存》(论文下),第11页。
⑩ 〔清〕吴虞:《吴虞集》,中华书局,2013年,第41页。

想。"形式者何？服装是也"①，即设计儒者的制服。在他看来，"圣教自孔孟以来至于明末，千有余年，服装未之改也"，只是到了清代才被废除。所以，他建议恢复儒者的制服。他将这种主张付诸实践，设计了样式"与道士服不甚异"的儒者制服。在征得"督府给以护照，准其权以道服出入"后，他至死便束发道服。他认为这是儒学存在的鲜明标志；其实，这恰恰是倾向于理学之关学终结的显著表现。

倾向于理学之关学的终结者是牛兆濂，终结时间是民国初期。当前学界抱持牛兆濂是关学终结者观点②的学人，就是将"牛兆濂作为传统程朱理学派的代表"③看待。同时，这反映出，民初牛兆濂说也没有将"关学"理解为张载及其弟子构成的独立学派，而是理解为关中地区的宋明新儒学。但由于"在牛兆濂之后，关中再无大儒出现"④，从而使牛兆濂客观上成了整个关学的终结者。

综上所述，当前学界的关学终结论主要有宋代李复说、清末刘光蕡说和民初牛兆濂说。我们知道，按照学界流行的宋明新儒学"三系说"⑤划分，宋明新儒学内部有气学、理学、心学三种理论形态；而三种关学终结论恰好对应这三种理论形态。或许我们可以说，关学也具有三种理论形态：气学、理学、心学；那么，关学终结也就具体地表现为其三种理论形态的终结：气学形态之关学终结于宋代的李复，心学形态之关学终结于清末的刘光蕡，理学形态之关学终结于民初的牛兆濂。质言之，当前学界主要的关学终结论，是依据关学的理论形态而做出的论断。

四、结　语

当前学界主要的关学终结观点，都是根据关学的理论形态做出的判断。

---

① 〔清〕牛兆濂：《牛兆濂集》，第60页。
② 刘学智认为，"牛兆濂是传统关学在清末民初终结的标志"（刘学智：《关学思想史》，第520页）。
③ 刘学智：《关学思想史》，第520页。
④ 刘学智：《关学思想史》，第520页。
⑤ 宋明新儒学划分为理学、气学、心学三系的观点，主要由冯友兰、张岱年、张立文先后倡导，被内地学界普遍接受。可参阅向世陵：《理气性心之间——宋明理学的分系与四系》，人民出版社，2008年，第213—232页。

具体而言,宋代李复说,是气学形态之关学的终结;清末刘光蕡说,是心学形态之关学的终结;民初牛兆濂说,是理学形态之关学的终结。这种标准的局限是,将关学理论形态的转变视为关学的终结,而无法深入到关学理论内部寻找关学终结的原因。再者,这种标准以承认关学是地域性的宋明新儒学为前提,取消了关学独立学派的地位,最终遮蔽了关学独特的思想价值和重要的学术地位。

其实,关学终结并不是表层的理论形态的转变,而有深层的关学基本精神方面的原因。如果说关学精神是"关学共同体精神"①的话,那么关学的基本精神就是关学共同体的基本精神,即关学的基础性精神、根本性精神,这就是"崇实致用"②。如前所述,张载之学不只具有"太虚即气"的理论特色,还具有"崇实致用"的精神特色。尽管李复之后,前者没有被关中学者继承;但是后者却代代相传,且有所发展。就理学形态之关学来看,萧㪺为学强调"力行以实之",甚至认为儒学乃"圣门实学"③;同恕认为儒学是"真履实践之学",并主张儒学要"务见实用"④;吕柟反复强调儒学是"实学",主张学者"崇实而卑伪""穷经以致用"⑤;就心学形态之关学而言,冯从吾不但强调儒学是"有用实学",而且激烈批评"骋空谈而鲜实用"⑥之学;李颙为学"一味务实",既强调"真正实做工夫"⑦,也强调"务为有用之学"⑧,并进而建构"明体适用"之学。显见,尽管关学有气学、理学、心学等理论形态的变化,但是"崇实致用"的基本精神一以贯之,代代相传。这充分说明:关学多元的理论形态("气学""理学""心学")中贯通着统一的基本精神——"崇实致用"。同时这也反映出:关学应当是以"崇实致用"为基本精神的宋明新儒学学派。

---

① 张立文:《关学的共同体智慧》,《光明日报》2016年4月18日。
② "崇实致用"是关学的基本精神,这是赵馥洁的卓见;不过,赵氏将之视为关学基本精神有六种,"崇实致用"只是其一。(参阅氏著《论关学的基本精神》,《西北大学学报》2005年第6期,第6—11页;《关学精论》,西北大学出版社,2015年,第6—19页。)
③ 〔元〕萧㪺:《勤斋集》,载《元代关学三家集》,西安:西北大学出版社,2014年,第98页。
④ 〔元〕同恕:《榘庵集》,载《元代关学三家集》,第217页。
⑤ 〔明〕吕柟:《泾野先生文集》,下册,西北大学出版社,2015年,第1092页。
⑥ 〔明〕冯从吾:《冯从吾集》,西北大学出版社,2015年,第239页。
⑦ 〔清〕李颙:《二曲集》,中华书局,1996年,第29页。
⑧ 〔清〕李颙:《二曲集》,第177页。

第十九讲 崇实致用:关学多元理论中的统一精神

关学是以"崇实致用"为基本精神的宋明新儒学学派,那么关学传承自然就是"精神传承"[①]。同样,关学终结的判定也应当以深层的基本精神作为标准[②],而不应是表面的理论形态。这样来看的话,关学自张载开创于11世纪中叶以降,代有传承,至20世纪前叶而终结。关学终结的根本原因是,关学的"崇实致用"基本精神在传承中走向两个极端。具体而言,刘光蕡"为学专注实践,归依致用"[③],有见"西人之学皆归实用",而极力主张"为西学",导致其学的经世致用内容较多而新儒学思想过于薄弱,最终走向终结:这是对基本精神强调"太过"而导致的终结;另一是对基本精神重视"不及"而导致的终结,这就是牛兆濂之学缺失经世致用内容而仅仅恪守"横渠礼教",从而缺失关学的"崇实致用"基本精神,最终走向终结。

---

① 刘学智:《〈关学文库〉对关学学术史意义重大》,《中国社会科学报》2019年5月15日。

② 陈俊民判定的关学终结于李颙的依据已经指向关学的基本精神——"崇实致用",只不过因为他没有用"关学精神"的概念而未明确表达。具体来看,陈氏判定李颙是关学终结者的依据是其学"向原始儒家还原",而这种还原的主要表现是"以恢复'明体适用'的儒学"(氏著《张载哲学思想及关学学派》,第48页)。同时,他又认为明代薛敬之、吕柟、冯从吾等人的新儒学也"其实是向原始儒学的还原",原因是他们的新儒学是"关中学者的'实学'"(《张载哲学思想及关学学派》,第23页)。再结合他"张载'学贵有用''务为实践'的学风旨趣"(《张载哲学思想及关学学派》,第14页)的观点,我们不难发现,"崇实致用"其实是自张载以至李颙之关学的共同特点,这已触及关学的"崇实致用"基本精神。

③ 〔清〕刘光蕡:《刘光蕡集》,第276页。

第二十讲

《关学编》与明清陕西士大夫的集体记忆

〔新加坡〕王昌伟

【作者简介】

王昌伟，美国哈佛大学东亚语言与文明系博士，新加坡国立大学中文系教授。

一、前　言

一般学者提起宋明理学的发展与流传，都会以"濂洛关闽"这一组含有地域色彩的概念为周敦颐、二程、张载与朱熹所创立的"学派"命名，似乎理学从一开始，内部就存在这样的分野。实际上，"濂洛关闽"作为一组固定的词汇出现得非常晚，大概不会早于元初①。也就是说，理学可如此分为四个具有地域特色的学派，是后代学者的创造，宋代诸子当初并没有有意识地去创立一个地方性的学派。这不能不使我们思考一个问题：为什么后人要如此以地方为一个学派命名？他们又如何在为一个学派赋予地方色彩的过程中规定此学派的内涵？

近年来学术界所热衷探讨的一个问题，就是在中华帝国晚期，各地知识分子如何通过各种方式塑造地域认同（local identity）②。本文即是要以关学作为研究的个案，探讨一个思想学派地方化的过程，以及晚明陕西的士大夫

---

① 通过对《四库全书》电子版的检索，"濂洛关闽"作为一固定的词组，首先见于元人胡炳文的《云峰集》。

② 如中国台湾学者吕妙芬的近著《阳明学士人社群：历史、思想与实践》（中国台湾"中央研究院"近代史研究所，2003年）就特别在最后一章探讨晚明江右学者的讲学与地域认同。此外还有许多著作也涉及这个课题，在此无法一一介绍。

如何通过把学派地方化塑造他们的集体记忆及具有地方色彩的身份认同。

所谓关学，根据现在最普遍为人所接受的说法，就是由张载创立的，陕西关中地区的理学，如姜国柱先生就直接以《张载关学》作为其著作的题目①。可是从字面上看，关学亦可笼统地指涉"关中的学术"，不一定得以张载的思想为其内涵。本文要论证的即是，关学特指张载的理学，是一直要到晚明著名陕西学者冯从吾的《关学编》问世以后才正式被确定下来的。冯从吾为什么要如此界定关学？他又是在一种怎么样的思想氛围中做出如此的选择？他的选择又为什么会被普遍接受？要回答这些问题，我们就必须仔细考虑冯从吾编纂《关学编》的思想背景，以及此书的内容、体例与编纂原则。

二、《关学编》的内容与体例

冯从吾(1557—1627)，字仲好，号少虚，陕西西安府长安人，万历十七年(1589)进士，官至御史，但因得罪当政者而遭削籍放归，居家二十余年，直至逝世。冯从吾最为人所知的事迹，是他曾参与东林党的活动，并且在京师创办了首善书院。不过在他放眼天下的同时，他也不曾放弃对故乡的关怀，不仅创立了著名的关中书院，也积极参与陕西地方志的编纂工作。约完成于万历三十四年(1606)的《关学编》，即是冯从吾整理故乡人文传统的一个重要工程。

《关学编》主要部分共分四卷，收录了北宋至明代著名陕西学者的传记，可以说是关学这一地方思想学派的谱系。卷一为以张载及其门人为主的北宋学者，卷二为金元学者，卷三、卷四则为明代学者。前置首卷一卷，收录四名孔门弟子的传记②。从整个编排看，很显然，冯从吾是把北宋作为关学的正式起点，先秦的部分只是"序曲"。那关学的内容又是什么？冯从吾在自序中说：

> 我关中自古称理学之邦，文、武、周公不可尚已，有宋横渠张先生崛起郿邑，倡明斯学，皋比勇撒，圣道中天。先生之言曰："为天地立心，为生民立命，为往圣继绝学，为万世开太平。"可谓自道矣。当时执经满座，多所兴起，如蓝田、武功、三水，名为尤著。至于胜国，

---

① 姜国柱：《张载关学》，陕西人民出版社，2001年。
② 〔明〕冯从吾等：《关学编(附续编)》，中华书局，1987年。此一现代排印版，除原编外，还收入清代的几部续编，使用方便。

是乾坤何等时也,而奉元诸儒尤力为撑持,埙吹篪和,济济雝雝,横渠遗风将绝复继。天之未丧斯文也,岂偶然也哉?①

此序开头称关中自古为理学之邦,但冯从吾显然把重点放在由张载开创的思想传统上,并认为即使是在元代动荡不安的岁月里,因为陕西(陕西在元代属奉元路)学者的撑持,张载的遗风仍然细水长流,"将绝复继"。在冯从吾的建构下,似乎由宋至明,张载作为关学的开山祖师的身份,是所有陕西学者所公认的。其实,如果我们仔细阅读金元时期陕西学者如杨奂、萧㒗、同恕等人的文集,就会发现他们对建立一个地方学派完全不感兴趣。他们认同的对象是程朱,张载对他们而言,只是程朱学派的一分子,张载作为陕西人的身份,对他们并没有特殊的意义。因此,当冯从吾把张载从程朱的影子中独立出来奉为关学的祖师,他实际上是在为地方文化进行一次新的界定,以此塑造一个他认为陕西士人应该共同拥有的文化记忆。

当然,冯从吾是有所继承的。从明中叶开始,陕西士大夫对张载及其弟子的重视就与日俱增,并且也开始以张载的继承人自居。如咸宁人李锦(1436—1486)因为"践履醇茂","关中学者咸以'横渠'称之"②。另外,三原人王承裕(1464—1538)曾刊布由张载弟子蓝田吕大钧等著的《乡约》《乡仪》等书,"俾乡人由之"③。此外,还有泾阳人吕潜(1517—1578),少时尝密书张载弟子吕大临的《克己铭》于怀袖中,时为展玩④。这些例子都说明,明中叶的陕西士大夫,已经开始以张载作为认同的对象,并且自觉地以继承张载的思想为己任。

不仅如此,有些陕西学者还特别强调张载有别于程朱,甚至有凌驾于程朱之上的地方,如朝邑人韩邦奇(1479—1555),就声称张载论气的见识和气魄,古往今来的儒者无人能及。

> 至(知)太虚即气,则无无。此张子灼见道体之本然,他人所不能道。太虚无极,本非空寂,只有形不形之异耳……形不形虽不同,一气也,但聚散不同也。一动一静,一聚一散,是谓参五变易。爱恶之情,同出于太虚,此横渠灼见性命之真,故敢为此言。自孟子言性

---

① 〔明〕冯从吾等:《关学编(附续编)》,第1页。
② 〔明〕冯从吾等:《关学编(附续编)》,第34页。
③ 〔明〕冯从吾等:《关学编(附续编)》,第39页。
④ 〔明〕冯从吾等:《关学编(附续编)》,第55页。

善之后,诸儒不敢为此言①。

韩邦奇此处虽没指名,但明显是在批评程朱学派,因为程朱学派在坚持人性至善的同时,也对张载过于注重"气"表示不满。韩邦奇则认为,自从孟子说人性善之后,包括程朱以内的"诸儒"慑于孟子的权威,都不敢说出"知太虚即气,则无无"这样的话,因此这就是说等于承认了人性中除了至善的太虚部分,也具备了由"气"产生的"情",人性就因此不是至善的。只有张载,因为能"灼见性命之真",所以能体认出"太虚即气"这样的境界。

韩邦奇如此对张载推崇备至,甚至不惜贬低程朱以抬高张载,说明有一部分陕西学者已不甘屈居于程朱学派之内,而打算另起炉灶,建立一独立的学派。实际上,当时的人都普遍认为,张载的学说自有其独到之处,是能够清晰地被辨认出来的,如在被公认为集关中学术大成的吕柟(1479—1542)的《泾野子内篇》中,就记载了这样的一件事:

江西有五人来见,先生谓之曰:"若等为实学,动静当以礼。"一人对曰:"是横渠以礼教人也。"先生曰:"不特张子也,曾子亦然。虽孔子'克己复礼''为国以礼',亦何尝外是!"②

当吕柟向从江西来学的五人提出"动静当以礼"的要求时,他们马上就联想到张载,显示到了明中叶,对"礼"的重视已经被认为是张载学说有别于其他学派的地方,而吕柟在回答的时候直接把张载和孔子、曾子联系起来,说明他也认为张载是独力发展了孔门这方面的思想,毫无疑问代表一个不同于程朱的学派。

冯从吾的《关学编》正是在这种思想氛围中完成的。当然,冯从吾在编这一代表关学的"官方"文件时,必然要有所选择。哪一类的学者可算是关学中人,哪一些不算?这就牵涉到关学在冯从吾心目中到底是什么的问题。首先我们发现,汉唐儒者全被冯从吾排斥在外,显示他并不重视这些儒者所擅长的经学,不管是注重名物训诂的古文经学还是注重微言大义的今文经学。

另外,在"凡例"中,冯从吾特别强调"是编专为理学辑,故历代名臣不敢泛入"③。在这个原则下,冯从吾把历代一些事功显著的名臣排除在外,如北宋边功卓著的大臣游师雄,以及明中叶极负盛誉的王恕。可是游师雄是张载

---

① 〔明〕韩邦靖:《苑洛集》卷十八《见闻随考录一》,《四库全书》本。
② 〔明〕吕柟:《泾野子内篇》卷七,中华书局,1992年,第58页。
③ 〔明〕冯从吾等:《关学编(附续编)》,"凡例"。

的学生,而王恕在《明儒学案》中则被黄宗羲许为"关学之别派"的"三原学派"的创始人①,可见,如果冯从吾要把他们包括在关学的范围内,也是说得过去的,但冯从吾却选择不收录。清代就有一些陕西学者认为这些名臣是应该被包括在内的,如李元春(1769—1854)在续写《关学编》时,就把游师雄收入编中,并在序中说:

> 如游师雄,受业横渠,载之《宋史》,学术几为事功掩,然事功孰不自学术来?此疑少墟所遗也②。

李元春认为,游师雄的事功虽掩盖了其学术方面的成就,但他的事功却是以学术作为基础的,因此怀疑冯从吾是一时疏忽而遗漏了游师雄。冯从吾是否真为一时疏忽,难以断定,但他把关学严格定义为关中的理学,是毫无疑问的,也正因为如此,关中一些举足轻重的文学之士,如执明中叶文坛牛耳、被后人列入"前七子"的康海、王九思等人,《关学编》中也无法占有一席位置。

当然,即使是以理学界定关学,冯从吾仍然有好几种选择。我们已经谈到韩邦奇特别重视张载的气论,而吕柟则强调"礼",那冯从吾最关心的,又是哪一方面的课题呢?李维桢为《关学编》所作的序,强调冯从吾是想通过该书发扬张载驳斥异学的精神:

> 夫伏羲画卦,为关西万世理学祖,至周有文、武、周公父子兄弟,号称极盛……至宋,乃始有周、程三先生兴于濂、洛,而张子厚先生崛起关西,与之营道同术,合志同方。盖当是时,禅教大行,先生少年老成亦尝从事于斯。久之,悟而反正,以为佛门千五百年,"使英才间气,生则溺耳目恬习之事,长则师世儒宗尚之言,因谓圣人可不修而至,大道可不学而知。人伦不察,庶物不明,上无礼以防其伪,下无学以稽其弊,诐淫邪道,乱德害治"。其持论深切著明如此……迨其后也,鹅湖、慈湖(指陆九渊、杨简)辈出,而周程张朱之学日为所晦蚀,然关西诸君子尚守鄠县宗指。近代学者左朱右陆,德、靖之间,天下靡然从之,关西大儒亦所不免。明圣学,扶世教,安得起子厚于九京而扬扢之哉?③

虽然李维桢此处所谓的"异学"是指佛教与宋代陆九渊和杨简,但明眼人

---

① 〔清〕黄宗羲:《明儒学案》卷九,明文书局,1991年。
② 〔明〕冯从吾等:《关学编(附续编)》,第67页。
③ 〔明〕冯从吾等:《关学编(附续编)》,第122—123页。

一看就知道,他真正针对的其实是明中以来就对程朱学派形成空前挑战的王阳明学派。李维桢希望《关学编》的读者体会冯从吾借此书宗程朱、驳王学的苦心。实际上,这完全不是冯从吾编纂《关学编》的目的。要说明这一点,我们首先就得探讨冯从吾对王学的态度。

三、程朱、陆王之争与《关学编》的编纂

与李维桢的期望正好相反,冯从吾对王阳明的学说是相当肯定的。虽然他对王阳明的四句教并不满意,但对其"致良知"之说,却许为圣门的传①。冯从吾讲学,特别强调兼容并包的重要性,更反对动不动就指责别人是在立门户的傲慢心态:

> 问:"讲学可也,第不宜如诸儒之各立门户,何如?"曰:"不然。天下有升堂入室而不由门户者乎?如以诸儒标天理二字,标本心二字,标主敬穷理四字,标复性二字,标致良知三字为立门户,不知孔门标一仁字,孟子标仁义二字,曾子标慎独二字,子思标未发二字,岂亦好立门户邪?夫子之(墙)数仞,若真欲见宗庙之美,百官之富,自不容不觅此门户以入。不然,是原甘心宫之外者也,何足辨哉?且论道体,则千古之门户无二,论功夫,则从入之门户不一。第求不诡孔氏之道,各择其门户以用功,不自其门户以立异可耳。而必责备其立门户,不知舍天理、本心、慎独、未发之外,又将何所讲邪?一开口便落门户,真令人不敢开口矣。"闻者豁然大悟②。

在晚明的学术语境中,"立门户"一词经常被程朱与陆王两派的支持者用来攻击对方,在这一段引文中,问的人显然是认为两派的纠纷是由无谓的门户之见所引起,要解开死结,唯有放弃对门户的坚持。可是在冯从吾看来,这无异于因噎废食。就像我们必须从门户登堂入室一样,要掌握道体,也需要依靠学术的门户,因此不同的门户都有存在的必要,如果一味指责别人立门户,那就是不让别人有说话的权利。因此,当冯从吾在《关学编》中称赞明代关中诸儒"虽躐入门户各异,造诣深浅或殊,然一脉相承,千古若契,其不诡于

---

① 〔明〕冯从吾:《少墟集》卷十五,文渊阁《四库全书》本。
② 〔明〕冯从吾:《少墟集》,卷七。

孔氏之道则一也"①,显示他实际上是在尝试把各个不同的"门户"统一在关学的旗帜之下。在《关学编》中留名的学者,就包括恪守程朱规矩,对王阳明非常不满的马理(1473—1555),同时也包括王阳明的关中弟子南大吉(1485—1541)。在为他最佩服的前辈吕柟作传时,冯从吾还特别强调吕柟曾经拜访过王学左派的中坚人物王艮②。这些学者虽然认同的学术派别是不同的,甚至针锋相对的,但他们共同的陕西人身份,为冯从吾把他们全都纳入一个学派提供了最具说服力的基础。

我们只要翻阅冯从吾的文集,就会知道他念兹在兹的,就是如何处理王学对程朱学派的挑战的问题。因此,在他的建构下,关学成了调和程朱与陆王两派的纷争的基础,但这样一来,张载关于"礼""气"的独特学说就被边缘化了。冯从吾以后,虽然关中学者普遍接受张载为关学的开山祖师,但他们也和冯从吾一样,在论关学时,主要也是把学术重点放在讨论程朱与陆王两派的异同上。如清末贺瑞麟(1824—1893)在为其友柏景伟(1831—1891)所编的《关学续编》写的"小识"中说:

> 惟君(指柏景伟)生平重事功,勤博览,其论学以不分门户为主,似乎程、朱、陆、王皆可一视,虑开攻诘之习,心良厚矣! 夫学为己者也,攻诘不可也,然不辨门户,且如失涂之客,贸贸然莫知所之,率然望门投止,其于高大美富,将终不得其门而入矣,可乎哉? 是非颠倒,黑白混淆,道之不明,惧莫甚焉。学以孔孟为门户者也,程朱是孔孟门户,陆王非孔孟门户,夫人而知之矣。先儒谓不当另辟门户,专守孔孟如程朱可也。孟子夷、惠不由而愿学孔子,岂孟子亦存门户见乎?③

贺瑞麟此处实际上是在批评柏景伟对陆王学派的态度过于宽厚。在他看来,只有程朱才能算是孔孟门户,承认陆王也是门户,无异于颠倒是非,混淆黑白。贺瑞麟虽然没有点名批评冯从吾,但他对后者兼容并包的原则显然不认同。尽管如此,和冯从吾一样,贺瑞麟最关心的,不是张载的学说能否发扬光大的问题,而是如何处理程朱与陆王两派的纠纷的问题。我们知道,明末清初的湖南思想家王夫之曾致力于发扬张载的气论,但同时期及以后的陕

---

① 〔明〕冯从吾等:《关学编(附续编)》,第2页。
② 〔明〕冯从吾等:《关学编(附续编)》,第46页。
③ 〔明〕冯从吾等:《关学编(附续编)》,第126页。

西学者,在建构关学此一地方学派的时候,却选择把焦点锁定在影响范围扩及全国的学术问题。因此,从建构史的角度考察,与其说关学在明清时期的崛起是一个地方性的思想学派的形成与发展的过程,不若说那是一个国家与地方两个层面的文化在复杂的交织过程中形成的产物。

四、结　论

从明中叶一直到清末,都不断有各地方的学者在编像《关学编》这类强调地方上的理学传统的著作[①]。这一种新的体例的出现,标志着地方意识的抬头,但同时也有学者指出,在中华帝国晚期,突出个人的地方身份其实有助于知识分子在全国性的范围内"推销"自己[②]。以这个角度理解《关学编》,就会明白冯从吾以及之后的关学学者,并不只是想借《关学编》告诉陕西的士人群体什么是关学,他们同时也是在向陕西以外的读者推介关学。

当然,该向读者推介什么样的关学,具体的操作就需要涉及如何建构集体记忆的问题。通过对《关学编》的考察,我们发现,冯从吾一方面把理学与经学、事功、文学等区分开来,另一方面却试图在理学的内部求同存异,把程朱陆王之学全收纳于关学的范围内。冯从吾之后的陕西学者,在处理程朱与陆王的分歧时,态度或有不同,但他们实际上还是遵循冯从吾的思路,把这个问题当成是关学发展的主调。张载极具特色的学说,就这样在这个更具时代意义以及影响范围更为广大的主调之下被边缘化了。

综上所述,我们可以这么说,在明清陕西士大夫所建构的集体记忆中,张载作为一个地方性的思想文化的领袖,其作用只是名义上的。明清陕西士大夫所面对的,以及所关注的,仍然是一个全国性的问题,这或许可以提醒我们,在研究中华帝国晚期地方意识的兴起时,不应该只着眼于"地方",应该还要注意到,知识分子在建构地域认同时,经常都是在回应一些全国性的文化、思想与学术问题。

[①] Thomas A. Wilson, Genealogy of the Way: The Construction and Uses of the Confucian Tradition in Late Imperial China, (Stanford: Stanford University Press, 1995), p. 309, n130.

[②] Peter Bol, "The 'Localist Turn' and 'Local Identity' in Later Imperial China", Late Imperial China, 2(2003), pp. 41—43.

第二十一讲

关学学人谱系文献中的"关学"观念及其意义指向
——以《关学编》为中心的探讨

魏　冬

【作者简介】

魏冬,西北大学关学研究院教授,西北大学关学研究院副院长,柬中文化友好协会中国区学术交流部部长兼文化导师,陕西省孔子学会副会长兼秘书长。

对关学的学理归属、学派属性、学术特点、历史范围、代表学人等问题的判定,决定着对关学的基本认知,因此构成关学研究的基本问题。中华人民共和国成立以来,学界围绕以上问题展开了长达六十余年的探讨,对"关学"的界定形成了以侯外庐为代表的"北宋时期的张载学派"、陈俊民为代表的"宋元明清的关中理学"、刘学智为代表的"与张载学脉相承、学风相通的理学学派"等观点;围绕关学作为一个统一的学派能否成立的问题,刘学智、林乐昌分别作出了肯定性和否定性的回答;针对关学的历史上下限代表学人问题,提出了关学的上限代表人物是张载或申颜、侯可,关学的下限代表人物是李二曲、刘古愚、牛兆濂等不同观点[①]。毫无疑问,以上各种观点推进了对关学认知水平的提升和关学研究的进展。然而,关学研究像其他领域的研究一样,仍需要在研究对象上形成一定共识。该如何评价当今关学概念界定的多种观点,并进一步推进关学的研究呢?本文认为,当今学界关于关学基本问题的各种观点都是基于历史上特定的关学文献提出来的,依据文献的不同对

---

① 以上观点,请参考侯外庐、赵纪彬、杜国庠《中国思想通史》第四卷上第十一章"关学学风与张载的哲学思想"、陈俊民《张载哲学思想及关学学派》、刘学智《关学及二十世纪大陆关学研究的辨析与前瞻》(《中国哲学史》2005年第4期)、林乐昌《论"关学"概念的结构特征与方法意义》(《中国哲学史》2013年第1期)等论著。

第二十一讲 关学学人谱系文献中的"关学"观念及其意义指向

关学的基本认知和判断有重大影响,而对当代多种关学概念的判定,应该以历史上最能代表关学自身学术谱系建构的文献为依据。在历史上,与关学谱系有关的学术史文献,既有朱熹的《伊洛渊源录》,又有黄宗羲、全祖望等人的《宋元学案》《明儒学案》,还有徐世昌主编的《清儒学案》等学术史文献,但最能代表关学自身学术谱系建构的文献,应该是由关学学人自己撰述的,且具有相对的学术传承性和广泛认同性的关学谱系文献。而在明代万历年间由关学大儒冯从吾创制,并在清代经过王心敬、李元春、贺瑞麟、柏景伟、刘古愚等关学学人多次续补整合形成的《关学编》系列文献,因其作者都具有关学学人身份,其主题又都集中于关学,在关学的谱系建构中又保持了"关学"观念的历史继承性和编纂体例稳定性,且经过二百六十余年的续写,对关学传承和其他学术史建构产生了持续、稳定和广泛的影响,因此是关学谱系建构中最具有代表性的文献,对当今关学概念的判定也具有突出的参考价值。在《关学编》系列文献中,"关学"观念虽然并没有形成明确的概念,但其是隐含在谱系建构活动中、且决定着整个关学学人谱系建构的根本性观念。因此,很有必要对其中隐含的"关学"观念予以发掘,并在此基础上拓展其对推进当今关学研究的指向性意义。

一、关学学人谱系建构的视域

关学研究所面临的首要问题是:"关学"这一名称的所指,应该是什么?除了上述几种观点之外,张岱年先生提出:"所谓关学,有两层意义,一指张载学说的继承和发展,二指关中地区的学术思想。"[①]那么,从关学谱系建构者的角度来看,"关学"应该是什么呢?对此,冯从吾在最早创制《关学编》时即明确提出:"题曰《关学编》,聊以识吾关中理学之大略云。"[②]可见,冯从吾所说的"关学",并非"关中学术"或"关中之学"的泛称,而是特指"关中理学"。冯从吾的关学观念,是关学学人对"关学"这一名词最早的界说,此后用"关学"来指称"关中理学",成为关学谱系建构的基本观念和其他理学学术史文

---

① 张岱年:为《张载哲学思想及关学学派》一书所写的序,见陈俊民:《张载哲学思想及关学学派》,人民出版社,1986 年,第 5 页。
② 〔明〕冯从吾:《关学编原序》,王美凤编校:《关学史文献辑校》,西北大学出版社,2015 年,第 3 页。

献的共识。对"关学"的观念探讨,应该从这一共识切入。而按照冯从吾的提法,"关中"和"理学"构成了"关学"学人谱系建构中的两个基础性概念,故而关学学人谱系文献中的所有关学学人,也都必然符合人属"关中"、学为"理学"这两个条件。那什么又是关学谱系建构中的"关中"和"理学"呢?对此,学界多从当今的视域去理解,但通过对《关学编》系列文献中关学学人的地域分布和学理构成的分析,则可发现关学谱系建构中的"关中"和"理学"具有自身独特的内涵。

(一)关中:关学谱系的地域视野

"关中"是关学建构的地域视野,决定着关学学人谱系建构的地域范围。按照当今学界对关学的一般理解,"关学"既然以"关中"为名,其地域范围就应限于"关中",即今陕西境内以渭河平原为中心的关中盆地。然而考察《关学编》,却发现其中也有并不属于陕西"关中"的学人:如段坚为甘肃兰州人,周小泉为甘肃山丹卫人(后徙秦州,今天水),都不属于陕西境内的"关中"人。但冯从吾仍将其作为关学学人收入《关学编》。可见其"关学"观念下的"关中",虽然主要指陕西的"关中",但又不限于此,有时还包括甘肃境内陇西一带。这一方面可能是由于历史上行政区划的变迁所致,另一方面可能在习惯上也常把"关""陇"两地联系在一起。

对于冯从吾以"关中"概称"关""陇"的观念,王心敬、李元春等关学学人没有对《关学编》收入陇地学人提出质疑,并且在关学学人谱系的续编中做出进一步的延展。王心敬不但将泾州(今甘肃泾川县)境内的文佩、陇州(今陕西宝鸡陇县)境内的刘波续入《关学编》,而且还把秦岭以南洛南的杨尧阶、杨舜阶兄弟也续入其中;李元春的《关学续编》则不仅收入陕南城固的谭达蕴、南郑的龚廷擢,还收入陕北宜川的刘玺、肤施(今陕西延安)的赵应震。这样,关学学人的分布范围,即由冯从吾起初奠定的"关陇"一带,拓展到了包括关中盆地、甘肃陇西和陕南、陕北一带的广阔地域。这一方面是关学随着历史发展向周边地区传播的结果,同时也是关学谱系建构者关中地域观念扩大的结果。

以上事实说明:"关中"在关学谱系建构中并不是一个恒定的地域范围,而是一个随着关学历史发展,以原来的关中地域为核心,不断向周边辐射的动态的地域观念。历代关学谱系建构的独特的"关中"地域观念及其拓展,充分说明他们看到了关陇本身就是紧密相连的文化板块这一历史事实,同时也体现了他们对关学历史发展中地域传播事实的尊重。但同时也要看到,"关中"一词在关学学人心目中具有特殊的意义。冯从吾在《关中书院记》中不但肯定了"我关中形胜甲天下,羲、文、武、周,后先崛起,弗可尚矣",而且还提出关中书院之所以名"关中",正是"借关中'中'字,阐'允执厥中'之密耳"①,这也与冯从吾以"关中"命名"关学"的意义相合。李元春则不但续补《关学编》,还编《关中道脉四种书》《关中两朝诗文钞》,以此来彰显关中道脉之传、人文之盛。新加坡学者王昌伟教授认为,李元春之所以在书名中弃用官方名称"陕西"而选择"关中"的做法是"耐人寻味的,在某种意义上这是一个合理的选择。一见到'关中'这个名字就会勾起一种对其历史与特定感知。同时,它还承载着一个超越当代史的强大的文化传统"②。

今天要重构关学的历史谱系,无疑要借鉴以上关学谱系建构者的关学地域观,即要关照关陇、陕南、陕北地域范围内相应的学人,特别是要注意将甘陇一带关学学人纳入关学的学人谱系。在关学史上,甘陇学人是关学学人的重要组成部分,不仅段坚、周小泉等人推动了明代关学的传播,而且在北宋时期甘陇一带就是张载及其弟子从事边事活动的主要领域。事实上在清代,甘陇尚有巩建丰、李南晖、牛树梅、吴可读、安维峻等学人推动了理学的发展,成为关学传承谱系中不可缺失的代表学人。在关陇、陕南、陕北的地域范围内重构关学历史谱系,对重新认识关学的传播和影响具有重要意义。

(二)理学:关学谱系的学理指向

"理学"是关学建构的学理指向,决定着关学学人谱系建构的学理范围。按照当今学界的理解,作为"理学"的重要奠基者张载是北宋人,所以关学谱系建构的历史上限也应该从张载开始。这大致符合关学谱系建构中"理学"的基本范围。然而,在关学谱系建构中,"理学"仍有其特殊的意义指向。

冯从吾在《关学编·自序》中开篇提出:"我关中自古称理学之邦"③。如

---

① 〔明〕冯从吾:《关中书院记》,刘学智、孙学功点校:《冯从吾集》,西北大学出版社,2015年,第272页。
② 〔新加坡〕王昌伟:《中国历史上的关中士人:1907—1911》,浙江大学出版社,2017年,第6页。
③ 〔明〕冯从吾:《关学编原序》,王美凤编校:《关学史文献辑校》,第3页。

此看来,似乎"理学"并非肇始于北宋,而是关中"自古"就有之。他还在《关学编》中特意开出"首卷",收入秦子、燕子、壤驷子、石作子这四位出自孔子门下的关中弟子,以此作为关学开篇的先导。在冯从吾这一做法的影响下,更有关学学人进一步追溯关学的道统。如王心敬就认为,"编关学者,编关中道统之脉络也"①,"编关学,则溯宗原圣矣"②。于是他在《关学编》补入了伏羲、泰伯、仲雍、文、武、周公六圣,以及汉儒董仲舒、杨震、挚恂三人。在他看来,伏羲"固宇宙道学之渊源,而吾关学之鼻祖",而文王、武王、周公"正道统昌明之会,为关学之大宗"③,如此视域下的"关学"则似乎并不是始于北宋时期的理学,而是导源于远古圣王的"道统"。

值得注意的是,后来的关中学者刘绍攽曾对冯从吾列入孔门四子的做法表示不理解。他说:"学者遍天下、亘古今,不以地域也。即以地论,当以伏羲为开天之祖,文王、武王、周公为继天立极,不然而以濂、洛、关、闽并称,亦当以横渠为不祧之尊。奈何舍大圣大贤,而肇造仅存其名之七十子也?呜呼小矣。"④刘绍攽对冯从吾"以地限学"的批评暂且不论,在他看来,即使以地域论学,也应该以伏羲、文王、武王、周公为祖,或者以横渠张子为创立者,为什么偏偏选择仅存其名而无有事实的孔门四子呢?那么该如何看待关学谱系建构中的以上现象呢?要看到,冯从吾虽然认为"我关中自古称理学之邦",但他心目中的理学宗师,并不是王心敬所说的羲、文、武、周等远古圣王,而是孔子。他说"文、武、周公不可尚矣"⑤,而"吾儒学问当以孔子为宗"⑥。故而在他观念下的"理学"是以孔子之学为宗源的理学。而这种意义下的"关学",当然是关中的孔学了。故而冯从吾将孔门关中四子列为《关学编》首卷,并非刘绍攽所批评的"呜呼小矣",而是借此标明关学对孔子的学脉相承,凸显关学继承和弘扬孔学的根本价值取向。

然而,"以孔子为宗"的观念并不意味着冯从吾就认为关中孔门四子就是

---

① 〔清〕王心敬:《关学编序》,王美凤编校:《关学史文献辑校》,第61页。
② 〔清〕王心敬:《关学编凡例》,第65页。
③ 〔清〕王心敬:《关学编序》,第61页。
④ 〔清〕刘绍攽:《关学编正误》,中国人民大学和北京大学联合主持编纂:《清代诗文集汇编》,上海古籍出版社,2010年,第304册,第572页上。
⑤ 〔明〕冯从吾:《关学编原序》,王美凤编校:《关学史文献辑校》,第3页。
⑥ 〔明〕冯从吾:《辨学录跋》第四十二章,刘学智、孙学功点校:《冯从吾集》,第57页。

关学的起点,也不意味着汉唐关中诸儒也是关学道统谱系中的学人。在冯从吾看来,理学在关中的传承历史久远,然而在汉唐关中诸儒那里并没有得到倡明,只"有宋横渠张先生崛起郿邑,倡明斯学,皋比勇撤,圣道中天"①,真正意义的关学才出现,所以他在《关学编》的布局上,虽然以孔门四子为先导,但在正编中的做法却是"断自横渠张子始"②。所以冯从吾《关学编》中的"理学"观念,具有"当以孔子为宗"而"断自横渠张子始"的双重意义。在当时学界享有盛名,且为《关学编》作序的李维桢很早就看到这一点,他明确断言:"仲好之为是编也,直以子厚承洙泗"③。

冯从吾所奠定的关学应该"以孔子为宗",而以张载开先的"理学"观念同样为关学谱系的建构者继承。这不仅表现在他们对《关学编》首列孔门四子做法的接受上,而且还表现在他们对王心敬在《关学编》中补入六圣、汉儒做法的修正上。四库馆臣评价《关学编》言:"从吾所纪,梗概已具,心敬所广,推本羲皇以下诸帝王,未免溯源太远。"④而清末柏景伟、贺瑞麟、刘古愚重编《关学编》,也认为王氏做法"非恭定所编例,去之"⑤。不难看出,王心敬的做法不仅背离了冯从吾"必折衷于孔子"的宗旨,也不符合理学道统说的实际。关学虽然以孔子为宗,但其创始只能始于张载。当今的关学研究,固然要在前人的基础上进一步凸显关学与孔学之间的关系,考量关学在将孔学"关中化"诠释的走向和特点,但也不能"溯源太远",将张载之前的关中学者当成关学学人对待。

二、关学学人谱系建构的准则

"关中"和"理学"两个观念确定了关学学人谱系建构的地域和学理基本范围。然而,关学学人谱系的建构毕竟是以"人"为对象建构起来的关学传承谱系。在这个谱系建构中,除了确立谱系建构的基本范围之外,还需要有一

---

① 〔明〕冯从吾:《关学编原序》,王美凤编校:《关学史文献辑校》,第3页。
② 〔明〕冯从吾:《关学编凡例》,王美凤编校:《关学史文献辑校》,第4页。
③ 〔明〕李维桢:《关学编原序》(二),王美凤编校:《关学史文献辑校》,第63页。
④ 〔清〕永瑢等:《四库全书总目·关学编五卷·提要》,王美凤编校:《关学史文献辑校》,第630页。
⑤ 〔清〕柏景伟撰、〔清〕刘古愚代笔:《重刻关学编前序》,王美凤编校:《关学史文献辑校》,第626页。

定的准则,将"人"与"关中"和"理学"联系起来,即依据一定的准则判定某一个"人"既是"关中"的又是"理学"的,才能将其作为"关学"学人而纳入谱系。长期以来学界对此问题探讨不足,但通过《关学编》系列文献,可以发现关学学人谱系的建构实际上也有明确的准则。

(一)家居关中:人—地关系建构准则

人—地关系建构准则,是将特定人物与特定地域联系起来,从而确定某人为某地方的人的准则。关学以"关"命名,显然是以"关中"地域为归属来建构学人谱系,而对学人地域归属的判定,则是关学学人谱系建构的必要条件。然而,学人并不是一生固定在一地不变的存在者,他的活动地域,在其一生中往往具有变动不居的特点。那么,关学的谱系建构,是依据怎样的准则判定一个理学学人是关中人呢?《关学编》中所收入关学学人的属地情况,为发掘这一原则提供了依据。

在《关学编》中,冯从吾特意重构了某些关学学人的属地信息,即对于某些在属地上可能引起歧义的学人,他特意强调了其与关中的属地关系,而隐去其与异地关系。如对于张载、张戬兄弟,冯从吾则不提其祖籍河南汴梁而直书为"郿人";对于蓝田吕氏兄弟,虽提及"其先汲郡人",然而却指出因其祖父吕通"葬蓝田,子孙遂为蓝田人"。对于侯师圣则考证说:"按《伊洛渊源录》称先生为'华阴先生,无可之孙',即当书为华阴人。而云河东人,岂金陷关、洛时,先生曾避难河东耶?学者详之。"另周小泉"没于扬子江",张大器长期生活并出仕于关外,王承裕"生于河南宦邸",但冯从吾却并没有因其籍贯、出生、仕宦、避难、死亡之地在关中之外而将之也排除出关学。考察整个《关学编》,可见冯从吾判定一个理学学人是不是关中人的准则只有一条,就是其家居住地是否在关中。这说明,"家居关中"是冯从吾关学学人谱系建构中人—地关系建构的唯一准则。

还需要注意的是,对于所知范围内的异地人物,冯从吾即使了解他们与关学的渊源关系,但并没有笼统地将之收入《关学编》。如北京廉希宪、河南许衡、云南杨一清、山西王云凤,甚至冯从吾的老师浙江许孚远,虽然都曾在关中期间培养、擢拔了大批关学学人,对关学的传承功不可没,但冯从吾并没有因此将之收入关学学人之列;同时,对传承和弘扬关学有重要影响的异地人物,如韩邦奇的弟子河北容城杨继盛,虽然他与杨爵并为"韩门二杨",但冯从吾也并没有将之收入关学之列。这说明,冯从吾所确定的系地原则,并非简单的根据理学学人与关中地域的多种联系就将之列入,而是始终坚持了"家居关中"的人—地建构准则。

当然,"家居关中"的人—地关系建构准则虽然在冯从吾之后也有个别"例外",但随后也得到广泛接受和一贯坚持。其中的"例外",就是王心敬在其《关学编》续补中,根据董仲舒老年在关中并葬在关中的事实而将之收入,但此种做法遭到后世的批评。四库馆臣说:"董仲舒本广川人,心敬以其卒葬皆在关中因引入之,亦未免郡县志书牵合附会之习也。"①而柏景伟、贺瑞麟、刘古愚在整合修订《关学编》诸本文献时,亦认为此"非恭定(冯从吾)所编例,去之"②。对董仲舒,冯从吾虽然也看到"董仲舒一代大儒"③,而有心将之收入《长安县志》,但并没有将之收入《关学编》。由此可见,"家在关中"是冯从吾和大多数关学学人谱系建构中所普遍采取的人—地关系建构准则。

需要强调的是,冯从吾等人在关学谱系建构中所形成的"家在关中"的人—地关系建构准则并非如刘绍攽所批评的"以地限学",而是隐含着关中地域风俗传统对关学人物的养成作用,特别是张载之学出现后,由于关学风气的持续性影响,关学学人也代不乏人。据此,当今对历史上关学学人谱系的重构,在人—地关系上还应坚持"家居关中"的准则。如全祖望在《宋元学案》中所提及的张载关中弟子如种师道、刘公彦、潘拯等都应该纳入关学;而对于虽然出自关学学人门下的异地学者,如张载的关外弟子山西薛昌朝、山东田腴、福建邵清,韩邦奇的弟子河北杨继盛,吕柟的弟子福建杨天游,贺瑞麟的弟子山东淄博孙迺琨,都不宜列入关学谱系。至于接受横渠之学的王廷相、王船山等人,虽然他们与张载之学有着密切的联系,但也不宜列入关学谱系。

当然,当今的关学研究也应该在重构关学学人谱系的前提下,进一步考量异地学者对关学继承传播的意义。特别是对"推动关学发展重要异地学人""推动关学异地传播重要学人"和"与关学学人交往较密之异地学人"的

---

① 〔清〕永瑢等:《四库全书总目·关学编五卷·提要》,王美凤编校:《关学史文献辑校》,第630页。
② 〔清〕柏景伟撰,〔清〕刘古愚代笔:《重刻关学编前序》,王美凤编校:《关学史文献辑校》,第626页。
③ 〔明〕冯从吾:《长安县志序》,刘学智、孙学功点校:《冯从吾集》,第250页。

谱系建构,能更有利于完整地彰显关学与异地之学的互动交往以及关学在关中之外的传播和发展,从而凸显出关学在关中之外传播的广泛影响。

(二)学在践履:人—学关系建构准则

人—学关系建构准则,是将特定人物与特定学术联系起来,从而确定某人为某类别学人的准则。"关学"以"学"为重,《关学编》乃"专为理学辑"①,那什么才是冯从吾判定一个关中人是不是理学人的准则呢?冯从吾的理学观念可以对回应这一问题提供基本的参照。

冯从吾认为:"圣贤之学总在心性,而心性得力不得力,又全在日用行事见得。"②冯从吾虽然主张理学要以"心性为本体"③,但对学问的检验,又只能在"日用行事"上才能得到真正的体现。在《关学编》中,冯从吾虽然收入了像张载、吕柟、马理、韩邦奇等不少在学术上有建树,能成一家之言或有著述的学人,但同样也收入了像刘愿、侯均、程瑁等没有形成自己学术观点或没有著述的学人。但总体而言,《关学编》中的学人都普遍具有"以孔子为宗",且在生活实践中真实践履孔子学说的特点。所以在"日用行事"上以孔子为准绳而道德践履,是冯从吾判定一个学者是不是理学学人的基本准则,这是关学学人谱系建构在人—学关系上的建构准则。

当然,冯从吾也没有忽略"理学""全在日用行事见得"的基本特点与其人物生平的不同表现。冯从吾认为,"夫事功、节义、理学、文章,虽士君子所并重,然三者乃其作用,理学则其根本也。根本处得力,则其作用自别"④。在他看来,"事功、节义系于所遇,文章系乎天资,三者俱不可必,所可必者,惟理学耳。吾辈惟从事于理学,则事功、节义、文章随其所遇,当自有可观处"⑤。只有以道德践履为本的"理学"才构成了节义、事功、文学的根本,所以他引领士人,学习圣贤,应该从理学入手,而不应该执着于事功、节义或者文学。以此为准则,冯从吾对于他熟知的关中人物,如"国朝名臣第一,道德

---

① 〔明〕冯从吾:《关学编凡例》,王美凤编校:《关学史文献辑校》,第 4 页。
② 〔明〕冯从吾:《答杨原忠郡守》,刘学智、孙学功点校:《冯从吾集》,第 296 页。
③ 〔明〕冯从吾:《庆善寺讲语》,刘学智、孙学功点校:《冯从吾集》,第 213 页。
④ 〔明〕冯从吾:《渭滨别言赠毕东郊侍御》,刘学智、孙学功点校:《冯从吾集》,第 319 页。
⑤ 〔明〕冯从吾:《河北西寺讲语》,刘学智、孙学功点校:《冯从吾集》,第 207 页。

功业载在国史"①的王恕,以文学名世的李梦阳、康海、王九思,以及与刘瑾关系较为密切的刘玑等人,都没有纳入《关学编》。

需要注意的是,后世学者在《关学编》续补时,虽然将冯从吾以"日用行事"作为道德践履基本准则予以拓展,如王心敬提出"气节本自中诚,安在非即理学?"②李元春也提出"事功孰不自学术来?"③的观点,然而关学学人谱系建构以道德践履为标准的人—学关系建构准则并没有发生变化。在对《关学编》的续补中,王心敬、李元春并没有将以诗文著称的李因笃、李楷,以隐逸名世的李柏和为明清名臣的马自强、阎敬铭等人收入。可见,由冯从吾提出的以道德践履为底色的理学,以及王心敬、李元春在此基础上拓展而来的事功和气节,共同构成了传统理学视域下关学学人入《关学编》的学理标准。

当今的关学研究,应该尊重传统关学谱系建构中以理学为本的原则,也应考虑理学在传承发展过程中表现形式的多样性。对关学谱系的现代重构,应该注意传统关学隐含的内在结构性,即以理学作为关学谱系的主干,同时也应考虑事功、节义、文章与理学的关系,将与理学相关的事功、节义、文学型关中学人收入。这样带有结构形态的关学谱系建构,应该对全面把握关学的整体特征有所助益。

三、关学学人谱系建构的维度

以"关中"和"理学"观念为基础,以"家居关中"和"道德践履"为准则,关学学人经过对《关学编》长达二百六十余年的补续调适,构建了从张载至杨树椿长达八百年的关学学人谱系。那么,灿若星辰、跨越宋元明清的关学学人,仅仅是一个地域性的理学学群,还是具有一贯精神的理学学派?这是关学研究所不能不回答的问题。通过《关学编》学人特点的辨析,可以看出关学是思想多源性和宗风一贯性相统一的理学学派。而这正是关学学人谱系建构的辩证维度。

---

① 〔明〕冯从吾:《关学编·平川王先生》,王美凤编校:《关学史文献辑校》,第38页。
② 〔清〕王心敬:《关学编凡例》,王美凤编校:《关学史文献辑校》,第66页。
③ 〔清〕李元春:《桐阁重刻关学编序》,王美凤编校:《关学史文献辑校》,第109页。

(一)统程朱陆王而一之:关学谱系的思想多源性

思想的多源性是关学谱系建构的显性维度。冯从吾在学术上以孔子为宗,而尤以宋明理学诸儒为通达孔学正脉的津梁,他说:"朱、陆、薛、王不同,而同为儒,总之皆吾师也。"①关学学人谱系建构也体现了冯从吾广泛吸收多种理学思想作为关学思想渊源的观念。比如在《关学编》中,蓝田四吕具有以张载之学为本同时融摄二程之学的特点,侯师圣、杨天德、杨奂的思想则源出周敦颐、二程;元代的杨恭懿、萧㪺、同恕因为时代的关系而接受朱子之学,南大吉、尚班爵因为曾在江浙而接受阳明之学,等等。就此而言,冯从吾所建构的关学学人谱系,虽然以横渠为先,但其学术渊源却有来自横渠或与濂溪、二程、朱子、阳明等理学诸子相关的多源性特征。这表明了在冯从吾观念下的关学,在思想渊源上具有广泛吸收理学思想渊源的特点。故而柏景伟说:"盖统程朱陆王而一之,集关学之大成者,则冯恭定公也。"②

就此而言,冯从吾建构下的关学,虽然把张载认定为关学形成的首出者、奠基者,但相对于孔子来说,张载和其他异地理学宗师一样具有同等的地位。他说自张载至王秦关的关学"诸君子之学,虽繇入门户各异,造诣深浅不同,然一脉相承,千古若契,其不诡于吾孔氏之道则一也"③。冯从吾的关学观念,体现了关学发展过程中与时俱进、不断吸收理学时代精华的特点。而后的关学学人也普遍接受冯从吾的观念,他们一方面肯定"横渠特宋关学之始耳"④,认为张载为"关中先觉"⑤,但同时也没有把张载当作关学思想构建的唯一源头,而是注意广泛吸收程朱陆王之学以构筑自己的思想体系。当今的关学研究,要注意关学发展历程中思想的多源性特征,注意关学思想与其他理学思想的接受吸纳关系。

(二)要之以子厚为正:关学谱系的宗风一贯性

思想的多源性只能说明关学与整个理学之间的关系,而不能说明其具有

---

① 〔明〕冯从吾:《答张居白大行》,刘学智、孙学功点校:《冯从吾集》,第304页。
② 〔清〕柏景伟撰,〔清〕刘古愚代笔:《重刻关学编前序》,王美观编校:《关学史文献辑校》,第626页。
③ 〔明〕冯从吾:《关学编原序》,王美凤编校:《关学史文献辑校》,第3页。
④ 〔清〕王心敬:《关学编序》,王美凤编校:《关学史文献辑校》,第61页。
⑤ 〔清〕贺瑞麟:《重刻关学编序》,王美凤编校:《关学史文献辑校》,第628页。

这种特征的内在原因,也不能说明关学本身的特征。关学谱系中学人思想的多源性,是否就否定了关学作为一个统一性学派的存在呢?回答是否定的。

宗风一贯性是关学建构的隐性维度。冯从吾虽然认为"关学渊源,良有所自"①,然而也指出"关中理学,推重横渠"②。关学思想的多源性,正来源于张载所奠基的包容开放、勇于从善的学风。故而曹冷泉认为:"关中学者勇于从善,自横渠先生而能降心与年轻后辈二程相商讨,嗣后国内凡有新学派兴起,关学皆能与之融合汇流。"③而在关学谱系建构中,冯从吾在肯定关学思想多源性的同时,更强调关学学人对横渠之学的继承关系。如对于张载所奠定的"以礼为教"的传统,冯从吾强调了段坚、周蕙、张杰、张鼎、李锦、吕柟、王承裕、马理、韩邦奇等关学学人注重礼学的学习传授与躬行实践;在对关学学人的评价中,冯从吾也极为注重横渠对关学学人的楷模作用,如咸宁李锦"践履醇茂,关中学者咸以横渠称之",马理"执礼如横渠","一时学者即以为今之横渠也",吕柟则被认为"关中之学自横渠张子后,惟先生为集大成云",连阳明学的传人南大吉,也被誉为"关中自横渠后,今实自南元善(大吉)始"。李维桢对冯从吾以张载之学为根底统摄整个关学群体的观念有明确的认识,他直言整个《关学编》是"要之以子厚为正"④。即使恪守程朱的贺瑞麟,也在给弟子张元勋的赠言中教导:"学术须宗张子厚。"⑤就此而言,关学并不仅仅是"关中地域理学形态"⑥,而是"张载及与张载学脉相承之关中理学"⑦。正是因为张载所奠定的勇于从善、持守礼教、注重践履、经世致用等学风,关学学人才能在后期广泛接受异地理学思想的基础上,呈现出守立教、重实践、尚气节等共性。这些体现在关学学人身上的共性,也使关学与异地理学相比较

---

① 〔明〕冯从吾:《思菴野录序》,刘学智、孙学功点校:《冯从吾集》,第233页。
② 〔明〕冯从吾:《学会公祭王经轩文》,刘学智、孙学功点校:《冯从吾集》,第346页。
③ 曹冷泉:《关学概论》,《西北文化月刊》1941年第一卷第3期,第18页。
④ 〔明〕李维桢:《关学编原序》(二),王编,第63页。
⑤ 〔清〕张元勋:《清麓年谱》,《贺瑞麟集》(下),王长坤、刘峰点校,西北大学出版社,2015年,第1119页。
⑥ 林乐昌:《论"关学"概念的结构特征与方法意义》,《中国哲学史》2013年第1期,第59页。
⑦ 刘学智:《关学及二十世纪大陆关学研究的辨析与前瞻》,《中国哲学史》2005年第4期,第114页。

表现出不同的风格,从而成为关学与异地理学相区别的特点,也在这个意义上使关学成为一个具有自身特点的独立理学学派。

关学谱系建构的辩证维度说明:思想的多源性是关学谱系建构中的"多",而宗风的一贯性才是关学谱系建构中的"一"。思想的多源性彰显的是关学在理学中的普遍性,而宗风的一贯性则隐含着关学在理学中的特殊性。关学的研究,既要看到关学思想的多源性,也要看到关学学派的一贯性。如果只见"多"而不见"一",则容易"只见树木,不见森林",消解了关学作为一个学派存在的事实;如果只见"一"而不见"多",则容易闭"关"自守,忽视了关学在整个理学思潮中的普遍性。关学谱系建构的辩证维度也说明:"学贵心悟,守旧无功"①。学派的传承固然可以有师承、家学、私淑等多种形式,但这些都是"形式",学术的传承、学派的成立,关键在于后继者是否能对前人所奠定的学风的真诚接受和认同。在学术的传承过程中,业师之授受与家学的相传固然能够得其精髓,继其学统;而私淑遥承者,亦能服膺师说,承其脉绪,光大其学术。正因为关学学人能在对关学精神的赓续传承中不断"濯去旧见,以来新意"②,从而才能使关学表现出与时俱进、宗风一贯的景象。关学的传承虽然有中兴,有消歇,但并没有中绝或断裂,而是"源流初终,条贯秩然"③。在现代社会,关学也会以自身的学术价值和精神蕴涵而获得时代的重光。

---

① 〔北宋〕张载:《经学理窟·学大原下》,章锡琛点校:《张载集》,中华书局,1978年。

② 〔北宋〕张载:《经学理窟·学大原上》。

③ 〔清〕王心敬:《关学编序》,王美凤编校:《关学史文献辑校》,第61页。

第二十二讲
"关学"与"关学史"正名

张 波

【作者简介】

张波,宝鸡文理学院政法学院教授、宝鸡文理学院政法学院院长、韩国大邱教育大学礼节文化教育研究所副所长。

近代以来,学界对中国传统经典的阐释积累了丰富的理论,并进行了大量实践。概言之,往往遵循三个方向:一是回归经典或学术范畴的历史视域,探寻其本身的意蕴;二是立足于当下的现时视域,进行自我理论的建构;三是试图将前两者融于一体,圆融而论之。这三种路向虽针对不同的研究对象,但或侧重"注解",或侧重"诠释"与"建构"的研究方法。申言之,如果说后两者突出以理论方法或以现代语境阐发经典蕴藉的思想或价值,那么前者则侧重尽可能忠实地解读学术术语、概念、范畴等,期以还原历史实况。据此,愚认为,包括"关学""关学史"在内的概念梳理与研究应遵循前者。然而,中华人民共和国成立以来,虽然大陆学术界关于"关学"及"关学史"的研究历经诸多曲折,取得了一些重要成果[①];但是,从整体上看,主要是深化以张载为主要研究对象的关学学者思想的研究,对一些重要学术概念的解读仍存在诸多歧解,尤其是对"关学"与"关学史"内涵及外延的揭示,出现许多现代学术阐释。因此,本文拟立足于历史语境溯源"关学""关学史"概念,并在此基础上检讨以往研究,阐发个人管见。

---

① 林乐昌:《张载理学与文献探研》,人民出版社,2016年,第2—15页。

一、"关学"概念溯源

张载（1020—1077 或 1078，字子厚）是宋明理学的奠基者之一，一生大部分时间是在陕西眉县横渠镇度过的，世称"横渠先生"。以他为核心，形成了宋明理学的重要学术流派——关学。事实上，"关学"得名于张载殁后，其概念历经演变，具有特定的内涵及特征。

（一）"关学"概念的演变

历史上的"关学"存在"关中道学"，"濂洛关闽"之"关"，"关中理学"三种概念，兹分而论之。

首先，"关中道学"说。目前，据愚陋目所及，最早提"关学"的史料当在宋时，然而，学界在对相关史料解读时，往往集中于全祖望于《宋元学案·士刘诸儒学案》按语所援引的吕本中言论，其云：

> 吕舍人本中曰：关学未兴，申颜先生盖亦安定（胡瑗）、泰山（孙复）之俦，未几而张氏兄弟（张载、张戬）大之①。

吕本中（1084—1145，字居仁）为两宋之际著名学者，为张载友人吕希哲（1036—1114，字原明）之孙，又从游于二程门人游酢（1053—1123，字定夫）、杨时（1053—1135，号龟山）、尹焞（1071—1142，宋钦宗赐号"和靖处士"），著有《童蒙训》《师友杂志》《紫微诗话》《紫微杂说》《春秋解》（或云《春秋集解》），杂有吕祖谦著述等②。然而，笔者查阅吕氏诸书均未见"关学未兴"等言论，仅于《童蒙训》中存以下言论：

> 张戬天祺与弟载子厚，关中人，关中谓之二张③。

> 关中始有申颜者，特立独行，人皆敬之。出行市肆，人皆为之起，从而化之者众。其后二张更大发明学问渊源④。

---

① 〔清〕黄宗羲：《宋元学案》，中华书局，1986 年，第 261 页。
② 据杨松水考证，吕本中另有《痛定录》《轩渠集》《紫薇词》《东莱先生文集》等著述，但未被宋末以来的公私书目所著录。参见氏著《两宋寿州吕氏家族著述研究》，黄山书社，2012 年，第 174—190 页。由此可推知，清初全祖望亦难以观览上述著述全貌。
③ 〔北宋〕吕本中：《童蒙训》卷上，景印文渊阁《四库全书》本，第 698 册，台湾商务印书馆，1986 年。
④ 〔宋〕吕本中：《童蒙训》卷上。

第二十二讲 "关学"与"关学史"正名

显然,全氏按语并非照录,而是对上述引文的阐发。就吕氏语看,不过是介绍张载与其弟张戬被并誉为"二张",扩大了关中自申颜以来的关中讲学之风。换言之,从上下语义看,引文中"学问渊源"更多地侧重讲学及其教化功效。可见,吕氏并未提及"关学",更未揭示出类似的概念,仅是论述北宋庆历以来的关中讲学概况;而全祖望据吕氏语阐发出"关中之申(颜)、侯(可)二子,实开横渠之先"①之论。据此,可见全氏按语重在阐发已论,非忠实吕氏原义。概言之,吕氏并未提出(或尚存吕氏著述未见)关学概念②,实论说是时"关中讲学"或"关中之学"的状况。

然而,稍后于吕本中的刘荀撰《明本释》介绍张载时,云:

> 名载,字子厚,居凤翔郿县之横渠镇,学者称横渠先生。倡道学于关中,世谓之关学③。

刘荀,字子卿,为北宋名臣刘挚(1030—1098,字莘老)之孙,宋孝宗(1162—1189 在位)时曾知盱眙军,其他事迹难以考索。就上述"倡道学于关中,世谓之关学"可知,关学初义当为"关中道学",并为世人所认同。

众所周知,从学术史演进看,"道学"本为学问代称,如《大学》所谓"如切如磋者,道学"。然就儒学史而言,"道学"与"理学"有其历史承续,甚至存在些许概念差异④。就刘荀"世谓关学"而论,可见"关学"称谓已为是时学者共识。又据王开祖《儒志编》云:"孟子以来道学不明,我欲述尧舜之道,论文武之治,杜淫邪之路,辟皇极之门。吾畏诸天者也,吾何敢已哉!"⑤王氏主要生活于北宋仁宗庆历、皇祐时期(1041—1054),已提出"道学"一词。陈谦《儒志学业传》又云:"当庆历、皇祐间,宋兴未(按:原本为'来')百年,经术道微,伊洛先生未作,景山(王开祖)独能研精覃思,发明经蕴,倡鸣'道学'二字著之话言。"⑥据陈氏所云,王开祖发明"道学"之名,故可推测,"关中道学"之称极有可能早于刘荀所处的宋孝宗时期。然而,至南宋孝宗时,许及之、陆九

---

① 〔清〕黄宗羲:《宋元学案》,中华书局,1986 年,第 251 页。
② 愚撰写《关学学术编年前言》(2008 年初版、2015 年再版)时,未详察吕本中语,其后屡见学界援引前论,特此说明,并作匡正。
③ 〔南宋〕刘荀:《明本释》卷上,景印文渊阁《四库全书》,第 703 册。
④ 姜广辉主编:《中国经学思想史》第 3 卷(上),中国社会科学出版社,2010 年,第 334—345 页。
⑤ 〔北宋〕王开祖:《儒志编》,景印文渊阁四库全书本史部第 696 册。
⑥ 〔北宋〕陈谦:《儒志学业传》,《儒志编》附传。

渊等人又改称"道学"为"理学"①，故又可推测"关学"由"关中道学"改称"关中理学"也当此时或之后，尤其至明清，"理学"之称广为流播，改称亦当顺应学术风尚。究其因，"道学"改称"理学"，或如学界认为"有意过滤'道学'概念中自我尊大的虚骄成分"，采用"包容性较大，语义平实且平等"的理学概念②。关学或亦然。概言之，"关学"初义当为"关中道学"，并非后世所谓的"关中理学"或"关中之学"。

其次，"濂洛关闽"之"关"说。学界在论述关学作为学术流派时，往往视其受"濂洛关闽"并称的影响。"濂洛关闽"并称，最早源自何时？据愚陋目所及，仅见张岂之云："明初宋濂、王袆等人纂修《元史》，将宋代理学概括为'濂洛关闽'四大派别。"③事实上，这仍非确论，至少据宋元之际的危素为其师吴澄（1249—1333，字幼清）编撰年谱时，记载吴氏于南宋度宗咸淳三年（丁卯，1267）撰《道统图并叙》④，后又提出："道之大原出于天……尧、舜而上，道之元也；尧、舜而下，道之亨也；洙、泗、邹、鲁，道之利也；濂、洛、关、闽，道之贞也。"⑤即将"濂洛关闽"视为儒家道统谱系中的一环节，且就周程张朱诸人及其学术贡献而言。南宋理宗时期（1225—1264）的陈思（字续芸）与其孙陈世隆（生活于宋末元初）合编《两宋名贤小集》载："（王应麟）召为太常博士。时汤文清公为少卿，比屋而居，朝夕讲道，论关、洛、濂、闽、江西之同异。"⑥又将"濂洛关闽"并称且论其异同。故愚以为，"濂洛关闽"并称极有可能受到南宋以来，尤其是宋理宗淳祐元年（辛丑，1241）以来，周敦颐、二程、张载及朱熹配享孔庙后，周程张朱并举的影响。如朱子后学熊禾（1247—1312，号勿轩）云"仆于云谷之阳，鳌峰之下，刱小精舍中，为夫子燕居，配以颜曾思孟，次以周程张朱。濂溪、明道、伊川、横渠、晦庵五先生，隆道统也"，又云"饶之石洞，亦以夫子居中，配以颜曾思孟，周程张朱五贤、勉斋继之"⑦。可见，"濂洛关

---

① 姜广辉主编：《中国经学思想史》第3卷（上），第334—345页。
② 姜广辉主编：《中国经学思想史》第3卷（上），第345页。
③ 张岂之：《从儒学认识今人精神历史来由》，《人民日报》2015年1月19日。
④ 〔元〕危素：《临川吴文正公年谱》，《吴文正公集》卷一，明成化二十年刊本。
⑤ 〔元〕吴澄：《道统》，《吴文正公外集》卷二。
⑥ 〔南宋〕陈思编，〔元〕陈世隆补：《王尚书遗稿》，《两宋名贤小集》卷三七八，景印文渊阁《四库全书》本，集部第1364册。
⑦ 〔南宋〕熊禾：《三山郡泮五贤祠纪》，《熊勿轩集》卷二，《正谊堂全书》第117册，清同治间刊刻本。

闽"或"周程张朱"并称应早于明代，并特指诸人在儒家道统中的贡献或地位。据此，明李贽云"宋人直以濂、洛、关、闽接孟氏之传，谓为知言云"①，当为确论。明初，朱氏王朝自上而下提倡程朱理学，宋濂（1310—1381，字景濂）、解缙（1369—1415，字大绅）、薛瑄（1389—1464，号敬轩）等又大力推动，"濂洛关闽"并称蔚然成俗。诸如，明太祖即位之初，便"一宗朱氏之学，令学者非五经孔孟之书不读，非濂洛关闽之学不讲"②。宋濂序《理学纂言》云："自孟子之殁，大道晦冥……天生濂洛关闽四夫子，始揭白日于中天……其功固伟矣。"③又序《四如集》云："四方有受学者，先生（黄仲元）为敷绎濂洛关闽之说而开导之。"④解缙曾上书云："上溯唐、虞、夏、商、周、孔之华奥，下及关、闽、濂、洛之佳葩，根实精明，随事类别，以备劝戒。"⑤其后，胡广等人纂修《性理大全》，选编周程张朱著述，"濂洛关闽"并称渐成学者口耳熟语，此处所谓"关"仍多谓张载其人其学，并非指广义上的学术流派。甚至，至清康熙四十八年（己丑，1709）张伯行辑注《濂洛关闽书》，仍就周程张朱及其著述而言，故其序云"周程张朱为师之为儒""学者未有不溯统于濂洛关闽而以为邹鲁之道在是""四氏出而圣道日新""四氏之书直与孔曾思孟同不休焉"等⑥。蒋垣又云："濂、洛、关、闽皆以周、程、张、朱四大儒所居而称。"⑦可见，"濂洛关闽"并称在南宋理宗时已出现，并流播于明清，其中之"关"，多特指张载其人其学，由其"所居而称"。

值得注意的是，朱熹、吕祖谦编《近思录》选录周敦颐、二程、张载四人言论，朱子《伊洛渊源录》载录周敦颐、二程、张载等人及其交游或门人四十六人言行及事迹，学界又据此以为"将张载的'关学'与周敦颐的'濂学'、二程的

---

① 〔明〕李贽：《德业儒臣前论》，《藏书》第10册，中华书局，1974年，第1737页。
② 〔明〕陈鼎：《高攀龙传》，《东林列传》卷二，景印文渊阁《四库全书》，史部第458册。
③ 〔明〕宋濂：《理学纂言序》，《宋学士文集》，《四部丛刊初编》集部第75册。
④ 〔明〕宋濂：《四如集原序》，〔南宋〕黄仲元：《四如集》，景印文渊阁《四库全书》，集部第1188册。
⑤ 〔明〕解缙：《洪武戊辰四月大庖西上黄帝封事》，程敏政编：《中华传世文选·明文衡》，吉林人民出版社，1998年，第68页。
⑥ 〔清〕张伯行辑注：《濂洛关闽书原序》，《正谊堂全书》第143册。
⑦ 〔清〕蒋垣：《八闽理学源流》卷一，清抄本。

'洛学'并列加以考察"①。事实上,从朱子选编目的看,乃"惧夫初学者不知所人"②,故阐述周程张道学(理学)大略,为学者指引门径。但自二程门人以降,不乏学者突出周程(朱)或濂洛学源谱系,甚至视张载学源二程,"关"从属于"洛"。诸如,二程门人杨时云"横渠之学,其源出于程氏"③、游酢云"(张载)既而得闻先生(伊川)议论,乃归谢其徒,尽弃其旧学,以从事于道"④,朱子则云"横渠之学,实亦自成一家,但其源则自二先生发之耳"⑤,朱子后学黄震云"夫子述六经……濂洛言道学"⑥等。更为典型的是宋元之际的金履祥编纂的《濂洛风雅》,冠以"濂洛诗派图",唐良瑞为之序云"以师友渊源为统纪"⑦,选录周敦颐、二程、张载、邵雍和朱熹等四十八位理学家的诗作,显然以周程朱为正传,张、邵为其同道。据此,南宋以来,虽然濂洛关闽并称,但多视张载为程朱之辅翼,甚至归置于程朱学派或濂洛之学。换言之,"濂洛关闽"并称之"关",作为独立的、有别于程朱的严格意义的学术流派是值得商榷的。即便在关中,后世学者学源亦多溯源程朱,如《元史》论同恕云"恕之学,由程、朱上溯孔、孟"(《元史》卷七六本传),萧㪺"一以洙、泗为本,濂、洛、考亭为据,关辅之士,翕然宗之,称为一代醇儒"(《元史》卷七六本传)。

再次,"关中理学"说。较早明确以"关中理学"界定"关学"的是明末冯从吾(1557—1627,号少墟)、张舜典(号鸡山)。冯从吾《关学编自序》云:

  我关中自古称理学之邦……有宋横渠张先生崛起郿邑,倡明斯学……一时学者歙然向风,而关中之学益大显明于天下……题曰

---

① 张岂之:《从儒学认识今人精神历史来由》。
② 〔南宋〕朱熹:《近思录序》,《朱子全书》第13册,上海古籍出版社、安徽教育出版社,2002年,第163页。
③ 〔北宋〕杨时:《跋横渠先生及康节先生人贵有精神诗》,《杨龟山集》卷五,《正谊堂全书》第31册。清同治间刊刻本,陕西省图书馆藏,卷五。
④ 〔北宋〕游酢:《书行状后》,〔北宋〕程颢、〔北宋〕程颐:《二程集》,中华书局,2004,第334页。
⑤ 〔南宋〕朱熹:《伊洛渊源录》卷六按语,《朱子全书》第12册,第1002页。
⑥ 〔南宋〕黄震:《作文》,《黄氏日钞》卷三八,景印文渊阁《四库全书》,史部第708册。
⑦ 〔元〕唐良瑞:《濂洛风雅序》,〔元〕金履祥《濂洛风雅》,《四库全书存目丛书》,集部第403册,齐鲁出版社,2001年。

《关学编》,聊以识吾关中理学之大略云①。

冯氏以理学之邦称谓"关中",显然其所谓"斯学""关中之学"当指张载以来的"关中理学",故是《编》乃为"识吾关中理学之大略"而作。其友张舜典于《关学编后序》进一步阐发"《关学之编》,少墟冯侍御为吾乡之理学作也……不载独行,不载文词,不载气节,不载隐逸,而独载理学诸先生,炳炳尔尔也;不论升沉,不计崇卑,而学洙泗,祖羲文者,无不载焉"②。可见,冯氏《关学编》确为"理学作也","独载理学诸先生","不载""不论"他者的选录标准。明余懋衡、李维桢又序《关学编》,分别云"其书以'关学'名,为关中理学而辑"③,"《关学编》,侍御史冯仲好集关西之为理学者也"④,又皆论明冯氏著书宗旨。后世清儒王心敬、李元春、贺瑞麟又分别编纂《关学续编》,张骥撰述《关学宗传》也基本延续以上宗旨来选录学人⑤。概言之,《关学编》成书以来,"关学"为"关中理学"被世人广泛认可,"关中道学"之说不显。然而,不可忽视的是,特指张载其人其学之说的"濂洛关闽"之"关",仍被延用,如上述张伯行、蒋垣之论。

综上,关学概念初指"关中道学",继后或指"濂洛关闽"之"关"(张载其学),或指"关中理学",其概念差异当反映宋代以来关中儒学发展的嬗变实况。

(二)关学的内涵及特征

事实上,无论"关中道学","濂洛关闽"之"关",还是"关中理学",其内涵特征有二:一是突出"关中"地域特征,一是彰显理学(道学)内涵。以下仅就"关中理学"论之。

其一,突出"关中"的地域特征。此为历代关学史著者所遵循,诸如王心敬《关学续编序》云:"关学有编,创自前代冯少墟先生。其编虽首冠孔门四子,实始宋之横渠,终明之秦关(王之士),皆关中产也。"⑥张骥《关学宗传凡

---

① 〔明〕冯从吾:《关学编(附续编)》,中华书局,1987年,第1—2页。
② 〔明〕冯从吾:《关学编(附续编)》,第62页。引用时个别标点做了改动。
③ 〔明〕冯从吾:《关学编(附续编)》,第121页。
④ 〔明〕冯从吾:《关学编(附续编)》,第122页。
⑤ 〔清〕张骥《关学宗传》虽收录人物标准更广,但仍"以理学为范围"(参见其"例言"首则,王美凤辑校:《关学史文献辑校》,西北大学出版社,2015年)。
⑥ 〔明〕冯从吾:《关学编(附续编)》,第65页。

例》亦云:"纂集诸儒仅以关中为限,例如蓝田、少墟、二曲诸先生,讲学四方,及门半天下。是编以地系人,纵讲关中之学,不是此邦之人,如周浮沚、沈彬老,虽横渠再传,亦不敢附入,以示谨严。"① 显然,王氏以"关中产",张氏"以地系人"论及关学史择录人物标准。亦基于此,张载三传浙江周行己、沈躬行等不被载录于关学史。

然而,历史上的"关中"概念,素有歧说。概言之,主要有五:

一指函谷关与陇关之中地区。潘岳《关中记》云:"秦:西以陇关为限,东以函谷为界,二关之间,谓之关中之地。"② 函谷关位于今河南灵宝市与三门峡市之间。陇关则位于今甘肃天水市清水县东陇山东坡。此处"关中"约东临河南西部灵宝市,西至甘肃天水市。

二指函谷关、武关、散关、萧关四关之间地区。程大昌《雍录》认为,潘岳说"未尽",并援引"徐广注项羽'关塞'之语曰:'东函谷,南武关,西散关,北萧关',其说是也。"③ 武关位于今陕西商洛市丹凤县东武关河的北岸,散关指今陕西宝鸡市南大散关,萧关位于今甘肃庆阳市环县城北。此说明确界定关中北部至与陕北定边、宁夏固原交接的甘肃环县,但未说明关中西部界限,似由陇关向东缩小至西南方的大散关。

三指陇关、函谷关、武关、晋关、散关五关之间地区。《资治通鉴·秦纪三》胡三省注:"秦地西有陇关,东有函谷关,南有武关,北有临晋关,西南散关。秦地居其中,故谓之关中。"晋关指临晋关,在今陕西渭南市大荔县东部。此说重在界定西至甘肃清水县的陇关,及东北至陕西大荔的晋关。

四指汧水、雍山以东至黄河、华山以西地区,甚至包括巴蜀、天水、陇西、北地、上郡。《史记·货殖列传》:"关中自汧、雍以东至河、华,膏壤沃野千里……南则巴蜀。巴蜀亦沃野……天水、陇西、北地、上郡与关中同俗……故关中之地,于天下三分之一。"汧指千河,源出甘肃,流经陕西入渭河。雍指雍山,位于今陕西宝鸡凤翔县境内。河指黄河,华指位于陕西华阴市的华山。此说较为复杂,约指西至千河,南到华山之间,但又言天水、陇西、北地、上郡与关中同俗,似又将上述地区归属关中。

---

① 〔清〕张骥:《关学宗传》,王美凤辑校:《关学史文献辑校》,第 147 页。
② 〔西晋〕刘纬毅:《汉唐方志辑佚》,北京图书馆出版社,1997 年,第 81 页。
③ 〔南宋〕程大昌:《雍录》卷一《关中》,《宋元方志丛刊》第 1 册,中华书局,1990 年,第 380—381 页。

五指太行山以西。顾炎武《日知录》:"古之所谓山西,即今关中……王伯厚《地理通释》卷二曰:'秦、汉之间,称山北、山南、山东、山西者,皆指太行。以其在天下之中,故指此山以表地势。'《正义》以为华山之西,非也。"①

显然,上述关中地理概念不一,以致史念海等人撰写《陕西通史·历史地理卷》时,颇为费解,不得不云:"根据《史记·货殖列传》的说法,关中自汧、雍以东至河、华。渭谓渭水,雍谓雍山,河谓黄河,华谓华山。但《史记》中有时将汉中、陕北也包括在关中的范围之内。"②但是,可以确定无疑的是,古时"关中"概念非史念海等人所论今日陕西境内"潼关与大散关之间,秦岭以北、子午岭和黄龙山以南的一块区域"③。换言之,不可以今日所谓的关中区域为遴选关学学者的标准,即不宜将关学称之为"陕西关中地区的理学"。

历代关学史作者采取何种关中地理概念呢?就《关学编》《关学续编》《关学宗传》所载关学学人籍贯看,收录了今陕西东部或东南部的临潼刘曾等、澄城张秉直等、蒲城郭绪等、同州党湛等、洛南杨尧阶等、韩城贾缔芳等,富平杨爵等、渭南李仲白等、蓝田吕大临等、郃阳岳崧等、朝邑韩邦奇等、高陵杨天德等、华阴侯仲良等;中部的长安宋规等、咸宁罗魁等、奉元同恕等、盩厔李颙等、鄠县贺胜等、乾州杨奂等、咸阳刘古愚等、泾阳程瑝等、三水范育等、邠州张舜民等、三原王承裕等、淳化宋振麟等;西部的眉县张载等、武功苏晒等、凤翔张杰等、宝鸡李修等、陇州刘波等;陕北的宜川刘玺等、吴堡贾天禄、延安卫赵章、鄜州缑燧等、肤施应震;陕南的城固谭达蕴等、南郑龚廷晦等学者。此外,还收录了今甘肃境内的天水刘愿等、泾州文佩、兰州段坚、山丹卫周蕙、秦州张锐等、肃州郑安。概言之,上述关学学者籍贯涉及今日陕西诸市县与甘肃部分地区。具体而言,至少包括今甘肃境内张掖市山丹县以东部分县域;以及陕西境内东至华阴,西至宝鸡陇县,北至宜川、延安吴堡、鄜县等地,南至汉中城固、南郑等地的广大区域。显然,冯从吾等人编纂关学史选载学者时,并没有遵循上述任何一种关中界定,也非史念海等人所论,而是另设一种更为泛义的关中地域概念。

---

① 〔清〕顾炎武著,黄汝成集释,栾保群校注:《日知录集释》第6册,浙江古籍出版社,2013年,第1775页。

② 史念海、萧正洪、王双怀:《陕西通史·历史地理卷》,陕西师范大学出版社,1998年,第310页。

③ 史念海、萧正洪、王双怀:《陕西通史·历史地理卷》,第311页。

其二，彰显理学内涵。张载殁后，关学学者学源往往或宗程朱，或法陆王，甚至兼取二者及张载之学，而恪守张载之学者鲜有其人。换言之，关学作为地域性理学学派，乃是基于广义上的理学内涵，并不具有严格的一以贯之的学源或思想传承。据此，清儒柏景伟论云：

> 自有宋横渠张子出，与濂、洛鼎立……然道学初起，无所谓门户也，关中人士多及程子之门。宋既南渡……许鲁斋衍朱子之绪，一时奉天、高陵诸儒与相唱和，皆朱子学也。明则段容思起于皋兰……其学又微别，而阳明崛起东南，渭南南元善传其说以归，是关中有王学之始……恭定立朝，与东林诸君子声气相应……而极服膺"致良知"三字。盖统程、朱、陆、王而一之……二曲、丰川超卓特立，而不能出其范围者也①。

上述柏氏所论，揭示关学由张载至清初李二曲、王心敬之际的学思嬗变情况。大致而言，其学风由道学转为朱子学；由朱子学转为河东之学、三原之学，虽近宗朱子，但远溯孔孟，尤重躬行，甚至杂取张载等人；继而阳明学又崛起关中，后又受东林学派影响，进而兼取程朱、陆王之学。类似阐发关中理学思潮的嬗变情况，亦出现在张骥《关学宗传自序》中，其云：

> 昔横渠氏关中崛起，开门授徒，分濂、洛之席，绍邹、鲁之传……道学风行，学者称初祖焉……迨石渠公唱道三原，康僖缵承家学，学风丕变。而渭南南氏兄弟以姚江高弟开讲沜西，稍稍乎门户分矣。冯侍御予告还乡，提倡绝学，可谓中兴……李二曲以坚苦卓绝之身，肩程、朱、陆、王之统……迄于李桐阁以贤圣自期，尊崇正学而省斋②清麓，亲业其门。沣西、古愚闻风而起③。

张氏不仅明确将张载视为关学"初祖"，而且如柏景伟般梳理了张载之后关学思潮的嬗变情况，尤其以"学风丕变""门户分矣""肩程朱陆王之统"等展现关中理学或宗程朱或宗陆王，甚至兼取的更迭情况。

综上，作为"关中理学"的关学概念，当指北宋张载开创，传衍于关中地区，且并不一定恪守张载或程朱、陆王之学的泛义理学学术流派。

---

① 〔明〕冯从吾：《关学编（附续编）》，第68页。
② 疑为"捐斋"。杨树椿，号捐斋，从学于李元春，与贺瑞麟并为桐阁门人之秀。
③ 〔清〕张骥：《关学宗传》，王美凤辑校：《关学史文献辑校》，第145页。

二、"关学史"编纂析论

关学有编有史,历代关学史著述主要有两种,即冯从吾等人的《关学编》及其《续编》和张骥《关学宗传》。拟分而述之。

(一) 冯从吾《关学编》

明末冯从吾所纂《关学编》,开关中理学史撰写的先河。事实上,编纂理学史肇自南宋朱子《伊洛渊源录》、陈亮《伊洛渊源书》,其后又有吴澄《道统图》《宋史·道学传》。明代中后期以来其风气更为盛行,《伊洛渊源续录》《毗陵正学编》《新安学系录》《闽南道学源流》《台学源流》《道南源委》《考亭渊源录》《浙学宗传》等相继问世,其中不乏以台、浙、毗陵、新安、闽南等命名的地域性理学史著述。或受上述影响,冯从吾编纂写了《关学编》。

冯氏《关学编》首载秦祖、燕伋、石作蜀、壤驷赤孔门四贤,卷一载张载等九人,卷二载杨天德等九人,卷三载段坚等七人,卷四载吕柟等八人,各卷总附传十一人,总计四十八人。虽以孔门四贤开篇,但仅为追源关中理学脉源,实肇自张载,故《关学编》载录关中理学学者为四十四人。换言之,以宋代张载为始,终于明末王之士。

(二) 王心敬《关学续编》

清初王心敬(1658—1738,字尔缉,号丰川)继冯氏后,编纂《关学续编》,周元鼎又加以增修。王氏基于"自秦关(王之士)迄今且百年,代移世易,中间传记缺然,后之考征文献者,将无所取证"的现状,"取自少墟(冯从吾)至今,搜罗闻见,辑而编之"①。

值得注意处有五:一是王氏具有强烈的关中理学道统意识。他提出:"编关学者,编关中道统之脉略也。横渠特宋关学之始耳,前此如杨伯起之慎独不欺,又前此如泰伯、仲雍之至德,文、武、周公之'缉熙敬止'、缵绪成德,正道统昌明之会,为关学之大宗。至如伏羲之易画开天,固宇宙道学之渊源,而吾

---

① 〔清〕王心敬:《关学编序》,王美凤辑校:《关学史文献辑校》,第61页。

关学之鼻祖也。"①职是之故,王氏在《关学续编》中编入伏羲、泰伯、仲雍、文、武、周公六圣于前,"溯宗原圣"②。二是王氏此编设圣、贤、儒三等之分。王氏认为,冯从吾原《关学编》无上述之分,其因在于始自横渠,此后诸儒"分量有大小、浅深之不同,要之品格相近",而自己所编溯源六圣,如不作区分,则"大觉不伦不类耳"③。三是以道德为标准载录泰伯、仲雍。王氏认为,"周之至德,后有文王,前有泰伯、伯仲,而厥后更有武王、周公二圣",载录诸人"增简编之色"④。冯氏《关学编》不录道德一门,专载"理学诸先生",而王氏开此先河。四是王氏认为"气节"亦为理学。冯氏原《关学编》亦不录气节,而王氏认为,"气节本自中诚,安在非即理学?"⑤据此,王氏载录以气节著称的东汉名臣杨震(字伯起)。事实上,王氏这一做法也影响到后世关学史的编纂。五是载录非关中人董仲舒。王氏认为,董仲舒"以其老关中,且葬关中也,故并列传关中"⑥。事实上,王氏这一做法基于董子在儒学史上的学术地位与历史影响,有悖于其以"关中产"的选录标准,且不为后世所采用。

王心敬殁后,周元鼎访得《关学续编》,并增补王氏一人。故《关学续编》除备载冯氏所编四十八人外,另于卷一载录伏羲、泰伯、仲雍、文王、武王、周公六圣,卷二载录除冯氏编孔门四贤、张载等宋儒九人外,另增汉儒董仲舒、杨震二人,并附挚恂、马融(为王承烈参订时补)二人于后。其后至卷五均为冯氏原编。卷六增续明儒冯从吾至单允昌(号元洲)六人,附传七人(含文中附传王永春、王侣二人);清代李二曲、王心敬二人,附传十八人(含文中附传蔡启贤、张志坦二人)。概言之,王氏于冯氏《关学编》增续四十三人,传记人物达至九十一人。

(三)李元春《关学续编》

清道光年间,李元春(1769—1854,字仲仁,号时斋)增续冯氏《关学编》并加以刊刻。是《编》值得注意处有二:一是增补张载门人游师雄,持论以

---

① 〔清〕王心敬:《关学编序》,王美凤辑校:《关学史文献辑校》,第61页。
② 〔清〕王心敬:《关学编序》,王美凤辑校:《关学史文献辑校》,第65页。
③ 〔清〕王心敬:《关学编序》,王美凤辑校:《关学史文献辑校》,第66页。
④ 〔清〕王心敬:《关学编序》,王美凤辑校:《关学史文献辑校》,第65—66页。
⑤ 〔清〕王心敬:《关学编序》,王美凤辑校:《关学史文献辑校》,第66页。
⑥ 〔清〕王心敬:《关学编序》,王美凤辑校:《关学史文献辑校》,第66页。

"游师雄受业横渠,载之《宋史》,学术为事功掩,然事功孰不自学术来?此疑为少墟所遗失也"①。此意甚明,源自学问之事功亦可为选录标准。二是据李氏序,在续冯《编》之前,已有中卫李得炯于冯氏《编》续补冯从吾、王建常(1615—1701,字仲复)二人。然而,今据王建常附传又存有关中俊、郭肯获二人,或为此时补入,故计为四人。三是书成于众人之手。李元春《序》云:"编中,二曲以前补续者,予所录辑也;二曲及王丰川传,令及门生王维戊为之者也;马相九系马生先登之先,与同学诸人皆年过二曲,老始延二曲为师,一时皆称'夫子',其学可知,即令先登为之传;孙酉峰、王零川近已皆入乡贤祠,则令吾儿来南为之传。"②可见增续编者有李元春、王维戊、马先登、李来南四人,李氏当总其事。

是《编》删减补续情况如下:删除冯氏《编》卷首孔门四贤及附传三人;增补宋代张载门人游师雄一人、明代刘玺等十四人(含附传二人,文中三人)、清代二十四人(含附传十一人,文中四人)。若合上述李得炯续补四人计,相较于冯氏《编》,删去七人,增续四十三人,总计载录人物八十四人。其中,冯从吾、李二曲、王心敬、马相九等亦为王心敬《续编》(包括周元鼎续)所载,属于重复载录,内容则有详略不同。游师雄、刘玺、刘儒、刘子诚、刘子諴、温予知、温日知、张国祥、赵应震、张舜典、盛以宏、杨复亨、王茂麟、刘濯、王宏度、谭达蕴、龙廷擢、王宏学、王宏撰、王巡泰、孙景烈等为王心敬《续编》所不载。

(四)贺瑞麟《关学续编》

清光绪年间,李元春高弟贺瑞麟(1824—1893,号复斋)又增续《关学编》。其序云:"惟尝于关学之人如刘伯容以下七人,久爱之慕之,口诵而手录之,置诸案头……然七人者,固关学之续也,柏君取而续之二续之后,将刻以公同志。"③可见,贺瑞麟增续七人时参详于其友柏景伟,所增七人分别为清儒刘鸣珂、王承烈、张秉直、史调、李元春、郑士范、杨树椿。

值得注意的是,贺氏友人柏景伟将贺《编》与冯氏、王氏诸编合刊,并云:"冯恭定公《关学编》……公序其前,而岐阳张鸡山序其后,此原编也。丰川续之,则自少墟,以及二曲门下诸子。周勉斋即续丰川于其后。桐阁又续之,

---

① 〔清〕李元春:《桐阁重刻关学编序》,王美凤辑校:《关学史文献辑校》,第109页。
② 〔清〕李元春:《桐阁重刻关学编序》,王美凤辑校:《关学史文献辑校》,第110页。
③ 〔清〕贺瑞麟:《关学续编序》,王美凤辑校:《关学史文献辑校》,第133页。

则于宋补游师雄,于明补刘宜川诸人,以及国朝之王零川。贺复斋又续七人,即列桐阁于其中,为《续编》三卷。丰川《编》,远及羲、文、周公,下及关西夫子而下,非恭定所编例,去之。"①可见,柏氏所论不仅述及《关学编》增续历史,也指出王心敬《续编》不合冯从吾原《编》。换言之,柏氏在取贺氏《编》时也对王氏《续编》做了删减。如果合冯氏、李氏、贺氏三《编》,载录学者达至九十八人。

(五)张骥《关学宗传》

是书为清末四川双流学者张骥所撰。张氏三易寒暑,博采书籍多达一千三百余种,始克成书,可见是书编撰之艰辛。值得注意处有三:一是申明"关学开派,肇自横渠",且仿《汉学师承记》将张载之前的开启关学之先的申颜、侯可附录于篇末。二是仿《圣学宗传》《理学宗传》《宋元学案》诸书体例,首录学者生平,间论其思想;次载学者文章语录,间作按语。三是"以理学为范围",但其间基于些许学者虽以名臣、吏行、文学闻世,但"学术深纯,粹然儒者,当与圣门四科之列,不得以其有政事、文学屏之儒门之外"②。可见,是书主以理学为选择标准,旁及某些名臣、吏行、文学。四是遵循前人以"关中"为限,即所谓"以地系人,纵讲关中之学,不是邦之人",亦不载录③。五是载录学者以故去为限,现存者不录。六是不立宗派,无论宗尚程朱还是陆王均作载录。

《关学宗传》虽择录标准较《关学编》及《续编》宽泛,但仍以理学为主要范围,且注重学者学问躬行,并以其繁富集关学学者传记之大成。概言之,其正传载录学者有宋代张载以下至郭绪十八人,金代杨天德、景覃、张建三人,元代张鼎以下至冯理二十六人(含附传一人),明代尚志以下至王侣一百一十九人(含附传十三人),清代自李二曲以下至刘古愚一百零一人(含附传十二人),总计二百六十七人。

综上,自明末冯从吾至清末张骥,关学史著作迭相撰述,至《关学宗传》蔚

---

① 〔明〕冯从吾:《关学编(附续编)》,第68页。
② 〔清〕张骥:《关学宗传》,王美凤辑校:《关学史文献辑校》,第147页。
③ 〔清〕张骥:《关学宗传》,王美凤辑校:《关学史文献辑校》,第147页。

然其盛①；其间遴选学者标准虽或渐有松懈，即择录个别事功、气节、名臣、文学，但皆以其学问或道德为依托；抑或有偏离，即王心敬《续编》载录长期生活于关中且殁于关中的非关中人董仲舒一人，但这一做法又为他书所不取。总体上看，诸关学史著述未尝背离冯氏开启的载录"理学诸先生"的标准，且以"关中产""以地系人"为载录范围。

三、"关学""关学史"研究述评

据以上所论，"关学"概念当突出地域性和理学内涵，关学史亦当以此为标准载录学者。然而，中华人民共和国成立以来，学界关于"关学"的界定及关学史的下限一直存在分歧，拟分而论之。

（一）"关学"概念研究述评

学界对关学概念的解读，虽取得诸多进展，但亦出现某些过度诠释或曲解。概言之，主要有四种观点。

其一，陕西地方学派说，以侯外庐、陈俊民、张岂之、龚杰等为代表。侯氏主编《中国思想通史》云："北宋时期陕西地方的关学，以张载为核心，形成了一个重要的学派。"②并吸收黄宗羲之论，认为：张载"倡道于关中"，虽然"寥寥无有和者"，但缘于吕大钧"执弟子礼"，此后"学者靡然知所趋向"，甚至云"关学当时与洛学、蜀学相鼎峙"③。此说虽较早研究关学，但以今日"陕西地方"论关学，则将关中地域概念缩小；且又以"学派"论张载及其弟子之学，有别于洛学、蜀学，虽承认其理学特质，但恰忽略对关学概念及关中理学史的考察。其后，陈俊民认为，"（关学）是宋元明清时代今陕西关中的理学（道学或

---

① 另有清代张元际（1851—1931）编纂《关学编》三卷（参见1991年由兴平县文史资料委员会编《兴平文史资料》第10辑《兴平近现代人物》中所载张过著《关中宿儒张元际》一文，第80页）。是书尚未查访到，疑接续贺瑞麟《关学续编》，载录至其时代殁去学者。此外，张元勋曾绘制《道统图》，载录儒家道统，其中宋代以来关学学者仅张载、王建常、贺瑞麟三人，故非关学史著述（参见《正学隅见述》）。张氏门人王宝第又曾绘制《关学祀位图》，其中张载之前载录伏羲、黄帝、泰伯、文王、武王、周公、孔门四子、董仲舒、杨震，张载之后载录至贺瑞麟，类似王心敬选录学者（参见《清麓丛编》第1期）。
② 侯外庐主编：《中国思想通史》第4卷（上册），人民出版社，1959年，第545页。
③ 侯外庐主编：《中国思想通史》第4卷（上册），第545页。

新儒学）"①。侯氏后学张岂之认为，"所谓'关学'，是指由北宋时张载在今陕西关中开创的理学学派"②；龚氏云："关学是张载在陕西关中地区创建的理学学派。"③显然，陈、张、龚明确了侯氏对关学理学特质的认定，但又如侯氏般将关学之"关"视为今"陕西关中"，以现代视域将地域范围缩小。这也是当前最为流行的观点，素被学界所采用。

其二，"关学"两层涵义旧说，以张岱年、赵吉惠等为代表。张岱年为陈俊民《张载哲学思想及关学学派》作序云："所谓关学，有两层意义，一指张载学说的继承和发展，二指关中地区的学术思想。"④赵吉惠认为，"关学概念在历史上向来有广义与狭义两种不同理解与用法。广义的关学，泛指封建社会后期的陕西关中理学（儒学）"，而"狭义关学特指北宋时期以陕西关中张载为创始人的理学或张载关学学派"⑤。显然，二人均认识到张载之学与关中理学的区别，尤其是赵氏明确指出"关学"有广义与狭义之分。但是，张氏以关中"学术思想"广论关学，未对关学做出时间上的限制，还将关学作为"理学"的特质消解；赵氏虽强调理学特质，但又落入以"陕西"论"关中"窠臼。

其三，"关学"两层涵义新说，以刘学智师为代表。大致而言，发展和纠正了张岱年、赵吉惠先生的说法。诸如，认为"'关学'绝非一般意义上的'关中之学'，而是指张载以来的关中理学……从广义上说，关学是指由张载开创及其后一直在关中传衍着的理学统称；而狭义的关学，则指张载及其后在关中流传的与张载学脉或宗风相承或相通之关中理学"⑥。又说："只要学术思想、学风相通、相合、相类或因其某一地域、某一时代所限者，皆可谓同一学派，其可以直接相承相继，亦可间接沿袭、传续，不一定非有师承门户不可。"⑦"以此为原则和方法，对冯从吾、王心敬、张骥等所撰相关关学史著作

---

① 陈俊民：《张载哲学思想及关学学派》，人民出版社，1986年，第1页。
② 张岂之：《从儒学认识今人精神历史来由》。
③ 龚杰：《张载评传》，南京大学出版社，1996年，第197页。
④ 陈俊民：《张载哲学思想及关学学派》，第5页。
⑤ 赵吉惠：《21世纪儒学研究的新拓展》，社会科学文献出版社，2004年，第241—242页。
⑥ 刘学智：《张载及关学的历史地位、精神境界和人格节操》，《孔学堂》2018年第2期，第27—28页。
⑦ 刘学智：《儒道哲学阐释》，中华书局，2002年，第280—281页。

中提及的关中理学家进行必要而严格的筛选。"①其广义说,凸出了张载为关学创始人,其狭义说以张载学脉、学风特质论关学,坚持其"理学"特质,具有重要学术价值。

其四,关学具有时间、空间和学传三重意义结构说,以林乐昌师为代表。林说基于"北宋关学是单一的独立的学派,明清关学则是多元的并生的学派"②的理念,以"关学存续的时间范围""关中地域""学术传播和学术承接"界定关学的三维内涵。认为:1. 关学创自张载,但其"近代转型的实现便意味着其自身的终结"③;2. 接受史念海"西自陇山、东至黄河的陕西中部"④的今日关中地域概念;3. "关学的'学传'则包括张载之学的传播和后学的承接两个方面"⑤。可见,林说不仅如张岱年等人般看到明清时代关学学者思想的复杂性,而且以更细致的考察,试图提供一种具有较大涵括性的关学概念,并且注意到关学的异域流传及与其他学派的交往,有助于深化当前关学研究。

毋庸置疑,上述观点深化了关学概念的研究,揭示出张载和后世关中理学家在思想承续上呈现的不一惯性和复杂性;然而,上述某些观点又受到学术思维定式的影响,往往因追求概念的明确化、条理化,而过渡诠释了关学概念,将其"理学"内涵和"关中"特征复杂化,甚至误解。

(二)"关学史"研究评述

在上述明清关学史著作中,虽或以申颜、侯可开关学之先,或以儒学道统源自"孔门四贤",乃至伏羲,但多以为关学"肇其横渠",并载录学者至清末贺瑞麟或刘古愚。然而,值得注意的是,中华人民共和国成立以来,学界对关学史下限的研究出现多种歧说,主要有四。

其一,"宋亡渐归熄灭"说,以侯外庐、龚杰为代表。基于北宋末年以来,金兵入侵关中的情况,侯氏认为,张载之时关学学派形成,至"北宋亡后,关学

---

① 刘学智:《关学及二十世纪大陆关学研究的辨析与前瞻》,《中国哲学史》2005年第4期,第110—117页。
② 林乐昌:《张载理学与文献探研》,第156页。
③ 林乐昌:《张载理学与文献探研》,第158页。
④ 林乐昌:《张载理学与文献探研》,第158页。
⑤ 林乐昌:《张载理学与文献探研》,第159页。

就渐归熄灭"①。其后学龚杰提出,关学于"南宋初年即告终结"②,即张载门人李复等"死于金兵之手,关学的传延从此中断"③。龚氏以张载门人卒年为关学下限,与其理解的"关学"概念一脉相承,故论下限必然仅至南宋初年。

其二,清初李二曲"致使关学'复盛'而终"说,以陈俊民为代表。认为北宋之后,关学虽然"衰落"了,但是并未"熄灭","而是出现了两种倾向,即'三吕'的关学'洛学化'和李复的关学'正传'发展"。在明代,又涌现吕柟、马理、韩邦奇、冯从吾等学者,关学曾出现中兴的趋势。至清初,"李颙用'儒学'代替'理学',致使关学'复盛'而终"④。显然,此论受学界所谓清初理学转向论的影响,过度强调儒学在不同时期发展的内在逻辑,忽视理学在清代发展的持续性。

其三,清末刘古愚终结说,以林乐昌师、武占江为代表。武占江认为,"关学是由张载开创的关中理学。它经历了宋代奠基、元明维持、明清之际拓展直到清末结束三个阶段","李二曲将关学发展到理学与实学相结合的新时期。刘古愚在实学精神的推动之下,积极研究,宣传新学,从而结束了关学"⑤。并明确提出,"关学近代转型的实现便意味着其自身的终结。据此,应当选择清末关学近代转型的完成者刘光蕡(1843—1903年,字焕唐,号古愚,陕西咸阳人)作为关学终结的代表人物"⑥。二人均以关学的近代转型为判断标准,提出关学史下限至刘古愚。虽然此说吻合张骥《关学宗传》所载录学者的下限,也能关注到传统学术受西学影响而产生的变化,但是过度关注"旧学"走向"新学"的嬗变趋势,试图为关学制定出一个严格的界限,忽视了理学特质以及理学具有的涵容"新学"的特征。

其四,清末民初牛兆濂为下限说,以刘学智师为代表。认为"其实下限的划分本来就是相对的,严格地说,作为一个思想流派,其发展是不可能停止的,它是不断演进的。从这个意义上说,提出下限问题或许缺乏严谨性。不过,从总体上说,理学作为一个特定时代的思潮,它在清末以后已经基本解

---

① 侯外庐主编:《中国思想通史》第4卷(上册),第545页。
② 龚杰:《张载评传》,第206页。
③ 龚杰:《张载评传》,第206页。
④ 陈俊民:《张载哲学思想及关学学派》,第10-48页。
⑤ 赵吉惠、赵馥洁主编:《张载关学与实学》,西安地图出版社,2000年,第431页。
⑥ 林乐昌:《张载理学与文献探研》,第158页。

体,所以,作为与张载学脉相承的关中理学,也就会有一个发展下限的问题",以"关中大儒牛兆濂为关学下限是较为合理的"①。此说看到下限划分的相对性,故提出下限至牛兆濂,扩大了关学史研究内容。值得注意的是,刘师近年又指出"随着关学研究的不断深化,关于民国时期的理学余脉,日渐引起学者们的关注",并关注到牛兆濂弟子李铭诚及再传史道明②。或许这是对其上述观点的补充。

显然,上述诸论对关学史断限进行了重要探索:除了侯外庐、龚杰以张载或其门人卒年断限外,其他诸说多以理学的转向为标准。然而,其中某些观点所设标准并非符合历代关学史以"理学"为选录学者的原则。关学史下限应断在何时? 愚认为,仍应以"理学""关中"为标准,不宜遮蔽张骥撰《关学宗传》时"生者概不录"③之"生者",甚至更后的关学学者。张氏《宗传》虽载录至刘古愚,但认为,是时生者"以余所见,三水萧筱梅,艰苦卓绝似二曲。临潼郭希仁(1881—1923),明体达用类古愚。而所闻则有高陵白悟斋(遇道,1836—1926),蓝田牛梦周(兆濂,1867—1937),恪守西麓之传,皆关学之晨星硕果。然窃不知此外之尚有人焉否也?"④可见,张氏之时,萧、郭、白、牛诸人亦为关学学者,故其感叹"茫茫绝绪,继续何人?"期望后世续写关学史载录诸人。事实上,关学史续传至何时何人,虽不可做出严格确定,但中华人民共和国成立后,随着古代学术的现代转型及极左学术形态的影响,传统理学范式彻底消解,无疑关学下限当断在此前后。据愚所做调研,在上述萧、郭、白、牛诸人之后,牛氏弟子李铭诚(1880—1953,号穆轩,凤翔人)撰有《庇荫轩存稿》《修己以敬图》等著述,贺瑞麟弟子张元际(1851—1931,号仁斋,兴平人,先期曾从学于柏景伟、刘古愚)撰有《易以反身录》《孔子辑要》等,刘古愚弟子张鹏一(1867—1943,字扶万,富平人,曾从学于康有为)撰有《颜李学考》《公羊今释》《礼记今释》《孔圣事迹问答》等⑤,俨然理学家言;其他如刘古愚门人张元勋(1863—1955,号果斋,兴平人)、宋伯鲁(1855—1932,字芝栋,兴

---

① 刘学智:《张载及其关学研究的方法论与研究走向探析》,《唐都学刊》2012年第5期,第1—5页。
② 刘学智:《史道明遗稿序》,《史道明遗稿》,陕西人民出版社,2019年,第3页。
③ 〔清〕张骥:《关学宗传》,王美凤辑校:《关学史文献辑校》,第147页。
④ 〔清〕张骥:《关学宗传》,王美凤辑校:《关学史文献辑校》,第146页。
⑤ 顾颉刚先生以"是关学之后劲也"论评张鹏一。参见《顾颉刚全集》第25册,《顾颉刚读书笔记》卷十,中华书局,2010年,第281页。

平人)、赵玉玺(兴平人)等抑或有理学著述,或修身本之理学。因此,愚以为,当以李铭诚、张元勋等同时代关中学人为最后一代关学学者。

代　跋

迈向新关学
——为西北大学关学研究院成立而作

徐　晔

2018年7月3日,关学研究院揭牌仪式暨"新时代关学的传承与创新"学术研讨会在西安举行。会议宣告了我国首家以关学为主题的实体性学术研究机构正式成立,标志着绵延近千年的中华关学进入新时代,意味着以"旧邦新命"为学术志业的新关学迈出了历史性的一步。回想起组织编撰《关学文库》8年和推动创办关学研究院3年的历程,我同所有参与者一样深感欣慰、倍受鼓舞。

陈寅恪在《冯友兰〈中国哲学史〉下册审查报告》中开篇即说:"'佛为一大事因缘出现于世。'中国自秦以后,迄于今日,其思想之演变历程,至繁至久。要之,只为一大事因缘,即新儒学之产生,及其传衍而已。"作为新儒学的奠基者和重要组成部分,北宋张载创宗立派的关学,上承孔孟之志,会通程朱理学和陆王心学,批判融合老庄之道和域外佛学,创建了以儒家思想为主体、儒道释多元互补的新体系,完成了"化佛"的中国哲学的历史使命,其所形成的尊礼贵德、经世致用、开放包容、崇尚气节的精神传统,不仅对陕西人的思维方式、价值观念和文化性格的塑造产生了深远影响,而且为中华民族整体思想文化的传承与创新作出了突出贡献,在中国思想文化史上具有承前启后的重要地位。正如陈来在《"关学"的精神》一文中所指出的,关学在历史上的不断发展不仅是对以往关中学术的传承,也是对全国学术思想的吸收、回应和发展,积极参与了各个时代主流思想的建构,是"地方全国化"的显著例子。关学的产生及其传衍八百余年的历史,既是"西天取经"、吸收输入外来佛教之精华、促进中印思想融合之文明交通史,更是一部"反本开新"、彰显中华学术主体性、建立"三教合一"思想典范的文化复兴史,并且表明,坚守学统自信、学派自觉、学术自由,注重发挥"创造少数"引领作用,推动不同学说交流互鉴,对于营造良好学术生态、完善思想市场竞争机制、促进学术事业永续发展的特殊重要意义。

陕西省文史研究馆以传承、弘扬和创新中华优秀传统文化为己任,充分发挥密切联系知识界、文化界的桥梁纽带作用,弘扬国学、塑造民族精神的引领作用,促进文化建设的资政咨询作用,近年来始终把打响关学历史文化品牌、推动成立关学研究机构、加强关学学科化建设作为弘扬关学精神、彰显文化自信的战略举措。我们通过编辑出版《关学文库》的实践探索,建构了在学术思想史指导下的编撰工作新理念,开创了文献整理与学术研究相结合、经典解释与文明阐发相结合的新路径,形成了国家重视、地方支持、大家引领、跨省合作,学术界、出版界、新闻界"四方三界"联动的文史工作新模式,被认为是坚持开门办馆、借助省内外学术力量、组织开展有重大影响文化工程的成功范例。关学研究院借鉴《关学文库》组织编撰工作的经验和做法,秉持开放性办院宗旨,以建设高水平关学学术共同体为支撑,以打造全球关学文献中心、研究中心和传播中心为目标,坚持用关学精神立德树人、涵养学问、提升境界,致力于凝聚关学研究学术力量、组建关学研究学术团队、打造关学研究学术精品、培养关学研究学术传人,推动关学的创造性转化和创新性发展。今后我们将加大改革力度,创新共建体制机制和组织方式,深化与西北大学等大专院校和文化机构的合作,聚合海内外学术人才,扎实做好关学文献集成、经典注译、研究精编和新关学论丛等工作,创办关学国际学术研讨会、组织举行"中华文化公开课·关学开讲"、启动纪念张载诞辰1000周年等系列活动,全面提升关学的影响力,努力在坚定文化自信工作上走在前列。

黑格尔在《法哲学原理》序言中说:"哲学是被把握在思想中的它的时代。"关学精神博大精深,薪火相传,历久弥新。作为陕西历史上最具代表性和影响力的重要学派,关学所蕴含的思想观念、人文精神、道德规范,既是中华文明的世界观、价值观和以多样性共存互补为前提的和谐观的集中体现,也对解决人类问题有重要价值。我们曾举8年之力,于天下滔滔之中坐定书桌,组织全国20所院校及科研单位的32位专家学者编辑出版《关学文库》,重建了关学的历史地位和精神谱系,填补了全方位梳理与研究关学学派的空白,为历代关学先贤建造了一座不朽的精神纪念碑,也在关学发展史上树起了一座新的里程碑。该文库以文献整理的系统性和学术研究的开拓性获得国家出版界最高奖——第六届中华优秀出版物图书奖和海内外国学界最高奖——第二届全球华人国学成果奖。我们的努力,不仅仅为了致敬与缅怀,更重要的在于传承与创新,为构建新关学提供历史借鉴、创造源泉和精神动力。关学作为传统儒学转型发展的重要成果,奠定了北宋至清末中国古代社会的主流精神、核心价值和基本意识形态,其直面"礼坏乐崩"的忧患意识、重建德性秩序的使命担当,"性道合一、学政不二"的理论模式、同构家国天下的政治抱负,"天人合一"的文化理想、"民胞物与"的宇宙情怀,"仇必和而解"的辩证思想、"极高明而道中庸"的哲学智慧,代表了理学的最高精神追求和价值境界,塑造了直至当代中国知识分子的志向和胸襟。只有把新关学放在中国思想史的总体格局中去把握,放在古今中西之争的历史背景下去思考,放在中国化马克思主义的时代要求下去探索,才能深刻认识关学的"照着讲""对着讲"和"接着讲",对于今日弘扬关学精神、回应百余年来西学的强势挑战,完成"化西"的中国哲学使命,构建具有全球视野、中华文化品格的现代文明秩序所具有的典范性意义和普遍价值。我们相信,充满智慧的关学遗产与新时代相结合,与人们创造新生活的生动实践相结合,与推动东西方文明深层对话相结合,必将激活文化的生命力,增强文化的创造性,促进文化建设的大发展。也许这正是我们走进新时代、迈向新关学所际遇的又"一大事因缘"。

  国家生命所系,实系于文化,而文化根本则在思想。新关学作为一项繁重而具有创辟性的文化事业,需要一代、甚至几代学人的接续奋斗和艰苦探索。这次研讨会以"新时代关学的传承与创新"为主题,既是深化关学研究、汲取关学智慧的具体举措,也是彰显时代精神、构建新关学的初试啼声。站在新的历史起点,我们要胸怀中华民族伟大复兴的战略全局和世界百年未有之大变局,立时代之潮头、通古今之变化、发思想之先声,从关学重新出发,秉承"横渠四句"之宗训,以推动构建人类命运共同体为终极愿景,以新时代"新四为"即"为人民谋幸福,为民族谋复兴,为人类谋和平,为世界谋大同"为共同文化纲领,发扬关学宗师张载"立心立命"的使命意识、"勇于造道"的原创精神、"皋比勇撤"的伟大谦逊,全方位、多角度、深层次研究传统关学的现代相关性问题,找回中国文化传承之"和而不同"的现实立足点,自觉担负起守护人类共通价值和人类尊严的全球使命,作出无愧于历史与时代的学术

创造。在此,恭引冯友兰在《新原人》自序中一段话,与各位同道共勉:

"为天地立心,为生民立命,为往圣继绝学,为万世开太平",此哲学家所应自期许者也。况我国家民族,值贞元之会,当绝续之交,通天人之际,达古今之变,明内圣外王之道者,岂可不尽所欲言,以为我国家致太平,我亿兆安身立命之用乎?虽不能至,心向往之。

图书在版编目(CIP)数据

关学二十二讲/刘学智,魏冬主编. --西安:西北大学出版社,2020.11
ISBN 978-7-5604-4624-0

Ⅰ.①关… Ⅱ.①刘…②魏… Ⅲ.①关学—研究 Ⅳ.①B244.45

中国版本图书馆 CIP 数据核字(2020)第 218794 号

关学二十二讲
GUANXUEERSHIERJIANG　　刘学智　魏　冬　主编

责任编辑	朱　亮　张红丽
出版发行	西北大学出版社
地　　址	西安市太白北路 229 号　　邮　编　710069
网　　址	http://nwupress.nwu.edu.cn　　E-mail　xdpress@nwu.edu.cn
电　　话	029-88303593　88302590
经　　销	全国新华书店
印　　装	陕西博文印务有限责任公司
开　　本	710 毫米×1020 毫米　1/16
印　　张	18.5
字　　数	290 千字
版　　次	2020 年 11 月第 1 版　2020 年 11 月第 1 次印刷
书　　号	ISBN 978-7-5604-4624-0
定　　价	86.00 元

如有印装质量问题,请与本社联系调换,电话 029-88302966。